Von Hegel zu Nietzsche • Karl Löwith

Karl Löwith
Von Hegel zu Nietzsche
© Felix Meiner Verlag GmbH, Hamburg 1986

西学

源流

# 从黑格尔到尼采
## 19世纪思维中的革命性决裂

〔德〕卡尔·洛维特 著

李秋零 译

Simplified Chinese Copyright © 2019 by SDX Joint Publishing Company.
All Rights Reserved.

本作品中文简体版权由生活·读书·新知三联书店所有。
未经许可，不得翻印。

**图书在版编目（CIP）数据**

从黑格尔到尼采：19世纪思维中的革命性决裂／（德）卡尔·洛维特著；李秋零译．—3版．—北京：生活·读书·新知三联书店，2019.8（2024.5重印）
（西学源流）
ISBN 978-7-108-06604-6

Ⅰ.①从⋯　Ⅱ.①卡⋯②李⋯　Ⅲ.①哲学史－研究－德国－19世纪　Ⅳ.①B516.3

中国版本图书馆CIP数据核字（2019）第091472号

| | | |
|---|---|---|
| 责任编辑 | 舒　炜 | 王晨晨 |
| 装帧设计 | 薛　宇 | |
| 责任印制 | 董　欢 | |

出版发行　生活·讀書·新知 三联书店
　　　　　（北京市东城区美术馆东街22号 100010）
网　　址　www.sdxjpc.com
图　　字　01-2018-7178
经　　销　新华书店
印　　刷　河北鹏润印刷有限公司
版　　次　2006年3月北京第1版　2014年5月北京第2版
　　　　　2019年8月北京第3版
　　　　　2024年5月北京第4次印刷
开　　本　880毫米×1230毫米　1/32　印张17.5
字　　数　392千字
印　　数　20,001-22,000册
定　　价　78.00元
（印装查询：01064002715；邮购查询：01084010542）

# 总序：重新阅读西方

甘阳　刘小枫

上世纪初，中国学人曾提出中国史是层累地造成的说法，但他们当时似乎没有想过，西方史何尝不是层累地造成的？究其原因，当时的中国人之所以提出这一"层累说"，其实是认为中国史多是迷信、神话、错误，同时又道听途说以为西方史体现了科学、理性、真理。用顾颉刚的话说，由于胡适博士"带了西洋的史学方法回来"，使他们那一代学人顿悟中国的古书多是"伪书"，而中国的古史也就是用"伪书"伪造出来的"伪史"。当时的人好像从来没有想过，这胡博士等带回来的所谓西洋史学是否同样可能是由"西洋伪书"伪造成的"西洋伪史"？

不太夸张地说，近百年来中国人之阅读西方，有一种病态心理，因为这种阅读方式首先把中国当成病灶，而把西方则当成了药铺，阅读西方因此成了到西方去收罗专治中国病的药方药丸，"留学"号称是要到西方去寻找真理来批判中国的错误。以这种病夫心态和病夫头脑去看西方，首先造就的是中国的病态知识分子，其次形成的是中国的种种病态言论和病态学术，其特点是一方面不断把西方学术浅薄化、工具化、万金油化，而另一方面则又不断把中国文明简单化、歪曲化、妖魔化。这种病态阅读西方的习性，方是现代中国种种问题的真正病灶之一。

新世纪的新一代中国学人需要摆脱这种病态心理，开始重新阅读西方。所谓"重新"，不是要到西方再去收罗什么新的偏方秘方，而是要端正心态，首先确立自我，以一个健康人的心态和健康人的头脑去阅读西方。健康阅读西方的方式首先是按西方本身的脉络去阅读西方。健康阅读者知道，西方如有什么药方秘诀，首先医治的是西方本身的病，例如柏拉图哲学要治的是古希腊民主的病，奥古斯丁神学要治的是古罗马公民的病，而马基雅维里史学要治的是基督教的病，罗尔斯的正义论要治的是英美功利主义的病，尼采、海德格尔要治的是欧洲形而上学的病，唯有按照这种西方本身的脉络去阅读西方，方能真正了解西方思想学术所为何事。简言之，健康阅读西方之道不同于以往的病态阅读西方者，在于这种阅读关注的首先是西方本身的问题及其展开，而不是要到西方去找中国问题的现成答案。

健康阅读西方的人因此将根本拒绝泛泛的中西文明比较。健康阅读西方的人更感兴趣的首先是比较西方文明内部的种种差异矛盾冲突，例如西方文明两大源头（希腊与希伯来）的冲突，西方古典思想与西方现代思想的冲突，英国体制与美国体制的差异，美国内部自由主义与保守主义的消长，等等。健康阅读者认为，不先梳理西方文明内部的这些差异矛盾冲突，那么，无论是构架二元对立的中西文明比较，还是鼓吹什么"东海西海，心理攸同"的中西文化调和，都只能是不知所谓。

健康阅读西方的中国人对西方的思想制度首先抱持的是存疑的态度，而对当代西方学院内的种种新潮异说更首先抱持警惕的态度。因为健康阅读西方者有理由怀疑，西方学术现在有一代不如一代的趋势，流行名词翻新越快，时髦异说更替越频，只能越表明这类学术的泡沫化。健康阅读西方的中国人尤其对西方学院内虚张声势的所谓"反西方中心论"抱善意的嘲笑态度，因为健康阅读者知道这类论调虽然原始动机善良，但其结果往往只不过是走向更狭隘的西方中心论，所谓太阳底下没有新东西是也。

希望以健康人的心态和健康人的头脑去重新阅读西方的中国人正在多起来，因此有这套"西学源流"丛书。这套丛书的选题大体比较偏重于以下几个方面：一是西方学界对西方经典著作和经典作家的细读诠释，二是西方学界对西方文明史上某些重要问题之历史演变的辨析梳理，三是所谓"学科史"方面的研究，即对当代各种学科形成过程及其问题的考察和反思。这套丛书没有一本会提供中国问题的现成答案，因为这些作者关注讨论的是西方本身的问题。但我们以为，中国学人之研究西方，需要避免急功近利、浅尝辄止的心态，那种急于用简便方式把西方思想制度"移植"到中国来的做法，都是注定不成功的。事实上西方的种种流行观念例如民主自由等等本身都是歧义丛生的概念。新一代中国学人应该力求首先进入西方本身的脉络去阅读西方，深入考察西方内部的种种辩论以及各种相互矛盾的观念和主张，方能知其利弊得失所在，形成自己权衡取舍的广阔视野。

二十年前，我们曾为三联书店主编"现代西方学术文库"和"新知文库"两种，当时我们的工作曾得到诸多学术前辈的鼎力支持。如今这些前辈学者大多都已仙逝，令人不胜感慨。

学术的生长端赖于传承和积累，我们少年时即曾深受朱生豪、罗念生等翻译作品的滋润，青年时代又曾有幸得遇我国西学研究前辈洪谦、宗白华、熊伟、贺麟、王玖兴、杨一之、王太庆等师长，谆谆教导，终生难忘。正是这些前辈学人使我们明白，以健康的心态和健康的头脑去阅读西方，是中国思想和中国学术健康成长的必要条件。我们愿以这套"西学源流"丛书纪念这些师长，以表我们的感激之情，同时亦愿这套丛书与中国新一代的健康阅读者同步成长！

2006年元旦

# 目 录

中译本前言（刘小枫）·i
德文版出版者前言·xvii
第一版序言·xix
第二版序言·xxiii

---

**第一部**
## 19世纪德国精神史研究

导　论　歌德与黑格尔·3

从黑格尔精神历史的哲学看时代在精神上的
发生的起源

第一章　黑格尔的世界历史和精神历史之完成的终极史意义·39

第二章　老年黑格尔学派、青年黑格尔学派、新黑格尔学派·67

第三章　黑格尔的调和被马克思和基尔克果的抉择
　　　　所瓦解·183

历史性时代的哲学转化为对永恒的要求

第四章　作为我们时代的哲学家和永恒的哲学家的
　　　　尼采·235
第五章　时代精神和对永恒的追问·271

第二部
**市民阶级—基督教世界的历史研究**

第一章　市民社会的问题·319
第二章　劳动问题·355
第三章　教育问题·391
第四章　人道问题·413
第五章　基督教信仰问题·437

---

文献目录·522
年　表·526

# 中译本前言

刘小枫

《从黑格尔到尼采》——二十年前,这个书名强烈吸引着我。好不容易找到英文本捧读过后,尽管十分钦佩作者广博的学识,却感觉未得其要领。如今,李秋零教授据洛维特的德文全集本译出流畅的中译本,堪称学苑幸事。出版社要求我给这个译本写篇"导言",我又读了一遍中译本,不仅勾起过去没解开的困惑,还生发一些新困惑,实在不敢"导"而"言"之。谈谈自己读这本书的个人经验,对后来的读书人或许可算作一个"前(车之鉴)"言。

为什么《从黑格尔到尼采》这个书名当时强烈吸引我?

在我求学的年代,"德国古典哲学"是我国西学研究的显学,甚至乎汉语思想学术想问题的基础。马克思主义是我们中华民族走向现代国家时最为重要的指导思想,而这个"主义"孕生于"德国古典哲学"。不消说,要深入学习马克思主义,就得深入学习"德国古典哲学"——当时,勤于思考的李泽厚先生的大著《批判哲学的批判:康德哲学述评》正风行学界,要跟上这位"时代的哲学家"去想如何做学问,同样得深入学习"德国古典哲学"。

于是我急于想要搞清楚,"德国古典哲学"究竟是怎么回事情。

读到《从黑格尔到尼采》时，便产生了这样的困惑：对"德国古典哲学"本来抱着一腔热情，以为这是人类历史上曾经有过的最了不起的思想（毕竟马克思是在这种思想氛围中长大的），洛维特却告诉我，"德国古典哲学"的集大成者黑格尔是个"极大的错误"。为了总结、完成现代启蒙主义，黑格尔搞出了一个庞大的"哲学体系"，结果引出德意志虚无主义……尼采竭尽全力要克服这虚无主义，却因德意志思想所患的虚无主义病太重，自己最终也英勇地染菌病倒。

怎么回事？实在想不通……迄今也没完全想通！倘若康德、黑格尔、基尔克果、尼采的思想本身就病魔缠身，我们迷拜这些德国人的思想岂非自找"病"受？

据我自己的经验，所谓"竭力想要搞清楚"某种思想学问，似乎有两条路子：要么跳进（比如说"德国古典哲学"中）去想，于是难免产生与这种思想一起想、一起挣扎的冲动和热情；要么，与所要搞清楚的思想保持一定距离，免得自己本来也许还清白、端正的头脑被所"搞"的思想（比如说"德国古典哲学"）搞坏了。

"保持距离地想"似乎比较安全。可是，不"跳进去想"，怎么能把所要想的东西想出点名堂？自己的学养和思想又何以有所提高？我总得跟随某个伟大的前人去想，而非自己独个儿胡思乱想。当然，倘若自己没跟对前辈，就惨了——无异于毁了自己的"思想前程"。想来想去，先"保持距离地想"，然后再跳进去想，或许才是较为稳妥的进学之道。

可如何才能既保持距离又能贴近地去想历史上的某种思想哩？

想来想去，最好的办法可能是：把不同的伟大前人们或流派们相互参照起来想。这可是说起来容易做起来难，比如，如何才能既保持距离又能贴近地去读《从黑格尔到尼采》？——不仅当时、即便现在，对我来说仍是困惑。

《从黑格尔到尼采》是思想史论著，关注的是思想的历史事情，如此思想的动因却出于现实的历史——即我们早就听说过的问题：为什么巴赫、莫扎特、歌德、贝多芬、席勒培植的德语文化精神竟然到头来孕育出以德意志青年人为主体的纳粹党徒？德国文化名城魏玛有歌德故居，也有尼采档案馆，纳粹党徒并没有捣毁，而是作为精神遗产加以保护和继承。人们不禁要问，德国人文主义与纳粹党徒现象究竟是什么关系？德语文化的历史其实很短，18世纪后半期兴起的德国人文主义据说是德国文化的真正开端，思考这一历史关系，无异于检审整个德意志精神的品质。

发表《从黑格尔到尼采》之前，洛维特作为海德格尔最早的学生之一已经出版过一些论著，但这本书才使得他获得广泛的学术声誉——《从黑格尔到尼采》1939年杀青，其时洛维特身在纳粹德国的伙伴日本国，1941年该书用英文在美国出版。书刚问世，洛维特的老友施特劳斯就在 Social Research 学刊上发表了四页书评（VIII, Nr. 4, November 1941, 页512—515）。

> 这部书当应引起凡想要理解出现欧洲虚无主义、尤其德意志虚无主义的人的兴趣。书的论题可以叫做以歌德和黑格尔为代表的欧洲人文主义之转变为德意志虚无主义……这论题宣称，由"致死的结果"而来的哲学史的发展，提供了理解当今在德国发生的事情的钥匙。

副题"19世纪思维中的革命性决裂"似乎表明，洛维特试图回答德国人文主义与纳粹党徒现象的关系问题——看起来也给出了一个极富解释力的回答。全书分成两半（两个部分），第一部分题为"19世纪德国精神史研究"（下分一个导论和五章），说的是德国人文主义之后的"德国古典哲学"引发的精神嬗变——虽然基尔克果并非德国人，其思想却源于"德国古典哲学"，其影响也首见于德语思想界。第二部分题为"市民—基督教世界的历史研究"（Studien zur Geschichte der bürgerlich-christlichen Welt），在这里，"市民—基督教世界"与第一部分标题（Studien zur Geschichte des deutschen Geistes im 19. Jahrhundert）中的"德意志精神"形成对应，显得是指"19世纪德意志精神"的政治层面——同样下分五章（没有导论），分别涉及：市民社会、劳动、教育、人道、基督教信仰等论题。在这一部分中，洛维特扯到更多"外国人"，尤其法国思想家（卢梭、托克维尔、蒲鲁东、索雷尔），似乎19世纪的德意志精神是对18世纪法国思想的政治性反应。

洛维特虽然并非唯一的一位反省德语古典文化与青年纳粹党徒现象的德语思想家，却可能是较早的一位（尽管我读到时很晚）。我最先读到的是霍克海默和阿多诺合著的《启蒙辩证法》（德文本1969）。这本书远比《从黑格尔到尼采》名气大，1947年在阿姆斯特丹出版，当写于"二战"期间。读完当儿，我就激动不已，觉得两位法兰克福学派思想家真了不起，因为他们太善于"辩证"地看问题。等到后来不久读过卢卡奇写于1952年的《理性的毁灭：非理性主义的道路——从谢林到希特勒》（1954年初版，王玖兴译本，山东人民版1988），就觉得两位法兰克福学派大师不那么"深刻"了。霍克海默以辩证—历史唯物主义的思想方式来分析"启蒙理念"，指出这一"理念"具有肯定和否定的两面性（理性与神话）——分析时挥洒自如，在上下两千年的思想中纵横捭阖，一会儿荷马、克塞诺梵那，一会儿斯宾诺莎、弗洛伊德，似乎清理出了"启蒙理念"在思想史上的来龙去脉,其实并不见得有什么实实在在的见地,倒颇像"智术"。[1]相比之下,卢卡奇显得"深刻"一些,因为他深入到更为具体的思想史内在层面,而且说得蛮有道理:理性走向了反面非理性嘛。

当我读到《从黑格尔到尼米》,马上又觉得卢卡奇的思想史分析不"深刻"了——没什么思想穿透力,还带有让人很不舒服的党派腔调……

为什么会有这样的感觉?

平心而论,洛维特的确特别具眼光——比如,能从不同的东西中看到相同的东西。歌德和黑格尔虽为同时代的两大伟人,但秉性、气质、学问何等不同!洛维特却从两者身上看到了共同的"时代精神"。马克思与基尔克果虽为同时代人,但秉性、气质、学问又何等不可同日而语!洛维特却从两者身上看到了共同的"时代精神"的结果。第一部分导言结尾的一段话已经精当地表述出全书要旨:

> 当歌德和黑格尔在对"超越的东西"的共同抵制中想建立一个让人们能够与自身同在的世界的时候,他们最亲近的学生们已经不再视他们为家园了,他们把自己老师的平静误认为是一种单纯的适应的结果。歌德的自然赖以为生的中心、黑格尔的精神在其中运动的调和,都在马克思和基尔克果那

---

[1] 据哈贝马斯考订,《启蒙辩证法》一书中关于"启蒙问题"的三篇出自霍克海默手笔,参见曹卫东编,《霍克海默集》,上海远东版1997,"编选者序",页3。《启蒙辩证法》有中译本(重庆版),据说译文没法读;曹卫东所编和主译的《霍克海默集》收入了霍克海默在《启蒙辩证法》中执笔的三篇,译文明白流畅;最为关键的一章"启蒙概念"的中译,亦见上海社科院哲学所编,《法兰克福学派论著选辑》(上),商务版1998(据英译本译出)。

里重新分裂为外在性和内在性这两极，直到最后尼采要借助一次新的开始，从现代性的虚无中召回古代，并在从事这种试验时消逝在癫狂的黑暗之中。（德文全集本卷四，页44以下；中译本页37—38）

为了厘清歌德和黑格尔如何共同抵制"超越的东西"、马克思和基尔克果如何由此向两个方向分裂、尼采如何从头再来以及最终"消逝在癫狂的黑暗之中"，洛维特展开了深入细致的思想史调查，并用（译成中文有）三百多页篇幅将调查结果呈示出来，然后再用（译成中文有）近两百页篇幅来解析这一思想的历史过程的政治面相。面对如此清晰的思想史图景，像我这样对"德国古典哲学"情有独钟的人，马上就会产生这样的热情：跳进这幅图景中去思考，按洛维特提供的线索进一步去想……

没读《从黑格尔到尼采》以前，我不会去想，卢卡奇的论述为什么从谢林起步。现在才明白，由于卢卡奇站在黑格尔—马克思哲学立场，他便只能说，理性变成非理性完全是因为谢林走错了道。尽管黑格尔与谢林不仅是同时代人，还是同学和青年时代的好友，毕竟后来各自走向了不同的思想道路。"从谢林到希特勒"的副题虽然没出现黑格尔的名字，其实暗含黑格尔与谢林的比较（理性与非理性的比较）——言下之意：德国后"古典哲学"的原初分裂就在于黑格尔—谢林的对峙，倘若德意志思想坚持沿着黑格尔—马克思的路走，就不会通向尼采或希特勒。

不过，这回我学乖了一点（毕竟已经吃了两回亏），马上回过头又想：没错，洛维特的书不仅成书比卢卡奇和霍克海默早，思考视域也要确切些——要不是他把审视的视域推到歌德—黑格尔的对比，我就不能从卢卡奇所设定的思想史框架走出来，从更为深远的视域来看德国古典哲学的问题——但洛维特的视域究竟有多深远哩？在"跳进去"与洛维特一起想他所想的问题之前，最好把这一点先搞清楚。

这时，年历已经快到 90 年代了。

1935 年，海德格尔讲了一学期"形而上学导论"，同样致力澄清"从黑格尔到尼采"这一思想历史的问题。海德格尔一上来讲的主要不是哲学，而是作为虚无主义的"现代政治现象"——提到美苏两个现代国家具有相同的形而上学品质；如果与霍克海默、卢卡奇、洛维特的相关论述对观，我不难感觉到，海德格尔对虚无主义问题的考虑要深远得多（至少早在冷战思维出现之前就已经超逾了冷战思维）。不仅如此，海德格尔接下来说：德国古典哲学的开端——康德哲学才是"极大的错误"的肇始者，这对当时的我简直有如晴天霹雳，我毕竟是在"回到康德"的召唤中长大的。再说，海德格尔思考虚无主义问题比洛维特早，在追踪问题来源时却比洛维特从黑格尔起步往前推移了一步。不仅如此，海德格尔从康德跳到柏拉图和前苏格拉底，把康德成问题的哲学的来源追溯到古希腊的柏拉图主义，从而使得虚无主义问题与整个西方哲学的内在传统勾连起来。我感觉到，《形而上学导论》的思考框架比洛维特的思考框架要深远得没法比，遑论大而化之的霍克海默—阿多诺和党派性的卢卡奇……

尽管讲课稿直到 1953 年才出版，1935 年的德国尚未与周边国家处于交战状态，一向关注自己老师的思想动向的洛维特很有可能知道"形而上学导论"的大致思路。即便洛维特不知道自己的师傅此前已经处理过这个问题，从而可以说两人在不同的时间和地方想了一次同一个问题，我作为后来者自然可以不理睬这些差异，仅关注两人所想的立足点（或视域）。对于洛维特用了近两百页（中译）篇幅所讲的政治问题，海德格尔在《形而上学导论》中仅用一章篇幅就精当地扼要描述出来，由此提出要理解"德国古典哲学"引出的问题。即便不深入细节，仅仅从论述形式上作一番对观就可以看到，海德格尔不仅比洛维特的思考视域深广（从康德到尼采，而非从黑格尔到尼采），而且明知尼采"消逝在癫狂的黑暗之中"还采取果敢的思想挽救行动：尼采"从现代性的虚无中召回古代"（洛维特语）的行动在哪里跌倒，海德格尔就从哪里爬起来，英勇地再次冒险"从现代性的虚无中召回古代"——召回前苏格拉底哲人对 Logos 的理解。就思想的深度和克服虚无主义的果敢这两个方面来讲，对比海德格尔与洛维特这对师徒，都让人觉得弟子还是不及师傅。看来，1953 年海德格尔（据说）未加修改地刊布自己在 35 年的讲课稿，完全有其理由——《从黑格尔到尼采》在 1950 年出了第二版，影响明显见涨。

虽然洛维特对海德格尔几乎一向持批评态度，实质上仍然在跟随海德格尔走。在《从黑格尔到尼采》第一部的结尾一章（第五章），洛维特又回到歌德与黑格尔的对比。但这一次与导论和第一章中的说法不同——不是说两者的同，而是说两者的"异"。为什么变了？搞明白这一点，就大致可以清楚洛维特跟随海德格尔有多远。

《从黑格尔到尼采》第一部分的第一章讲的是黑格尔，但导论题目却是"歌德与黑格尔"；第二部分没有"导论"，从而，作为导论的"歌德与黑格尔"这一论题实际上统领全书立意。但为什么书名不是"从歌德—黑格尔到尼采"？如果对比一下卢卡奇，可以这样说：在卢卡奇看来，黑格尔与谢林这两个同时代人的分歧决定了德语思想是否被引向灾难；在洛维特看来，歌德与黑格尔这两个同时代人的分歧决定了德语思想是否被引向灾难。《从黑格尔到尼采》第一部分的第一章题为"黑格尔的世界历史和精神历史",最后一章题为"时代精神与对永恒的追问",其中的第二节"黑格尔与歌德论时间与历史"可以看做洛维特对整个考察的总结性回答。这一节长达(中译)三十多页,在章节篇幅分布中非常突出。在这里,洛维特强调的不再是歌德与黑格尔的"同"(对"超越的东西"的共同拒绝),而是两者的"异"——自然与逻各斯的"异":

> 歌德的时间观在字面上与黑格尔的概念是同一的,但它达到永恒的东西内在于时间这一观点所遵循的道路却不同,就像歌德的自然观与黑格尔的思想思辨不同一样。……对于歌德来说,持续大自然的原型就是大自然的存在,大自然的生灭对他来说表现为同样的东西的变形。(中译本页284)

接下来,洛维特便从歌德的"自然观"立场出发对黑格尔的思辨性"历史观"立场展开了一番激烈批判,言下之意,倘若德语思想当年跟随歌德的"自然"观而非黑格尔的"历史"哲学观,尼采问题就不会出来,因为,"歌德的自然观拒斥对历史理性的这种信仰",他"关于世界上发生事情的观点是从自然出发的,自然自身就已经是理性了"(中译本页286)。于是,洛维特把布克哈特看做歌德的继承人,尽管布克哈特已经以黑格尔的"自然与精神"的对立为前提了(中译本页306)。

布克哈特与尼采不仅是同时代人,而且是好友,为什么布克哈特就要得,尼采就要不得?因为,在思想的时代迷乱中布克哈特把目光投向了古代的"自然"观,而非像尼采那样去创造出一个新的替代品(永恒复返)——洛维特后来的著述表明,他在时代的思想迷乱中也把目光投向了古代的"自然"观。然而，海德格尔在 1935 年不就把目光投向了古希腊的"自然"观么？在《形而上学导论》提出的柏拉图—康德—尼采与前苏格拉底诗人之间的对峙中，"自然"概念起着决定性作用：通过疏解前苏格拉底诗人，海德格尔力图重新解释 Logos 的含义——把"逻辑"重新扭回为"自然"。海德格尔"重返"古希腊的"自然"观时，借助的是荷尔德林——义疏荷尔德林诗长达十余年，返回古希腊"自然"观的步伐何等坚定、沉着。洛维特不同样如此么？看起来不同的是，他"重返"古希腊的"自然"时借助的是歌德这"基督教的异教"（christliches Heidentum 对抗黑格尔的 philosophische Christlichkeit［哲学的基督教品质］），但荷尔德林不同样是个"基督教的异教徒"？难道不是尼采才终于英勇地脱掉了这"异教"的基督教外衣？洛维特用歌德来代替荷尔德林的思想骑士英雄角色，未见得就比海德格尔"深刻"或进了一步——至少没有越出海德格尔的思考框架。

有人可能会感到疑惑：《形而上学导论》的思考起于 1933 年，那时纳粹刚刚上台，海德格尔怎么就能思考纳粹现象的形而上学问题了呢？倘若不是这样，又何以可能与洛维特的论题相提并论？

实际上，《从黑格尔到尼采》的思考与纳粹现象没什么直接关系，而是与虚无主义有直接关系（纳粹现象不过是虚无主义这一时代精神的一个表征或结果而已，别的表征和结果还有的是）。与虚无主义作斗争，这是《从黑格尔到尼采》与《形而上学导论》一脉相承的地方——说"一脉相承"，并非指洛维特在跟着《形而上学导论》这本书的思路想，毋宁说是在跟着自己耳濡目染的海德格尔想：从施特劳斯与洛维特 1933 年间的通信（参见施特劳斯等，《回归古典政治哲学：施特劳斯通信集》，朱雁冰等译，北京华夏版 2006）中可以看到，《从黑格尔到尼采》的基本思路在1933年以前就已然基本成熟。

　　看来，抵制和解决虚无主义精神乃是后"德国古典哲学"的基本思想脉动（从基尔克果—马克思到尼采），海德格尔也好、洛维特也好，都是在这一思想脉动中思考。因此，施特劳斯在其《从黑格尔到尼采》的书评一开始提到"理解出现欧洲虚无主义"时加了"尤其德意志虚无主义"这个提法，就值得特别留意了。换句话说，虽然洛维特主要谈的是19世纪的德语思想事件，但他与海德格尔一样，把虚无主义命名为"欧洲"的思想现象（参见海德格尔《尼采》第二卷中篇幅长达两百二十多页的一章"欧洲虚无主义"）。施特劳斯的提法表明，他不赞同把虚无主义视为一个"欧洲"现象，而宁可视为"德意志"现象。在写这篇书评之前不久，施特劳斯做过一次公开演讲（1941年2月26日），讲题即为"德意志虚无主义"（中译见拙编，《施特劳斯与古典政治哲学》，上海三联版2002，页737—766）。演讲一开始，施特劳斯就力图澄清：虚无主义其实是一个主要在德语思想中出现的精神现象，把它说成整个"欧洲的"，反倒会混淆视听，把问题搞浑。事实上，施特劳斯的整个演讲都在回答这个问题：为什么说虚无主义特别属于德意志思想。

　　施特劳斯给出的尝试性答案尤其见于演讲稿的最后一节（第12节），其大意是说：虚无主义是德语古典哲学在反抗现代性观念时力图寻回古代观念这一思想行动引出的结果。德语文学和思想形成于现代文明的观念由英国人"几乎打造完毕之后"——甚至是在法国思想家贯彻这种观念之后。什么叫现代文明观念？按施特劳斯的界定，降低道德标准和道德要求、把道德等同于要求个人权利，这就是现代观念。德意志思想源于反对和修正这种现代文化构想的冲动：充满义愤地反对道德的堕落"以及随之而来的真正的哲学精神的沦落"。"为了捍卫受到威胁的道德"，德意志哲人不仅过分强调武德的价值,还"开创了一种特别德意志化的传统:鄙视通识以及通识所设想的人生目的"。施特劳斯在这里尤其对比了英国和德国的现代性思想:英国思想尽管营构出所谓"庸俗的"现代文化观念,但英国人向来不乏审慎,在设想现代观念时,合理地采纳了一些古老的永恒观念:"英国人从未与传统彻底决裂,这种决裂在欧洲大陆却影响深远"。

> 就在英国人创制了现代理想的同时,剑桥和牛津比其他任何地方都更好地保存了前现代的理想、古典的人文理想。(页765)

这话有可能是说给美国人和英国人听的,但下面这段话就不大可能仅仅是为了讨好美国听众了:

> 德国哲学最终还是把自己设想为前现代理想与现代理想的综合。……纳粹主义是这一返转的最著名的例子,因为它是最下里巴人的例子。其最高水准则是返回哲学的所谓前文献记载时期,返回前苏格拉底哲学。不管在什么水准上返转,前现代理想都不是真实的前现代理想,而是德国观念论所解释的前现代理想,因而是被歪曲了的理想。(页764,丁耘译文)

这段话是在1941年讲的,听起来就像是对海德格尔《形而上学导论》和洛维特《从黑格尔到尼采》的评说,无论当时施特劳斯是否已经知悉海德格尔1935年讲课稿的思路——已经知悉,说明他有的放矢,不知悉,则说明他思考问题时善于让

"桶底脱落"。

施特劳斯的一生学术不也是在"返回"古代观念么？

没错。但既然德意志虚无主义是德语思想家在"返回"古代观念时引出的"极大错误"，对症下药的话，问题就在于如何"返回"。德语的后"古典哲学"用现代的观念（荷尔德林也好、歌德也罢）来"解释前现代的观念"，必然歪曲古代的观念。施特劳斯一再强调，要按古人自己的理解来理解古人，显然是有的放矢。有人会说：用施特劳斯的学说来解释古典，同样是用一种现代的学说来解读古典。这种看法搞错了的地方在于，施特劳斯根本没有提出一种自己的学说（诸如解释学"学说"一类）来解释古典，而是主张按古典解读古典——倘若在20世纪时有人说，"自唐以来，士不识古人立言之旨，不能追古人最高之境而从之"（吴闿生，《左传微》，白兆麟校注，黄山书社版1995，引文见曾克瑞序，页8），从而力求回到原经式的读法，我们显然不能说，这是在提出一种现代的"学说"，然后用它来解读古人的书。读过海德格尔解读某部古籍的书后，你可以推知他如何解读另一本古籍——说来说去始终是"存在史"问题（存在学说）；相反，读过施特劳斯讲疏比如说柏拉图的《会饮》，你仍然无法推知他讲疏《普罗塔戈拉》时会讲些什么东西。原因很简单：海德格尔解读古籍时说的是他自己的一套学说，施特劳斯解读古籍时说的是古籍自身在说的东西——这就是为什么，施特劳斯在解读时总悉心从古籍作品的"文学形式"入手。

可是，即便"返回"到古希腊人自己所理解的古代观念，我们又该怎么看待古代观念？跳进去与古希腊人一起想？那样一来，咱们岂不又失去了观照某种思想时所需要的距离？

施特劳斯在"雅典与耶路撒冷"的张力中来观照古代"雅典"，从而保持了观照的距离；不仅如此，通过把握"哲学与宗教

（神学—政治）"这一古代思想中的张力，施特劳斯似乎还在古代雅典之中看到了"雅典与耶路撒冷"的张力。这一张力早已经存在于西方思想的大传统之中，因此，"返回"这一张力对于西方思想者来说当是题中之义。

据说，德语古典哲学"返回"古代观念的行动是黑格尔发起的（绝非仅仅指他开创的"哲学史"论述方式），为什么洛维特的《从黑格尔到尼采》没有关注这一方面（从黑格尔往后看、而非从黑格尔往回看），自己还重蹈覆辙，从现代观念出发"返回"古代？换言之，我迄今仍然感到困惑的是：施特劳斯何以可能看到这种"返回"时的问题。因为施特劳斯首先是犹太人？洛维特不也是犹太人？何况，施特劳斯曾恰恰在给洛维特的信中说过，他自己从来不是一个正统的犹太教信徒——再说，海德格尔并非犹太人，不也看到黑格尔—尼采在"返回"古代观念时出了差错？

还有一个问题令我迄今感到困惑：咱们是中国人，"哲学与宗教（神学—政治）"这一（西方）古代思想中的张力对汉语思想究竟有何历史的和生存性的意义？这一张力是否仅仅是西方的？如果是的话，事情倒好像比较简单，而且如此断言后也就没什么事了（需要观照的仅是西方哲学何时、如何进入华土，并着手建立学术机制监测西方哲学在当今我国高中和大学教育中起什么作用）；如果不是的话，问题就来了：中国古代哲学在哪里？毕竟，如今咱们所说的"中国古代哲学（史）"据说几乎无不是今人用西方现代哲学的这种或那种观念"建构"（＝编造＝歪曲）出来的。

2006 年元月于中山大学哲学系

谨以本书纪念
**埃德蒙德·胡塞尔**

# 德文版出版者前言

卡尔·洛维特在这里展开了19世纪的一幅明媚的全景画，它在第一部分中所围绕的问题是：在黑格尔和尼采之间如何能够在哲学上理解并且眼于可能的未来而掌握历史。第二部分探讨随着卢梭和黑格尔开始的市民社会、劳动、教养、人道和基督性的问题——因而是哲学的这样一些领域，它们在当时能够社会地直接起作用并且已经起过作用。

洛维特指出，一切世界历史性对立在黑格尔那里的乐观主义和解根据其必然的含混性，造成了最坚定地在马克思和基尔克果 [Kierkegaard] 那里，但也不乏典型地和富有历史成果地在时代的政治思想家那里，以及在黑格尔后学的某些不怎么引人注目的人物那里形成的革命性变革。作者同样详尽地描述了这些变革："歌德的自然赖以为生的中点，黑格尔的精神在其中运动的调和，都在马克思和基尔克果那里重新分裂为外在性和内在性这两极，直到最后尼采要借助一次新的开始，从现代性的虚无中召回古代，并在从事这种试验时消逝在癫狂的黑暗之中。"

卡尔·洛维特（1897—1973）在弗赖堡师从埃德蒙德·胡塞尔学习。1923年在慕尼黑获得博士学位后，他追随马丁·海德格尔前往马堡，在那里他于1928年以《邻人角色中的个人》的现象学论文取得在大学授课的资格。从1934年到1951年，卡尔·洛维特处在流亡中（意大利、日本和美国）。自1952年始他在海德堡讲授哲学，直到退休。

《从黑格尔到尼采》这部专著的第一版于1941年在纽约出版。目前的这部研究版的文本依照1950年稍加删节的第二版（最后一版为1986年第9版）的文本。在《洛维特全集》9卷本（Klaus Stichweh和Marc B. de Launay编，斯图加特，1981—1988年）全部问世之后，研究版就不再附加第7版至第9版所附的由Klaus Stichweh所编纂的"文献总目"了。

Felix Meiner 出版社

# 第一版序言

黑格尔［Hegel］和尼采［Nietzsche］是两个端点，19世纪德国精神历史的真正发生就在这两个端点之间运动。但由于人们大多把黑格尔的业绩看做是唯心主义体系光辉灿烂的终结，并为了合乎时宜地运用而从尼采的作品中摘取出任意的部分，所以人们必然会关注这两个人物。当人们在尼采这里只考虑影响，而在黑格尔那里只考虑业绩的时候，黑格尔显得十分遥远，而尼采则显得非常贴近。但事实上，黑格尔的业绩通过其学生们对精神生活和政治生活发挥了难以估量的作用，而自1890年以来出自尼采的无数影响，则只是到了我们这个时代才凝聚为一种德意志意识形态。与40年代的黑格尔学派相对应的，是昨日的尼采学派。

与黑格尔专家和尼采的崇拜者们对黑格尔体系的学园式固守和对尼采作品的通俗扭曲相反，下面的研究真实地再现了从黑格尔到尼采的这一时代，从而在当代的视域中"重写"了19世纪的哲学历史。但是，重写历史并不意味着为了生活的利益而以牺牲真理为代价，歪曲一去不复返的事件不可抗拒的力量，而是意味着正确地对待生活历史的事实，意味着从其果实认出大树，在儿子身上认出父亲。只有20世纪才使19世纪的真正历史变得清晰起来、变得可以解释。在这方面，黑格尔之后哲学发展中极度的连贯性有助于追踪前后相继的步骤,但这种连贯性的结局却是夸张的。

尽管如此,对精神历史的这些研究并不是通常意义上的精神史著作。因为源自黑格尔精神形而上学的精神史的基础,自此以后一直淡化得空洞无物。作为历史之主体和实体的精神不再是一个基础,而充其量是一个问题。黑格尔的历史相对主义把"绝对知识"作为开端和终结,与此相关,精神展开的每一个步骤都是自由意识中的一种进步;各门历史科学关于"精神"的知识甚至不是相对的,因为它缺乏评价时间中的事件的尺度。至于精神所剩下的,只不过是"时代精神"。然而,哪怕是仅仅为了把时代理解为时代,就需要一个超越时代的单纯事件之上的立场。但是,由于哲学与"时代精神"的等同通过黑格尔的学生们获得了它的革命性力量,因此,关于从黑格尔到尼采的时代的研究归根结底必然提出以下的问题:历史的存在和"意义"是完全从其自身出发来规定的吗?如果不是,又是从何处出发来规定的呢?

以下关于 19 世纪德国精神历史的研究并不打算提供一部 19 世纪哲学的完备历史,尤其是,一种历史把握在材料上的完备性不仅是无法达到的,而且也违背历史因果联系之意义。无论在现实的世界历史中,还是在现实的精神历史中,都有微不足道的事件发展成为重要的大事;反过来,看起来内容丰富的东西,可能很快就变得毫无意义。因此,要确定在所有方面标志着一个时代的那个整体,无论是在事先还是在事后,都是一件荒唐的事情。意义转移的过程是决不会结束的,因为在历史生活中,决不是一开始就有终结时出现的东西。于是,这些研究要表现的仅仅是黑格尔的完成与尼采的新开端之间决定性的转折点,以便在当代的视野中澄清一段被人遗忘的插曲的划时代意义。

# 第一版序言

19世纪虽然在一个它觉得优越的时代的景观中似乎可以用惟一的时髦词来把握，并且是已经"被克服的"，但是，尼采也已经意识到自己**既是**一个征服者**又是**一个继承者。面对时代的整体，一个时期既不是值得赞扬的，也不是应予责难的，因为每一个时期都既是负债者又是偾主。这样，过去了的世纪在其序列中既是先驱又是同行者，既是杰出的又是平凡的，既是清晰的又是浑浊的。19世纪是黑格尔与歌德，是谢林［Schelling］与浪漫主义，是叔本华［Schopenhauer］与尼采，是马克思与基尔克果，但也是费尔巴哈［Feuerbach］与卢格［Ruge］，是鲍威尔［B. Bauer］与施蒂纳［Stirner］，是哈特曼［E. von Hartmann］与杜林［Dühring］。它是海涅［Heine］与别尔内［Börne］，是黑贝尔［Hebbel］与毕希纳［Büchner］，是伊默曼［Immermann］与凯勒［Keller］，是施蒂夫特［Stifter］与斯特林贝格［Strindberg］，是陀思妥耶夫斯基与托尔斯泰；它是司汤达与巴尔扎克，是狄更斯与萨克雷，是福楼拜与波德莱尔，是麦尔维尔［Melville］与哈尔迪［Hardy］，是拜伦与兰波，是莱奥帕尔迪［Leopardi］与邓南遮［d'Annunzio］，是盖欧尔格［George］与里尔克［Rilke］；它是贝多芬与瓦格纳，是雷诺阿与德拉克洛瓦，是蒙克［Munch］与马雷斯［Marees］，是凡·高与塞尚。它是兰克［Ranke］与蒙森［Mommsen］、德罗伊森［Droysen］与特赖奇克［Treitschke］、泰纳［Taine］与布克哈特［Burckhardt］以及自然科学的一个非凡发展的时代。它尤其是拿破仑与梅特涅［Metternich］、马志尼［Mazzini］与加富尔［Cavour］、拉萨尔［Lassalle］与俾斯麦［Bismarck］、鲁登道夫［Ludendorff］与克列孟梭［Clemenceau］。它从法国大革命一直延伸到1830年，并从这里又一直延伸到第一次世界大战。它为了人们的幸运和不幸创造了全部的技术文明，把各种发明播撒在全世界；没有这些发明，我们就再也不能想像我们的日常生活。

我们中间谁能否认，我们还完全在依赖这个世纪生活，并因此而理解雷南［Renan］的——也是布克哈特、尼采和托尔斯泰的——问题："在我们之后，人们将靠什么为生？"如果只有从**时代**的精神出发才能对此给予一个回答，那么，我们这一代人——在1900年之前就已出生、在第一次世界大战中长成的一代人——的最后的、真诚的话，就是断然地听天由命；而且这是一无所成的一代，因为如果大多数东西都不行了，那么放弃也就是容易的事情了。

1939年春于日本仙台

# 第二版序言

自撰写这些研究以来,已经逝去而又如此记忆犹新、经历丰富却又如此贫乏的10年岁月,促使作者在这一新的版本中作出了一些修改,主要是删节和压缩。根据变化了的时态,一些现在时变成了过去时。

真正的主题是:由马克思把黑格尔的绝对精神哲学改造为马克思主义,基尔克果则将其改造为存在主义,这仍没有被中间这段时间的事件所触及,与当时的读者相比,理应引起今日的读者更多的关注。

1949年于纽约

第一部

# 19世纪
# 德国精神史研究

# 导　论　歌德与黑格尔[1]

歌德使德国文学成为世界文学，而黑格尔则使德国哲学成为世界哲学。他们的创作力量具有一种完美的规范性，因为他们的意愿与他们的能力是一致的。至于后来所发生的，无论是在视野的宽广还是在渗透的能力方面，都无法与他们相提并论；要么是过分的，要么是薄弱的；要么是极端的，要么是一般的、许诺多于守信的。

1806年，当拿破仑经过耶拿和魏玛到来的时候，黑格尔完成了《精神现象学》，歌德完成了《浮士德》的第一部分。在这两部著作中，德国语言达到了其最广博的丰满和最深刻的精炼。然而，与德国其他思想家和诗人们的关系相比，黑格尔与歌德的关系却要不起眼得多，以致造成了这样的假象，就好像他们只是同时生活，却没有一同活动似的。席勒［Schiller］曾受到康德［Kant］

---

[1] 这一节作为19世纪的精神历史的导言，想阐明由黑格尔和歌德所完成的德国教养在世纪的进程中所表现成为的那个问题。它由此而不同于迄今为止对这一主题的那些探讨，它们的作者假定德国唯心主义依然存在。

　　请参见戈舍尔［K. F. Goeschel］:《黑格尔及其时代——兼论歌德》，柏林1832年；霍纳格尔［R. Honegger］:《歌德与黑格尔》，载《歌德研究年鉴》，XI，1925年；霍夫麦斯特［J. Hoffmeister］:《歌德与德国唯心主义》，莱比锡1933年；法尔肯海姆［H. Falkenheim］:《歌德与黑格尔》，蒂宾根1934年。

的影响，浪漫主义曾受到费希特［Fichte］和谢林的影响，而歌德对自然世界和人类世界的直观却没有受到任何一位古典哲学家的规定。他的诗歌创作不需要任何哲学支持，因为它自身就是思想丰富的，而他的自然研究与他的诗歌创作一样，是由同样的想像力引导的。

因此，"黑格尔与歌德"并不意味着他们的生平事业彼此依赖，或者直接地相互衔接，但它应当显示出这样一种联系，即歌德的**直观**与黑格尔的**理解**之间有一种内在的关系，这种关系既表示一种贴近，也表示一种遥远。两个人中的每一位对另一位的业绩和活动所给予的承认，都是建立在保持他们联系的距离之上的。然而，在每一个人都做自己的事情的时候，他们做事所遵循的信念在重大的事情上却是相同的。如果人们考虑到，歌德的"**源始现象**"与黑格尔的"**绝对**"在事业上的相遇，恰如歌德与黑格尔本人在其个人生活中的相遇[1]一样，充满了敬意，那么，把他们分开和统一起来的差异就昭然若揭了。

他们双方的关系持续了30多年。歌德的一些日记记载和口头表述以及二人之间往来不多的书信，就是录下他们关系的全部材料。在黑格尔的著作中，有那么几次提到歌德，更详细地说是与《哲学全书》的两个版本中的颜色学有关。[2] 另一方面，歌德把黑格尔关于同一对象的一段信刊登在《自然科学》的第4期上。不过，他们的关系超越了事业上的参与。

在1825年4月24日致歌德的信中，黑格尔谈到他的"依念以至虔敬"的更详细的动机："因为在我纵观自己精神发展的

---

[1] 请参见黑格尔在致其夫人的信中关于他拜访歌德的叙述，《黑格尔往来书信集》，II，280。
[2] 黑格尔：《哲学全书》，海德堡版，第221节；《哲学全书》，第317节以下。

进程的时候,无处不看到您的踪迹,我可以把自己称为您的一个儿子;我的内心从您那里获得了对付抽象的营养,获得了有抵制能力的坚强,并把您的作品当做照耀自己道路的指路明灯来遵循。"[1]与此相应的,是歌德在黑格尔死后向法恩哈根[Varnhagen]所作的表述,他对失去这位"大贤甚高的、重要的领袖"感到深切的悲伤,这位领袖是一个那么"深思熟虑、且又活动领域广泛的人物和朋友"。"他的学说的基础在我的视域之外,但在他的作为触及到我,或者干脆影响到我的努力的地方,我总是能够从中获得真正的精神上的好处。"[2]对于歌德来说,黑格尔的学生们之后的构思要比黑格尔自己学说的独断论基础距离更为遥远,尽管他也曾不无赞赏地提到过这样一些卓越的知识。即便是作为78岁高龄的老人,他还在研究欣里希斯[Hinrichs]的一部关于古代悲剧的著作,把它作为一次重要的谈话的出发点。[3]黑格尔的另一位学生亨宁[L. von Henning]曾在柏林大学举办过关于歌德的颜色学的讲座,歌德为他提供了必要的材料。关于黑格尔当时学生中最具独立性的一位,即法哲学家甘斯[E. Gans],据他说歌德曾作过如下方式的表述:"他认为,如果哲学也把关注它所探讨的事情和对象当做自己的义务,那么,它越是与经验主义者建立联系,也就会变得越有效用;只不过总是要产生这样的问题,即一个伟大的研究者和观察者是否同时也可能是一个重要的概括者和总结者。……他虽然相信黑格尔无论对自然还是对历史都拥有广博的知识,但并没有忘记追问,他的哲学思想是否必须根据人们不断得出的新发现来作出修正。……他现在谈到了年鉴。他不

---

[1] 《歌德年鉴》, XVI (1895), 68—69。
[2] 歌德1832年1月5日的信。
[3] 歌德1827年3月21日和28日同埃克曼[Eckermann]的谈话。

喜欢一些文章中所包含的某种迟钝和详尽。他指责我关于萨维尼〔Savigny〕的《中世纪罗马法的历史》的书评,其观点是我想迫使作者做某种不同于他自己心意的事情……"[1]

和歌德在这里拒绝被强迫接受一种异己的思维方式一样,他在一封致黑格尔的信中强调:在他的自然科学研究中,重要的不是"要贯彻的意见",而是"要传递的方法",每一个人都可以按照自己的方式把这方法作为一种工具来使用。[2]但紧接着这一保留的,是对黑格尔的努力的承认。这一承认表明,就连歌德也对所有肆无忌惮的任意是多么反感。"我非常高兴地从一些地方听到,您教育年轻人的辛勤劳动已经结出了极好的果实。在这个难以捉摸的时代里,在某个地方从一个中心点出发,传布一种在理论上和实践上都能促进一种生活的学说,这当然是非常必要的。人们固然不能阻止思想贫乏的人陷入模糊的表象和空洞的废话;但即便是聪明人也深受其害。通过发觉人们在年轻时候就使他们卷入的错误方法,他们将返回到自身,将变得深邃或者超脱。"[3]达到一种可以流传的论证的意愿,使歌德超越了黑格尔的"学说",把他与黑格尔精神上的"作为"联结起来。这一对于歌德同黑格尔的整个关系来说颇具特色的区分,戏剧性地表现在同首相米勒〔Müller〕的一次谈话中:"虽然黑格尔本人相当合我的心意,但对黑格尔哲学,我却无法知道任何更进一步的东西。"[4]歌德在稍后致黑格尔本人的信中较为婉转地写道:"我尽可能地使自己的思想

---

[1] 《歌德谈话录》,III,426—427。
[2] 《黑格尔往来书信集》,II,31—32。
[3] 参见歌德1825年6月7日和1832年1月27日致策尔特〔Zelter〕的信,以及1828年3月12日与埃克曼的谈话。
[4] 《歌德谈话录》,III,414。

对哲学家的馈赠保持开放，每当我能够获知某种以大自然不想让我占有的方式研究出来的东西时，我都感到非常高兴。"[1]歌德毕生对黑格尔哲学都是既感到被吸引，又感到反感。[2]但他在根本上确信，他们在精神中是彼此相遇的。这一点在他致策尔特的最后一封信中得到了少有的表现："万幸你的天赋所依赖的是氛围，也就是说，所依赖的是时机。由于一系列前后一致的时机就是永恒自身的一种方式，这样你就可以在短暂的瞬间始终保持稳定，从而无论是使我还是使黑格尔的精神——就我理解他而言——都感到完全的满足。"[3]

## 一、歌德对源始现象的直观和黑格尔对绝对者的理解

### 1. 原则的共同性

黑格尔身上合歌德心意的东西，无非就是其精神作为的原则：在是自身（Selbstsein）和是他物（Anderssein）之间进行调和，或者用歌德的话说，他置身于主体与客体的中间，而谢林强调的是自然的广袤，费希特强调的是主体性的尖锐。[4]"客体与主体相互接触的地方，就是生活。既然黑格尔以自己的同一性哲学

---

[1]《黑格尔往来书信集》，II，249。
[2] 歌德1831年8月13日致策尔特的信。
[3] 歌德1832年3月11日致策尔特的信。
[4] 黑格尔哲学的原则的第一次表述包含在其早期神学著作中（《黑格尔早期神学著作集》，诺尔[H. Nohl]编，蒂宾根1907年，第348页），和关于费希特体系与谢林体系的差异的文章中（《黑格尔全集》，$I^2$，246），参见耶拿实在哲学的"中间环节"概念（I，203以下）。

置身于客体和主体之间,我们愿意赞赏他。"[1]同样,就连黑格尔也不得不感受到歌德那有实质的主体性,即他的"是自身"的世界内容。与他对浪漫学派无内容的主体性的尖锐批判极为精确地相对应的,是歌德对"时代通病"的诊断:它没能力创造性地放弃自己的主体性,进入对象性的世界。[2]从黑格尔最初的体系未完成品开始,直到他的逻辑学和哲学全书,他的调和哲学的真正动因,一直是在主体与客体之间、自为存在和自在存在之间、内在性和外在性之间找到并建立中心点。借助这种哲学,实体应当成为主体,主体应当成为有实质的。同样,就连歌德那质朴的哲学思维也是围绕自我与世界一致的问题运动的。[3]使用主观的"理念"和客观的"经验"、感性地"被把握的东西"和"被理念化的东西"等标题,探讨它们的矛盾以及矛盾的扬弃,这不仅见于同席勒的书信往来中的著名讨论,[4]而且还有4篇专门的文章:《作为客体与主体之调和者的尝试》《近代哲学的影响》《直观的判断力》《思考与顺从》。

歌德说过,人在考察宇宙的时候不可能忘记大胆地提出理念、形成概念,力图借助它们把握上帝或者自然的本质。"在这里,我们遇到了特别的困难,即在理念和经验之间似乎固有一道鸿沟,我们的全部力量徒劳地致力于超越它。尽管如此,仍然有我们借

---

[1] 《歌德谈话录》,III,428;关于"中间环节"这个概念,请参见《麦斯特的漫游时代》,II,1(科塔版《歌德全集》第40卷,第189页)和《颜色学的历史》,科塔版《全集》第39卷,第437页。还请参见齐美尔[G. Simmel]:《歌德传》,1923年,第90页以下。
[2] 黑格尔:《美学讲演录》,《黑格尔全集》,X/1,第2版,第83页以下;歌德1826年1月29日与埃克曼的谈话。
[3] G. 齐美尔在他的《歌德传》中最明确地讨论了这一点。
[4] 歌德1794年8月23日和31日的信;请参见《采集者及其家人》第27卷,第215页。

助理性、知性、想像力、信仰、情感、幻觉以及——如果我们除此不能用别的什么东西——胡说八道来克服这一裂痕的永恒努力。最终,在紧张持久的努力之后我们发现,断言没有一个理念与经验完全一致、但却承认理念可能甚至必然与经验相似的哲学家是有道理的。"[1]这里所指的哲学家就是康德。康德把形成理念的知性和感性直观统一起来的著作就是《判断力批判》。与此相反,歌德从《纯粹理性批判》中发现,它完全在自己的范围之外。对他来说,值得注意的东西似乎仅仅是它重提了一个"古老的核心问题",即"我们的自我在多大程度上、外部世界又在多大程度上参与了我们精神的此在"。不过,他本人决没有把一个与另一个分开,当他按照自己的方式进行哲学思维时,他是以不自觉的质朴性这样做的,并且相信确实"在眼前"看到了自己的意见。[2]无论是在创作诗歌,还是在进行研究,他都如同自然一样,始终既是分析的又是综合的。"人的精神的收缩和扩张对我来说如同第二种呼吸,二者从不分开,永远在搏动着。"然而,对于这一切他不置一词,也很少说废话。深入康德的《纯粹理性批判》,时而阻碍了他的诗人天赋,时而阻碍了他的人类知性,尽管他觉得理解了一些章节,并从中为他的私人运用获得了一些东西。

与康德的这种关系随着《判断力批判》的出版(1790)而有所改变。他认为《判断力批判》开辟了一个"极为切近生活的时代",因为《判断力批判》完全在他自己的作为和思维的意义上,使他学会了统一地把握自然的结果和人类精神亦即艺术的结果,

---

[1] 歌德:《思考与顺从》,科塔版《歌德全集》,第40卷,第425—426页;关于歌德对康德的评判,请参见《歌德谈话录》,II,26,以及1798年12月19日致福格特[Voigt]和1793年6月7日致赫尔德[Herder]的信。
[2] 参见黑格尔:《哲学全书》,第70节,论思维对客观性的第三种态度。

以致美学的判断力和目的论的判断力相互照亮了对方。"我非常高兴,诗艺和比较性的自然研究由于都臣服于同一种判断力而彼此如此接近。"[1]但同时,歌德对自己利用康德的研究越出了由康德划定的界限也有一种批判性的意识。他的思想并不愿意限制在一种**推理的**判断力上;他特别地要求一种**直觉的**知性,后者对于康德来说就是理智原型,即理念,它并不属于人的本质。"虽然作者在这里似乎是在暗示一种神的知性,然而,如果我们确实在道德上,借助对上帝的信仰、德性和不朽将自己提高到一个高级的宗教,接近原初的本质,那么,在理智中就可以出现同样的情况,即我们借助直观一个永远在创造的自然,使自己配得上对其产品的精神分享。如果我不自觉地、从内在的本能出发孜孜不倦地推进到原型的、典型的东西,如果我甚至幸运地建构起一种符合自然的阐述,那么,就再也没有任何东西能够阻碍我勇敢地经受如哥尼斯贝格的那位老人所说的那种**理性的冒险**了。"[2]也恰恰是从这个点开始,黑格尔在其论信仰与知识的论文(1802)中从康德的《判断力批判》得出了扬弃主观唯心主义、将"知性"提高到"理性"的结论。两个人都把判断力解释为在自然概念和自由概念之间进行调和、显现"同一性领域"的中点。因为当康德反思"在其实在性中的理性",即把它看做客观地出现在眼前的美(在艺术中)、看做有机组织(在自然中)的时候,尽管他并没有意识到,由于他的直觉知性的理念,他已经处在思辨的领域,但他已经以形式的方式表述了真正的理性理念。事实上,由于一种原型知性的理念,他已经拥有了解开**自然**与**自由**的关系之

---

[1] 歌德:《近代哲学的影响》,第 40 卷,第 421 页。
[2] 歌德:《直观的判断力》,第 40 卷,第 424—425 页;参见《黑格尔全集》,I², 39 以下。

谜的钥匙。

无论是黑格尔还是歌德（同样还有谢林），都把康德这最后一个理念当做出发点。两个人都敢于作"理性的冒险"，他们将自己——超越推理的知性——置身于"是自身"和"是世界"之间的中点上。然而，他们的调和的区别在于，歌德从被直观的**自然**方面出发理解统一，而黑格尔则从**历史的精神**方面出发理解统一。与此相应，黑格尔承认一种"理性的狡计"，而歌德则承认一种自然的狡计。在这两种场合，狡计都在于在背后使人们的所作所为服务于一个整体。

## 2. 解释中的差异

尽管关于绝对的不同观点——作为"自然"还是作为"精神"——标志着黑格尔与歌德的关系，但这并不意味着原则上的对立，而仅仅是一种解释它的方式上的差异。因为当歌德谈到**自然**——他相信自然也在通过他说话——的时候，自然对他来说同时意味着一切有生命者的**理性**，就像源始现象自身已经就是一种或多或少地贯穿一切造物的理性一样。[1]而当黑格尔谈到**精神**——他相信精神也在通过他说话——的时候，他由此而同时把**自然**理解为理念的他在，而精神则是"第二自然"。由于差异和共同性，歌德借一次馈赠的机会以善意的嘲讽将自己的"源始现象"推荐给"绝对"，希望它受到友好的接待。谈论"理论意义上的"绝对，他毕竟觉得是不适宜的，而这恰恰是因为他一直关注着并在现象中认识到绝对。[2]

---

[1]《歌德谈话录》，IV, 44、337；参见《颜色学的历史》，第39卷，第187页。
[2]《黑格尔往来书信集》，II, 47；歌德：《准则与反思》，第261条和第809条。

在黑格尔的一次访问之后，歌德写信给克内贝尔［Knebel］说，谈话使他产生了什么时候与黑格尔多一些时间在一起的愿望，"就这样一位人物写出来的作品而言，由于我们不能直接地使其适应我们的需求，有些东西对我们来说是不清楚的、不够深邃的，但在活跃的谈话中，它们马上就成为我们的财富了，因为我们发现，我们在基本思想和信念上是能够同意他的，从而在双方的阐发和解释中甚至能够相互接近和一致"。同时，歌德知道自己得到了黑格尔的赞同。"由于阁下对我的思维方式的主要方向予以肯定，在这方面也就进一步证实了我。我相信自己已经在一些方面取得了重大的进展。虽然并不是在整体上，但对于我和我的内心来说是这样的。但愿我能够再提供的一切，都始终能与您所奠定和确立的东西紧密结合。"[1]这句话就像是黑格尔写给歌德的，因为事实上，一个人的精神作为都是与另一个人的精神作为紧密结合的。无论在方式上和私人交往中的差别多么大，无论歌德的生活与黑格尔平淡乏味的存在相比是多么丰富和易变，两个人都始终是通过承认"什么存在"来追求奠定基础的、根本性的东西的。因此，他们都反对仅仅破坏性的，而并非建设性的特征的自负，因为他们对自由都只有一个否定性的概念。[2]

无论歌德由于自己自由的易变性在执着地追求目的方面与黑格尔那建设性的强硬有多大的区别，他们那强有力的精神的广博却都使他们二人同样地超越了世人的日常观点。他们并不想知道事物对于我们来说是什么，而是要认识并承认自在自为的东西。当歌德在关于试验的文章中说明，人们必须像一个漠然的、仿佛

---

[1]《黑格尔往来书信集》，II，145。
[2]《歌德谈话录》，II，524；III，327。

神性的本质那样寻求和研究"什么存在",而不是"什么让人中意"的时候,其意义与黑格尔在《逻辑学》和《哲学全书》的前言中关于纯粹思维所说的话完全相同。两个人都在纯粹观看的原初意义上评价 theoria,视其为最高级的活动。

对象的直观为他们同时也显示了他们自己的本质,因此,他们都从自己出发指出单纯反思的自为认识是非真实的、不结果实的。"在此我承认,那个伟大的、听起来很重要的任务,即**认识你自己**,我从来就一直觉得是可疑的,是秘密地结盟的祭司们的狡计,他们想通过无法实现的要求迷惑人,把人从针对外部世界的活动诱向内在错误的默思。人只有在认识他仅仅在自身里面觉察到的,并且在它里面觉察到自身的世界的情况下,才认识他自己。任何新的对象,如果认真地观察它,都会在我们里面开启一个新的器官。"[1] 出自同样的理由,就连黑格尔也反对"个人在其昂贵的隔离中自得其乐地绕着自己兜圈子",也就是说,在他作为各自特殊的单个存在物从精神和世界的普遍本质所隔离出来的东西中兜圈子。[2] 他们的形成概念和实存概念是以一种从自身走出的、将自己客观化的、世界性的实存。对一个未被机械伪造的、对象性的世界的现象的研究,也表明了歌德与黑格尔在**颜色学**事情上的联系。它从一开始就是两个人之间真正的具体切合点,尽管恰恰在这个自然哲学的领域里,他们始终没有承认和继承。他们在光和颜色的问题上互相理解的方式,也使人极清晰地认识到他们的行事方式和互相理解方式

---

[1] 仅仅用一个机智的词就造成的重大推动(第 40 卷,第 444—445 页;参见《黑格尔往来书信集》,II, 248;《歌德谈录》,III, 85;IV, 104;歌德:《准则与反思》,第 657 条)。
[2] 黑格尔:《哲学全书》,第 377 节,附释。

的差异。[1]

在他们的书信往来的前台,表现出相互促进、赞同和确认的情感,这尤其表现在歌德方面。歌德称黑格尔为一个"少有的思维机智敏捷的"人物,他关于颜色学的话虽然并不是每一个人都能同样地理解,但却机智明快、敏锐透彻。黑格尔如此透彻地理解他在光学现象方面的工作,以致对他本人来说,这些现象也只有此时才成为透彻明了的。[2]他们思维方式的背后差异则仅仅以一种友好的嘲讽的形式表现出来。借助这种嘲讽,他们彼此维护着自己的方法的独特性。歌德在1820年10月7日的信中,字斟句酌地以嘲讽的方式表明了距离。在信中,他坚持自己"理念"的**显而易见的东西**,清晰地把自己的传达方法与一种要贯彻的意见区别开来。然后是在前面已经提到的玻璃杯的献词中,它以友好的方式坚持了"绝对"与"源始现象"之间的距离。在一次由埃克曼流传下来的谈话中,他以更为直截了当的方式表达了自己的保留。这次谈话涉及辩证法,歌德怀疑辩证法会被误用来把伪说成真。不过,"辩证法的毛病"可以在对自然的诚挚研究中重新得到治疗,因为自然永远是真的,可以使这些毛病不出现。[3]

黑格尔的嘲讽表现在,他固执地称歌德所看出的源始现象为一种哲学的"**抽象**",因为它从经验上错综复杂的东西中提出一

---

〔1〕 与此相关的书信中最重要的按照时序排列如下:1817年7月8日歌德致黑格尔(《黑格尔往来书信集》II,7);1817年7月20日黑格尔致歌德(《歌德年鉴》,1891年,第166页以下);1820年10月7日歌德致黑格尔(《黑格尔往来书信集》,II,31);1821年2月24日黑格尔致歌德(《黑格尔往来书信集》,II,33);1821年4月13日歌德致黑格尔(《黑格尔往来书信集》,II,47);1821年8月2日黑格尔致歌德(《歌德年鉴》,1895年,第61—62页)。

〔2〕 黑格尔1821年3月5日和29日致莱因哈德[Reinhard]伯爵、1821年3月10日致舒尔茨[Schultz]的信。

〔3〕 歌德1827年10月18日与埃克曼的谈话。

种纯粹的、简单的东西。"阁下把自己探究自然现象的方法称为**质朴的**方式；我相信可以如此听凭自己的能力，认识和欣赏其中的**抽象**；按照这抽象，您坚持了单纯的基本真理，研究了各种条件，并且很快就发现了它们，干脆把它们选拔出来。"[1]歌德由此把某种最初单纯可见的东西、一种短暂的感官确定性、一种"简单的被看到的关系"单独提取出来，"提升为思想"并使之"固定下来"。黑格尔在为寄来的玻璃杯所写的冗长的感谢信中以同样的意义写道：就像葡萄酒自古以来就是自然哲学强有力的支柱，它使酒徒感到振奋，从而证明了"精神就在自然之中"一样，这玻璃杯也显示了光的奇妙现象。他想借此证明自己对"思想到现象和现象到思想"的实体转化的信仰。在1821年2月24日的信中，黑格尔还写道：对于其他颜色理论家的技巧他"一点也不理解"，但对他来说理解高于一切，"枯燥的现象"对于他来说无非是唤醒了理解它，即在精神上把握它的欲望。但这恰恰是歌德（也就是说，多于他自己所意识到的）借助其"精神性的自然感觉"实现的，他把一种"灵气"吹入自然中，而只有这种灵气才是完全值得讨论的。[2]"您把自己非常中肯地称为源始现象的那种单纯的、抽象出来的东西置于首位，然后指出了具体的现象，它们是通过其他作用方式和环境条件的汇合而产生的。您把整个程序安排成从简单的条件向复合的条件前进，使错综复杂的东西清楚明澈地显现出来。搜寻源始现象，把它从其他的、对它自己来说偶然的环境中解脱出来，如同我们所说的那样抽象地把握它，我把这看

---

[1] 黑格尔1817年7月20日的信。
[2] 这种措辞完全同前面"实体转化"的措辞一样，并非偶然地使人联想到黑格尔终生娴熟的基督教观念世界，而歌德却恰恰在赋予生命和转化的问题上与基督教的观念世界有着明显的区别。

做是伟大的精神性的自然感觉的事情,而把那个进程看做是这个领域内的知识真正科学的东西。"〔1〕黑格尔是在"本质"的观点上解释歌德的源始现象的。对于哲学家来说,源始现象可能引起的兴趣就在于,这样一种"标本",即由精神选拔出来的东西,可以直接在哲学上使用。"也就是说,如果我们最终把我们银灰色的、深灰色的或者深黑色的——随您的便——绝对通点气、透点光,使它变得迫切需要这些东西,我们就必须大开门户,以便把它完全暴露在光天化日之下。如果我们要把我们那些图式搬到相反世界那变得色彩斑斓的总汇中去,它们就会变成云雾而消散。在这里,阁下的源始现象使我们受益匪浅。在这种双重的光中,精神上和概念上通过其单纯性,可见上和可触上通过其感性,两个世界——我们的深邃的东西和显现出来的此在——彼此致意。"〔2〕因此,对于黑格尔来说,歌德的源始现象并不已经意味着一种理念,而是意味着一种精神—感性的本质,在纯粹的本质概念和感性世界的偶然现象之间进行调和。在接下来的几句话中,黑格尔说得更加明确。他不仅不再掩饰自己与歌德的差异,而且把它直截了当地说了出来:"既然我也发现,阁下把一种无法研究、无法理解的东西的领域大致地转移到我们用来栖身并想由此出发维护、理解——或者如人们所说,证明、推演、构思——您的观点和源始现象的地方,我同时也就知道,阁下,即使您在这方面不可能感谢我们,您的观点也会通过让我们按照我们那无害的方式宽容地对待您的东西,来赢得自然哲学这个绰号。您所遭遇的并不是最糟糕的。我可以相信,阁下熟知人性的品类。当一个人做出某种

---

〔1〕《黑格尔往来书信集》,II,36。
〔2〕《黑格尔往来书信集》,II,37。

卓越的事情时，另一些人就会跑过来，想在这里也搞出点他们自己的东西。但无论如何，我们哲学家已经有一个与阁下共同的敌人，那就是在形而上学方面。"

共同性似乎最终归结到抵御一个共同的对手，归结到否定物理学家们的"极为糟糕的形而上学"（牛顿［Newton］），这些物理学家并没有推进到一个具体的概念，而是让抽象的规则服从经验的事实。至于歌德，无论怎样对一个如此"重要的人物"的"重要的赞同"心存感激，他也不可能忽视黑格尔对他的志向和成就的承认中所包含的保留。当然，他对此作答的信只是借助黑格尔"友好地对待"源始现象这一措辞作出了暗示。

然而，在出自更早年代的两封信中，他们在方法上的差异似乎是一个不可逾越的鸿沟。黑格尔在1807年写给谢林的信中谈到歌德的颜色学："我读过颜色学的一个部分。他对思想满怀憎恶，认为别人正是通过思想把事情搞糟了。因此，他所坚持的完全是经验的东西，而不是超出思想过渡到经验的东西的另一面，即过渡到概念。概念对他来说只不过达到了朦胧而已。"[1] 被黑格尔称为仅仅是概念的朦胧的东西，对于歌德来说意味着现象明白无误的自我启示。相比之下，他认为黑格尔的上帝证明是"不合时宜的"，[2] 黑格尔的辩证构思是一种胡搞。在《精神现象学》序言的一段话中，黑格尔曾称植物的各生长阶段——从花蕾到花和果实——是一种辩证的否定。与这段话相联系，歌德写道："人们不可能再讲更为奇异的东西了。在我看来，想用一种诡辩的玩笑来毁掉自然永恒的实在性，对一个理性的人来说是完全不配的。如

---

［1］ 《黑格尔往来书信集》，I，94。
［2］ 歌德1829年与埃克曼的谈话。

果有世俗信念的经验主义者对于理念来说是盲目的,人们会对他表示同情,并听凭他以自己的方式从自己的努力中得出某些用处。但如果一个出色的思想家透彻地理解理念,并且清楚地知道它自在自为的价值是什么,知道只要它表达了一个巨大的自然程序,就会包含着什么样的更高的价值,如果这位思想家从丑化理念、借助人为地相互抵消的措辞否定和毁掉理念当中获得乐趣,那人们就不知道该说些什么了。"[1]

歌德在他与黑格尔的关系中从自己的立场出发所陷入的那种观点上的错觉在于,像黑格尔所理解的那种"理念"应当表述的不是一种"自然的程序",而是一种"精神的程序"。黑格尔并不是把这理解为**自然**的理性——它对于黑格尔来说是软弱无力的,而对于歌德来说则是万能的——而是理解为**历史**的理性。作为精神历史中的绝对者,黑格尔看到的是**基督教**的精神。因此,歌德和黑格尔之间真正的分歧可以就其对于基督教和历史的态度来理解。[2]

## 二、蔷薇花与十字架

### 1. 歌德不赞成黑格尔把理性与十字架结合起来

黑格尔于 1830 年六十大寿时,收到他的学生们铸的一个纪念章:正面是他的肖像,背面则是一种隐喻的描绘:左边一个男

---

[1] 歌德 1812 年 11 月 28 日致泽贝克[Seebeck]的信;参见《歌德谈话录》,I,457。

[2] 参见下文第五章第二节 2。

性的塑像坐着读一本书，塑像的背后有一个柱子，柱子上蹲着一只猫头鹰；右边是个女性塑像，举着一个比它更高的十字架；在二者之间，有一个裸体的守护神，它面向坐着的塑像，高举的手臂却指向另一边的十字架。**猫头鹰**和**十字架**这两个象征使人决不会怀疑这描绘所指的意义：中间的守护神塑像在**哲学**和**神学**之间进行调和。歌德的收藏中的这枚纪念章是按照黑格尔的愿望通过策尔特转交的。[1] 策尔特对此说明道："头像很好，而且并非不像，但背面我却不喜欢。谁叫我尽管自己不得不背，却去爱十字架！"当歌德在黑格尔死后收到赠送给他的一枚时，于1831年6月1日在致策尔特的信中写道："纪念章值得称道的造型在任何意义上都是极为恰当的。……关于背面，我不知道该说些什么。我觉得，它开启了一个深渊，但我在自己向永生的前进中一直把它放在左边的。"对此，策尔特回答说："黑格尔纪念章惹你生气，这我可以想像得出，它在我这里已经放了很久了。但如果你审视一番我们的新博物馆的内容，你就会大开眼界了。清一色是对最乏味的描绘犯下罪过的大师手笔！"半年之后，歌德再次回到他根本上的不满："人们根本不知道这是在干什么。至于我作为人和作为诗人会崇敬和美化十字架，我在自己的诗中（这里指的是《奥秘》）已经证明过了。但是，一个哲学家绕道本质和非本质的始基和深渊诱使自己的学生作出这种枯燥乏味的架桥活动（Kontignation）[2]，却是我无法苟同的。这种东西人们可以更廉价地获得，可以更好地表述。"因此，歌德的怒气既不是针对隐喻的描绘本身，也不是针对基督教的隐喻，他自己就在这段时间前

---

〔1〕 策尔特1830年12月2日、12月14日以及1831年5月19日致歌德的信。
〔2〕 这个词是由拉丁语的contignatio（木板）派生的，字面上意味着借助一个梁木把两个不同的事物联结起来，即架桥。

后为策尔特设计了一个隐喻的徽章，而且无论是在《奥秘》中还是在《威廉·麦斯特》和《浮士德》中，都"作为人和作为诗人"利用了基督教的象征。他所挑剔的东西乃是，在黑格尔的纪念章上，基督教的十字架象征在哲学的理解中，被绕道**理性**来使用和滥用，没有让神学与哲学处在它们应有的距离上。他在信中继续写道："我有一枚出自17世纪的纪念章，上面有一位罗马高级神职人员的塑像。在背面，神学和哲学这两个高贵的夫人相对而立，关系是如此之美和纯洁，如此完美地令人满足和可爱，以致我珍藏这一塑像，以便在我有生之年有一个配得上的人来获得它。"但除此之外，歌德还从另外的理由出发反对高于一切的十字架：它以其强硬和赤裸而与人不可或缺的"人性"和"理性"相对立。[1] 在接到黑格尔纪念章一星期之后，把它与自己为策尔特徽章设计的模式相联系，他写道："一个轻便的荣誉小十字架在生活中总是某种有趣的东西，而可憎的刑木，这太阳下面最令人讨厌的东西，任何理性的人都不应当致力于复活它，把它重新树起来。"然而，有人却必须以82岁的高龄让"可爱又可憎的世界在其数千年之久的愚蠢生活中以上帝的名义"继续前进。[2] 歌德当时通过策尔特的徽章所提出的要求以及这一说明与对黑格尔纪念章的不满在时间上的接近，表明策尔特的徽章也很可能与——同一切理性相对立——在黑格尔纪念章上为了由一个守护神利用哲学进行调和而树起的那个十字架有联系。歌德反对这样把基督教扯进哲学。在1829年2月4日与埃克曼的一次谈话中，他曾谈到哲学家舒巴特[Schubarth]："像黑格尔一样，他硬要把基督宗教扯进哲学，实际

---

〔1〕 歌德1831年6月1日致策尔特的信。
〔2〕 歌德1831年6月9日致策尔特的信。

上这二者却毫不相干。基督宗教是一种独特的强有力的存在,堕落的、受苦受难的人们往往借此来提升精神。由于人们承认基督宗教有这种作用,它已经被提高到所有的哲学之上,也就不需要从哲学得到任何支持。而哲学家为了证明某些学说,例如一种永生的学说,也不需要宗教的威望。"由于一位"思想的信徒"的信仰自白而与首相米勒进行的一次谈话再次证实了这种态度。[1] 不过,黑格尔哲学那贯穿一切的、双重含义的本质就是:它是一种建立在基督教的逻各斯立场之上的精神哲学;它从根本上是一种**哲理神学**。把哲学理性与十字架神学作出这种结合,其比喻就是出自《法哲学原理》序言的那句著名的话。在那里,黑格尔称理性是"当代的十字架中的蔷薇"。[2] 这一形象虽然与黑格尔纪念章上的隐喻描绘没有直接的联系,后者只有一个十字架,没有蔷薇,但它同样标志着黑格尔对哲学理性与基督教十字架之统一的理解。

拉松[Lasson]详细地解释了黑格尔的这句话。尽管他自己指出了黑格尔的比喻与蔷薇十字架教派(Rosenkreuzer)[3]、与路德[Luther]徽章以及与黑格尔自己的路德宗教籍和宗教改革三百周年大庆(1817年)的联系,但却使十字架的神学意义消解在哲学所调和的普遍"分歧"之中。但是,如果十字架所指的**仅仅**是自觉的精神与现存现实的分裂,那么,在这种情况下,黑格尔为什么——针对拉松的解释人们必然问道——还要在如此醒目的地方恰恰用十字架这个基督教的基本概念来指称这种分裂呢?显然这是因为,尽管他一开始就在哲学的意义上理解基督教的"精神",但无论是分裂还是和解,他都一开始就是在精神**史**的意义上,在

---

〔1〕 《歌德谈话录》,IV,283。
〔2〕 参见《黑格尔全集》,XI,201(第2版,第277页)。
〔3〕 参见《黑格尔全集》,XVII,227、403。

对基督的十字架之死的怀念中理解的。理性之所以是当代的十字架中的蔷薇,并不仅仅因为那种分裂按照其最独特的本质追求统一,而且还因为分裂的痛苦与和解原本就是在上帝的受难中以尘世历史的方式发生的。[1] 不过,当歌德在《奥秘》中为了使他的"纯人性的"这一理念形象化而自己使用了一个用蔷薇环绕的十字架的比喻时,他对黑格尔的架桥的反感就更为显著了。

## 2. 歌德把人道与十字架结合起来

这首诗的内容简述如下:一位年轻的修会成员在山区迷了路,最终来到一个修道院门前。在修道院大门的上方,有一个用蔷薇环绕的十字架的形象。修道院里聚集着12个高贵的修士,他们之前在世俗生活中居住在不同的地方。他们的精神领袖是一个神秘的不知名人物,他用的是"胡马努斯"(Humanus,即人性的——译者注)这个名字。与纯粹的、普遍的人性的这种体现不同,其

---

[1] 拉松就其解释而言是从下面这个错误的前提条件出发的:就连黑格尔纪念章也是一个十字架中的蔷薇。这一错误之所以能够产生,乃是由于他既没有看到过纪念章的原件,也没有看到过它的复制品。但除此之外,他也在自己对歌德和策尔特的表述的批判中反对十字架的神学意义。然而,他把宗教的意义扬弃在哲学意义之中,这一点只有从以下事实中才能得到理解,即拉松本人以他作为牧师和黑格尔主义者的双重人格一开始就站在黑格尔的哲学基督教的地基之上。因此对于他来说,在黑格尔那方面可以找到对哲学与神学关系的"更深刻的"理解,这并不是一个问题。因为即便假设十字架是一个神学象征,当代的十字架中的蔷薇也将意味着,"哲学与神学在中心成为一体,仿佛是它的颂扬和完成,而歌德所说的那两个夫人塑像,除了她们永恒地'相对而立'之外,彼此之间没有别的关系"。对于拉松来说,这样一种对立先天的是一种缺陷,因为他赞同黑格尔的调和的理念。同样,当拉松断言路德的徽章也显示出"在一个十字架中"的蔷薇的形象时,他也犯了错误。这是一个明显与他在涉及黑格尔纪念章时所犯的同样意义上的错误相关的错误。在这两个场合,拉松都穿凿附会地解释了出自《法哲学原理》序言的那句话(G. 拉松:《黑格尔研究文集》,1909年,第43页以下;《十字架与蔷薇——一个诠释的尝试》)。

他12位代表着各自不同的民族和宗教，具有各不相同的思维方式和感觉方式。但通过他们在胡马努斯领导下的共同生活，胡马努斯那惟一的、无所不包的精神也传递给了他们。胡马努斯如今要离开他们了。在他培养了所有的人之后，也就不需要他在场了。

因此，人道的宗教并不是其他宗教中间的一种特殊的宗教，它也不像在莱辛［Lessing］的寓言中那样，在于不同宗教的一种单纯的无区别性。相反，它意味着"被提高了的人性状态的永恒持存"。但尽管如此，按照歌德自己的解释，蔷薇十字架仍同基督教的耶稣受难周（Karwoche）的事情有关。歌德给予这"半个世界"的信仰以一种崭新的意义，他使基督教的十字架在神学上的强硬变得缓和，使十字架上升为纯粹人道的形象。蔷薇以其柔韧伴随着"生硬的木头"。这形象没有任何解释它的语词陪伴，毋宁说，它的意义应当是神秘地可见的，和《浮士德》一样，是一个"公开的谜"。基督教十字架的人性奥秘是用通过自我克服获得自我解放这个"难以理解的语词"来解释的。一句"死与生"包含着歌德那人性的耶稣受难日（Karfreitag）。就此而言，无论是歌德还是黑格尔，都把路德的十字架神学人性化，也就是说精神化，在蔷薇和十字架的比喻中把路德的徽章和蔷薇十字架教派的徽章解释为世俗的东西。

然而，在同样的象征的运用中存在的差异如下：在歌德那里，图像依然是一个在语词中无法把握的奥秘；而在黑格尔那里，它却只不过是一个在概念中可把握的关系的形象化。歌德把基督教扬弃在人道中，各种奥秘揭示了什么是"纯粹人性的东西"；而黑格尔则把基督教扬弃在理性中，作为基督教的逻各斯，理性就是"绝对"。歌德让人道的蔷薇自由地环绕十字架，让哲学与神学保持对立；黑格尔则把理性的蔷薇置于十字架的中间，哲学的思想应当吞并神学的独断表象。在歌德对自己的诗的解说中，事件虽然被置放在耶稣受难周，但对他来说，十字架之死的纪念和基督的复活却仅仅意味着对提高了的人性状态的"确认"；黑格尔的哲学则要揭示耶稣受难周的事件，他把这一事件变成为一个"思辨的耶稣受难日"，把基督教的教义学变成为宗教哲学，其中基督教的受难与最高自由的理念、基督教的神学与哲学成为同一个东西。[1] 歌德从根本上对这种结合感到反感。恰恰由于他"作为人和作为诗人"知道敬重基督教的十字架，他才不赞同绕道哲学。因此，无论是对于基督教信仰来说，还是对于人的理性来说，这种绕道都不是一种敬重。

## 3. 蔷薇和十字架的路德式意义

按照蔷薇和十字架原初的路德式意义来衡量，黑格尔与歌德在对待基督教的态度上的差异是无足轻重的。路德的徽章是在一个由白蔷薇环绕的心中间有一个黑色的十字架，它的意义出自周围的铸文："当基督徒的心在下面的十字架中央时，它是朝向蔷薇的。"在 1530 年致拉扎路斯·施彭勒[Lazarus Spengler]的一封信中，路德解释了他的徽章的更准确的意义："由于你们渴望知道我的徽章是否被正确地理解了，我愿意告诉你们关于我在自己的徽章上想表达的良好总体信念的首要思想，作为我的神学的一个标记。这就是一个十字架，在心中是黑色的，这是它的自然颜色，为的是我自己能够想到，对被钉十字架者的信仰使我们有福。因为人们只要用心去相信，就可以称义。至于这里是一颗黑色的心，

---

[1]《黑格尔全集》，I², 153；XII, 416 以下；XVII, 111 以下；《哲学全书》，第 482 节。

是禁欲苦行的，也应当导致痛苦，但这是心的本来颜色，它并不败坏本性，即不杀死它，而是保持鲜活。Justus enim fide vivit, sed fide crucifixi〔义人因信而得生，但也因信而被钉十字架〕。但这样的心处在一枝白色的蔷薇中间，它表明，信仰给人欢乐、慰藉与和平。短暂地置于一枝白色的、欢快的蔷薇之中，不像世界那样给人和平与欢乐。因此，蔷薇应当是白色的，而不应当是红色的。因为白色是圣灵和所有天使的颜色。这样的蔷薇处在天蓝色的背景下，使精神中的欢乐和信仰是未来天国欢乐的一个开端。如今在它里面已经可以把握了，是通过希望理解的，但还不是很明显。"在1543年的一份印有这个徽章的传单上，这被总结为一个反题："如果亚当得生（即犯罪），则死就吞噬了生。但如果基督死（即称义），则生就吞噬了死。"

对十字架和蔷薇的这种基督教解释，无论是对于黑格尔的理性解释来说，还是对于歌德的人性解释来说，都是对立的。因为基督徒的心坐落在蔷薇上面之所以是悖理的，恰恰是在于它追随基督背起了苦难的十字架，从而处于"下面的"十字架中央。基督教理解的十字架既不是通过人道得到了缓和，也不是把蔷薇当做理性的中心，而是如此反人性和反理性，如同基督徒与自然人即亚当的关系。因此，人们也只能在一种非常淡化的意义上谈论黑格尔和歌德的新教。

### 4. 黑格尔与歌德的"新教"

黑格尔的新教在于，他把精神的原则、从而也把自由的原则理解为路德的信仰确定性原则在概念上的提高和完成。[1]他直截

--------

[1]《黑格尔全集》，VIII$^2$, 19；参见 IX, 416 以下和 437；XV, 262。

了当地把理性的知悉与信仰等同起来。"这种知悉被称作信仰。它不是历史的（即外在的—客观的）信仰。我们路德宗信徒——我是并且仍想是路德宗信徒——只有那种原初的信仰。"[1]理性信仰知道人在自己与上帝的直接关系里面获得自由的规定，在这种信仰中，黑格尔知道自己是新教徒。以这种方式，他调和了恰恰是路德以如此极端的方式在信仰和理性之间设置的明显对立。新教对他来说归根结底是与由它造成的"普遍洞识和教养"一致的。"我们的大学和学校就是我们的教会"，其中也包含着与天主教的对立。

与黑格尔完全一样，歌德也把宗教改革评价为从"精神褊狭的束缚"中解放出来，而宗教改革对于路德来说则是真正的基督教的重建。出自歌德生命最后一年的一次谈话[2]说道："我们又有勇气以不可动摇的双脚站在上帝的土地之上，在上帝赋予的人性中感觉到自己。"基督教的重要性在于它使人"感觉到自己作为人是伟大的和自由的"，而基督教与自己的原初意义已没有多少共同之处，对此无论是黑格尔还是歌德都坚信不移。歌德曾说过："我们所有的人也都逐渐地从一种语词和信仰的基督教转变到一种信念和行动的基督教。"实际上，这句话已经出现在从黑格尔到费尔巴哈、并进一步到极端的裁决的那条道路的开端。尼采和基尔克果两次截然相反的尝试，即重新在异教和基督教之间作出裁决，是对像黑格尔和歌德所代表的那种改信自由的基督教的明确反动。

---

[1]《黑格尔全集》，VIII，89以及《哲学全书》第552节结尾；参见黑格尔关于宗教改革大庆的讲话：XVII，318以下。
[2]《歌德谈话录》，IV，443；参见为宗教改革大庆所作的诗：《献给1817年10月31日》。

## 5. 歌德基督教的异教与黑格尔哲学的基督教

歌德关于基督和基督教的表述在一种引人注目的赞同与反对之间游移，但这并不是产生自一种不清楚的动摇，而是产生自一种摆脱非此即彼的挑战性的嘲讽。"对我来说，基督永远是一个极为重要的、但又极为成问题的本质"[1]——这是一个在其他任何人口中都会是凡夫俗子之见的说法，而它在歌德那里却包含着对立的思维方式的整个世界，这个世界均衡地保持着他那非同寻常的温和。

歌德有一次称自己为一个"坚定的非基督徒"，对他来说，发现地球围绕太阳运动要比整个圣经都更为重要；还有一次，他称自己为也许惟一的一个真正的基督徒，就像基督所希望的那样。[2] 支持这一矛盾的，是以下的说明：希腊的娈童现象与人类同样古老，尽管是反自然的，却蕴含于人的本性之中；尽管婚姻本来是非自然的，但基督教的婚姻的神圣性却具有不可估量的价值。

歌德关于基督教的表述的严重歧义性历60年之久不变。1773年关于普罗米修斯[Prometheus]的残篇就不仅是对诸神的反叛，而且——如雅可比[Jacobi]和莱辛马上就理解了的那样[3]——是对基督教的上帝信仰的攻击。1774年在《永恒的犹太人》中，又继续进行了对教会和神职人员的这样一种攻击。一年之后，歌德在致赫尔德的信中回答他"关于新约的讨论"时说：他感谢赫尔

---

[1]《歌德谈话录》，IV，283。
[2]《歌德谈话录》，IV，261；参见罗森茨威格[Rosenzweig]那极有见解的解释：《救星》(第2版，柏林1930年)，第3部分，第22—23页和第34页。
[3] 参见科尔夫[H. A. Korff]:《歌德时代的精神》，I (1923年)，第275页以下；泽贝格[E. Seeberg]:《歌德对宗教的态度》，载《教会史杂志》，1932年，第202页以下。

德这种"复活的垃圾堆";只要关于基督的全部学说不那么是一种使作为人的他疯狂的假象,他还是会喜欢这对象,而不仅是喜欢赫尔德对这一对象的探讨的。当收到拉法特[Lavater]的公开信时,他写道:"我还从来没有像在这些信中那样如此乐意地关注和欣赏你的基督。"如果人们看到拉法特以炽热的感情握住这"晶莹的容器",将他自己那火红的饮料一直注满到杯沿,再一饮而尽,那是会升华灵魂,并为最美好的考察提供契机的。"我很乐意看到你有这种幸福,因为你没有这种幸福就必然会变得可怜。就在一个个体身上享受一切的愿望和欲望而言,就一个个体不可能使你感到满足而言,从古老的年代里给我们留下一幅画,使你能够把自己的一切都传递到画中,在画中反映你自己、敬拜你自己,这是非常美妙的。不过,我只能把这称为不公正,称之为一种对你的美好事业来说不适宜的掠夺。你把普天下成千上万只飞鸟精美的羽毛拔来强占为己有,以便仅仅用这些来装扮你那天堂之鸟。这必然使我们感到恼怒,使我们觉得难以忍受,因为我们献身于每一种通过人启示的、启示给人的智慧,做它的学生,并作为上帝的儿子在我们自己里面、在他的所有子女里面敬拜他。我清楚地知道,你在内心是不可能改变的,你在自己面前是有道理的,但我发现,由于你不厌其烦地宣讲自己的信仰和学说,所以也反复地向你讲述我们的信仰,说明它是人性的一个坚强的、常存的中流砥柱,这是必要的。你,以及整个基督教,以你们的大海波涛也许曾经冲击过它,但却既不能淹没它,也不能从其深处动摇它。"1788年,他在致赫尔德的信中更为尖锐地写道:"的确,基督的童话是世界还要无限期存在的原因,没有人能够正确地理解,因为无论是辩护还是反驳,都需要同样多的认知、知性、概念的力量。如今,多少代人已经过去。个体是一个可怜的东西,无论它宣称属于哪个党派。整体也决不是**整体**。人类就是这样在一种卑鄙无耻之中摇摆的。即便这一切并没有在对人来说如此根本性的问题上产生如此重大的影响,也没有说明任何东西。"大约6年之后,歌德在一次谈话中说道:他在重新研究荷马的时候才清楚地感受到,"犹太人的破烂货给我们带来了什么样的难以言说的灾难。""如果我们从来没有学会东方的怪念头,如果荷马依然是我们的圣经,人类由此将获得一种怎样完全不同的形象!"又过了30年之后,他就耶稣受难曲在致策尔特的信中同样说道:"但愿'耶稣之死'这次也给你带来一个欢快的复活节。牧师们从所有事件里面这一最悲惨的事件中捞到了如此之多的好处,画家们也大发横财,为什么只有音乐家应当空手而归呢?"4年之后,他在致米勒的信中写道:他很同情布道人,他们必须说话,却又无话可说,因为他们是以一个"自两千年以来就脱光了粒的不把"为对象的。出自同一时期的还有关于一幅"瞧这个人"的画像(Ecce-Homo-Bild)向策尔特所作的说明:"每一个观赏他的人都会感觉很好,因为他面临着某个比他更糟糕的人。"而当人们有一次指责他是一个异教徒时,他回答说:"我是异教徒吗?我倒是让人处死了甘泪卿〔Gretchen〕,让奥蒂利〔Ottilie〕饿死,难道这对人们来说还不足以是基督徒吗?"〔1〕

然而,同一个歌德在使用了副标题"传统的东西"的《颜色学的历史》中,把圣经称为经书——不仅是犹太民族的经书,而且是各民族的经书,因为它把这一个民族的命运树立起来作为所

---

〔1〕 歌德1775年5月致赫尔德的信;1781年6月22日致拉法特的信(参见1823年4月17日致施托尔贝格〔A. v. Stolberg〕的信);1788年9月4日致赫尔德的信;《歌德谈话录》,I, 202;1824年4月28日致策尔特的信;1828年8月6日致米勒的信;1829年1月18日致策尔特的信;《歌德谈话录》,II, 62。

有其他民族的象征。"至于说到内容，则只需要稍作补充，以便使它对于当今时代也是绝对完备的。如果人们给《旧约》附上一个约瑟夫［Josephus］的摘录，以便将犹太人的历史一直延续到耶路撒冷被摧毁；如果人们在《使徒行传》之后插入基督教传播和犹太人分散到世界上的简短描述；如果人们在《约翰启示录》之前在《新约》的意义上总结一下纯粹基督教的学说，以便整理和澄清使徒书信混乱的讲授方式；那么，这部著作就值得马上在当今重新进入其古老的地位了，不仅是被视为普遍的经书，而且是被视为各民族的普遍藏书。毋庸置疑，各个世纪在教养方面提高得越多，它就愈益能够部分地作为教育的基础、部分地作为教育的工具，当然不是由唐突的、而是由真正睿智的人们来利用。"最后，歌德在他的《漫游时代》(II/1) 中声称基督教是"最后的"宗教，因为它是人类能够并且必须达到的最后的和最高的事物。只有基督教才为我们开启了"属神的受难深渊"。

然而，更进一步的论证就决不是基督教的了，而是很接近尼采理解为对生活的狄奥尼索斯式（dionysisch）辩解的东西。也就是说，基督教超越了对生命的古典拯救，因为它也接纳了表面上与生活抵触的东西。它也教导我们令人厌恶的、可恨的、应当逃避的东西。"卑微和贫穷、嘲弄和蔑视、屈辱和不幸、受难和死亡"被承认为神性的，甚至罪孽和犯罪也被当做增益来爱。与《萨提洛斯》（Satyros）中的**自然**相同，它既是"初始之物"，也是"悖理之物"，是自我矛盾者的统一。在论自然的片断中，生命是"它最美丽的发明"，而死亡则是"拥有众多生命的窍门"；生和死是**同一个永恒的海洋**。

从这个上帝—自然的概念出发，歌德也解释了圣经的真实性和真理性。对他来说，基督的出现是真实的、赋予生机的，但一点也不亚于它的,就是太阳!"什么是真的,无非是极为出色的、与最纯粹的自然和理性融洽和睦、并且至今仍有助于我们最高度的发展的东西!什么是伪的,无非是悖理的、空洞的、愚蠢的、不结果实、至少是不结好果实的东西!如果要根据是否流传给我们绝对真的东西这个问题来裁定一篇圣经经义的真实性,那么,人们甚至可以怀疑几部福音书的真实性。……然而,我认为所有4部福音书都是绝对真实的,因为在它们里面,有一种从基督的人格出发的高尚性的余晖在起作用。这种高尚是如此具有属神的品质,在尘世只有属神的东西才能表现出来。如果我问自己,向他表示崇拜敬畏是否属于我的本性,我就会说:绝对是这样!我向他卑躬屈膝,把他当做道德的最高原则的神圣启示。如果我问自己,崇敬太阳是否属于我的本性,我就会说:绝对是这样。因为太阳同样是最高者的启示,而且是赋予我们大地之子来感受的最强有力的启示。我在它里面敬拜上帝的光和化育的力量,只有借助这种力量,我们才有生命、活动和存在;不仅我们,所有的植物和动物也都是如此。"[1]

　　这样,歌德就可以称自己为一个坚定的非基督徒,但同时又反对把他当做异教徒。他当做属神的东西来崇敬的,是世界整体中的生产力量。由于这种力量,战争、瘟疫、洪水和火灾就不能使世界受到什么损害。[2]就连基督也属于这个自我毁灭和自我再生的狄奥尼索斯式世界,基督的学说把值得崇敬者的领域一直扩展到应当回避的东西。歌德在他生命的最后一个月里谈到欧里庇德斯[Euripides]的狄奥尼索斯时说:这出戏对基督里面的受难

---

[1] 《歌德谈话录》,IV,441—442。
[2] 《歌德谈话录》,IV,334。

神性在现代戏剧上的可描述性与一种类似的受难在古典戏剧上的可描述性进行了极富有成果的对比，以便在狄奥尼索斯身上得出更为强有力的东西；[1]这听起来颇像尼采关于被钉十字架的狄奥尼索斯的理念的一个罕见前奏。

这一表述的内在一贯性可以由此看出：早在《永恒的犹太人》中，就有一个"狂飙与突进"对因看到如此之多的十字架感到厌烦的基督说了非基督教的话："哦，充满了不可思议的混乱，充满了秩序的精神、懒惰的失误的世界，你这个欢乐与痛苦的链环，你这个将我生育在坟墓中的母亲！尽管我与创造同在，在整体上我却不太理解它。"

歌德对基督教自由的、漫不经心的态度是以他有"如此正确的感觉"[2]为基础的。这种态度被肤浅化，被淡化，成为19世纪有教养阶层的一种陈词滥调。后者自认为能够援引歌德，因为它已经把自己的中庸视为中心和尺度。对于这个市民阶级的—基督教的教养世界的公正中立来说，典型的表述是"荷马与圣经"这个流行的公式，人们的背包中必须有这二者。这种具有基督教色彩的人文主义直到几年前还代表着新教校长和牧师们的或多或少自由的—宗教的言说。人们谈论某个圣经文本，用洪堡 [Humboldt]、席勒和歌德的格言来阐明它。奥韦尔贝克恰切地把这种状况称为："如果在现代社会中不可能再有一个重要的人物举止如同反基督，不听从对基督教的偏爱所呼唤……那么，以自己的方式屈从世界，这是今日基督教的一种风格。在遵从现代戒律的基督徒们中间，歌德与席勒、费尔巴哈、叔本华、瓦格纳、尼

---

[1]《歌德谈话录》，IV，435；参见尼采的《强势意志》，第1052条。
[2] 关于歌德的基督性，请参见奥韦尔贝克 [F. Overbeck]：《基督教与文化》，巴塞尔1919年，第142页以下。

采,无论如何还有他们的后继者们,都必然对此感到满意。……我们事实上与基督教一起很快就达到这样的程度,即那些伟大的人物作为虔诚的基督徒要比作为基督教的背弃者显得更为可信。如果为了证明他们个人的这样一种观点而仅仅在于从他们的著作中拣选出承认基督教的'热诚的'声音的精华,那么,谁还会再考虑热情洋溢地皈依现代基督教呢!"[1]

黑格尔从来没有把对基督教的"认识"理解为否定,而是理解为对绝对宗教的精神内容的辩护。在他看来,基督教的受难说和拯救说即便对于思辨来说也是决定性的。要在他的著作和书信中找出对基督教的嘲讽性诋毁,那是白费力气。在他进行论战的地方,只不过是针对由某些神学流派提出的无概念的表象的不适宜方式。特别是在晚年,他明确地提出自己哲学的基督性。[2]他的传记作者有理由把黑格尔哲学称之为一种"对上帝的循环定义",就此而言,它是一种立足于基督宗教的历史根底之上的哲学。

尽管对于黑格尔本人来说,他在哲学和基督教之间进行调和是如此地明确,但当这种调和成为切合点的时候,它却必然地变得模棱两可了。早在黑格尔的辩护中就已经存在的批判的因素,当调和的特征衰变时,就变得独立和自由了。由于黑格尔在概念上对宗教表象的"扬弃"所包含的歧义性可以从两个方面来解释,就有可能发生批判恰好以其**辩护**为出发点这样的事情。它根据黑格尔对哲学与基督教的调和推进到它们的区分,并作出一种裁决。这一进程的结果表现在从施特劳斯[Strauβ]经费尔巴哈到布鲁

---

[1] 尼格[W. Nigg]:《奥韦尔贝克传》,慕尼黑1931年,第58页。
[2] 《黑格尔全集》,XVII,111以下;参见罗森克兰茨[K. Rosenkranz]:《黑格尔传》,第400—401页。

诺·鲍威尔的宗教批判之中。[1]沿着这条途径，随着黑格尔哲学的危机，就出现了基督教的危机。

黑格尔并没有看到基督教历史上的真正危机的来临，而歌德却在1830年左右就清晰地看到了这种危机。人们必然地要么坚守对传统的信仰，不对它作出批判，要么顺从批判，从而放弃信仰。第三条道路是不可思议的。"人类如今处在一种宗教危机之中；至于人类会如何对付过去，我不知道，但它必须并且将会对付过去。"[2]两个人以同样的方式感受到了政治的危机。七月革命则提供了外在的推动。

## 6. 由歌德和黑格尔所完成的世界之终结

歌德于1829年在一次关于欧洲态势的谈话中对波兰人奥蒂尼克[Odynic]说道：19世纪"并不简单的是过去世纪的延续，而是似乎注定为一个新纪元的开端。因为19世纪最初那些年曾震撼世界的那些重大事件不可能不产生重大的、与它们相应的后果，尽管这些后果就像谷物从种子长出一样，要慢慢地成长和成熟"。[3]歌德并没有一直等到世纪的秋天。紧接着的结果就是1830年的七月革命，它震撼了整个欧洲，使所有的同时代人都陷入了思考。伊默曼认为：不能从一种物质的匮乏出发，而是只能从一种精神的渴望和一种类似于宗教运动的热忱出发来解释它，尽管动因不是信仰，而是"政治因素"。施泰因[L. von Stein]

---

[1] 请参见下文第二部，第五章。
[2] 《歌德谈话录》，IV，283。
[3] 《歌德谈话录》，IV，152；梅特涅在维也纳大会之后说得更为尖锐："我的最隐秘的思想是：旧欧洲处在其终结的开端。我决心与它一起沉沦。我知道怎样履行自己的义务。另一方面，新欧洲尚处在生成之中。在终结和开端之间将有一段混乱无序。"

更为清醒地把它判定为工业社会确立统治地位的伟大行动。它所实现的社会真理是泛欧洲的真理,与市民阶级的胜利相联结的怀疑却涉及文明自身。尤其是尼布尔[Niebuhr],他把颠覆感受为划时代的。他在1830年10月5日为《罗马史》第2部第2版撰写的极为绝望的前言,认为"每一种令人愉悦的关系"都受到摧毁的威胁,就像罗马世界在第三个世纪前后所经历的那样:繁荣、自由、教养、科学的毁灭。歌德对尼布尔表示赞同,他预言了未来的野蛮;这种野蛮甚至已经来临,"我们已经生活在它中间"。[1]

七月革命的代表性意义是它表明:法国大革命的深渊只是在表面上被封上了,人们事实上正处在一整个革命"时代"的开端;在这个时代里,群众对其他各阶层获得了一种独特的政治权力。[2]首相米勒讲过与歌德的一次谈话。在这次谈话里,歌德表示说,他惟一能够使自己对新的危机感到安慰的,是他把危机视为他在自己的生命临近结束时能够获得的"最大的思维锻炼"。[3]几个月之后,歌德在给策尔特的信中写道:他感到奇怪的是,在40年之后又重新经历了旧有的眩晕。尚存在的列强的所有聪明都在于,它们使个别的发作变得无害。"如果我们超出这一点,那么,这又是一刻的平静。更多的我就不说了。"[4]他觉得,比以往更失体统的,是在这场革命中,即"在这个绝对有条件的世界中",有一种要"进入无

---

[1]《歌德谈话录》,IV,317、353,以及歌德1831年1月10日致阿德勒·叔本华的信。关于1830年的特征,请参见狄尔泰[Dilthey]:《狄尔泰全集》,XI,219。

[2] 参见布克哈特:《布克哈特全集》,VII,420以下;托克维尔[A. v. Tocqueville]:《权威与自由》,苏黎世1935年,第169页以下。

[3]《歌德谈话录》,IV,291。

[4] 歌德1830年10月5日致策尔特的信。

条件的东西的直接追求"。[1]他本人逃避入自然的研究；在千变万化之中，自然却岿然不动。当埃克曼想把革命的第一批消息带给歌德时，歌德冲他喊道："你对这次伟大的事件是怎样想的？火山已经爆发了，一切都在燃烧，从此再也不会有关着门谈判的事了。"然而，令埃克曼惊异的是，他所说的这次事件并不是指的政治事件，而是巴黎科学院的一次涉及自然研究方法的讨论。[2]

至于世界在 1830 年前后由于民主的平均化和工业化而开始变成另一种样子，歌德也已经清楚地认识到了。1828 年 10 月 23 日，关于人性他对埃克曼谈道："我发现，上帝对人性不再感到愉悦的时代来临了，他必将把一切打碎，以便重新创造。"他认为，市民社会及其社交的根底已被摧毁，他把圣西门［Saint-Simon］的著作看做是彻底毁灭现存秩序的一幅极有见解的蓝图。至于法国文学中他能够看到的东西，他视之为一种"绝望的文学"，它强加于读者的是与为了人自己的幸福而应当告诉人的一切截然相反的东西。[3]"以一大堆被抛弃的东西来超越可恨的、可恶的、残暴的、不值一钱的东西，乃至到不可能的境地，这就是他们的恶魔般的勾当。"如今，无论是在思维中还是在行动中，一切都是"极端的""超越的"。"没有人再认识自己，没有人认识自己在其中活动和起作用的要素。再也谈不上纯洁质朴。却有足够多的简单的废物。"现代人类超越和高抬自己，以便固守在平庸之中。它变得更为极端，也更为平庸。[4]他对时代运动的洞识的最后文献，是致

---

［1］ 歌德：《准则与反思》，第 961 条。
［2］ 歌德 1830 年 7 月 2 日与埃克曼和索列特［Soret］的谈话。
［3］ 歌德 1831 年 6 月 18 日致策尔特的信。
［4］ 歌德 1825 年 6 月 7 日致策尔特的信；参见《歌德谈话录》，III，57 和 500 以下。

W. 冯·洪堡的一封信。在信中，他对自己结束《浮士德》第二部的写作论证如下："毫无疑问，还在我的有生之年，就把这个认真的玩笑奉献、传达给我的珍贵的、充满感激之情地承认的、极有共鸣的朋友，这给我带来了无限的欢悦。不过，时代是如此荒谬、如此杂乱无章，以致我相信，我为这一奇特的建筑所作出的真诚的、持之以恒的努力将没有好报，将被置于沙滩上，就像一个残骸那样躺在废墟上，被时光的沙砾所掩埋。混乱的学说导致迷茫的行动，支配着世界。除了像您，尊贵的朋友，在您的城堡里也做的那样，尽可能地提高与我有关的东西，增强我的特性之外，我没有别的任何更紧迫的事情要做。"歌德在自己逝世前5天，以这些充满了奇特的果断和镇静的语言结束了通信。

　　一点也不亚于歌德，黑格尔也被七月革命弄懵了。怀着愤怒和惊恐，他觉察到新的分裂为二的降临；针对这种分裂为二，他捍卫现存的东西，如同捍卫一种真正的持存。在他1831年最后的政治著作，即《英国改革法案》中，他已经把进行一场改革的意愿称为出自"自下而上的勇气"而产生的"不服从"。在被指责为屈从于教会和国家时，他于1830年12月13日在致戈舍尔的信中写道："如今，庞大的政治旨趣已经吞并了其他所有旨趣。在这场危机中，所有过去生效的东西都在其中被变得成问题了。无论哲学如何不可能抵挡这种纯粹的噪音的无知、暴行和邪恶的激情，我都难以相信，它会卷入到那种如此容易地蔓延开来的危机之中。它会——也是为了安慰——意识到，自己只是少数人的。"在《逻辑学》第二版序言中，他表示担心：在一个政治上如此躁动不安的时代里，是否还有"一心从事思维认识的无激情的平静"的余地。写完序言之后几天，他患霍乱病去世。

　　当歌德和黑格尔在对"超越的东西"的共同抵制中想建立一

个让人们能够与自身同在的世界的时候，他们最亲近的学生们已经不再视他们为家园了，他们把自己老师的平静误认为是一种单纯的适应的结果。[1] 歌德的自然赖以为生的中心，黑格尔的精神在其中运动的调和，都在**马克思**和**基尔克果**那里[2] 重新分裂为外在性和内在性这两极，直到最后**尼采**要借助一次新的开始，从现代性的虚无中召回古代，并在从事这种试验时消逝在癫狂的黑暗之中。

---

[1] 科默雷尔［M. Kommerell］用来命名1931年的一次报告的"离开歌德的年轻人"，是一个有百年历史的现象。早在1830年左右，歌德就曾受到"年轻人"的反对和怀疑、抛弃和辱骂。在对完美人道的这种拒斥中相遇的，竟是如此类型不同的人们，如门采尔［W. Menzel］与别尔内、施勒格尔［Schlegel］与诺瓦利斯［Novalis］、海涅与基尔克果。请参见赫恩［V. Hehn］论歌德及其出版物的精彩文章；麦因茨［H. Maync］：《德国歌德传记的历史》，莱比锡1914年；克鲁克霍恩［P. Kluckhohn］：《歌德与年轻一代》，蒂宾根1932年。
[2] 对于基尔克果来说，歌德还只是"名誉国王"。1836年8月25日的一段日记写道："当歌德构成了向古典的过渡的时候，为什么时代不追随他，当黑格尔这样做的时候，为什么时代不追随他呢？……因为这两个人都把这种过渡限制在美学发展和思辨发展上；然而，政治的发展必然也经历其浪漫主义的发展，因而整个新近的浪漫主义学派都是政治家。"——奥培尔［H. Opel］收集了基尔克果关于歌德的论战性陈述：《基尔克果与歌德》，《德国文献学和精神史季刊》，1938年，第1期。

从黑格尔精神历史的哲学
看时代在精神上的发生的起源

---

# 第一章 黑格尔的世界历史和精神历史之完成的终极史意义

## 一、世界历史的终极史构思

对于黑格尔来说,哲学的历史并不是在世界之外或者世界之上所发生的事情,而是"世界历史最内在的东西"。至于同样地主宰二者的东西,则是作为世界精神的绝对,运动从而还有历史就属于它的本质。[1]黑格尔的业绩不仅包含着一种历史哲学和一种哲学历史,而且与此前的任何哲学都不一样,他的整个体系都是以如此根本的方式历史地思维的。他的哲学思维是以关于基督教精神的历史—神学论文开始的,这些论文远远地超过了伏尔泰[Voltaire]、休谟[Hume]和吉本[Gibbon]的历史感。然后是历

---

[1] 请参见马尔库塞[H. Marcuse]:《黑格尔的本体论和一种历史性理论的奠基》,美茵河畔的法兰克福1932年。关于黑格尔把哲学与其历史等同起来,请首先参见《历史哲学》,霍夫麦斯特编,1938年,第34—35页。

史—政治学著作和第一批道德体系,在这些体系中,历史无条件的力量被视为"战胜一切的时间"和"原初的命运"。[1]在这些体系里面,也第一次提到"世界精神"。它"在任何状态中都具有自己的较模糊的或者较发达的、但却是绝对的自我感觉",在任何民族中都表现出一种"生命的整体性"。[2]然后是作为显现着的精神和知识的各形成阶段之发展史的现象学,在其中,系统的思想步骤和历史的关联没有经验规定的归属关系,而是相互渗透的,因而也就很少能够分开。

精神的辩证运动这种存活在历史的要素之中的构思,其目标就是"绝对知识"。它是沿着"回忆"所有已经存在过的精神的道路来实现的。这条经过一直在场的精神之历史的过去本质的道路,并不是一条人们可以绕着走的弯道,而是为完成知识必须走的惟一可行的道路。绝对或者精神不仅像一个人穿衣服那样有一个对它来说外在的历史,而且内在地作为一种自我发展的运动,是一种只有通过生成才存在的存在。作为一种以前进的方式自我外化和内化的精神,它自身就是历史的,尽管生成的辩证关系并不是以直线的方式发展到无限,而是以圆圈的方式发展,以致终点就完成了开端。由于精神沿着这条前进的道路**最终**获得了它的**完满的**存在和知识或者它的自我意识,精神的历史也就**完成了**。黑格尔在极为丰富的意义上完成了精神的历史,其中迄今所发生过和思维过的一切都被综合为一个统一体。不过,他也在一种终极史的(endgeschichtlich)意义上完成了精神的历史,其中精神的历史最终把握了自身。由于精神的本质就是与自身同在

---

[1] 黑格尔:《政治学和法哲学著作》,拉松编,莱比锡1913年,第74页。
[2] 黑格尔:《政治学和法哲学著作》,第409页。

（Beisichselbersein）的自由，所以随着其历史的完成，自由的历史也就实现了。

从精神自由的原则出发，黑格尔也在考虑到一个完成了的终结的情况下构思了世界的历史。在他的历史哲学中，精神自我解放的最重要步骤就是在东方的开始和在西方的终结。世界历史是以中国、印度、波斯这些东方的大帝国开始的；由于希腊人对波斯人的决定性胜利，它在地中海希腊人和罗马人的国家形成中继续延续，并结束于西北方的基督教—日耳曼帝国。"欧洲绝对是西方"，是"世界历史的终点"，就像亚洲是东方和开端一样。[1]世界的普遍精神就是在东方升起、在西方落下的太阳。在这一运动中，精神在冷酷的斗争中获得自由。"东方只知道**一个人**是自由的，希腊和罗马世界知道**一些人**是自由的，而日耳曼世界则知道**所有人**都是自由的。"基督教—日耳曼世界特有的自由不再是某一个专制君主的任意，也不是生而自由的希腊人和罗马人以奴隶为条件的自由，而是每一个基督徒人的自由。东方的历史是世界历史的童年，希腊人和罗马人的历史是青年和成年，而黑格尔自己——处在基督教—日耳曼世界的完满终点——则是在"精神的老年"中思维的。

在东方，精神性的实体依然是沉重的、单调的，而希腊世界的特有本质则是精神的个性解放。一个个重要的个人创造了丰富多彩的造型形象，我们在这里马上有了家园感，因为我们是站在精神的根底之上，它独立地吸纳一切外来的东西。希腊人的生活是一种真正的"青年人举动"。阿基里斯［Achilles］这个诗中的青年开创了它，亚历山大［Alexander］这个现实的青年结束了它。

---

[1]《黑格尔全集》，IX，97 和 102。

在两个人身上，都表现出最美好、最自由的个性，这种个性是他们在同特洛伊和亚洲的斗争中展现出来的。希腊无论在政治上还是在精神上都是反亚洲的力量，作为这种力量它也是欧洲的开端。与此相应的还有地理的特点。它不是单调的大陆，而是分散为诸多的岛屿和沿海的半岛。我们在这里所发现的不是东方自然的力量，不是像恒河和印度河、幼发拉底河和底格里斯河那样的**一条**起联结作用的河流，而是一种各式各样的分立，它符合希腊各部族的特性及其精神的多变性。[1]

这片由个体形象构成的充满精神的土地由于缺乏统一性而臣服于罗马人的政治权力。罗马最初是一个独立存在的国家，或者是一种"政治的普遍性"，并创造了与这种普遍性相对立的有私人权利的人格。[2] 罗马帝国以其把一切都谐调地组织起来的力量为未来的欧洲奠定了基础，在政治和文化上渗透了当时的世界。在罗马的大道上，到处都运行着希腊的教养世界，没有这个教养世界，就连基督教也不可能传播成为世界宗教。

无论是希腊世界还是罗马世界，其内在的界限都在于，古代精神在自身之外还有一个盲目的命运，以致最终的决定都要以其他方面为条件。希腊人和罗马人恰恰在所有"决定性的"生活问题上还不是求教于他们自己的良知，不是求教于这种"决定的首脑"，而是求教于神谕和异象。基督之前的人尚不是一种完全与自身同在的、无限自由的人格，他的精神在这个历史阶段上还没有被解放为自己，解放为自己存在。[3]

它的最终的解放是随着基督教进入异教世界实现的。"由于基

---

[1] 《黑格尔全集》，IX，234。
[2] 《黑格尔全集》，IX，290。
[3] 《黑格尔全集》，IX，248、263。

督教原则的出现,大地成为为了精神的。世界被环绕航行,对于欧洲人来说成为一个圆形的东西。"基督教世界是一个"完成的世界",因为"原则已经实现,从而完全成为时代的终结"。[1]只有基督教的上帝才真正既是"精神"又是人,精神性的实体在某一个历史上的人里面成为主体。由此,属神的东西与属人的东西的统一终于被意识到了,人作为上帝的一个肖像得到了和解。"这个原则构成了世界的枢纽,因为世界是围着它旋转的。历史向**这里**来,又从**这里**出发。"[2]因此对于黑格尔来说,欧洲的纪元并不具有一种时间的—有条件的意义,而是具有一种**绝对的—历史的**意义。欧洲世界在一个决定性的时刻一下子就永远变成了基督教的。

对基督的信仰的传播必然也带来了政治的后果:希腊人的国家虽然已经是一种具有(民主的)自由的国家,但只是一种具有"幸运和天才"的自由的国家。由于基督教,绝对的(一元的)自由的原则出现了。人在这种自由中知道自己与同他相关联的权力是一回事。希腊人的自由是以奴隶为条件的,而基督教的自由却是无限的和无条件的。

基督教的历史是"自由绝对的无限权力"的展开。[3]在这种展开中,基督教获得了自己全面的发展。这一历史从日耳曼各民族接受基督教信仰,经过罗马天主教教会的统治,一直到新教的改革。新教改革使教会与国家以及良知和法相互和解。只有路德才完全实现了这一点,即让人自己决定自己,成为自由的。[4]宗教改革的另一个成果是启蒙运动,最后是法国革命。因为单个人

---

[1] 黑格尔:《日耳曼世界》,拉松编,莱比锡1920年,第762—763页。
[2] 《黑格尔全集》,IX,331。
[3] 《黑格尔全集》,IX,332、346。
[4] 《黑格尔全集》,IX,418。

的良知从教皇的普遍权威下解放出来，为人的自我意志能够决定建立一种理性的国家创造了前提条件，这种理性国家的原则就是基督教的自由和平等的理念。对于路德来说，基督教信仰的内容是由启示给予的，而由卢梭［Rousseau］介绍入法国革命的欧洲精神，给予自己的却是自己意愿的内容。

在欧洲精神历史的这最后一个阶段，终于出现了"纯粹自由的意志"，它有自己的意愿，并且知道自己的意愿是什么。人从而第一次把自己"放在头脑上面"，世界的历史也就与哲学的思想是一回事了。历史哲学的原则就是"自由意识的进步"，历史哲学也就以这一事件结束了。**因此对于黑格尔来说，原始基督教——它的精神和它的自由——的所谓世俗化，决不意味着一种从其原初意义的可耻堕落，而是恰恰相反，它意味着这一起源通过其积极的实现而获得的真正阐释。**[1]就像基督教世界的历史是一种超越古代的进步运动一样，它也是古代世界的"渴望"的真正实现。希腊—罗马世界被"扬弃"在基督教—日耳曼世界之中，黑格尔的本体论基本概念由此而从两方面得到规定：作为**希腊的**逻各斯和作为**基督教的**逻各斯。与此相反，要重新把古代世界与基督教的结合分解开来，再次返回到一种抽象的起源，即"要么"从希腊出发，"要么"从基督教出发，这还完全处在他的具体历史感之外。[2]

黑格尔的终极史构思的最终根据在于他对基督教的绝对肯定。对于基督教的末世论信仰来说，由于基督而出现了终结和时间的完满。然而，由于黑格尔把基督教对世界时间的终结的期待置于

---

［1］ 请参见密什莱［L. Michelet］：《德国现代哲学的发展史》，柏林1843年，第304—305页："（黑格尔的）历史的目标就是基督教的世俗化。"
［2］ 《黑格尔全集》，IX，342。

**世界**的历史之中,把基督教信仰的绝对置于**历史**的理性之中,他也只有把世界的历史和精神的历史中最后的伟大事件理解为开端的完成,才是前后一致的。事实上,"概念"的历史在黑格尔这里结束了,因为他把"向这里来并从这里出发"的整个历史都以回忆的方式理解为各个时代的完成。至于没有原则、从而也就没有时代之分的经验的历史无始无终地继续发展,与这并不矛盾。

不仅黑格尔的学生和后继者们,而且就连他的对手们,也都受教于黑格尔哲学的这种历史意识。甚至布克哈特,虽然他知道古代的精神不再是完满的精神,现代的盈利追求和权力追求要求对生活作出不依赖于基督教的解释,他也是在黑格尔历史观的范围内,自觉地限制在古代世界和基督教世界来进行思维的。布克哈特虽然有上述洞识,并且与黑格尔的"理性"构思相对立,但他却也证实了黑格尔的终极史构思。布克哈特思索欧洲历史的最终动机,是"旧欧洲"行将结束这一认识。

## 二、精神的绝对形式的终极史构思

### 1. 艺术与宗教

完成的原则也支配着精神三种绝对形式的构思:艺术、宗教和哲学。在**艺术**领域,与世界历史的三个时代相对应的是象征型艺术、古典型艺术和基督教—浪漫型艺术。

由于对世界的任何直观方式都是"其时代的儿子",希腊艺术和基督教艺术的真正的认真已经一去不复返了。艺术的这种终结并不是它从外部由于时代的窘困及其平淡的感觉而遇到的偶然不幸，而是"艺术自身的作用和进展"。如果"所有的东西都表现出来了"，没有剩下任何需要塑形的内在的、隐晦的东西，它们也就完成了艺术。这样，对艺术的绝对旨趣就消失了。"但如果艺术向所有的方面都启示包含在其概念之中的各种基本世界观以及属于这些世界观的内容的范围，那么，它也将摆脱了这种在任何时候都对一个特殊的民族、对一个特殊的时代来说确定的内容，而重新接受这种内容的真正需求就只有伴随着**反对**迄今惟一有效的内容的需求才会出现；例如在希腊有阿里斯托芬〔Aristophanes〕反对自己的时代，琉善〔Lucian〕反对整个希腊的过去；在意大利和西班牙，中世纪晚期有阿里奥斯托〔Ariost〕和塞万提斯〔Cervantes〕开始反对骑士制度。"[1]此外在我们的时代，反思的教养以艺术的实体性形式制造了"tabula rasa（白板）"。[2]"即便我们认为希腊的诸神形象如此杰出，即便我们认为把上帝天父、基督、玛利亚〔Maria〕描绘得如此庄严和完善，那也无济于事，我们毕竟不再屈下我们的膝盖。"[3]在我们的时代，不可能出现荷马、索福克勒斯〔Sophokles〕、但丁〔Dante〕和莎士比亚〔Shakespeare〕，"如此大张旗鼓地赞颂的，如此自由地说出的，已经被说出了。这就是素材，是被称颂的直观和理解这些素材的方式。只有当代是常青的，其他东西都是苍白的、比较苍白的"。[4]

然而，不仅艺术的某些内容失去了旨趣，而且艺术本身的形式也不再是精神的最高需求。它在我们看来不再是真理达到实存

---

[1] 《黑格尔全集》，X/2，第 2 版，第 231—232 页；X/3，第 579—580 页；参见克罗齐〔B. Croce〕:《最后的圣哲》，巴黎 1935 年，第 147 页以下。

[2] 《黑格尔全集》，X/3，第 232 页；参见《歌德谈话录》，I，409。

[3] 《黑格尔全集》，X/1，第 2 版，第 132 页；参见 X/2，第 230 页；还请参见 B. 鲍威尔:《黑格尔的宗教和艺术学说》，第 222 页以下：宗教化解在艺术中。

[4] 《黑格尔全集》，X/2，第 236 页。

的最高方式。[1]想再次吸取以往的各种世界观，像许多为了外在地稳定自己动摇的心灵而想在这里"扎下根来"的浪漫主义者那样成为天主教的，这也无济于事。"艺术家不可以急于以自己的心灵进入纯粹的事物，为自己的灵魂拯救操心；他的伟大的、自由的灵魂必须本来就……知道和拥有灵魂的安顿之处，信赖它，在自身中充满信心。"今日的艺术家尤其需要自由地提高精神。在这种提高中，所有的"迷信和局限于一定直观形式和描绘形式的信仰都被降低为自由的精神能够驾驭的单纯的方面和元素。自由的精神不是把它们看做为自己的……塑形方式的自在自为地获得理由的条件，而是仅仅借助它以重新创造的方式作为符合它们的东西置入它们里面的更高的内容而赋予它们价值"。[2]但在艺术对自身的这种超越中，它也同样是人向自身的一种复归，通过这种复归，艺术摆脱了对固定内容和形式的任何牢固的局限，达到了其完全的终结。在这种完成的意义上，黑格尔解释了让·保罗［Jean Paul］诗歌创作中的荷马和歌德普遍的人道：用他的世界范围的自由来反对他每一次的举止变换不定的内容，反对他的文学作品的自白特征，它们的圣人就是"胡马努斯"自身。"这样一来，艺术家就在自身获得了自己的内容，就是真正自己规定自己的人类精神，是观察、思索和表述自己情感和处境的无限性的人类精神。对于这种人类精神来说，再也没有任何能够在人类胸怀中变得鲜活的东西是异己的。"[3]人惟有在其中才能有家园感的一切，就是

---

[1]《黑格尔全集》，X/1，第13页以下；参见《精神现象学》，拉松编，莱比锡1907年，第483—484页。
[2]《黑格尔全集》，X/2，第233页以下。
[3]《黑格尔全集》，X/2，第235、239—240页；参见《歌德谈话录》，II，51；III，106、493。

这种变得完全自由的艺术的可能对象。

最后还有**宗教**的形式。尽管宗教的内在意识的形式超越了艺术的感性意识，但就连宗教也不再是精神回归家园的最高形式。在宗教哲学讲演的结束，[1]黑格尔提出了基督宗教在当前时代的经验状态的问题，解释了"时代的征兆"。因为"我们会想到"把我们的时代与罗马世界的终结相比较；当时，理性的对象消失在私人福利和私人权利的形式中，因为不再有一种宗教生活和政治生活的普遍性。这样时代的个人使普遍者保持为曾经所是的样子，以便仅仅还为自己操心。在这种情况下还剩下的东西，就是世界的道德观、自己的意愿和意谓，没有客观的内容。就像在当时时候已到一样，如今也是这种情况。在概念中为信仰辩白已经成为需求，因为宗教迄今为止的形式已经不再有效。人们可能会问："在基督教信仰的内容中，什么还将被认为是真的呢？"神职阶层的任务是维护宗教，但他们自己却沉溺于推理论证，用道德的动机和外在的历史来说明基督教的学说。但如果人们还只是主观地、历史地探讨基督教的真理，那它也就"完蛋了"。"盐就变得蠢笨了"，剩下的东西，就只不过是一种怀疑主义的"诠释"和学者们高傲的空洞了。对于不能利用这种反思的民众来说，这些学者并不能充当老师。这样，基督教就似乎处在衰落之中了——但似乎是以一种"不谐和"来结束。

由于对基督教历史状况的这种认识，黑格尔也就以下述方式感到满足了，即他把衰落称为一个仅仅涉及世界外在方面的"偶

---

[1]《宗教哲学讲演录》，拉松编，莱比锡1929年，III，229以下；——这一悲观主义的结束语注明的日期是1821年8月25日，因而大约与致鲍里斯男爵的信同时（罗森克兰茨：《黑格尔传》，第304页），这封信公开表述了同样的划时代的意识。

然事件",而他从这外在的方面得出了一种本质性的和解。"时间上的当代"如何找到出路,人们不得不任其自然。对于哲学来说,不谐和是没有任何意义的,因为哲学创立了一个永恒的上帝之国,圣灵继续生存在哲学的信众中,哲学的信众代替祭司阶层来照料皇堡。

和在艺术中一样,在宗教中也出现了批判的反思;这是一种不可阻挡、必须得到贯彻的思维,因为它是"绝对的法官",宗教的真理必须在它面前证明自己。就像艺术如今成为艺术**科学**一样,在思维着的精神超越了直接的信仰和单纯得到启蒙的理智的阶段之后,宗教也就成了宗教**哲学**。[1]因此,在宗教哲学中"扬弃"宗教,同时也就是宗教在哲学中得到"庇护"。那种赋予宗教情感和表象以一种概念实存的理性思维,被承认为自我认知的精神最纯粹的形式。绝对知识的科学成了真正的"精神崇拜"。"以这样的方式,艺术和宗教这两个方面在哲学中统一起来了。艺术虽然在这里失去了外在的感性,但其**客观性**却因此而被置换成了客观事物的最高形式,被置换成了**思想**的形式;而宗教的**主观性**也被净化为**思维**的主观性。因为一方面思维是最内在、最独特的主观性,而真正的思想,即理念,同时也是最实际、最客观的普遍性;这种普遍性只有在思维中才能以它自己的形式把握自己。"[2]

## 2. 哲学

就连哲学也处在一种完成的终点。在《哲学史讲演录》中,无论是在结尾还是在开端,黑格尔都领会到他自己关于哲学上的

---

[1]《黑格尔全集》,X/1,129以下;参见马克思:《马克思恩格斯全集》,III,165。
[2]《黑格尔全集》,X/1,134。

完成的立场，并结束了思想的王国。根据他对哲学的历史所作的分期，他自己的体系处在第三个时期的终结。第一个时期从泰勒士［Thales］到普罗克洛［Proclus］，包括古代世界的开端和终结。在其完成了的顶峰，即在普罗克洛那里，实现了有限的东西与无限的东西、尘世的东西与属神的东西的古代式和解。第二个时期从基督教纪元的开始直到宗教改革。在宗教改革中，在更高的阶段上再次实现了尘世的东西与属神的东西的同一种和解；进而在第三个时期，即在从笛卡儿［Descartes］到黑格尔的基督教哲学中，这种和解最终通过黑格尔得到完成。[1]这最后一个时期的各种哲学体系在思维中以认识的方式造就了起初只是以信仰的方式实现的和解。[2]它们在原则上都无非是或多或少完备的统一方式；黑格尔的绝对体系处在它们的完美终点：绝对的、基督教的精神，在其要素中，即在现实中，把自己理解为自己的精神。于是，现实世界也就在基督教的意义上成为"精神的"。

根据对各时期的这种构思，黑格尔的精神历史就不仅仅是暂时性地在某个地方封闭起来，而是最终地、自觉地"终结"了。[3]从这一历史理由出发，就连它的形式也不是判断，而是"推理"（Schluβ，亦可译"结束""结局"——译者注），是开端与终点的结合。哲学历史的这种终结，与《精神现象学》、《逻辑学》和《哲学全书》的结束一样，并不是偶然的迄今为止达到的存在，而是实现了"**目标**"，从而也就是实现了"**结果**"。同普罗克洛一样，黑格尔如今把**基督教的**逻各斯的世界综合成为具体地组织起来的

---

[1]《黑格尔全集》，XV，253 以下（新版，1938年，第251—252页）。
[2]《黑格尔全集》，XV，294。
[3]《黑格尔全集》，XV，690。——参见罗森茨威格：《救星》，第1部分，第9页以下。

理念的绝对整体，并以此结束了三个时期的整体。与普罗克洛相联系，他说明道：把所有的体系这样统一在一个跨越性的、整体性的体系之中，并不是单纯的折衷主义，而是一种"对理念的更深刻的认识"，它必然"偶尔地"、即在各时期的间距中出现。[1]在普罗克洛那里，世界精神面临着绝对"决裂"之前的一次重大的"转折"，即基督教渗透入异教世界。对于普罗克洛来说，现实事物的神性还是一个抽象的理想，除非它在基督神人的确定个别性中成为尘世的现实。只有在后一种情况下，古代世界的渴望才被满足，与精神和解的世俗事务才由此转交给基督教—日耳曼世界。在致克罗采尔[Creuzer]的一封信[2]中，黑格尔同样谈到"巨大的一步"，它尤其是普罗克洛的功绩，是古代哲学向基督教过渡的转折点。而"现在又"需要迈出这同样的一步了。因此在他看来，克罗采尔的普罗克洛新版是再合时宜不过的了。[3]

然而，对于黑格尔完成了基督教哲学来说，由此产生的是什么呢？显而易见：它是**一次巨大的转折之前的最后一步，是与基督教的一次决裂**。但在这种情况下，黑格尔对古代哲学和基督教哲学的完成与普罗克洛那里的是同一种东西：一种**"与堕落的和解"**。它的最高的表现同时也就是没落的开始，即在这样一个时代，其时"一切都处在解体和对一种新东西的追求中"。[4]这样，亚历山大里亚哲学就是没落的罗马帝国的最后一次繁荣。而在15和16世纪，当中世纪的日耳曼生活获得一种变换了的形式，第

---

[1]《黑格尔全集》，XV, 34、95—96。
[2]《黑格尔往来书信集》，II, 52。
[3] 参见费尔巴哈：《未来哲学原理》，第29节；L. 密什莱：《黑格尔——不可辩驳的世界哲学家》，莱比锡1870年，第2页。
[4]《黑格尔全集》，XIII, 67。

二个时期终结的时候，情况也别无二致。"哲学开始于一个实在世界的没落；当它出现……并用灰色的颜料描绘灰色的图画的时候，青年人有生命力的新鲜朝气已经消逝了。哲学的调和**不是现实中的**调和，而是**观念世界里的**调和。希腊哲学家们从国家事务抽身后退；他们是民众所称的偷闲者，他们抽身后退到思想世界里。这就是被保存在哲学历史自身里面的本质规定性。"[1] 就连黑格尔的政治哲学也是用灰色的颜料描绘灰色的图画，不是要使已经"垂暮"的世界变得年轻，而仅仅是要认识它。作为这样一种认识，它是承认，是与"现存的"东西的和解。思想如今完全在它自身，同时它又作为组织起来的理念把宇宙改造成为"可以理解"的、可以洞识—透视的世界。全部现存的"对象性"也就与它的"自我生产"成了一回事。"看来，世界精神现在已经成功地从自身排除了一切异己的、对象性的本质，最终把自己理解为绝对的精神，并且从自身生产出对它来说是对象性的东西，安静地把它保持在自己的权力之下。"[2]

在对象性与自我活动的这种统一中，包含着"新"时期完满实现的意义。只有根据这种终极史的意向，黑格尔对哲学历史的终结才能在其全部的激情和重要性上得到理解。"到了现在，世界精神已经到达了。那最后的哲学是一切较早的哲学的成果；没有任何东西失掉，一切原则都得到了保存。这个具体的理念是差不多 2500 年来（泰勒士生于公元前 640 年）精神努力的成果，是精神使自己客观化、认识自己的认真劳动的成果。Tantae molis erat, se ipsam cognoscere mentem〔认识精神自己，是那样费力的

---

〔1〕《黑格尔全集》，XIII，66 以下（黑体由作者所加）。
〔2〕《黑格尔全集》，XV，689；参见 X/1，124。

事]。"黑格尔的完成作为实现和结束的双重含义，表现在把维吉尔[Virgil]的"romanam condere gentem"[创建罗马民族][1]更换成"se ipsam cognoscere mentem"[认识精神自己]。这一更换说明：为了有朝一日创建起罗马世界帝国，所要求付出的辛劳与最终在精神王国中探究自己的辛劳是同样的。当黑格尔以"认识的勇气"终结了一个历时两个半千年的时期，并且正是由此而开创了一个新时期的时候，他事实上也就结束了基督教逻各斯的历史。他自己关于艺术曾说过，一旦"所有的东西都表现出来了"，艺术也就失去了绝对的旨趣，它的继承者们也就被迫起来反对全部过去；由于他的完成，同样的话如今也适用于由他终结的哲学。与黑格尔的精神历史一起，整个语言、概念和教养的世界都走向了终点。在这个终点，开始了我们最独特的"精神历史"——就像是一种 lucus a non lucendo [来自不发光者的光]。

　　黑格尔没有直接地、但却间接地表述了由他实现的完成的终极史意义。他是这样表达这一意义的，他的思维既是在对过去的东西的追忆性回顾中，在"精神的老年"进行的，同时又是在对精神的可能新国土的探询性前瞻中进行的，但就后者而言，他明确地排除了知识。对本世纪开始以来被视为自由的未来国土的美洲，少得可怜的提示却注意到，世界精神有可能从欧洲迁出。"因此，美洲是未来的国土，在未来的时代里，那里……将显现出世界历史的重要性。对于所有厌烦了旧欧洲这个历史的军械库的人们来说，美洲是他们憧憬的国土。据说拿破仑曾讲过：cette vieille Europe m'ennuie [这个衰老的欧洲使我感到无聊]。但迄今为止在那里所发生的事情，只不过是旧世界的回声、是外来活力的表现罢了。而且

---

〔1〕《埃涅阿斯纪》，I，33。

既然是未来的国土，在此与我们毫不相干。"同样，黑格尔把斯拉夫世界理解为基督教欧洲与亚洲的斗争中的"中间物"，但却用一句话就结束了他关于斯拉夫世界未来意义的提示。他说，他把这一大块从讨论中排除出去，因为它至今还不是作为一个独立的要素出现在理性的各种形态的序列之中的。"至于这将来是否会发生，与我们在此毫不相干。"[1]在致自己的学生鲍里斯男爵［Baron Boris von Yxkül］的一封信中，黑格尔的表述有所收敛，这封信的内容罗森克兰茨保留下来了。[2]那里写到，欧洲已经成为一个笼子，其中只有两种人看来在自由地运动：一种人自己属于笼子的关闭者，另一种人在这个笼子中为自己找到了一个位置，却既不能顺从笼格也不能违拗笼格采取行动。但如果事情是这样的，以致人们不能真正地与他们的状态相统一，那么，自己按照十足的伊壁鸠鲁主义的方式来生活，作为私人保持自己的独立，应当是更为有利的。这种态度虽然是一个观众的态度，但却也是非常有效用的。黑格尔把俄罗斯的未来与这个欧洲笼子对立起来。其他现代国家看起来已经达到了它们发展的目标，也许已经越过了它们的顶点，其状态已经处于停滞中。与此相反，俄罗斯在其母腹中却孕育着"其内在本性发展的巨大可能性"。[3]认为黑格尔在这里像罗森克兰茨想暗示的那样仅仅在开玩笑，为的是逗自己的俄罗斯朋友开心，是极为不可信

---

[1] 《世界历史哲学讲演录》，拉松编，第200页和第779页；参见A. 卢格：《出自更早的时代》，IV, 72和84。——就连费希特也曾考虑过迁移到美洲（1807年5月28日致其夫人的信）。

[2] 罗森克兰茨：《黑格尔传》，柏林1844年，第304—305页，以及普鲁茨［Prutz］的《历史手册》，1843年；参见契采夫斯基［D. Tschizewskij］：《斯拉夫人看黑格尔》，赖兴贝格1934年，第148页。

[3] 参见拿破仑：《圣赫勒拿岛回忆录》，日期为1816年11月6日；A. de 托克维尔：《美国的民主》，第1部结尾；海涅：《鲁特齐亚》，IX。

的。毋宁说，他在自己已经在法哲学中用灰色的颜料描绘灰色的图画之后，恰恰在这封信中预告了今后时代的情调。

10年之后，他与现存事物的和解由于七月革命而受到新的分裂为二的损害，并由于一种"无目的的革新欲"而受到置疑；针对这种革新欲，他感到自己无能为力，而他最亲近的学生们则把出自政治现实的不满转入他的哲学。与 E. 甘斯在大学政策上的反目使他生命的最后几个月非常痛苦。[1]

然而，进展到一种新的分裂为二的**可能性**也可以在黑格尔自己的历史意识中找到。因为关于时代的实体性因素的哲学认识，虽然是在与它相关的时代的精神中发生的，因而只是"形式地"、即作为对象性的认识超越了它。但同时，借助这种显示性的知识也设定了一种区别，它推进到另一种发展："知识与存在者之间"的区别。由此无论在哲学中还是在现实中，都产生出进展到新的分裂为二的可能性和必然性。"这样，形式的区别也是一种实在的、现实的区别。在这种情况下，正是这种知识造成了发展的新形式。"[2] 知识借助其自由的形式彻底改变了实质性的内容。自我完成的哲学成为此后迫使人进行一种新的、现实的塑形的精神的诞生地。[3] 事实上，黑格尔对认知历史的终结成为19世纪精神史

---

[1] 参见卢格的描述：《出自更早的时代》，IV，431以下，以及费舍［Fischer］的描述：《近代哲学史》，VII，200；参见《狄尔泰全集》，IV，256。

[2] 《黑格尔全集》，XIII，70和118；参见 XIV，276—277："我日益相信，理论工作在世界上要比实践工作造就更多的东西；如果表象的王国发生了革命，现实也就坚持不下去了。"

[3] B. 鲍威尔明确地在进步—革命的意义上把这段话解释为对现存的东西的一种批判（《对无神论者和反基督者黑格尔的末日审判的号角：一个最后通牒》，莱比锡1841年，第79—80页）；L. 密什莱在谈到契斯克夫斯基［Cieszkowski］的一部作品时，曾以温和的方式从黑格尔的原则引申出对历史实践的未来塑形（W. 屈内［Kühne］：《契斯克夫斯基——黑格尔和德国精神的一个学生》，莱比锡1938年，第64页）。

和政治史由以出发的诞生地。在他死后几年，**海涅**在其《德国宗教与哲学的历史》（1834年）的结尾力图使法国人认识到可能从宗教改革和德国哲学中产生的真实的革命："我认为，像我们这样一个有计划有步骤的民族必须从宗教改革开始，然后再从事哲学，并且只有在完成哲学之后才可以过渡到政治革命。我觉得这个顺序完全合理。哲学用来进行反思的头脑，哲学可以在事后为了任何目的把它们砍掉。但如果革命先行于哲学，哲学就不能使用被革命砍掉的头脑了。德国的共和主义者们，你们不要担心：德国的革命不会因为康德的批判、费希特的先验唯心主义甚至还有自然哲学发生在先，就会爆发得更温和、更徐缓。革命的力量是通过这些学说发展起来的，它们只期待着那个它们能够爆发出来、使世界惊愕钦佩的日子到来。那时将出现这样一种康德主义者，他们即便在现象世界也不想知道什么敬虔，而且毫无怜悯地挥动宝剑和斧头掘翻我们欧洲生活的根基，以便清除属于过去的最后根株。那时武装起来的费希特主义者也要登上舞台，他们以自己的意志狂热主义，决不会被威逼利诱所制服；……是的，这些先验唯心主义者在社会的变革中甚至比初期的基督徒们更加坚贞不屈，因为初期的基督徒们承受尘世的折磨，为的是由此获得天国的永福，而先验唯心主义者却把这折磨自身看做是虚幻的假象，在自己思想的堡垒中是无懈可击的。不过，自然哲学家们比这一切都更可怕，他们将以行动的方式参加一场德国的革命，把自己与破坏工作自身等同起来。因为如果康德主义者的手准确有力地作出了打击，是由于他的心灵不被传统的敬畏所动摇；如果费希特主义者勇气十足地抗拒一切危险，是由于危险对他来说实际上根本不存在；那么，自然哲学家之所以可怕，乃是由于他与自然的原初威力结合在一起，由于他能唤起古代日耳曼泛神论的魔力，由于此时在这种泛神论中觉醒了我们在古代德国人中间发现的那种战斗欲。这种战斗欲不是为了破坏，也不是为了胜利，而单纯是为了战斗而战斗。基督教——这是它的最美妙的功绩——固然在某种程度上缓和了那种野蛮的日耳曼战斗欲，但却未能摧毁它；而一旦这个起着驯服作用的护符——即十字架——崩坏，北方诗人如此经常咏述的那种……狂暴的帕则克的愤怒就会又陡然滚滚而来。那个护符已经腐朽了，它惨然崩坏的日子就要来到了。……我奉劝你们，法国人，到那时你们要非常肃静，要好自为之！千万不要鼓掌喝彩。我们很容易会误解你们，并以我们那种不讲礼貌的方式有点粗暴地命令你们安静。……我是为你们好，才把冷酷的真理告诉你们。比起整个神圣同盟连同所有的克罗地亚人和哥萨克人来说，你们更应当惧怕解放了的德国。……人们究竟会说出什么来反对你们，那是我从来也无法把握的。有一次在格廷根一家啤酒店里，一位年轻的老派德国人说，必须为被法国人在那不勒斯斩首的施陶芬家族的康拉丁向法国人复仇。你们肯定早就忘记了这件事。我们却什么也没有忘。你们看吧，一旦我们想向你们寻衅，我们是不会缺少无可辩驳的理由的。所以无论如何，我要奉劝你们保持警惕。无论那时在德国发生什么事情，无论是普鲁士太子还是维尔特博士掌握了政权，你们都要加强军备。……我是为你们好，最近我听说你们的部长打算解除法国的武装，我确实大吃一惊。——由于你们虽然现在主张浪漫主义，但还是天生的古典主义者，所以你们是知道奥林匹斯山的。在裸体的男女诸神中间……你们将看到一位女神，她虽然处身于那样一种欢乐和安逸的气氛中，却始终身披铠甲，头戴战盔，手拿标枪。那就是智慧女神。"

海涅所宣布的这场德国革命当时并没有爆发，但通过黑格尔的学生们所发生的事情,却直至今日依然在起作用。海涅煽惑性的警告之后 10 年,同是在 1843 年,出版了以下著作:**费尔巴哈**的《未来哲学原理》、**蒲鲁东**[Proudhon]的《人道秩序的创造》、**B. 鲍威尔**的《被揭穿了的基督教》、**基尔克果**的《非此即彼》。除了蒲鲁东之外,他们都是黑格尔的学生和对手,实践了黑格尔的理论。由于他们而显示出来的是,黑格尔的哲理神学的确是一个终结,是精神和欧洲教养的历史中的一个转折点。取代黑格尔的调和的,是作出一种抉择的意志,这种抉择又把黑格尔结合起来的东西分离开来了:古代与基督教、上帝与世界、内在性与外在性、本质与实存。但另一方面,也只有一种完成了的构思,就像黑格尔的构思那样,才能完全地分解为它各个部分。黑格尔左派的批判性尖锐是以黑格尔的和解的坚定性为其历史尺度的。它在黑格尔的国家哲学和宗教哲学中找到了自己最可理解的表述。就连他的学生们的努力也是以其国家哲学和宗教哲学的解构为目标的,而这恰恰是因为对他们来说,事情涉及"真正的"国家和"真正的"基督教。

## 三、黑格尔使哲学与国家和基督宗教和解

黑格尔的法哲学与他第一次关于宗教哲学的讲演同时发表,它是使哲学与现实和解在原则上的一般趋势的具体实施:作为国家哲学与政治现实和解,作为宗教哲学与基督教的现实和解。在这两个领域,黑格尔都不仅是**与**现实和解,而且是**在**现实**中**和解,尽管是"以理解"来和解的。在其活动的顶峰时期,他把现实世界理解为一个"符合"精神的世界,另一方面,普鲁士新教国家

在黑格尔这个人身上拥有了哲学。[1]在《法哲学原理》序言中，黑格尔明确地、论战性地阐明了"哲学对现实的态度"。这里就包含着马克思和基尔克果以其"哲学应当成为现实"的命题由以出发的那个成问题的点。对于马克思来说，哲学理论是"无产阶级的头脑"，对丁基尔克果来说，纯粹的思维成为"实存着的思想家"，因为既存的现实看起来既不是理性的，也不是基督教的。

黑格尔的国家哲学反对这样一种意见，就好像现实中还从来没有一个理性的国家似的，就好像"真正的"国家是一个单纯的"理想"、是一个"公设"似的。[2]真正的哲学作为"理性事物的论证"，恰恰因为这一点也是对"当下的和现实的事物"的把握，但并不是对某种彼岸的东西、对一个只是应当存在、但却从未存在的理想国家的公设。他把1821年当下的普鲁士国家理解为《逻辑学》所界定的意义上的现实，即理解为内在的本质与外在的实存直接形成的统一，理解为该词"强化"意义上的现实。[3]在这种如今已达到的"现实的成熟"——因而也成熟得走向衰落——中，思想不再批判性地与现实对立，而是作为理想的东西和解地站在实在的东西的"对面"。[4]意识到自身的理性——国家哲学——与作为现存现实的理性——现实的国家——相互统一起来了，在实体性的时代精神的"深处"是同一个东西。[5]但是，处于作为自我意识的精神的理性和作为现存的现实的理性之间的东西，把

---

[1] 参见黑格尔的柏林就职演说，《哲学全书》，拉松编，第LXXII页。——关于"哲学在普鲁士和德国的历史状况和统计学状况"，罗森克兰茨提供了一个颇有意思的说明，《新研究》，II，莱比锡1875年，第186页以下。
[2] 《黑格尔全集》，VIII$^2$，7以下；XIV，274以下。
[3] 《逻辑学》，拉松编，II，156；《哲学全书》，第6节。
[4] 《黑格尔全集》，VIII$^2$，20。
[5] 相反的观点参见马克思：《马克思恩格斯全集》，I/1，612—613。

前者与后者分离开来、阻碍和解的东西，黑格尔既不容置疑地又不确定地解释为"某种还没有解放为概念的抽象物的桎梏"。[1] 他关于理性现实的概念的解释借助"假象"与"本质"、"五彩缤纷的表皮"与"内在的脉搏"[2]、外在偶然的实存与内在必然的现实的区分克服了这 hiatus irrationalis [非理性的鸿沟]。然而，黑格尔从作为现实之认识的哲学的旨趣中排除仅仅暂时的、"偶然的"实存，恰恰在"适应"暂时存在的东西的责难中返回到黑格尔自身。在黑格尔对"存在的东西"的理解中，对现存现实的这种适应之所以被掩盖起来，乃是由于"存在的东西"即包含了仅仅现存的东西，也包含了确实现实的东西。

对于理解黑格尔的原则来说，**宗教哲学**要比国家哲学更为重要。宗教哲学并不是整个体系的一个可以分离的部分，而是他的精神重心。对于黑格尔的哲学来说，"世俗智慧"[3]和"上帝认识"[4]是一回事，因为它们的知识都论证了信仰的理由。他自称被上帝罚作一个哲学家，[5]"灵感的语言"对他来说与"概念"的语言是一回事。在他看来，读报纸与读圣经有同等的帮助。"早晨读报纸是一种现实主义的早祷。人们根据上帝或者根据世界之所是来确定自己对世界的态度。二者给予同样的确信，使人们知道事情究竟怎么样。"[6] 真正的哲学自身就已经是对上帝的崇拜，尽管

---

[1] 《黑格尔全集》，VIII$^2$, 18—19。
[2] 《黑格尔全集》，VIII$^2$, 17；XI, 200—201；《哲学全书》，第 6 节；第 24 节附释；第 213 节附释；第 445 节附释。
[3] 黑格尔：《哲学全书》，第 552 节；《黑格尔全集》，IX, 440。
[4] 《黑格尔全集》，XI, 5 和 15；《历史中的理性》，第 18—19 页。
[5] 《黑格尔往来书信集》，II, 377。
[6] 罗森克兰茨：《黑格尔传》，第 543 页；参见《黑格尔的哲学史》，1938 年，第 220—221 页。

是"以独特的方式"。历史哲学是一种神正论，国家哲学是对地上的属神事物的一种理解，逻辑学是在纯思维的抽象要素中对上帝的一种描述。

对于黑格尔来说，基督教的哲学真理在于，基督使人性的东西与神性的东西的分裂达到和解。[1]这种和解对于人来说之所以实现，只是因为它本来就已经在基督里面发生；但它也必须通过我们并且为了我们自己被产生出来，以便它自在自为地成为它所是的真理。[2]这种对于黑格尔来说在上帝的化身为人之中证明的神性与人性的统一，无论是对于马克思来说还是对于基尔克果来说都完全又分裂为二了。因此，马克思坚定的无神论、他对人之为人的信仰，在原则上都比基尔克果离黑格尔更远，基尔克果悖谬的信仰是以上帝和人之间的差异为前提条件的。基督教对于马克思来说是一个"颠倒了的世界"，对于基尔克果来说是"面对"上帝的一种无世界的站立，对于黑格尔来说是**在真理之中**的存在，根据的是上帝的化身为人。神性与人性"在一个人里面"，这固然是一种生硬的、难以理解的表述，但也只有在人们按照表象接受它、不以精神的方式理解它的时候才是如此。在"神人"的"非凡结合"中，人获得了一种确定性，即人性的有限弱点与这种统一是无法一致的。[3]

作为"状态"来看，尘世事物与属神事物的和解就是"上帝之国"，[4]即上帝作为惟一的和绝对的精神在其中进行统治的现实。

---

[1]《黑格尔全集》，XII，228以下；《精神现象学》，第529页。
[2]《黑格尔全集》，XII，209、228、235；《哲学全书》，第482节。——参见密什莱：《最新德国哲学的发展史》，第304页：在黑格尔那里，精神的所有领域都"只不过是上帝永恒地成为并已成为人的方式"。
[3]《黑格尔全集》，XII，238以下；《精神现象学》，第18—19页。
[4]《黑格尔全集》，XII，244；参见基尔克果关于"上帝之国"的讽刺性中篇小说，《基尔克果全集》，XII，98。

在思维中有条理地表现这一现实,已经是青年黑格尔的目标;[1]在他看来,这一目标在他的哲学史中已经"最终"实现。宗教哲学的"上帝之国"与哲学史的"理智王国"和现象学的"精神王国"是一回事。哲学在整体上就是基督教通过上帝的化身为人所实现的那种与现实的和解,作为最终被把握到的和解,它就是一种哲理神学。通过哲学与神学的这种和解,看来黑格尔已经以理性的方式建立了"上帝的平安"。

由于无论是国家还是基督教,黑格尔都从精神出发在本体论上把它们理解为绝对者,**宗教与国家**彼此之间的关系也就是千篇一律的。他在讨论宗教与国家的关系时,既考虑到它们的不同,也兼顾到它们的统一。统一在于内容,不同则在于同一内容的不同形式。由于国家的本性是"作为当下意志的属神意志",是一种将自己展开为一个世界的现实组织的精神,另一方面,又由于基督宗教也无非是以精神的绝对真理为自己的内容,所以国家与宗教虽然在教会与国家里面塑造同样的内容时南辕北辙,却能够并且必然在基督教精神的根底上相聚在一起。[2]一种单纯"心灵"和"内在性"的宗教,如果对于国家和思维着的理性的律法和设施是"敌意的",或者只是消极地对待国家的世俗性,它所表明的就不是宗教确定性的强大,而是它的虚弱。"真正的信仰",无论理性符合它还是不符合它,都是**不偏不倚的**,既不考虑理性,也与理性无关。[3]但真正的信仰是"我们的时代"特有的,人们会追问它究竟是产生自"真正的需求",还是产生自一种"未被满足的虚荣心"。真正的宗教并不对现存的国家持否定的态度,而是承

---

[1] 《黑格尔往来书信集》,I,13 和 18。
[2] 黑格尔:《法哲学原理》,第 270 节;《哲学全书》,第 552 节。
[3] 罗森克兰茨:《黑格尔传》,第 557 页。

认和认可它，就像国家反过来也承认"教会的确认"一样。对于基尔克果极端敌意的信仰概念来说表现为可耻的妥协的东西，对于黑格尔来说则是一种真正的一致。[1]"依据事物的本性，国家应履行自己的义务，全力支持和保护教会达成其宗教目的；又因为宗教是在信念的深处保证国家完整统一的因素，所以国家更应该要求它的所有公民都加入教会，并且不论哪一个教会，因为其内容既然是与信念的深处相关，所以不是国家所能干预的。组织完善的、从而也就强大的国家可以在这方面更宽宏大量一些，对触及它的那些细枝末节可以完全不问，甚至可以容忍那些在宗教上不承认对它负有直接义务的教会（这当然要看数量而定）。"[2]哲学的洞见认识到，教会和国家如果都站在精神的根底上，二者在真理的内容上是一致的。在基督教的绝对自由精神的原则中，包含着绝对的可能性和必然性，即"**国家政权**、**宗教**和**哲学**的**原则**汇合在一起——现实与精神、国家与宗教良知、宗教良知与哲学认知的和解实现了"。[3]黑格尔的客观精神哲学的结束语是："国家的道德性与国家的宗教精神性是相互的保障。"

由于黑格尔绝对地、同时又历史地在与世界和国家的关联中理解基督教，所以他是**哲学**与**基督教**之间发生决裂之前的最后一位哲学家。费尔巴哈和基尔克果从两个截然相反的方面断定和完成了这一决裂。在**费尔巴哈**看来，基督教教义学与哲学的调和

---

[1] 黑格尔的论战针对的是雅可比和施莱尔马赫，但实际上也适用于把施莱尔马赫的"情感"提升为"激情"、并把激情与理性对立起来的基尔克果。至于基尔克果关于基督教的敌意概念，首先请参见《基尔克果全集》，XII，29和47以下。
[2] 《法哲学原理》，第270节。
[3] 《哲学全书》，第552节。——黑格尔把宗教的良知理解为新教的良知，把新教的良知理解为伦理良知与宗教良知的统一。

无论在哲学的旨趣中还是在宗教的旨趣中都是应予否认的。[1]如果人们在基督教的历史的—确定的现实性中接受它，不是把它当做不确定的"理念"，那么，任何哲学都必然是非宗教的，因为它用理性来探究世界并且否认奇迹。[2]在同样的意义上，卢格也断言，从亚里士多德［Aristoteles］以来的所有哲学都是"无神论"，[3]因为哲学从根本上研究和把握自然界和人。但另一方面，基督教也不能仅仅是世界历史中的一个环节，是一种属人的现象。"然而，哲学与基督教却不能统一起来"，**基尔克果**的日记开篇伊始就这样写道。因为如果我要从基督教的本质中把握某种东西，那么，拯救的必要性就会扩展到整个人，从而也扩展到其知识。人们固然可以"按照基督教的观点"——即在一个人成为基督徒之后——来思考一种哲学，但在这种情况下，关系所涉及的就不是哲学与基督教的关系，而是基督教与基督教知识的关系，"除非人们希望，哲学在基督教之前或者在基督教里面得出这样一种结论，即人们无法解开生活之谜"。但这样一来，哲学就会在自己完成的高度上造成了自己的衰落。他甚至也不能促成向基督教的过渡，因为它必须停留在这一消极的结果上。"总而言之，**这里**出现了一道鸿沟：基督教把人的知识规定为因罪而有缺陷的，在基督教中得到纠正的；哲学家则试图恰恰通过人对上帝和世界的关系作出说明；由于人是一种受限制的本质，但同时又是最有可能作为人之为人的本质，所以结果可以被承认为受限制

---

[1] 《论哲学与基督教——与对黑格尔哲学提出的非基督性责难相关》（1839年），I, 42 以下。
[2] 《论哲学与基督教——与对黑格尔哲学提出的非基督性责难相关》（1839年），II, 179 以下。
[3] 卢格：《书信往来与日记》, I, 269。

的。"[1]哲学家必须——从基督教的观点来看——"要么接受乐观主义，要么绝望"，因为他作为哲学家不承认通过基督的拯救。[2]与这种非此即彼相对立，黑格尔以亚里士多德的方式神化了理性，并考虑到基督而对属神的东西作出了规定。

黑格尔在哲学的环节达成的理性与信仰、基督教与国家的和解大约在1840年结束。当代史上与黑格尔哲学的决裂在马克思那里是与国家哲学的决裂，在基尔克果那里则是与宗教哲学的决裂，根本上是与国家、基督教和哲学的决裂。费尔巴哈与马克思和B.鲍威尔同样坚决地实施了这一决裂，一点也不亚于基尔克果，只不过是以不同的方式罢了。费尔巴哈把基督教的本质还原为感性的人，马克思则把它还原为人类世界的矛盾，鲍威尔从罗马世界的衰落解释了基督教的产生，基尔克果则通过牺牲基督教的国家、基督教的教会和神学，简而言之，牺牲基督教的全部世界历史的实在性，把它还原为一种绝望地—断然地跳跃进信仰的悖谬。无论他们把基督教还原为什么，他们都共同地解构了**市民阶级的—基督教的世界**，从而也解构了黑格尔的和解神学。对他们来说，现实不再是处于与自身同在的自由的光照之中，而是处于人的自我异化的阴影之中。

在对黑格尔基督教哲学完全终结的清晰意识中，费尔巴哈、卢格、施蒂纳、鲍威尔、基尔克果和马克思作为黑格尔哲学的真正继承人，宣告了一种坚决否定现存国家和现存基督教的"变

---

[1] 基尔克果：《日记》，乌尔利希编，第128页以下；参见第264页和第463—464页。
[2] "至于上帝创造了自由的生物与自己对立，这是哲学所不能背负、但却被挂在上面的十字架"，基尔克果关于从康德到黑格尔的自由哲学的判断如此说道。（《日记》，第338页）

革"。老年黑格尔学派对黑格尔学说的终极史意义的把握完全一样。他们是如此之坚定不移,以致到了 1870 年左右,他们还把自黑格尔以来所出现的一切哲学都理解为他的体系的纯粹后史,而青年黑格尔学派则以自己的方法摧毁了它。与新黑格尔学派相比,他们都有一种优点,即他们都没有认错在《逻辑学》和《精神现象学》的"结束语"中、在《哲学全书》的体系中、在《哲学史讲演录》的"结束语"中所包含的要求。

# 第二章 老年黑格尔学派、青年黑格尔学派、新黑格尔学派

## 一、老年黑格尔学派对黑格尔哲学的维护

对于把黑格尔学派划分为一个老年黑格尔学派的右派和一个青年黑格尔学派的左派来说,特殊之处在于这种划分不是产生自一种纯哲学的差异,而是产生自政治的和宗教的差异。在形式上,它源自法国议会的政治划分,在内容上,它源自在基督学问题上的不同观点。

区分最初由施特劳斯作出,[1] 然后由密什莱继续贯彻,[2] 自此以后得到保持。右派(戈舍尔、迦布勒[Gabler]、B. 鲍威尔)[3] 依据黑格尔按照"内容"和"形式"对基督宗教作出的区分,在概

---

[1] 施特劳斯:《为捍卫我的〈耶稣传〉一书所作的论战文》,第3册,1837年;参见齐格勒[Th. Ziegler]:《D. F. 施特劳斯传》,施特拉斯堡1908年,第250页。

[2] 密什莱:《德国最后几个哲学体系的历史》,第2部,柏林1938年,第654页以下;《黑格尔——不可辩驳的世俗哲学家》,莱比锡1870年,第50页以下;参见罗森克兰茨:《作为德国民族哲学家的黑格尔》,莱比锡1870年,第311—312页;埃德曼[J. E. Erdmann]:《哲学史大纲》,柏林1870年,第329节,10;第336节,2;第337节,3。

[3] 鲍威尔最初代表对黑格尔宗教哲学的正统解释;虽然有克格尔[M. Kegel]在埃尔兰根的博士论文(莱比锡1908年),他向极左派宗教批判的过渡仍未得到阐明。

念上肯定性地接受了内容，而左派则与宗教表象形式一起对内容也进行了批判。右派要以神性与人性统一的理念来维护全部福音书的历史，中派（罗森克兰茨、沙勒［Schaller］、埃德曼）仅仅有条件地维护一个部分，而左派则断言，从理念出发，福音书的历史报道既不可全部地、也不可部分地坚持。施特劳斯自称为左派，密什莱（与甘斯、瓦特科［Vatke］、马海内克［Marheineke］和贝纳利［Benary］一致）则在其《上帝位格性与灵魂不死讲演录》[1]中建议中派与左派联合。他称小费希特［der junge Fichte］、K. 费舍、魏斯［Weiße］和布拉尼斯［Braniß］为"伪黑格尔学派"。至于在神人一体、上帝的位格性和灵魂不死问题上争论的激烈性，[2]今天已经很难想像，由黑格尔的学生们所作出的宗教批判的解构性结果对我们来说已经是理所当然的了。对于黑格尔的影响来说，这些神学问题的讨论之重要，并不亚于在卢格、马克思和拉萨尔那里从其国家学说出发的讨论。

黑格尔著作的绝大部分编者都属于由黑格尔自己创立的学派这种原初意义上的**老年黑格尔学派**：亨宁、霍托［Horto］、弗尔

---

[1] 参见 W. 屈内关于契斯克夫斯基的专著中的评论，《契斯克夫斯基——黑格尔和德国精神的一个学生》，第 84 页以下。

[2] 最初的推动来自费尔巴哈的《关于死亡和不朽的思想》（1830 年）。随后，除了施特劳斯的著作之外，截至 1840 年有李希特［F. Richter］:《关于终极事物的学说》（1833—1834 年）；《新的不死说》（1833 年），其中直接从黑格尔推论出费尔巴哈的《关于死亡与不朽的思想》；J. E. 埃德曼：《信仰与知识讲演录——教义学与宗教哲学引论》（1837 年）；K. F. 戈舍尔：《论不死的证据》（1835 年）；《关于上帝与人、关于神人一体的思辨哲学论文集》（1838 年）；J. 沙勒：《历史上的基督与哲学》（1838 年）；K. 康拉迪：《基督在当代、过去与未来》（1839 年）；L. 密什莱：《上帝位格性与灵魂不死讲演录》（1840 年）以及契斯克夫斯基对此的批判，载《上帝与轮回》，第 1 部（1842 年）。——参见 J. E. 埃德曼：《哲学史大纲》，第 335 节；罗森克兰茨：《新研究》，II，454。

斯特［Förster］、马海内克以及欣里希斯、道布［C. Daub］、康拉迪［Conradi］和沙勒。他们逐字逐句地坚持黑格尔的哲学，并继续推进到历史的具体研究中去，但却未能超出黑格尔亲身影响的时代以自己的方式将它再生产出来。对于19世纪的历史运动来说，他们无足轻重。与他们相对立，出现了"青年黑格尔学派"甚或"新黑格尔学派"这一称呼。[1]为了避免混乱，以下被称为新黑格尔学派的，仅仅是在我们这个时代更新黑格尔主义的那些人；被称为青年黑格尔学派的，是黑格尔的那些极左的学生和继承人；被称为老年黑格尔学派的，是超出革命的时代，历一整个世纪之久，以一种独特的、但并非逐字逐句的方式历史地维护黑格尔历史思维方式的那些人。之所以可以称他们为老年黑格尔学派，乃是因为他们并不具有一种彻底革新的倾向。从这一观点来看，尤其是**罗森克兰茨**，还有**海姆**［Haym］、**埃德曼**、**K. 费舍**，是黑格尔和尼采之间黑格尔哲学真正的维护者。

**K. 罗森克兰茨**被卢格正确地称为"最自由的老年黑格尔学派"。他在自己的两部不可超越的黑格尔专著中以中肯的方式评价了黑格尔之后哲学的历史状况。[2]他在1844年的第一次阐述中说道：我们今天的人似乎是那些在18世纪下半叶出生、在19世纪上半叶去世的哲学家们的"掘墓人和立碑人"。"我们能够在这个世纪

---

［1］见克房格［Krug］论19世纪哲学史的第3篇论文：《我们时代的哈勒狮子与好战的哲学家》（哈勒狮子，指的是莱奥［Leo］反对黑格尔学派的作品），1838年，第5页；此外请参见埃森哈特［Eisenhart］的论战文章：《圣格奥尔格：建立新黑格尔主义的一次尝试》，1838年。
［2］《黑格尔传》，柏林1844年；《作为德国民族哲学家的黑格尔》，莱比锡1870年；以下还请参见罗森克兰茨：《新研究》，第4卷（《论新近德国哲学、特别是黑格尔哲学的历史》），莱比锡1878年；《新研究》，第1卷与第2卷，莱比锡1875年；《1833—1846年日记选》，莱比锡1854年；《1848—1856年的政治书信和文章》，赫勒［P. Herre］编，莱比锡1919年。

的下半叶同样提供一个圣洁的思想家团队吗？在我们的年轻人中间，有人的心灵为柏拉图［Plato］的热情和亚里士多德的工作乐趣所激励，作出思辨的不朽努力吗？我们的年轻人们也许梦想着别的花环……如果对他们来说更高的行动目标像北斗星那样闪闪发光，他们的理想是实现那些哲学家们的理想吗？[1]或者，他们会陷入对科学和生活的淡漠，在他们屡见不鲜地以夸夸其谈的鲁莽宣布自己是时代的胜利者之后，对未来失去足够的力量吗？在我们的时代里，足够奇特的是，恰恰那些有天赋的人不能真正地持守。他们很快就耗光了自己，在一些给人以希望的兴盛之后就变得一无所成，开始复制自己、重复自己，在克服了较不自由的、较不完善的、片面的、暴躁的青春尝试之后接踵而至的才是猛烈地、聚精会神地活动的时期。"他影射诸如提出"实现"黑格尔哲学要求的费尔巴哈、马克思和卢格等青年黑格尔学派，谈到在"通过短暂地举起杂志的牌子而自己制造的荣耀"中，即兴从事自己在其世界历史进程中从不知道为何物的哲学改革和革命的那些人。"这些在自己假说的迷宫中四处乱撞的即兴思辨的骑士们，把自己酒店轶事的争吵同立法议会的严肃演说混为一谈，把打架斗殴的噪声同战场上惨烈的枪炮声混为一谈。"尽管如此，他并不怀疑哲学的辩证进步。不可否认的只是，他们由于从自己当时的"世界异化"走出，而扩展和改变了自己"与现实的关系"。但即便是在这一方面，也正是黑格尔不仅申明、而且也证明了理论与实践的统一，即在概念与实在的同一性中，通过在显现的此在中解释本质。相比之下，后黑格尔哲学"再次"蜕变为一种抽象的本体论（布拉尼斯）和一种抽象的经验

---

[1] 契斯克夫斯基的《史智学（Historiosophie）导论》(1838) 已经包含着一种"行动的哲学"，参见 W. 屈内的专著：《契斯克夫斯基——黑格尔和德国精神的一个学生》，第25页以下。

论（特伦德伦堡［Trendelenburg］）的"片面性"。分化瓦解的两个方向在老谢林的实存哲学中统一起来了。这种抽象的**理论**的另一面是费尔巴哈抽象的**实践**，它把显而易见性当做实在的标准。"费尔巴哈是谢林最尖锐、最杰出的对手，但与谢林在下面这一点上却是一致的，即他回避了……科学之发展为体系。[1]他顽固地坚持维护未成熟的普遍性，从而未能对哲学进一步发展产生影响；而人们根据他出现时他的批判的能量是可以期待这种影响的。与如今的谢林一样，他既不进一步讨论自然，也不进一步讨论国家。由于他立刻从现成的人开始，把关于存在、可能存在、应当存在、关于思维无法企及的和已经思维过的存在等等的研究统统视为大洪灾前的幻象而予以断然拒绝，他显得比谢林更易于接近、更实际、更人道、更家常；谢林恰恰喜欢发现神性之隐秘状态中的过程，善于以一个深知史前时代过程的内行那深奥莫测的面孔吸引如此众多的人。"[2]所有这四个派别虽然都沉浸在自己胜利的自欺欺人的自我感觉之中，但却达不到黑格尔那原则上、并且事实上已经克服了对立（理性与现实、理论与实践、观念性与实在性、思维与存在、主体与客体、理念与历史的对立）的具体的—有组织的理念。他们都依然是"抽象的神学家"，把具体的东西仅仅当做例证使用，[3]鄙视对它的概念认识。这些由黑格尔哲学激发的极端因而必然又在它里面衰落：但它自己如今却进入了它第二个更持久的、没有学派私利的时期。如

---

[1] 参见罗森克兰茨：《新研究》，II，第460页以下；K. 费舍：《费尔巴哈与我们时代的哲学》，发表在由卢格编的袖珍书《科学院》中，第128页以下。
[2] 《黑格尔传》，第XIX—XX页。
[3] 马克思也对施蒂纳提出了这种责难，说施蒂纳把所有确定的东西仅仅当做例证使用，以便给予体系的抽象骨架以内容的假象——"就像在黑格尔'逻辑学'中一样……用原子或个性来解释'自为的存在'……都无不可"（《马克思恩格斯全集》，V，261—262［中文版第3卷，第318页。——译者注］）。

今要完成的任务就是在所有特殊的知识领域都贯彻它的方法，[1]其中没有对这个或者那一个的偏爱，而是以均匀的正义贯穿宇宙。

但是，早在那个时代，马克思和基尔克果的激烈攻击就已经恰恰是针对无所不包的知识的这种宽容。他们在片面的思维元素中，以对"现实"（经济的和伦理的）存在的"关切"的那种最坚决的片面性和不宽容来反对黑格尔的全面性。[2]罗森克兰茨只能这样来解释黑格尔主义的这一党派在青年人那里所发现的"无法估量的同感"，说它是"极为惬意的"："迄今所发生的一切都是虚无；我们认定这一切无效。至于我们今后将做的，我们还不知道。但是如果所有现存事物的毁灭为我们的创造开辟了空间，它也就会产生了。青年黑格尔主义用简单的嘘声质疑老年黑格尔主义，说后者对体系的真正结论心存恐惧，而它却以自己那罕有的坦率得出了这一结论。这使得青年人非常满意。表现出勇气总是件漂亮的事情。"[3]马克思和恩格斯的《神圣家族》仅仅被罗森克兰茨评价为一本"滑稽幽默的书"。然而，这本书毕竟是《德意志意识形态》的准备工作。不仅是马克思，而且是整个德国哲学都以《德意志意识形态》告别了自己对普遍理性和精神的信仰。如罗森克兰茨所看到的这场德国哲学的危机，并不涉及它的整个实

---

[1] 完成这一任务，是施威格勒［A. Schwegler］、策勒［E. Zeller］和菲舍尔［F. Th. Vischer］合作编的《当代年鉴》、由诺亚克［L. Noack］编的《科学与生活年鉴》（其中发表了由密什莱1843年创建的哲学协会的作品）的目的。这两个出版物取代了1827年由黑格尔和甘斯创建的《科学批判年鉴》。

[2] 参见罗森克兰茨：《日记选》，第116页；参见马克思：《马克思恩格斯全集》，III, 153以下；《基尔克果全集》, VII, 46；《费尔巴哈全集》, X, 142。

[3] 罗森克兰茨：《日记选》，第140—141页；同处参见对卢格、费尔巴哈、鲍威尔、施蒂纳的中肯刻画，第109、124页；第140页；第110—111、113页；第112、116、132页。他们共同具有的特点是，作为真正的诡辩家，他们都精通于"以显得天才的废话说些无聊的东西"，并且一个比一个更甚的艺术（第133和141页）。

体,而是仅仅涉及黑格尔本体论向逻辑学和形而上学以及后者向一种自然哲学和精神哲学暂时的倒退。[1]从这一分离出发,产生了逻辑学的有限化和形而上学向"实存"或者"合目的的现实性"这一概念的倒退。由于没有能力说明概念自身就是现实事物的真正内容,它把尽管如此依然现存的对一种形而上学原则的需求转移到了伦理学之中。一种变得流行起来的伦理化不仅败坏了形而上学,而且也由于一种自以为是的、道德上的空谈而败坏了关于善的知识。事实上,不受他的消极评价的影响,罗森克兰茨以给黑格尔后各种哲学贴的这张标签,就它们都可以从黑格尔派生出来而言,抓住了根本性的特征。

50年之后,当罗森克兰茨在他关于黑格尔的第二部专著中再次刻画时代的精神处境时,他相信能够断定,直到1870年针对黑格尔的体系所采取的一切行动都是无效的:"应当相信,在它经历如此众多、如此之多方面的失败之后,如果听一听它的对手们的语言,它是必然要灰飞烟灭成为虚无的。……尽管如此,它却依然始终是公众注意力的对象;它的对手们继续靠与它论战为生;各罗马民族在反感它的努力中越走越远,也就是说,黑格尔的体系还始终是哲学宣传的中心。没有任何别的体系至今仍然具有如此普遍的吸引力;没有别的任何体系至今仍然在同样的程度上让其他所有体系来反对自己;没有任何别的体系……对于接受所有真正的科学进步抱有这样一种诚意和可能。"[2]它的老对手和新对手虽然不间断地重复着自己传统的论战,但公众对这样的攻击却

---

[1] 参见罗森克兰茨:《新研究》,II,第124页以下,"论1831—1845年的德国形而上学"。
[2] 罗森克兰茨:《作为德国民族哲学家的黑格尔》,第317页;同样的话见密什莱同一时间的纪念文章:《不可辩驳的世界哲学家黑格尔》。

变得更加淡漠了,而黑格尔哲学恰恰也是由此获胜的。"在重大的政治斗争中,在内战和民族战争中,在各民族一再膨胀的经济事务中,时代的意识获得了一种内容,相对于这种内容的重要性,各哲学学派的冲突乃至一些哲学家的斗争都降低为一种短暂的无关紧要的东西。关于我们公众生活的这种巨变,人们必须有一个清晰的观念,以便理解就连哲学也是如何借助它获胜的,以及黑格尔哲学如何借助它获胜最多,因为黑格尔哲学要比其他任何哲学都更深刻地、更严重地卷入了危机的发展。"[1]两年之后,他有点缺乏自信地在检查"当代的哲学词目"时写道:"我们的哲学一时显得消失了,但只是就它使自己原则的真理与极为迅速地增长的经验的巨大财富相平衡而言,它才变成为潜在的。"这时开始了一个分化瓦解的过程,其中还有各种追随者的相互斗争。但是,他们如果说这里所涉及的是黑格尔还是谢林、赫巴特[Herbart]还是叔本华应当占据支配地位,那就大错特错了。因为只要分化瓦解的过程还没有完成,就既不是旧体系中的某一个复兴,也不是一个崭新的体系产生。"一切事物都有自己的时代,只有当这种事物发生的时候,才可以又发生知识的决定性推动,这种推动也许是与整个当时的宗教世界观的进一步变化密切相关的。"[2]至于对知识和对基督教的决定性推动在1840年左右就已经发生,罗森克兰茨并没有意识到。他自己以不知疲倦的工作表现出他认为黑格尔的思维方式所具有的那种接受所有真正的科学进步的诚意。就连技术和使布克哈特感到恐惧的第一批国际博览会,也被罗森克兰茨纳入了自由意识中"人性"——如他翻译精神一词那

---

[1] 罗森克兰茨:《作为德国民族哲学家的黑格尔》,第316—317页。
[2] 罗森克兰茨:《新研究》,II,第568页。

样——的进步。对于他来说,国际交通、书业和新闻业的广泛传播,远不是一种悲观主义的景观,而是意味着向人类普遍立场的一种提高,意味着"我们文明的单调性中的一种进步"。[1]一种有局限的意识的封闭性服从"思维着的精神的理性主义和它的水准"。对于托克维尔、泰纳和布克哈特来说,对于多诺索·科尔特斯[Donoso Cortes]和基尔克果来说,平均化绝对是时代之恶,而对于黑格尔这个博学的后继者来说,它却是一种值得积极评价的平整,即把至今尚存的"局部性"平整到无疑仍被理解为人道的精神的普遍层面上。蒸汽机、铁路和电报机虽然自身还不是进步着的教养和自由的保障,但它们最终必然有助于"人类的人化",因为普遍的规则一旦被科学所承认,并被新闻当做公共财富来传播,就将不可阻挡地在这方面发挥作用。[2]就像新闻和国际交通日益加固人性的自我意识并实现着人权宣言一样,新的地理发现和与此相关的贸易也造成了一种现实的世界意识。在远洋世界贸易中,同时也证实了"精神的大洋"。[3]以这种方式,罗森克兰茨在黑格尔的基础上用一种无可争议的结论从哲学上布置好了19世纪的历史。

**R.海姆**对黑格尔批判的、历史的阐述也超越倾覆的时代,对黑格尔哲学作出了进一步的维护。[4]他比罗森克兰茨更为极端地

---

[1] 罗森克兰茨:《新研究》,I,第548页;关于罗森克兰茨的论文,请参见布克哈特的说明:这会使一个人产生这样的情绪,"就好像有人必须在下雨的星期天去做下午礼拜似的",1872年10月3日致普雷恩[Preen]的信。
[2] 罗森克兰茨:《新研究》,I,第413页。
[3] 罗森克兰茨:《新研究》,I,第464—465页。
[4] R.海姆:《黑格尔及其时代》,柏林1857年版;参见罗森克兰茨的批评:《新研究》,第4卷,第375页以下。——还请参见海姆的作品《费尔巴哈与哲学》,哈勒1847年版,以及费尔巴哈的回应,《书信往来与遗著集》,格律恩[K. Grün]编,海德堡1874年版,I,423以下。

以一种**反对**黑格尔体系的明确措辞,从变化了的时代得出了走得更远的结论,他不再打算像罗森克兰茨那样改造黑格尔哲学,[1]而是只想作出历史的说明。在罗森克兰茨看来,海姆的批判显得是一种"不幸的失误",是"情绪化"的结果。他不从事政治活动,却写了自己的书,"偶尔谈到了黑格尔,因而必然成为一部病态的书"。他所说的病态,指的是把黑格尔看做是反动者的那个时代的自由主义倾向。但尽管如此,罗森克兰茨与海姆这场争论异乎寻常之激烈,却不是由于完全不同的立场,而是由于要拒绝太近的接触。罗森克兰茨要修正黑格尔的形而上学,而海姆却要放弃它。他们对黑格尔形而上学态度上的差异,可以归结为二人使黑格尔的精神学说与变化了的时代谐调一致起来的不同方式:罗森克兰茨是通过一种小心翼翼的人道化,而海姆则是通过一种无所顾忌的历史化。罗森克兰茨的语言还越过黑格尔和歌德,回到了18世纪的教养,而海姆的政治激情和有意的商贸表达方式则完全落脚在新的世纪。与新的世纪一致,他不无惬意地叙述了黑格尔体系统治权的衰落。他回忆起人们要么是黑格尔学派要么被看做野蛮人和受蔑视的经验论者的那些时代:"必须唤起对这个时代的回忆,以便知道一个哲学体系的现实统治和有效性意味着什么。必须记住1830年黑格尔学派的那种激情和那份自信,他们极为认真地讨论了这样的问题:在世界精神于黑格尔哲学中达到其目标、达到对自身的认识之后,什么将构成世界历史今后的内容。必须想到这一点,然后将我们今天的黑格尔学派,尤其是入室的、忠

---

[1] 参见罗森克兰茨:《黑格尔体系的批判性说明》,1840年;《逻辑学的修正》,1846年;《科学的体系》,1850年;《我对黑格尔哲学的改造》,1852年;关于逻辑学的修正,请参见拉萨尔的批判:《黑格尔的逻辑学与罗森克兰茨的逻辑学》,第2版,莱比锡1928年版。

实于体系的黑格尔学派，可以断言黑格尔对于哲学的发展'并非徒劳无益'时所持有的那种谨慎与之进行比较。"与黑格尔哲学的平庸模仿者不同，海姆不仅断言了这一个体系的衰亡，而且断言了哲学自身的疲软："这个巨大的建筑之所以倒塌，只是因为这整个行业都萧条了。……我们目前正处在精神以及对精神自身的信仰严重的、几乎是普遍的失败之中。"在19世纪上半叶，发生了一场史无前例的巨变。"这再也不是体系的时代，再也不是创作或者哲学的时代。相反，在这个时代里，由于这个世纪重大的技术发明，物质似乎变得有活力了。我们的物质生活以及精神生活最下面的基础由于技术的这一胜利而被撕裂、被改造。单个人以及各民族的生存被置于新的基础之上，被置入新的关系之中。"[1]

唯心主义哲学没有通过时代的检验，"利益"和"需求"，这两个在费尔巴哈、马克思和基尔克果那里已经决定着与黑格尔的论战的概念，战胜了唯心主义哲学。它完全被驳倒了，也就是说被宣判了，被世界的实际进程和"活的历史"的法所宣判，黑格尔自己就已经承认后者是世界法庭，尽管与他自己体系的绝对要求相矛盾。[2]因此，当代的任务只能是理解黑格尔哲学的历史性，但并不是在"不成熟的时代"里确定一个新的体系，不成熟的时代显然无能作出"形而上学的立法"。但是，把黑格尔哲学归结为其历史要素，这种做法的积极方面却是把哲学的真理追溯到其人性的起源，即"真理感"，追溯到"人的良知和心灵"。因此，黑格尔哲学这个负有使命的继承人仅仅把**历史科学**视为"对人类历史富有思想的探讨"。但是，就海姆对黑格尔哲学进行一种实际的

---

〔1〕　海姆：《黑格尔及其时代》，第4页以下。
〔2〕　海姆：《黑格尔及其时代》，第7页与第444页以下。

批判来说，他仅仅以学术的形式修正了费尔巴哈、卢格和马克思已经以极端的方式说出的那些黑格尔批判的主题。海姆第一个不受拘束地说出并且当做自己阐述原则的东西，也是埃德曼、费舍和狄尔泰的关切。狄尔泰对"历史理性"的批判处于从黑格尔的形而上学发源的那种发展的终点。[1]

**J. E. 埃德曼**于1834年开始他从笛卡儿到黑格尔的哲学史的巨著，于1853年完成。其他任何著作都没有像它那样表现出黑格尔的历史感那穿透性的力量。时代对于新版的不利条件，再加上费舍更通俗的哲学史的竞争，促使他于1866年出版了两卷本的《哲学史大纲》，其第二版于1870年出版。关于那杰出的附录，他说道，他在完全缺乏前人工作的情况下为这篇附录比为主体部分付出了更多的辛劳。在附录中，他按照"黑格尔学派解体"和"尝试重建哲学"的观点探讨了从黑格尔逝世到1870年的历史。在他这部作品中，他称自己为从黑格尔学派走出来的"最后一人"。结尾处，他提出了一个问题：历史观点比体系观点更重要，是不是哲学自身过时的一种征兆？因为不可否认的是这样一个事实：在对哲学研究还表现出兴趣的地方，问题就不在于对自身的哲学思维，而是在于被他人哲学思维。这类似于文学史比创作更重要，传记比伟大人物更重要。在黑格尔那里，历史意识就其自身而言是系统的，而对他之后的哲学家们来说特有的却是，他们的系统研究几乎可以完全被忽略，相反，他们批判的—历史的工作却保持着比他们自己更久远的价值，例如在西格瓦尔特［Sigwart］、李特尔［Ritter］、普兰特尔［Prantl］、K.费舍、特伦德伦堡那里。即便在系统的哲学思维内部，从此以后也表现出

---

[1] 参见《狄尔泰全集》，XI，224以下。

历史要素的支配地位。作为规则，可以说历史的—批判的部分要比著作的各个部分更具重要性。然而，与此相联系的却是安慰性的说明，即哲学的历史并不能脱离哲学思维，对哲学历史的哲学阐述自身就已经是某种哲学的东西了。对什么东西进行哲学思维，这在根本上是无关紧要的，它可以是自然、国家和教义，"因此，为什么现在不可以是哲学的历史呢？""所以，针对……哲学家成了历史学家的抱怨，可以提出的是，哲学史家自己通常都进行哲学思维。故而，也许即便在这里，伤人的长矛也能够造成愈合。"这一论据的历史影响可以根据以下情况来衡量：在70年后的今天，它依然明显是不可缺少的。[1]

　　罗森克兰茨还拥有一个系统的基础，这个基础允许他"抵消"年轻人们的要求，而埃德曼在他的历史立场上却必须满足于把黑格尔学派分化瓦解的过程描述为历史的事实。1830年之后发生的一切向他表明，"显得如此卓越地结合在一起的东西，也有可能分道扬镳"。按照历史的观点，他把黑格尔规定为"**复辟时代的**"哲学家，[2] 与拿破仑倒台之后的政治复辟联系起来，并与康德和费希特对立起来，后二人的体系对应着法国革命的不同阶段。黑格尔恢复了康德和自康德之后所摧毁的东西：旧的形而上学、教会的教义和道德力量的实质内容。不过，至于说黑格尔所完成的理性与现实的和解可能会使历史运动停滞下来，这和相反的东西——即它的分化瓦解是一件终极的事情——是同样不用担心的。毋宁

---

〔1〕 参见F. 梅涅克 [Meinecke]：《历史主义的兴起》，慕尼黑1936年版，第1卷，第5页。
〔2〕 参见下文K. 费舍的进化论命题；还请参见D. 施特恩贝格 [Sternberger] 关于19世纪的概论或各种观点，梅涅克：《历史主义的兴起》，第1卷，关于"'发展'这个符咒"的第4章。

说，完成任务的意识给予人类精神以力量去采取新的行动："但是，只要有世界历史性的行动，就不会缺少哲学家来理解它们以及产生它们的精神。"[1]埃德曼以这种"历史的"景观越过分化瓦解指出了"当代"对于未来时代的不耐心，因为**我们的**一个一个的五年并不是精神历史中少数几个、但确实具有决定性的事件之间的几个世纪的等价物，而黑格尔还在期待着他的……费希特![2]

在20世纪复活黑格尔主义的真正中介人是K.**费舍**。他的《近代哲学史》于1852年开始出版，这是一个黑格尔在德国差不多被遗忘了的时代。作为D. F. 施特劳斯的朋友，通过与F. Th. 菲舍尔、卢格和费尔巴哈的关系[3]以及他对施蒂纳的批判，[4]他与青年黑格尔学派的圈子非常熟悉，同时又足够地远离他们与黑格尔的激烈争论，以便能够以历史报告人的中立性纵览黑格尔的成就。与埃德曼关于复辟的命题相对立，他把黑格尔解释为"**进化**"的哲学家，把他说成是19世纪居领袖地位的思想家；他把生物学的进化论（拉马克［Lamarck］、达尔文［Darwin］）和建立在进化史观点基础之上的历史批判（沃尔夫［F. A. Wolf］、拉赫曼［Lachmann］、尼布尔、蒙森［Mommsen］、葆朴［F. Bopp］、K. 李特尔、E. 策勒）视为19世纪的象征。从1818年到1831年，黑格尔支配他那个时代，是以他自己个人的影响，稍后直到1848年是

---

[1] 埃德曼：《科学阐述近代哲学史的尝试》，III，3，第557页。
[2] 参见下文（第114页）卢格用费希特的行动力量重新唤起黑格尔的思辨的意图。
[3] 参见费舍关于费尔巴哈的论文：《费尔巴哈与我们时代的哲学》，发表在由卢格编的袖珍书《科学院》中，此外还有卢格致费舍的信。
[4] 微甘德［O. Wigand］的《模仿者》（1848年），V，277以下；施蒂纳的回应：《施蒂纳短篇著作集》，第401页以下。

通过批判地运用他的哲学的那些学生，最后则是通过历史学教育方面吸纳他的历史思维方式。由他启迪的发展思想不仅决定着蒂宾根学派（F. Ch. 鲍威尔、施特劳斯）[1]对圣经的历史批判，而且也决定着马克思的《资本论》中对经济学的历史批判，决定着拉萨尔的《既得权利体系》(1861)。不过，黑格尔还在孔德［A. Comte］和 E. 杜林、叔本华和 E. v. 哈特曼的反对命题中支配着 19 世纪。

在细节上，虽然黑格尔体系中有许多东西是站不住脚的、有缺陷的，但根本性的却依然是，他是第一个、也是惟一一个从"无限"进步的角度把握历史的世俗哲学家。不过，费舍不再把这种无限理解为黑格尔的概念，而是理解为一种无穷尽进展的坏的无限。精神应当通过人类任务不断地多样化而"无穷尽地"升华。黑格尔结束了哲学的历史，据此最后的哲学是前此所有哲学的结果，这对于费舍来说不过意味着，黑格尔的哲学由于其历史丰富性虽然暂时是最终的哲学，但同时也是从哲学的**历史**接受对"世界问题"的阐发所借助的第一种哲学。

因此，对黑格尔哲学的维护是沿着将一般哲学历史化为哲学史的途径发生的。与这种向自觉的历史复归相适应的，是对这样一个时代的事件的背弃，自 1850 年以后，人们与这个时代处在一种或多或少顺应的关系中：罗森克兰茨以对历史理性的信任期待世界精神的一种"新推动"；海姆"面对反动势力得意洋洋的困境"在严重失望的心境中屈服于"时代的审判"；埃德曼不顾时代以漫不经心的嘲讽决定贯彻他的历史工作；而费舍则把问题的答

---

[1] 参见《狄尔泰全集》，IV，403 以下。

案留给"进化"。从黑格尔精神历史的形而上学出发的历史主义[1]成为那些还信仰教养和知识的学者"最后的宗教"。

"历史学派"和关于精神的各历史学科的种种巨大成就,并不能掩饰还原为其历史的哲学在哲学上的弱点。从海姆到狄尔泰,以及除此之外在"精神—历史"世界里,人们所理解的东西,与当年哈勒年鉴的同事们的思维方式离黑格尔的哲理神学一样遥远。自 1850 年以来流行起来的"精神历史"概念,除了语词的组合之外,与黑格尔的精神和历史概念并没有多少共同之处。对于黑格尔来说,作为历史的主体和实体的精神是绝对,是他的存在论的基本概念。因此,一门关于精神的科学既是自然哲学,也是国家哲学、艺术哲学、宗教哲学、历史哲学。由于同基督教的绝对宗教相同一,这个精神就是绝对的精神,它通过**认知**自己而**存在**;就它为了自己的道路而使精神已经具有过的形态内在化而言,它又是一个历史的精神。"它的保存,在其自由的、以偶然性的形式出现的此在方面,就是历史,但在其被理解的组织方面,就是显现的认知的科学;二者合起来,即**被理解的历史**,构成了内在化和绝对精神的巅峰,其王冠的现实性、真理性和确定性,没有这顶王冠,绝对精神就会是无生命的孤寂者。"这种充满精神的无限性被一道鸿沟与无穷进步的"精神历史"隔离开来了。黑格尔相信人里面的精神具有揭示宇宙隐秘本质、展现其丰富性和深刻性

---

[1] E. 策勒在其《德国哲学史》中,针对人们对黑格尔的历史体系提出的批判指出:"如果我们今日的历史著述不再满足于博学的查找和对传统的批判性筛选,满足于对事实的编排和实用性解释,而是首先旨在理解各种事件的根本联系,在宏观上把握历史发展和支配历史发展的精神力量,那么,这种进步不无追溯到黑格尔历史哲学的影响,即便是对从来不属于黑格尔学派的那些人,黑格尔的历史哲学也同样有影响。"

的力量，[1]而从海姆到狄尔泰，或多或少通行的信念却是：人的精神面对政治世界和自然世界在本质上是无能为力的，因为它自己仅仅是"社会历史现实"的一种有限的"表述"。对于他们来说，精神不再由于永恒现在就成为自身无时间性的"时代力量"，而仅仅是时代的一个指数和一面镜子。由此，哲学成为一种"世界观"和"人生观"，其最终的结论就是在海德格尔［Heidegger］的《存在与时间》中对历史性"各呈异彩"的自我肯定。[2]

**郎格**［F. A. Lange］持的是一种建设性的立场，他不偏不倚地评价了黑格尔之后那场变革的影响，把它限定在19世纪的"唯物主义"而予以描述。[3]他把七月革命看做是唯心主义时代的终结和转向"实在主义"的开端，后者被他理解为物质利益对精神生活的影响。与教会和国家的冲突、建立在自然科学发现之上的工业的突然发展（"煤和铁"成为时代的流行语）、多种工艺机构的创建、交通事业的迅速扩张（第一条铁路于1835年在德国投入使用）、关税联盟和工业公会的社会政治创造，同样还有"青年德意志派"（海涅、别尔内、古茨科［Gutzkow］）的反对作品、蒂宾根学派的圣经批判和施特劳斯的《耶稣传》的巨大成功，这一切都共同起作用，赋予这样一些其内容远远比不上其革命冲动的哲学作品以共鸣和重要性。与这些事件相联系，发生了"一场黑格尔哲学的神学危机和政治危机，其强度、规模和意义都是史无前例的"。[4]

---

［1］　黑格尔：《海德堡就职演说》。
［2］　参见 E. 格里泽巴赫［Grisebach］的文章：《诠释或者解构》，载《德国文献学与精神历史季刊》，1930年，第2期，第199页以下。
［3］　郎格：《唯物主义的历史》，第3版，1877年版，第2卷，第72页以下。
［4］　K. 罗森克兰茨：《作为德国民族哲学家的黑格尔》，第312页。

在多方面从事活动的**密什莱**处于老年黑格尔学派和青年黑格尔学派之间的分界线上。他是黑格尔的哲学史和耶拿时期文章的编者。由于长寿（1801—1893），他把原初的黑格尔主义与现代新黑格尔主义的开端结合起来了。关于后者，他与 A. 拉松（1832—1917）这个人甚至还有人际关系。[1]即便是对他来说，黑格尔体系的"顶峰"和"样品"也是历史哲学。[2]不过，他并没有把黑格尔的体系历史化，而是使它建立在精神的绝对者之中。他觉得，涉及资产阶级社会问题的"世纪问题"[3]，在精神哲学的框架内还是可以解决的。他要把"科学"导入"生活"，以便实现黑格尔关于合理事物的现实性的命题。[4]因为按照黑格尔的说法还"剩下"的事情就是：把属人的事物与属神的事物在思想中完成的和解提高为现实性，让黑格尔的原则贯穿一切生活关系。"这样，思想就不再仅仅是世界精神发展中某个阶段的**最终**产品了。就像老年人的审慎是合适的一样，思想也成为自觉地有助于升华到一个更高阶段的**第一**原则。"[5] 5 年之后，他按照青年黑格尔学派的风格写道，哲学不仅是黄昏时开始飞翔的"密纳发的猫头鹰"，而且也是

---

[1] 参见 W. 屈内：《契斯克夫斯基——黑格尔和德国精神的一个学生》，第 349 页。密什莱主持的杂志《思想》（1860—1884）提供了后期黑格尔主义的一幅肖像。
[2] L. 密什莱：《最新德国哲学发展史》，特别关注谢林与黑格尔学派当时的斗争，柏林 1843 年版，第 246 页和第 304 页；还请参见在诺亚克的年鉴上发表的关于"历史发展与绝对者的关系"的讨论，1846 年，第 2 期，第 99 页以下；1847 年，第 150 页以下和第 223 页以下。
[3] 诺亚克的年鉴，1846 年，第 2 期，第 90 页以下；参见该年鉴《论各阶层的关系》，1847 年，第 1 期，第 113 页以下；还有密什莱关于 W. 屈内的专著中所介绍的契斯克夫斯基一部社会哲学作品的评论。
[4] 密什莱：《最新德国哲学发展史》，第 315 页以下和第 397 页以下。
[5] 密什莱：《德国最后几个哲学体系的历史》，II，800—801。

宣告新开始的一天曙光到来的"雄鸡高唱"。[1]由于这双重的比喻，密什莱处在黑格尔与马克思之间。马克思同样接受了黑格尔的比喻，但并不是补充它，而是走向了反面。[2]

## 二、青年黑格尔学派倾覆黑格尔哲学

> "再也没有比最高的连贯性更不连贯的了，因为它造成了最终突变的不自然现象。"[3]
>
> 歌德

黑格尔的整个帝国由于罗森克兰茨和海姆、埃德曼和费舍而**得到历史的维护**；青年黑格尔学派把它分裂为各个行省，摧毁了体系并正是由此而**使它发挥了历史的作用**。"青年黑格尔学派"这一术语最初只是在黑格尔的年轻一代学生的意义上使用的；在"黑格尔左派"的意义上，它指的是在与黑格尔的关系上持革命态度的倾覆党派。在他们的时代，人们也称他们为"Hegelinge（黑格尔党人）"，与"Hegeliter（黑格尔门徒）"相反，为的是表示这些年轻人的革命姿态。但同时，老年黑格尔学派与青年黑格尔学派的区分也与黑格尔关于"老年人"与"青年人"的区分有间接关系，而施蒂纳则把后一种区分平庸化了。老年人，在黑格尔的道德体系中也就是真正有资格从事统治的人，因为他们的精神不再思维

---

[1] 密什莱：《最新德国哲学发展史》，第398页。
[2] 参见下文第二节3。
[3] 歌德：《准则与反思》，第899条。

个别的东西,而仅仅"思维普遍的东西"。[1]他们作为对不同阶层真正的"淡漠"而效力于整体的维持。老年人的生活不像青年人那样,与一个让他们感觉不舒服的世界充满无法满足的张力,"对现实感到厌恶";他们也不是存在于以男子气概与现实世界的"衔接"中,而是作为年迈之人,对这个东西或者那个东西都不再具有特殊的兴趣,专注于普遍者和过去,他们对普遍者的知识就是得益于过去。与此相反,青年人是一种沉溺于个别事物的、喜好未来的、想改变世界的实存,它与现存的东西无法共容,设计出种种纲领,提出种种要求,处在应当首先整理一个四分五裂的世界的幻觉中。在他看来,普遍的东西的实现就是从应当堕落。由于这种旨在理性的方向,青年人拥有比为世界而活动、参与现实之理性的成年人感觉更高贵、更加无私的假象。青年人只是被迫迈出承认现存事物的步子,把它当做向庸人生活的痛苦过渡。但是,如果他把这种关系仅仅理解为外部强制的关系,而不是理解为摆脱了所有特殊的当前利益的老年人智慧生存于其中的理性必然性,他就会感到失望。

与黑格尔对青年人和老年人的评价相反,青年黑格尔学派代表着青年人一党,但这并不是因为他们是真正的青年人,而是为了克服平庸模仿者的意识。在对现存事物无法存续的认识中,他们离开了"普遍的东西"和过去,以便预知未来,催化"确定的东西"和"个别的东西",否定现存的东西。他们的个人命运表现出相同的特征。[2]

---

[1] 黑格尔:《政治与法哲学作品选》,拉松编,莱比锡1913年版,第483页以下;《哲学全书》,第396节,附释;《精神现象学》,拉松编,莱比锡1907年,第310页。

[2] 海德堡哲学教授冯·赖希林—迈尔德格[v. Reichlin-Meldegg]致L.费尔巴哈的论战性公开信(《自我崇拜:青年黑格尔学派哲学的一个奥秘》,普福尔次海姆1843年版)包含着对青年黑格尔学派富有启发性的、幽默的刻画。

F. A. 郎格有一次就费尔巴哈说道：费尔巴哈从黑格尔哲学的深渊上升到一种表面性，拥有的特征多于精神，但并没有完全丧失黑格尔思想深邃的痕迹。他的体系尽管有无数的"因此之故"，却飘浮在神秘的幽暗中，这幽暗绝没有通过强调"感性"和"直观性"而变得明朗。这种刻画不仅仅适用于费尔巴哈，而且也适用于所有的青年黑格尔学派。他们的作品是宣言、纲领和论纲，但却不是自身内容丰富的整体；他们的科学演示被他们私下里变成了效果显著的声明，他们以这些声明面对大众，也面对个别的人。凡是研究过他们的作品的人，都会有这样的经验，即他们虽然有煽动性的声音，却令人感到空泛无味，因为他们以贫乏的手段提出了无节制的要求，絮絮叨叨地把黑格尔的概念辩证法变成了空话连篇的修辞手段。他们写作时习惯使用的对比性反衬手法单调却不简朴，华而不实。布克哈特断言，世界在1830年之后开始变得"更平庸"了，这一断言尤其在如今变得流行起来的那种喜欢激烈的论战、慷慨激昂的夸夸其谈和赤裸裸的画面的语言中得到了证实。就连李斯特［F. List］也是这方面的一个实例。他们的批判性行动主义没有任何界限，因为他们想造成的，在任何场合都是"变化"，而且是不顾一切代价的。[1]不过，他们大多都是极为真诚的人，把自己实际的实存投入到自己想实现的事情上。作为主张生成和运动的思想家，他们执着于黑格尔辩证否定的原则，执着于推动世界的矛盾。

对于他们相互之间的关系来说，突出的特征是在相互纠缠的过程中一个试图超越另一个。他们把时代向他们提出的问题推到极端，得出致命的结论。他们仅仅是出自共同的反对派立场才相

---

［1］ 参见 H. 海克尔：《人与群众》，第80页以下。

互结合的,也能同样轻而易举地解除人际的和文字上的联盟、分道扬镳,依照他们极端主义的程度,相互辱骂为"市侩"和"反动派"。费尔巴哈和卢格、卢格和马克思、马克思和鲍威尔、鲍威尔和施蒂纳,都构成了同室操戈的兄弟对子。在他们那里,起决定作用的是在什么时刻他们相互之间仅仅把对方视为敌人的偶然情况。他们是"失礼的有教养的人",是失败了的实存,在社会关系的压力下把自己博学的知识转化为新闻体的知识。他们的真正职业是终日依赖资助者和出版者、公众和审查官的"自由"撰稿人。在德国,作为职业和经营对象的作家是直到1830年左右才出现的。[1]

费尔巴哈觉得自己是褒义上的"作家与人"。[2]卢格是一个明显新闻型的天才,鲍威尔靠写作为生,基尔克果的实存与他的"作战身份"是相等的。不顾他与新闻界的激烈对立而把他与其他人结合在一起的,是想仅仅凭借自己的作品发挥影响的意图。他赋予自己"作为作家的影响"的特殊规定,即一个站在诗性事物和宗教事物之间边界上的作者,不仅把他与黑格尔左派的文字影响区别开来,而且也把他与之结合在一起,后者是在哲学和政治或者政治和神学之间的边界上运动的。通过这些人物,黑格尔获得了悖谬的命运,他的体系史无前例地要求"概念的努力",却由于一种断然的大众化而得到流传,产生了最广泛的影响。黑格尔曾说过,单个的人只有在某个阶层"普遍的东西"中才是积极

---

[1] 关于德国作家的社会史,请参见里尔 [W. H. Riehl]:《市民社会》(1851),第2卷第3章(第8版,第329页以下);还请参见 A. v. 托克维尔:《旧的国家体制与革命》,莱比锡1857年,第3卷,第1章;索雷尔 [G. Sorel]:《进步的幻觉》,巴黎1927年,第83页以下,第107、179页。
[2] 参见费尔巴哈的论文《作家与人》(1834),《费尔巴哈全集》,III$^3$,149以下。

地自由的,是"某物",[1]如果确实如此,那么,费尔巴哈和卢格、鲍威尔和施蒂纳、马克思和基尔克果就仅仅是消极地自由的,是"无"。当费尔巴哈的一个朋友为他谋求一个学术职位时,费尔巴哈回信告诉他:"人们对我的评价越高,我的价值就越低,反之亦然。只有当我是无的时候,我才……是某物。"

黑格尔知道自己在民事限制中仍然是自由的;对于他来说,作为民事被委任者成为"绝对者的祭司"、成为他自己、成为某物,这并不是不可能的事情。联系到哲学家在精神第三个时期[2],因而也就是自"现代"世界开始以来的生活,他说,哲学家的生活状况已经变得不同于第一个时期和第二个时期。古代哲学家还是"立体的"个人,他们各具特色地按照自己的学说塑造自己的生活,在这里,像这样的哲学也规定着人的地位。在中世纪,主要是神学博士们在讲授哲学,并作为神职人员与其余的世界相区别。在向现代的过渡中,哲学家们——如笛卡儿——在生活中不安定地游荡在与自身的内部斗争和与世界各种关系的外部斗争中。从此,哲学家不再构成一个特殊的阶层,相反,他们是他们自己之所是,在与国家的民事联系中是被委任的哲学教师。黑格尔把这一变化解释为"世俗原则与自身的和解",其间每一个人都随意地不依赖于诸般关系这种变得具有根本性的力量而修炼自己的"内在世界"。哲学家现在可以让自己实存的"外在"方面听任这种"秩序",就像现代人让时尚决定自己的衣着方式一样。现代世界完全是在公民联系中一个人对另一个人变得全面依赖的这种力量。黑格尔得出结论说,根本性的东西就是在这种公民的联系中

---

[1] 黑格尔:《法哲学原理》,第6节,附释;第7节,附释;《哲学入门》,第44—45节,《政治学与法哲学论文集》,第475页。
[2] 《黑格尔全集》,XV,275以下。

"对自己的目的保持忠诚"。对真理来说是自由的,同时又依赖于国家,这在他看来是绝对可以统一的。

对于黑格尔来说具有特色的是,他在"需求的体系"内部对自己超越这一体系的目的保持着忠诚;而对于所有的后来者来说同样具有特色的是,他们为了自己的目的而脱离了公民秩序。**费尔巴哈**由于他的《关于死亡与不朽的思想》在学术界引起的不满而不得不又放弃了他在埃尔兰根的私人讲师席位,至多"私下在一个村子里"讲授,"那村子甚至连一个教堂都没有"。只是当大学生们在1848年请他到海德堡时,他才有一次公开出现。**卢格**更为严酷地遭遇到革命知识分子的命运:在与政府和警察的不断斗争中他立刻失去了自己在哈勒的讲师席位。他在德累斯顿建立一个自由科学院的尝试也搁浅了,他作为合作者的《科学与艺术年鉴》在产生成功影响的几年之后也不得不停止出版。为了不第二次身陷囹圄,他逃往巴黎,然后又到瑞士,最后来到英国。**B. 鲍威尔**由于其极端的神学观点而被解除讲师职务,并以这种方式成为自由作家,成为柏林"自由人"的中心。然而,终日与生活困境进行的斗争却根本不能改变他那固执的性格。**施蒂纳**最初是一家学校的教师,在小市民的贫困中艰苦度日,最后靠翻译和一家牛奶店的收益勉强维持自己的生存。**马克思**在波恩讲授哲学的计划也失败了。他最初接受了《德法年鉴》的编辑工作,此外卢格和海涅也是合作者。随后,他作为流亡者在巴黎、布鲁塞尔和伦敦靠微薄的稿酬、报刊文章、赞助和借贷生活。**基尔克果**从来未能决定利用他的神学考试成绩来获得一个牧师职位,把自己"安放在有限性中",以便"实现普遍的东西"。他靠自己的信誉生活,像他描述自己的作家生活那样,作为一个"没有国土的国王",在物质上靠自己父亲的遗产生活,这份遗产恰恰在他与教会的斗争完全失败之际告罄了。不过，即便是**叔本华**、**杜林**和**尼采**，也只是短暂地为国家服务：叔本华于想同黑格尔在柏林大学竞争的尝试失败之后重新退回到私人生活，充满了对大学哲学家的轻视。杜林由于政治的理由被解除了讲师职务，尼采在寥寥数年之后就从巴塞尔大学永久休假了。就叔本华而言，尼采最赞赏的就是他对国家和社会的独立性了。他们大家都要么是退出与现存世界的联系，要么是想借助革命性的批判推翻现存的东西。

黑格尔学派之分裂为黑格尔右派和黑格尔左派，实际上是由于黑格尔的辩证"扬弃"基本上的歧义性而得以可能的，对于辩证的扬弃，既可以作出保守的解释，也可以作出革命的解释。只需要对黑格尔的方法作出"抽象的"片面化，就可以得出 F. 恩格斯表现所有黑格尔左派特征的那个命题："这种看法的保守性是相对的，它的革命性质是绝对的"，之所以如此，乃是因为世界历史的过程是一种进步的运动，从而也就是对现存事物的不断否定。[1]关于黑格尔的命题，即现实的也是合理的，恩格斯说明了它的革命性质。它在表面上是反动的，但事实上是革命的，因为黑格尔的现实指的不是偶然的恰恰现存的东西，而是一种"真正的"和"必然的"存在。因此，按照黑格尔思维方式的"一切规则"，法哲学表面上维护国家的命题就转化为其反面："凡是现存的，都是应当灭亡的。"[2]当然，黑格尔自己并没有如此尖锐地得出他的辩证法的这一结论，毋宁说通过终结自己的体系与它相对立，以独断论的—保守的方面掩盖了批判的—革命的方面。因此，必须使

---

[1] F. 恩格斯：《费尔巴哈和德国古典哲学的终结》，第 5 版，斯图加特 1910 年，第 5 页。
[2] 参见赫斯［M. Heß］：《1841 年至 1847 年社会主义论文集》，第 9 页；赫尔岑［A. Herzen］：《回忆录》，柏林 1907 年版，第 1 卷，第 272 页。

他从自身解放出来,借助对现存的东西在方法上的否定,在事实上使现实达到理性。所以,黑格尔学派的分裂在这两方面的基础都是:在黑格尔那里被统一在一个形而上学点上的关于现实事物的合理性与合理性事物的现实性这两个命题[1],被分别向右和向左割裂了,这最初发生在宗教问题和政治问题上。右派强调只有现实的事物才是合理的,左派强调只有合理的事物才是现实的,而在黑格尔那里,至少在形式上,保守的方面与革命的方面是同样生效的。

就内容而言,黑格尔哲学在方法上的倾覆首先是与它作为一种哲理神学的性质有关的。争论涉及对宗教哲学的无神论解释或者有神论解释:绝对者的现实实存是在道成肉身的上帝里面,还是仅仅在人性里面。[2]在施特劳斯和费尔巴哈与黑格尔那哲学的基督教中独断论的残余进行的斗争中,就像罗森克兰茨所说的那样,黑格尔哲学"在它自身内部经历了诡辩术的时代",但不是为了使自身"年轻化",而是为了——在鲍威尔和基尔克果那里——彻底揭露基督宗教的危机。政治危机表现得尤其重要,借助对法哲学的批判展现出来。卢格造成了这种批判,马克思把它推向极端。在两个攻击方向上,青年黑格尔学派不能自已地回到了黑格尔年轻时代的神学和政治学著作。这些著作已经极为尖锐地以希腊城邦及其民众宗教为尺度展开了资产阶级国家和基督宗教的问题。

在黑格尔哲学的倾覆内部,可以区分三个阶段:**费尔巴哈和卢格**致力于在变化了的时代的精神中**改变**黑格尔的哲学;**B. 鲍威**

---

[1] 参见密什莱:《最新德国哲学发展史》,第 315 页以下和第 397 页以下。
[2] 参见 K. 费舍:《费尔巴哈与我们时代的哲学》,发表在由卢格编的袖珍书《科学院》中,第 148 页以下。在费舍看来,问题只能是"人们应当在逻辑学中还是在人类学中埋葬世界之外的上帝"。

尔和**施蒂纳**让哲学在一种极端的批判主义和虚无主义中**终结**；马克思和基尔克果则从变化了的状态出发得出了**极端的结论**：马克思解构了市民资本主义世界，基尔克果解构了市民基督教世界。

## 1 费尔巴哈[1]（1804—1872）

就像德国唯心主义的所有哲学家一样，就连费尔巴哈也是从新教神学出发的。他是在海德堡师从黑格尔主义者道布和保罗［Paulus］学习新教神学的。关于后者的讲座，他告诉家里人：它是一张由诡辩构成的蜘蛛网，是一张木板床，词语一直在它上面受虐待，直到它们承认某种自己从来没有包含的意思。由于对这种"失败了的机敏的黏液"感到厌恶，他期望到柏林去，除了施莱尔马赫［Schleiermacher］和马海内克之外，还有施特劳斯和内安德［Neander］在那里执教。哲学只是被偶尔提到，但在从柏林发出的第一封信中他就写道："我打算……这个学期主要用来学习哲学，为的是以更多的收益和彻底性在这个学期完成规定的绝大部分哲学课程。因此，我要听黑格尔讲授的逻辑学、形而上学和宗教哲学。……我极为高兴地期待着黑格尔的讲座，虽然我还根本没有打算成为一个黑格尔学派……"在战胜了父亲的阻挠之后，他完全转向了哲学。他在黑格尔那里学习了两年，并以一篇名为《论惟一的、普遍的、无限的理性》的博士论文[2]结束了自己的学习。1828年，他把这篇论文连同一封信寄给了黑格尔。在信中，他明确地称自己为黑格尔的直接学生，他希望，能从自己老师的

---

[1] 关于我们的阐述，请参见隆巴蒂［F. Lombardi］的研究：《路·费尔巴哈传》，佛罗伦萨1935年版，其中也谈到意大利黑格尔主义中的历史对应（斯巴芬塔［Spaventa］、托马西［Tommasi］、德·桑克蒂斯［De Sanctis］）。
[2] 参见隆巴蒂：《路·费尔巴哈传》，第37页以下。

思辨精神学到些什么。

费尔巴哈后来对黑格尔哲学所采取的倾覆性改变,在24岁的这封信中已经借助黑格尔的概念显露出来了。他一开始就为自己论文的缺陷辩护,说它是对在黑格尔那里学到的东西的一种"鲜活的""自由的"接受;他还强调了"感性"的原则,因为理念不应当在普遍者的王国里高踞于感性事物之上,而是应当从"其苍白的纯粹性"和"自身统一性的天国"降落到渗透特殊者的直观,[1]以便把现象的确定的东西并入自身。纯粹的逻各斯需要"道成肉身",理念需要"实现"和"世俗化"。就好像他事先已经预感到自己的命运似的,在页边上他批注道,他所说的这种感性化和实现并不是指思维的通俗化或者把思维转化为一种呆滞的直观、把概念转化为单纯的图像和符号。他为世俗化的倾向辩护道,它是"符合时代的",或者"换句话说也一样",是符合黑格尔哲学精神的,因为这种世俗化并不是学派的事业,而是人类的事业。[2]同样,反基督教的措辞也已经清晰地溢于言表。如今,精神处在一个新的"世界周期"的开端;为了充分实现理念,关键在于废黜自基督教时代以来统治世界的"自我"这个"**惟一存在的精神**",从而清除感性世界和超感性宗教以及教会与国家的二元论。[3]"因此,如今问题并不在于按照概念的普遍性的形式、按照它们引申出来的纯粹性和封闭的自得其乐来阐明它们,而是在于真正地摧毁迄今为止世界历史上关于时间、死亡、此岸、彼岸、

---

[1] 《费尔巴哈书信往来与遗著集》,I,215。——谢林也对黑格尔提出了同样的责难,说他的概念"怠慢"了感性表象,因为他没有把它们下降到表象的领域。
[2] 《费尔巴哈全集》,II,413。
[3] 关于费尔巴哈这一划时代的意识,请参见1830年《关于死亡与不朽的思想》的导论:"理解世界历史的精神使用的语言的人不可能不认识到,我们的当代是人类历史上一个伟大时代的拱顶石,从而也是一种新生活的开端。"

自我、个体、人格以及在有限性之外、在绝对者之中并被看做是绝对的人格即上帝等等的看法,钻研真理的根基。迄今为止历史的根基以及基督教的——无论是正教的还是理性主义的——各种表象就包含在上述看法里面。"应当取代它们地位的,是包含在近代哲学中的认识,尽管它们"尚未展开"。不能再把基督教理解为绝对的宗教。它**仅仅**是古代世界的对立面,给予自然一种没有精神的地位。对于基督教来说,就连死亡——这种自然的行为——也以一种完全无精神的方式被视为"主的葡萄园里最必不可少的临时工"。[1]

费尔巴哈 1835 年出版的对巴赫曼[Bachmann]的《反黑格尔论》的批判[2]显示,尽管这并不仅仅是"自由的"接受,他对黑格尔的思维还是多么熟悉。这篇批判几乎就可以看做是黑格尔自己的。在这里 64 页的篇幅中,巴赫曼"无概念的"经验被以一种产生自哲学批判的透彻性和优越性处理掉了。黑格尔展开了这种透彻性和优越性的本质,[3]把它运用于普通的人类理智。[4]费尔巴哈区分了两种批判:对认识的批判和对误解的批判。前者深入到事物积极的本质,以作者基本的理念为评判的尺度;误解恰恰是从外部抨击积极的哲学,除了自己的对手之外,它脑子里总是还有别的东西;当对手的概念超越了自己的表象时,它就再也不能理解任何东西了。费尔巴哈向巴赫曼证明,他巴赫曼一点也不理解黑格尔关于哲学与宗教、逻辑学与形而上学、主体与客体、思维与存在、概念与现实的同一性的学说。他对黑格尔上帝理念

---

[1]《费尔巴哈书信往来与遗著集》,I, 214 以下。
[2]《费尔巴哈全集》,II, 18 以下。
[3]《黑格尔全集》,XVI, 33 以下。
[4]《黑格尔全集》,XVI, 50 以下。

的批判是一种笨拙的嘲讽,巴赫曼对黑格尔"最深刻、最崇高的"理念的辩驳在所有的批判中最肤浅,最没有根据。

鉴于对黑格尔范畴的这种系统的运用,就可以理解,罗森克兰茨在7年之后能够写道:"谁能想到,费尔巴哈曾与我一起反对巴赫曼,在其针对巴赫曼的《反黑格尔论》的论战中曾经捍卫过的黑格尔哲学,在他那里竟会如此掉价!"[1]然而,费尔巴哈本人事后援引莱辛对正教反对者的批判,解释他对《反黑格尔论》的批判说,他在其中仅仅是一个反对一种非哲学攻击的"临时性"黑格尔捍卫者,认为某个人写东西反对一件事情的反对者,就已经是无条件地拥护这件事情,这是非常草率的。毋宁说,反对黑格尔,这在当时就已经萦绕在他本人心中了,"但正因为它尚未成熟,我要求它保持沉默"。[2]

费尔巴哈自己的敌对性直到1839年才随着在卢格的《年鉴》上发表的一篇论文公开表现出来:《黑格尔哲学批判》。这一批判在所有决定性的点上都与在此之前已经处理过的巴赫曼批判的辩驳一致。就连费尔巴哈现在也极为坚决地否认哲学与神学、概念与现实、思维与存在的辩证同一性。在此之前作为黑格尔最崇高的理念针对巴赫曼所捍卫的东西,如今在他看来是"绝对者的一派胡言"。绝对精神"无非是"已故的神学精神,作为幽灵在黑格尔的哲学中游荡。

当费尔巴哈在1840年再次说明自己与黑格尔的关系时,他称

---

[1] 罗森克兰茨:《研究》,第5部分,第3期,第326页;参见《费尔巴哈书信往来与遗著集》,I,238和241。在其第2部黑格尔专著中(第313页),罗森克兰茨说道,费尔巴哈反对黑格尔的论战"在所有不曾超越其《精神现象学》的前三分之一和其《逻辑学》的第1卷的人们那里都造成了极大的幸运"。
[2] 《费尔巴哈书信往来与遗著集》,I,390。

黑格尔为惟一使他知道什么是一位老师的人。但是，我们作为学生所是的，虽然可能从我们的意识中消失掉了，但决不会从我们的本质中重新消失。他不仅研究黑格尔，而且也向别人教授黑格尔；他坚信，让学习者不仅熟悉自己的意见，而且熟悉得到承认的哲学家们的学说，这是一个年轻讲师的义务。"我讲授黑格尔哲学，……最初是作为一个与自己的对象相一致的人来讲授的，因为他不知道还有别的更好的东西；然后是作为一个与自己的对象有区别的、背离它的、历史公正地对待它的、但越来越致力于正确地理解它的人讲授的。"这样，他虽然从来也不是一个正式的黑格尔学派，但却是一个根本上的黑格尔学派，他也把绝对的体系纳入"所有有限性的规律"。"我作为成长着的作家，站在思辨哲学的立场上，尤其是站在黑格尔哲学的立场上，这只是就它是思辨哲学最终的、最全面的表现而言的。"〔1〕

20 年之后，即 1860 年，费尔巴哈最后一次简要地总结了自己对黑格尔的态度。与诸位"精神英雄"不同，他称自己为最后一个向外移动接近哲学界最外边界的哲学家，处在体系的理智崇高性之外。黑格尔被以一种回忆基尔克果的论战的方式称为一个自我满足的职业思想家的典范，其现实生存由国家来照料，因而对于其哲学来说无关紧要。他赋予讲台的立场一轮世界历史的光环："绝对精神无非就是绝对的教授。"〔2〕

但是，费尔巴哈所宣布的对黑格尔所完成的哲学所作的改变

---

〔1〕《费尔巴哈书信往来与遗著集》，I，388—389。
〔2〕《费尔巴哈全集》，I，256；《费尔巴哈书信往来与遗著集》，II，120；参见罗森克兰茨的批判：《研究》，第 5 卷，第 3 期，第 325 页以下："学院哲学家黑格尔和民众哲学家费尔巴哈"；还参见 D. F. 施特劳斯关于黑格尔的"纯粹自为"的描述，《书信选》，E. 策勒编，波恩 1985 年，第 8 页。

在何处呢？一篇出自1842—1843年关于"改变的必要性"的笔记说明了最重要的几点。哲学如今不再与从康德到黑格尔的发展处于一个共同的时代，它根本不再首先属于哲学的历史，而是首先属于世界的直接事件。因此，是想继续行进在旧的轨道上，还是想开辟一个新的时代，人们必须作出"决定"。但是，原则上的改变之所以必要，乃是因为它是出自"时代的需求"，准确地说是出自从**未来**走向当代的**这个时代**的需求。"在一种世界历史观衰落的时代里，当然各种需求是截然相反的了。对一些人来说是或者说显得是维护旧的东西、排除新的东西的需求，对另一些人来说则是实现新的东西的需求。真正的需求在哪一方呢？在代表着未来——预期的未来——需求的一方，在代表着向前运动的一方。维护的需求仅仅是一种作出的、引发的需求——反动。黑格尔哲学是各种不同的现存体系、半成品的任意联结——没有积极的力量，因为没有绝对的否定性。只有那些有勇气作出绝对否定的人，才有力量创建**新的**东西。"[1]在预期的未来里走在前面，也是卢格、施蒂纳、鲍威尔和马克思的意图，因为他们都只能把当代视为暂时的当代，而不再——像黑格尔那样——视为永恒的当代。直到尼采和海德格尔，他们都是"领先的"哲学家。[2]

至于这样从令人想起黑格尔的哲学思维掉头离开，费尔巴哈的《哲学改革论纲》和《未来哲学原理》给予了第一次推动。出自这一时期的一封信中写道：精神迄今为止的居处已经崩溃，人们必须坚决地"移出"——这是一幅我们在马克思那里又一次遇到的画面——只携带自己最独有的财产。"世界历史之车是一辆狭

---

[1]《费尔巴哈书信往来与遗著集》，I, 407；关于"需求"是哲学和宗教的根源，请参见《费尔巴哈全集》，I, 207以下。
[2] 参见K. 海克尔：《人与群众》，第29页以下和第77页以下。

小的车，就像如果有人错过了规定的时间就不能登上车一样……如果想随车走就只能携带非常必要的东西、**自己的东西**，而不能携带家用器具。"[1]这样一个比喻在世界历史的意义上令人想起基尔克果关于"瓶颈口"的说法，如今每一个人都必须通过这个瓶颈口，而且是出自"同一种必要"。费尔巴哈也说："人不能允分地集中精力，要么是一个，要么是无。"[2]

费尔巴哈是考虑到计划中的改变来批判黑格尔的。[3]哲学如今处于一个必然"自我失望"的阶段。它迄今所处于其中的幻觉是自我满足的思维的幻觉：精神能够从自身出发确立自己，与此相反，自然——世界的自然与人的自然——则只有通过精神才能确立自己为自然。这种"唯心主义"或者"唯灵主义"的人类学前提条件，就是思想家作为一个思想家离群索居的生存方式。包括黑格尔，虽然他扬弃了一切对立，却依然是一个极端的唯心主义者，他的"绝对同一"事实上就是一种"绝对的片面性"，即站在确知自己的思维一面。唯心主义者从作为"我思"的"我在"出发，把同在的世界和周围的世界就像世界自身一样设想为其自身单纯的"他物"，通过强调自我而将其设想为"另一个我"。由于黑格尔把我自己不是的东西解释为其"自己的"他在，他忽视了自然和他人特殊的独立性。他是在一种**自我意识的**、**纯哲学的**

---

[1]《费尔巴哈书信往来与遗著集》，I，349。
[2]《费尔巴哈书信往来与遗著集》，I，365。
[3] 费尔巴哈对黑格尔的批判包含在以下作品中：《黑格尔的哲学史》（《费尔巴哈全集》，II，1以下）、《黑格尔哲学批判》（《费尔巴哈全集》，II，185以下）、《论哲学的开端》（《费尔巴哈全集》，II，233以下）、《哲学改革的临时论纲》（《费尔巴哈全集》，II，244以下）、《未来哲学原理》（《费尔巴哈全集》，II，269以下）、《所谓同一哲学的唯灵主义或黑格尔心理学批判》（《费尔巴哈全集》，$X^2$，136以下）、《唯心主义批判》（《费尔巴哈全集》，$X^2$，第164页以下）、《费尔巴哈书信往来与遗著集》，I，387以下。

立场的前提条件下进行哲学思维的,他忽视了哲学非哲学的开端或者原则。因此,同一种责难既适用于从笛卡儿开始的整个近代哲学,也适用于黑格尔哲学:与感性直观这个哲学的**直接**前提条件突然决裂的责难。当然,有一种不可避免的决裂,它就蕴含在科学的本性中,但是,恰恰是哲学通过自己从非哲学中产生而促成了这种决裂。"哲学家必须在人里面用**不**进行哲学思维的、毋宁说**反对**哲学的东西来与抽象的思维**相对立**,因而也就是把黑格尔那里被降低为**注释**的东西接纳入**正文**。"[1]因此,费尔巴哈关于"感性给定的你"的批判性开端就是精神哲学"我思故我在"的传统出发点。

唯心主义把自然感性贬低为"单纯的"自然性的历史动机,就在于19世纪哲学出自基督教神学这种起源,致黑格尔的信把后者的原则称为纯粹的"自我"。据此,费尔巴哈在《未来哲学原理》中的攻击,针对的就是作为哲理神学家的黑格尔。"近代哲学是从神学出发的,它自己无非是解体和转化为哲学的神学。""近代哲学的矛盾……是,它是在神学立场上对神学的否定,或者是自身又是神学的对神学的否定;这一矛盾特别表现出黑格尔哲学的特征。""不放弃黑格尔哲学的人,也就没有放弃神学。黑格尔关于……现实由理念设定的学说只不过是关于自然由上帝……创造的神学学说的理性表述。"另一方面,"黑格尔哲学是神学最后的避难所,是神学最后的理性支柱"。"就像天主教神学家曾经事实上成为亚里士多德学派,以便能够与新教作斗争一样,如今新教神学家也必须在法理上成为黑格尔学派,以便能够与无神论作斗争。""这样,我们已经在黑格尔哲学的最高原则中发现了他的

---

[1] 参见《基尔克果全集》,VII, 30以下。

宗教哲学的原则和结论：哲学不是扬弃，而仅仅是从对理性主义的否定出发重新确立神学的教义。……黑格尔哲学是最后的伟大尝试，要借助哲学重建已经失去的、已经衰落的基督教，而且是这样做的，即像在新时代那样，把对基督教的否定与基督教自身等同起来。精神与物质、无限者与有限者、神性事物与人性事物那备受赞誉的辩证同一性，无非就是近代不幸的矛盾——信仰与无信仰、神学与哲学、宗教与无神论、基督教与异教在其最高巅峰、在形而上学的巅峰上的同一性。只是这样一来，这种矛盾在黑格尔那里就被遮蔽起来了……否定、即无神论，成了上帝的一个客观规定性，上帝被规定为一个过程，而无神论则被规定为这个过程的一个环节。"[1]

宗教与哲学的无限者是、并且从来也无非是某种**有限的东西**，从而是**有规定的东西**，然而却被神秘化了，也就是说，一种有限的东西却带着这样的假设：不是有限的，也就是说，是非有限的。思辨哲学犯了与神学同样的错误，即仅仅通过否定有限现实的各种规定在其中是其所是的被规定性，就使这些规定成了无限者的规定。像黑格尔哲学这样从无限者派生出有限者、从无规定者派生出有规定者的哲学，决不能达到有限者和有规定者的真正**地位**。"有限者被从无限者派生出来，也就是说，无限者、无规定者被规定、被否定；得到承认的是，没有规定、即没有有限性的无限者是无，因而有限者被设定为无限者的实在性。但是，绝对者否定性的不在依然是基础；因此，被设定的有限性一再被扬弃。有限者是无限者的否定，而无限者又是有限者的否定。绝对者的哲学是一种矛盾。"真

---

[1]《费尔巴哈全集》，II，262；《未来哲学原理》，第21条原理。参见《费尔巴哈书信往来与遗著集》，I，407—408。

正积极的哲学的开端不能是上帝或者绝对者，同样不能是没有存在者的"存在"，而只能是有限的东西、有规定的东西、现实的东西。但是，有限的现实首先是有死的人，对于人来说死亡是肯定的。

"新的……哲学是对所有学院哲学的否定，虽然它也把后者真实的东西包含在自身之内……它没有……特殊的语言……没有特殊的原则；它是思维着的人自身，是**存在着、认知自己的人**……"然而，如果把新哲学的这一名称译回到"自我意识"的名称，则是在旧哲学的意义上解释新哲学，将新哲学又放回到旧的立场上。但旧哲学的自我意识是一个没有实在性的抽象，因为只有人才"是"自我意识。[1]"以人类学的方式"或者按照人来进行哲学思维，对费尔巴哈来说意味着：首先，要考虑到证实自己**思维**的感性，感性符合认识的形式是有感性规定性的、用感觉充实思维的直观；其次，要考虑到证实**自己思维的他人**，他人在认识上是对话型思维的伙伴。在对这两个要素的关注中，独立运作的、单纯合乎逻辑的、封闭的思维得到了解释和正确的定位。

就第一个要素即**感性**而言，它不仅是人的感觉的本质，而且是自然和肉体实存的本质。对于费尔巴哈来说，按照费舍的一个说明，[2]感觉是迄今为止被轻视的第三等级，他把它提高到一种全面的意义；与此相反，黑格尔却赞美思维，说它失去了视和听。就连真正的"实存"概念也仅仅源自感性，因为某物的真实实存是通过它以感性方式出现、它不能被臆想、想像和单纯表象而得到证明的。[3]费尔巴哈的这种"感觉主义"可以最

---

[1] 《费尔巴哈全集》，II，264 以下；《未来哲学原理》，第 54 条原理。
[2] 费舍：《科学院》，第 158—159 页。
[3] 费尔巴哈：《未来哲学原理》，第 24 条原理以下；参见《费尔巴哈书信往来与遗著集》，I，95 以下。

清晰地在他对黑格尔灵肉辩证法的批判中把握到。[1]黑格尔的心理学想证明肉体与灵魂的同一性。与此相反，费尔巴哈断言：与黑格尔所有的"同一性"一样，就连这种同一性也只是一种"绝对的片面性"。虽然，有些人认为，人本来就不应当有肉体，因为人受肉体所迫，要去考虑满足自己的物理需要，从而离开了自己的精神生活，无能获得真正的自由，而黑格尔认为这些人的观念完全是空洞无物的。"哲学必须认识到，精神只有通过把**物质的**东西部分地当做它**自己的**肉体、部分地当做一个外在世界来面对，并使这如此不同的东西回归由对立和扬弃对立所促成的与自身的统一，才是**自为**的。在精神与它**自己的**肉体之间，以自然的方式存在着一种比其余外部世界与精神之间更为内在的结合。正是由于我的肉体与我的灵魂的这种必然联系，由后者针对前者直接采取的行动才不是……单纯**否定的**行动。因此，我首先应当保住我的灵魂和我的肉体的这种直接的**和谐**，……不可轻蔑地、怀有敌意地对待肉体，……如果我按照我的肉体器官的规律行事，那么，我的灵魂在自己的身体里面就是自由的。"对此，费尔巴哈批注道："一个完全正确的命题。"但紧接着黑格尔又说："尽管如此，灵魂不能停留在与其肉体的这种**直接**统一中。那种和谐的**直接性**的形式是与灵魂的概念、与它是同自身相关的同一性的规定相矛盾的。为了与它的概念相适应，灵魂必须使它与自己肉体的同一性成为一种由精神**设定的**或者促成的同一性，占有自己的肉体，使肉体成为自己活动的**驯服的**、**灵巧的**工具，并且改造它，使自己在它里面仅仅

---

[1]《费尔巴哈全集》，$X^2$，136 以下。关于对黑格尔感觉主义的批判，请参见 J. 沙勒：《费尔巴哈哲学的阐述与批判》，莱比锡 1847 年版，第 28 页以下。

与自己相关。"费尔巴哈接着说道,"直接"这个词虽然黑格尔使用了无数遍,但他的哲学却完全没有这个词所表示的东西,即直接的东西,因为他从来没有从逻辑概念走出,他一开始就使直接的东西成为最间接的东西即概念的一个环节。在黑格尔那里,由于肉体对于灵魂来说没有真理,没有实在性,由于灵魂仅仅是一个由肉体性的扬弃、虚无而促成的概念,或者毋宁说按照黑格尔的说法就是概念自身,怎么谈得上与肉体的直接统一呢?费尔巴哈问道:"哪里有一点直接性的痕迹呢?"他又回答说:"任何地方都没有;为什么呢?因为就像在一般的唯心主义和唯灵主义中一样,肉体仅仅是灵魂的对象,也是思想家的对象,就像思想家也是对象一样,但并不是像他**同时是意志和意识的根据**那样;因此,我们只是以我们意识**背后**的对我们来说不是对象的肉体来感知我们意识**面前**的肉体……"当然,精神塑造和规定着肉体,而且达到如此程度,以致有一种精神使命并据此安排自己的生活方式,安排自己的睡眠、吃喝的人,也间接地按照自己的意志和使命决定着自己的胃和血液流动。"但是,我们不能在一个方面之上忘掉**另一个**方面,我们不能忘记,精神有意识地为肉体所规定的方向,**正是它自己已经无意识地被自己的肉体所规定的方向**;因此,例如作为思想家,我根据我的目的规定我的肉体,因为建构的自然与解构的时间联手将我组织成思想家,因此我是一个极为**糟糕的**思想家;肉体怎样被设定或者被规定以及被设定或者被规定成什么,精神也就怎样被设定或者被规定以及被设定或者被规定成什么……"是结果的东西,就成了原因,反之亦然。因此,黑格尔对感性自然的肉体性的承认只不过是一种在从自身出发论证自身的精神哲学的前提条件内部的承认。唯心主义的自我意识概念就像不承认感性自然的肉体性的实在一样,也不承认独立的**他人的实在**。[1]

对于费尔巴哈来说,感性自然的肉体性的基本代表就是虽然在本质上具有世界历史意义并行使着统治世界的权力、但在名称上却为一个良好的社会避而不谈的那个器官:人的自然的性。真实的自我不是"无性别的中性物",而是"先天地"要么是女性的存在,要么是男性的存在,从而理所当然地被规定为非独立的**他人**。只有当性的区别被限制在**性器官**上时,哲学才可以抽象掉性的区别。然而,这种区别贯穿着**整个人**,一直到人的典型女性的或者男性的感受和思维。由于知道我自己是男人,我已经承认了一个与我不同的本质的实存,一个属于我、共同决定着我自己的此在的本质。因此,在我理解我自己之前,我就已经**天然地**被确立在**他人**的此在中了。借助思维,我意识到的仅仅是我已经是的东西:一种确立在别的此在之上的、但并非无根基的本质。并非我,而是**我与你**,才是生活与思维的真正原则。

我与你最现实的关系就是爱。"他人的爱告诉你你是什么。""真理是从他人的自我,而不是从我们自己的、局限于自身的自我出发对我们讲话的。只有凭借传达,只有凭借人与人的会话,才会产生观念。无论是精神的人还是自然的人,人的生产都是两个人的事情。人与人的统一是哲学、真理和普遍性的第一个也是最后一个原则。因为人的本质仅仅包含在人与人的统一之中,但这是一种依托我你之别的实在性的统一。即便是在思维中,作为哲学家,我也是与人们在一起的人。"

---

[1]《费尔巴哈全集》,$X^2$, 164 以下;《未来哲学原理》,第 41 条、第 59 条、第 61 条原理以下;参见拙著《在邻人角色中的个人》,蒂宾根 1928 年版,第 5 页以下。

由于这样诉诸于把人们结合起来的爱,黑格尔的批判者费尔巴哈就引人注目地接近了青年黑格尔。后者的精神概念就是从扬弃爱的"活泼关系"中的区别出发的。但是,在黑格尔后来懂得以其思维的全部力量在哲学上具体地将他的精神概念分解成其不同的规定(作为"感性的"、"感知的"和"理智的"意识;作为"欲求的"和"被反映的"意识;作为"奴性的"和"主人的"意识;作为"精神的"和"理性的"自我意识)的时候,费尔巴哈的"爱"依然是一句多愁善感的空话,没有任何被规定性,尽管它是其哲学、"感性"和"你"的统一的双重原则。

费尔巴哈原则上的改变的一个结果也就是改变了哲学相对于**政治**和**宗教**的地位。哲学如今应当自己成为宗教,同时成为政治,一种取代迄今为止的宗教的政治世界观。"因为我们必须再次成为**宗教的**。**政治**必须成为我们的宗教。但是,只有当我们在自己的直观中有最高的东西为我们把政治变成宗教的时候,政治才能成为我们的宗教。"[1]但对于人来说,最高的东西就是人。哲学取代宗教的命题,必然导致另一个命题,即政治成为宗教,因为如果有尘世需求的人取代了基督徒,那么劳动的共同体也必然取代祈祷的共同体。基尔克果坚定不移地从基督教信仰的消失出发解释时代的政治化,[2]费尔巴哈因而同样坚定不移地从对像这样的人的信仰中推论出政治化的必要性。"通常意义上的宗教根本不是国家的纽带,毋宁说它是国家的解体。"如果上帝是主,那么人就信赖于他,而不是信赖于人;反过来,既然是人们形成了一个国家,那么,他们由此就在实际上否认对上帝的信仰。"不是对上帝

---

[1] 《费尔巴哈书信往来与遗著集》,I,409。
[2] 基尔克果:《对基督性的攻击》,第457页。

的信仰，而是对上帝的失望建立了国家"，从主体方面来讲是"对作为人的上帝的人的信仰"解释了国家的起源。[1]且不说基督宗教，世俗的国家必然成为"一切实在性的总和"，成为"普遍的本质"，成为"人的天意"。国家是"大写的人"，自身与自身相关的国家是"绝对的人"；它自身成为实在性，成为对信仰的实际反驳。"因此，实际的无神论是国家的纽带"，而"人们当前之所以投身政治，乃是因为他们把基督教看做是一个使人们丧失政治活力的宗教"。[2]费尔巴哈虽然仍没有放弃上述信念，但他在1848年的失败之后却认为，在德国还缺乏实现政治世界观的地点和时间。因为宗教改革虽然摧毁了宗教上的天主教，但一种政治上的天主教却取代了它，而宗教改革仅仅在宗教领域里当做目的的东西，人们今日必须也在政治上追求之：把"政治上的等级制"扬弃为民主共和国。不过，与其说共和制形式，倒不如说集中和扩大国家权力才是费尔巴哈的真正兴趣，更是卢格、马克思、鲍威尔、拉萨尔的兴趣，这一点由以下事实得到了说明：后来，他们根本不把俾斯麦当做敌人，而是把他当做他们当年革命倾向的道路上的一个先驱。[3]费尔巴哈在1859年的一封信中写道："至于说到德国政治，这里有一句著名的话：quot capita tot sensus（有多少头脑就有多少主意）。不过，如果不统一于一个头脑下，德国就

---

[1] 《费尔巴哈书信往来与遗著集》，I，410；参见恩格斯："国家和宗教一样，其本质是人对自己本身的恐惧。"
[2] 《费尔巴哈书信往来与遗著集》，I，411。
[3] 参见卢格：《书信往来与日记》，I，XXVIII；II，32、41—42、55、271—272、285、290、350、404、410—411；恩格斯：《费尔巴哈与德国古典哲学的终结》，第1页；恩格斯1870年8月15日致马克思的信（《马克思恩格斯全集》，III/3，349—350、351）；还请参见拉加德［Lagarde］：《德语作品集》，格廷根1892年，第82页；温茨克［P. Wentzke］：《1848：未完成的德国革命》，慕尼黑1938年。

决不能统一于一个帽子下。但是,在有某人决心仗剑宣布'我就是德国的头脑'之前,德国就不能统一于一个头脑下。然而,心与头脑的这种纽带何在呢?普鲁士大概有头脑,但却没有心;奥地利大概有心,但却没有头脑。"[1]

用黑格尔的"精神"历史的尺度来衡量,费尔巴哈粗鲁的感觉主义与黑格尔以概念方式组织起来的理念显得是一种倒退,是用夸张和意向来取代内容的思维野蛮化。同代人的喧闹和"叽叽喳喳的饶舌"是否会给局限于此的虚荣心留下空间来进行冷静的认识,黑格尔这一最后的忧虑被他那些给哲学掺入时代利益的学生们冗长的辞令掩盖了。紧随黑格尔与歌德友谊的,是"路德维希"(费尔巴哈)与"康拉德"(多伊普勒[Deubler])之间的"田园风光",[2]后者对"伟大人物"的真挚崇敬是完全符合费尔巴哈在根本上如此善良的心灵的。然而,认为人们能够乘坐一种已死的精神哲学的高头大马越过19世纪的"唯物主义",却是一种错误。费尔巴哈对黑格尔哲理神学的感性化和有限化绝对是我们如今所有人——有意识地或者无意识地——处身于其上的时代立场。

## 2. 卢格(1802—1880)

卢格比费尔巴哈更为坚决地把新时代的新哲学建立在这样一个基础之上:新哲学"**把一切都置放在历史上面**","它把自己理解为"——作为黑格尔学派他补充说——"哲学的历史"。[3]但历史之为哲学的,并不仅仅是作为哲学史,而且还是、并且首先是作为时间中的事件和历史意识。"真正的现实""无非是"时代意

---

[1] 《费尔巴哈书信往来与遗著集》,II,59。
[2] 《费尔巴哈书信往来与遗著集》,II,215以下。
[3] 卢格:《书信往来与日记》,I,16;II,165。

识",它是"真正积极的、最终的历史结果"。[1]"一个时代的历史理念"或者"真正的时代精神"是"绝对的主人",在历史中惟有本身是"时代的力量"的东西才能得到实现。因为精神的绝对性只有在"政治存在物"自由地创造的历史过程中才是真实的,而"政治存在物"也就是人。[2]

与此相反,黑格尔体系中绝对者的领域乃是单纯对自身就是绝对的历史的绝对化。"我们**仅仅在历史中达到绝对者**,但在历史中,任何地方——无论是基督之前还是基督之后——都可以达到它;人处处都在上帝里面,但最后的历史形式就形式而言是最高的形式,未来是所有历史事物的界限。并不是在基督身上完成了宗教的形式,并不是在歌德身上完成了诗艺的形式,也不是在黑格尔身上完成了哲学的形式;所有他们都不是精神的终结,毋宁说他们最大的荣光就在于是一种新的发展的开端。"[3] 由于一切事情都发生在历史中,每一种"最新的"哲学都是事先就在自身包含着未来、把它当做自己鲜活的否定的"真正积极的东西"。"历史精神"或者"时代的自我意识"甚至必然也是黑格尔体系终点的历史中纠正自己。[4]

因此,像《我们的体系或者时代的世俗智慧与世俗运动》[5]这样一个标题不仅附带与时代有关,而且这个"体系"还如此直接地就是一种时代的哲学,就像世俗**智慧**与世俗**运动**是一回事一样。"我们时代的精神"也是卢格在其论文集《出自更早的时代》第4

---

[1] 卢格:《书信往来与日记》,I,186。
[2] 卢格:《书信往来与日记》,I,300。
[3] 《德国科学与艺术哈勒年鉴》,1840年度,第1217页。
[4] 《德国科学与艺术哈勒年鉴》,1840年度,第1243页。
[5] 《我们的体系》,共3卷,莱比锡1850年;由格莱策[Clair I. Grece]新编,法兰克福1903年。

卷中对德国人说的第一个词。在这本书中，他依据黑格尔的哲学史，以一种堪称典范的通俗方式描述了从柏拉图到黑格尔的发展，尤其是1838—1843年"哲学和时代精神的批判性发展"。在他看来，即便在这里，哲学思想也是时代的同伴，因为普遍的时代精神与当时的哲学构成了同一种精神运动。而事实上，没有一个时代像这个由青年黑格尔学派规定的时代那样，如此被哲学所渗透，直到新闻、文学和政治。时代精神——卢格有时把它等同于"公共舆论"——始终并且必然与时代的哲学精神保持"步调一致"，这是青年黑格尔学派合乎时代的哲学的先天条件。"世界精神与哲学精神的这种自觉一致"是我们这个时代的特征。[1]但是，时代精神就其本质而言是进步的，这对卢格来说与时代的进程不可逆转这一事实一样是确凿无疑的。也没有一种反动能够骗取时代精神的力量和结论。与他自己所编的年鉴相联系，他说道："最后的胜利是在精神中的胜利；因此，如果说到年鉴对历史的态度，并由此（！）说到其方向的未来，那么，对此的说明就产生自公共的、或者更精确地说当前的、受其真正的公共性阻碍的精神。因为有报酬的、受监控的报纸可公开的精神不是真实的精神，旧的、博学的研究所无动于衷的精神不是有生命力的精神，这是尽人皆知的秘密。"[2]因此，真正当前的时代精神虽然可能是一种公开的秘密，但它在任何情况下都是无论如何也推进历史到胜利的东西。"时代的理性"可以轻而易举地认出，任何人只要想认识它，就能认识它。

但是，对于所有的青年黑格尔学派来说，哲学与时代之一致

---

〔1〕　卢格：《书信往来与日记》，II，51、68；《出自更早的时代》，IV，第126页。
〔2〕　《哈勒年鉴》，1841年度，前言，第2页。

性的真正发现者非**黑格尔**莫属。他们为了给自己将精神彻底历史化作辩护而援引黑格尔《法哲学原理》序言的话:"就个人来说,每个人都总归是**他那时代的产儿**。哲学也是这样,它是**被把握在思想中的它的时代**。妄想某种哲学可以超出自己当前的世界,这与妄想个人可以跳出自己的时代,是同样愚蠢的。"[1] 但是,黑格尔从没有一种力量可以超越自己的时代这一状态得出了一个反对臆想的"应当"的反动结论,并拒绝在私见的"不结实的要素"中建设一个不存在却应当存在的世界,而他的学生们却着眼于未来,想根据同一种精神与时代的同一性,反过来寄希望于**应当存在**,使哲学在时代前进的洪流中为革命服务。尽管有是根据未来还是根据过去为时代定位方面的对立,在两个实例中却都有哲学意识与历史存在一致性的命题在起作用。[2] 就像对于黑格尔来说精神的历史是世界历史最内在的东西一样,时代"真正的"事件也被青年黑格尔学派当做精神运动的尺度,而历史理性自身也被在时代史的意义上衡量。

由于原则上把事件与精神这样联在一起,就连黑格尔的体系也被反馈到它所产生的那个时代。在卢格那里,结果是双重的:黑格尔哲学是**与法国革命"同时的"**,后者把自由的人提高为国家的目的。黑格尔做了同样的事情,他指出,绝对者就是思维着的精神,其现实性就是思维着的人。作为政治世界观,自由精神生存于启蒙运动和革命之中,而作为形而上学,它生存于德国哲学

---

[1] 参见《黑格尔全集》, X/2, 第 2 版, 第 229 页; XIV, 275(1938 年新版, 第 39—40、72、125、148—149 页)。

[2] 参见《黑格尔全集》, XV, 535 和 685; 柯尔施 [K. Korsch]:《马克思主义与哲学》, 第 2 版, 莱比锡 1930 年, 第 60 页以下。

之中。[1]在黑格尔身上,人权达到了其哲学上的自我意识,而进一步的发展则只能是这种意识的实现。但是,为人类精神争取绝对自由者的最高荣誉的同一种哲学,也是针对思维和政治意愿中的自由作出"旧时代精神的反击"的同时代人。因此,黑格尔既与进步的、也与倒退的时代精神结合在一起,就他是后一种情况而言,他背叛了他自己的原则,即自由意识中的进步。因此,进步的时代精神的任务是:借助于辩证的方法把黑格尔哲学从其自身解放出来,使其成为其自身。按照黑格尔"当代是最高者"[2]的命题,通过对他自身的批判来捍卫他的体系,以便实现发展和自由的原则,这是超越他的那个时代的最高权利。历史通过否定而发展了封闭在黑格尔体系之中的真理,它通过理论上的批判和实践上的革命清除了至今尚存的"概念"与"实存"之间的矛盾。1848年的德国革命是这一理论上的纠正的实践方面。[3]

为实践上的倾覆做理论准备的文献机构是《德国科学与艺术哈勒年鉴》(1838—1843),[4]它自被迫从普鲁士迁往萨克森以后改名为《德国年鉴》。它的合作者还有施特劳斯、费尔巴哈、鲍威尔、F. Th. 菲舍尔、E. 策勒、德罗伊森、拉赫曼、J. 格林[Grimm]和W. 格林。卢格在第4期的前言中断言,当时没有一家德国学术杂志获得过如此的满足,以致它的讨论成为远远超出理论家的圈子、使人对直接的生存感兴趣的事件;当他这样断言时,他说的

---

[1] 卢格:《出自更早的时代》,IV, 12、16。
[2] 《黑格尔全集》,XV, 686。
[3] 卢格:《出自更早的时代》,IV, 599。
[4] 参见卢格:《出自更早的时代》,IV, 443以下;罗森克兰茨:《作为德国民族哲学家的黑格尔》,第315页;《日记选》,第109页以下;J. E. 埃德曼:《哲学史大纲》,II, 第340节;《莱希尔的哲学历书》,达姆施塔特1924年版,第370页以下。

并不过分。直到当代,德国哲学还没有任何东西能够在批判的透彻性、说服力和思想政治影响方面与这家杂志媲美。

就内容而言,在年鉴上提出的批判首先涉及宗教和政治。罗森克兰茨指责卢格的著作中粗暴的、"无神论—共和党的"口吻。在他看来,相对于有良好道德的、有多方面教养的霍尔巴赫学派,德国无神论者是笨拙的、幼稚的。[1] 但与鲍威尔彻底超越施特劳斯和费尔巴哈的宗教批判相比,卢格还是很温和的,而罗森克兰茨最后几篇论文表明,他事实上根本没有远离卢格的立场:即便在他那里,精神的展开也悄悄地转变为人类的进步。

比卢格将基督宗教扬弃在"被解放的人的人道世界"里面更为重要的,是他对国家和政治的批判。在年鉴关于"政治与哲学"的文章中,他区分了老年黑格尔学派和青年黑格尔学派:前者使黑格尔哲学适应现存的事物,而后者则将宗教哲学和法哲学引入了一种"否定和接受的实践"中。因此,青年黑格尔学派被迫提出抗议,一方面是反对黑格尔的"谦虚",黑格尔以这种谦虚不是在当前德国的过程中,而是在一个当时已经过时的事物状态中把政治现实移向了古代英国;[2] 另一方面是反对绝对哲学的"高傲",绝对哲学想在对往事的回忆中成为"当前最近的日子",而哲学直到如今才通过自己的批判开始了未来。不是要借助逻辑学的范畴来虚构一个绝对的国家,而是必须考虑到最近的未来对国家当今的实存进行历史的批判。因为只有形成着的时代精神才是真正被把握到的现实;黑格尔自己曾"数百次"这样教导说,虽然他避开了一切有可能伤害教会和国家的东西。

---

[1] 罗森克兰茨:《日记选》,第109页;参见卢格:《书信往来与日记》,I,271—272。
[2] 指的是黑格尔对英国改革法案的批判。

卢格关于黑格尔《法哲学原理》第2版的广告词已经包含着他对黑格尔国家哲学在原则上的批判。[1]在卢格看来黑格尔法哲学的最大功绩是：黑格尔把自己规定自己的意志当做他的国家学说的基础，以致国家成为自己认知自己、完成自己认知的实体性意志，而他同时却在单个人自由的意愿和认知中找到了自己间接的实存。[2]但是，在这一原则的阐述中最大的缺陷是："**黑格尔没有明确地把历史连同其全部内容的影响纳入法哲学，而毋宁说是把法哲学设定在终点**"，这与美学不同，美学的系统展开完全是历史性的。

当然，**展开了的**历史的首要之物就是存在着的国家。因为所有的历史都是国家的历史，但国家在自身中就已经是一种朝向自由的历史运动；自由始终只是解放的活动，但却从未绝对存在。黑格尔仅仅展示了国家的固定概念，但没有展示它在运动中的理念，后者的力量就是历史。因此，如今紧随绝对的自由体系的，必然是历史的东西，即对真实的、必须实现的自由的描述。"具体发展的体系取代了抽象发展、理论上的绝对发展的体系；具体发展的体系在任何地方都是在精神的历史中把握精神，并在每一种历史的终点设定其未来的要求"。黑格尔的思辨直观性必须用费希特的行动力量[3]来重新唤起，因为他针对"应当"的论战导致了"无概念的实存"，从而导致了对不符合其真正概念的单纯现存事物的承认。例如在黑格尔的学说中，这样一种与当代史精神相

---

[1]《哈勒年鉴》，1840年度，第1209页以下。
[2] 黑格尔：《法哲学原理》，第257节和第265节补充。
[3] 参见前文第80页注[2]；关于卢格回归到费希特，参见W.屈内：《契斯克夫斯基——黑格尔和德国精神的一个学生》，第41页；希尔施[E. Hirsch]讲到过基尔克果同费希特的关系：《基尔克果研究》，II，471页以下；关于费尔巴哈与费希特的关系，参见R.海姆：《费尔巴哈与哲学》，第23页以下。

矛盾的实存就是王侯的权力、政府的权力、国民代议制、两院制。黑格尔不相信多数，痛恨一切选举。但不相信这些东西，对卢格来说并不意味着：不相信精神（即时代）！说群众是愚笨的、"仅仅在随声附和的意义上才是值得尊重的"，这种反对意见才是愚蠢的。[1]"他们到底在以谁的名义随声附和呢？怎样才能使他们仅仅以世界历史精神的名义取胜呢？怎样才能使1789年和1813年群众的随声附和不表明为愚蠢的，使多数决不表现为无理取闹呢？有人停留在 philosophia paucis contenta est judicibus（让少数人满意的哲学才是让裁决者满意的哲学）这个命题上，这完全是对精神及其过程的误解。恰恰相反，真理是在群众中征服世界的。……有知识的人们以其智慧永远不会脱离多数。即便一种新精神的宣报者们开始时处于少数，并且有可能……被淹没，但后世给他们的掌声乃至对他们的功绩的过度颂扬却只能是更为确定的。……多数的真理并不是绝对的真理，但它在整体上是时代精神的规定性，是政治的或者历史的真理；即便在国民议会上只有一个个人能够说出时代精神的话来（这种情况绝不罕见），但肯定在任何时候都只有自私自利和恶意的任性才处于少数。多数因历史精神及其规定性会赞同相对的错误，但它不可能被未来再次否定。"[2]

群众真理的确定性完全是"德性"和"我们这个世纪的经

---

[1] 参见黑格尔的《法哲学原理》，第316—318节。就对公共舆论的评价来说，罗森克兰茨的一篇文章谈到了从黑格尔到卢格的过渡：《论文集》，第2卷，莱比锡1844年版，第222页以下。公共舆论的主体是"民族的精神"或"自由的民族"。

[2] 参见马克思关于"精神"与"群众"的论述：《马克思恩格斯全集》，III，249以下；以及古茨科：《精神运动》，1852年版。军队与选民以同样的方式为之效力的时代精神的真正运动，是群众精神的纪律。"服从的艺术"如今似乎成为世界历史性的。

验";但是,黑格尔却避开了它,尽管它只不过是黑格尔那将精神置于世界过程之中的思维方式的一个结论。黑格尔从他那还过于缺乏历史性的立场出发,拒绝这种真理,也就是说,违背他自己的原则怀疑精神的力量,若不然,他就不会致力于把选民从法的体系排除出去了。与此相反,他忽然想到对等级的固定和对长子继承权的荒谬规定。但事实上,就连群众的物质利益也不可能与精神的发展相矛盾,因为如果历史就是"一切",是真实精神的一个结果的话,那么,任何物质的繁荣都同时是精神的繁荣。

卢格对黑格尔法哲学的批判[1]和在马克思那里一样,原则上是建立在对形而上学的"**本质**"和历史的"**实存**"作出批判性区分的基础之上的。国家的普遍本质虽然与精神的普遍本质是完全一致的,因而可以用逻辑学的普遍范畴(普遍性、特殊性、个别性)和精神哲学的普遍范畴(意志与自由)来规定,但黑格尔根据自己关于自由的现实性的命题也涉及的现实的国家,却是一种历史的实存,因而也只能历史地把握,并考虑到其本质性予以批判。"在逻辑学中,或者在对永恒过程的研究中,……**没有各种实存**。在这里,实存,即思维者及其精神,是无关紧要的基础,因为这个个人所做的事情,应当无非是普遍的(思维的)做自身。……这里所涉及的是普遍的本质自身,而不是它的实存。在自然科学中,自然物的**实存没有利害关系**。尽管……实存着的过程就是研究的客体,但他们只是大自然在其自我生产的循环中的永恒规律和永恒作为的无关紧要的、一再重复的实例而已。只是随着历史进入科学的领域,**实存自身**才成为**利害关系**。历史的运

---

[1]《哈勒年鉴》,1842年度,第755页以下(再版载《出自更早的时代》,IV,549以下)。

动不再是重复形成的循环，……相反，它在精神的自我生产中一再促成新的形态。精神和国家在不同时代的状况**作为这种实存**具有一种科学的利害关系。教养的状态不再是无关紧要的实例，而是过程的阶段，对这些历史实存的认识在根本上涉及他们的特性，这里涉及**这种**实存自身。"[1]因此，黑格尔绝对的国家形而上学必须予以**历史**的批判，就像神学的教义学受到施特劳斯的批判一样。这种批判也是惟一**客观的**批判，因为它是根据真实事件的进程来衡量的。历史地从普遍的本质转向个人的历史实存，这在黑格尔的法哲学中还没有出现，因此它与现象学一样具有无法把握的特征。"黑格尔的国家……并不比柏拉图的国家更实在，也决不会变得更实在，因为他虽然像柏拉图使人想到希腊国家那样使人想到现今的国家，甚至直呼其名，但他并不是从历史过程得出自己的结论的，因而也不能直接对政治生活和意识的发展发挥作用。法国人在我们之前就知道了这一点：他们在任何地方都是历史的。在他们那里，精神是活生生的，并且按照自己来塑造世界。"[2]为了不让出现历史的批判，黑格尔通过例如抽象地展示世袭的国王，把历史的实存提高为形而上学的本质性。[3]但把概念与现实真正地结合起来，并不意味着把实存尊奉为概念，而是把概念实现为现实的实存。就连自由也不是绝对实存的，而始终只是相对于人当时摆脱了的某些外部实存关系而实存的。虽然黑格尔本人在

---

[1] 卢格：《出自更早的时代》，IV，571以下；参见费尔巴哈：《未来哲学原理》，第28条原理。
[2] 卢格：《出自更早的时代》，IV，575；参见《黑格尔全集》，IX，439；XV，552—553；《马克思恩格斯全集》，I/1，608以下。
[3] 与此相反，参见罗森克兰茨：《作为德国民族哲学家的黑格尔》，第148页以下。在这里，考虑到当时德国的状况，恰恰是反过来展示了黑格尔法哲学的进步特征。

《法哲学原理》的前几节就解释道：意志只是思维的另一面，理论自身就已经是实践，二者之间的区别只不过是精神转向内部还是转向外部而已。[1] 德国哲学虽然在理论上发现了理论的这个实践方面，但在实践上却掩盖了它。真正的科学并不是回到逻辑学，而是走出来进入现实的历史世界，"逻辑学自身被纳入历史里面"，并且必须对自己被理解为实存感到满意，因为它属于这种确定的哲学的形成状态，而且无论如何只存在一种历史的真理。就连真理也始终处在运动之中，它是自我区分和自我批判。[2]

黑格尔法哲学在理论上的片面性同样只能在时代史的意义上来把握，并历史地予以辩护。"黑格尔的时代对政治来说并不是很有利，它完全缺乏时事评论和公众生活。"[3] 精神回到了理论，放弃了实践。但黑格尔过于熟知希腊人了，以过于清晰的意识经历了伟大的革命，以致不能认识到：市民社会现存的、王朝制的国家连同警察和官僚体制根本不符合一个公共的共同体、一个"城邦"的理念。因此，他对应当要求的拒绝源自一种前后不一致性，其根源深深地植根于普鲁士德国的各种关系之中。康德的体系和黑格尔的体系都是在非理性和非自由之中的理性与自由的体系，但是，二者都在为自己掩饰这种不谐和。

康德曾向门德尔松说过一段著名的话："尽管我对自己思索的许多东西怀有最清晰的信念，却永远没有勇气说出来，但是，我永远不会说出我没有思索过的东西。"[4] 公开说与私下想的这种区分的基础在于："作为思想家"的康德与"作为臣民"的康德是如

---

[1] 黑格尔:《法哲学原理》，第4—7节。
[2] 卢格:《出自更早的时代》，IV，581—582。
[3] 卢格:《出自更早的时代》，IV，550以下。
[4] 卢格:《出自更早的时代》，IV，559以下；参见《狄尔泰全集》，IV，285以下。

此不同，就像当时的公共生活与私人生活、普遍的道德与单个人的良知不同一样。对于臣民来说，成为哲学家是不允许的，因而他成为外交家，但并不失去他的"自我认同"。他的受限制的立场在历史上是"新教的眼光短浅"的立场，这种立场把自由仅仅看做是良知问题，因为它把私人德性与公共德性分割开来了。[1]

在黑格尔那里，情况更为令人忧虑，因为黑格尔的法哲学在普遍的和政治的道德中扬弃了康德道德性和良知决定的立场。虽然黑格尔作为哲学家与普鲁士国家没有类似的冲突，而是与此相反，从普鲁士国家那里得到了对他哲学的认可，这样他就能够在与国家的一致中坚持站在思维一边，但是，他的一致只是一种假象；只有当普鲁士国家的专制主义还明智地承认黑格尔体系中的理性，而黑格尔在自己这一面也只有建立自己绝对的认知体系并在国家中实现它的兴趣时，这种假象才能够骗人。尽管黑格尔起初并不是国家政治实践和批判的敌人，他后来却局限于完善理论自身，在其海德堡就职演说中代表了一种信念，即哲学不可以脱离政治现实，政治现实在解放战争的时代里高度的、普遍的旨趣抑制了认识的旨趣。[2]对此，卢格不满地问道："这是什么意思？"他又回答说："这无非是：我的先生们，在我们依然面对着革命和战争的时候，我们将继续前进，在完善内在的自由、新教精神的自由或者抽象理论的自由方面继续前进，这种自由的完成就是哲学。黑格尔完成了自由的这种形式，把它推到了最高的巅峰，它将在这个巅峰上倾覆。"[3]

恰恰是向像这样的概念的退却必然导致与现实的矛盾；因为

---

[1] 参见马克思的批判：《马克思恩格斯全集》，V，175以下。
[2] 参见黑格尔的海德堡就职演说和柏林就职演说。
[3] 《科学与艺术德国年鉴》，V，1843年度，第6页。

如果获得了对国家本质的洞识，那么，它将被推动作为批判与现实对立。理论上的自由在其私人的自为存在中必然通过新闻检查得知，它在实践上被否定了，因为它不能在公共事务中公开存在。但是，真正的认知的"实践激情"是无法驯服的。黑格尔避开了的冲突留给了他的学生们，"而且显而易见，时代，或者说意识对世界的态度，在本质上已经变了"。"发展不再是抽象的，**时代是政治的**，尽管它要充分的是政治的，还缺少许多东西。"[1]卢格借一次批判德国教育的"美学"时代的机会写道：19世纪的人不能缺少"伦理的和政治的激情"。[2]

但是，对于卢格的发展来说具有特点的，并不仅仅是他从哲学批判向政治实践、从目光短浅的良知向自认为目光远大的党派良知的过渡，[3]而且还有他被迫退却到**历史学**；历史学并不是用知识创造历史，而是仅仅撰写历史。除了出版他自己的全集之外，他在流亡中的最后一部作品就是翻译巴克尔 [Buckle] 的《英国文明史》。马克思以极端的结论接过并继续推进了由他开创的对现存事物进行理论批判和实践革命的工作。

## 3. 马克思（1818—1883）

当卢格在《德国年鉴》被禁后迁往巴黎并在那里创办《德法年鉴》时，首先是马克思参与了这份杂志的工作。在这上面，他于1844年发表了《论犹太人问题》《黑格尔法哲学批判导言》等论文以及马克思、卢格、巴枯宁 [Bakunin] 和费尔巴哈之间的书信往来。不久之后，马克思与卢格就闹翻了。卢格对马克思人格

---

[1] 卢格:《出自更早的时代》, IV, 570。
[2] 卢格:《科学院》, 第125页。
[3] 参见《批判与党派》一文，《德国年鉴》, V, 1842年度, 第1177页以下。

的极为尖锐的判断，[1]以及马克思对卢格一点也不逊色的判断，却丝毫没有改变这样一个事实：他们在自己的黑格尔批判的原则上是完全一致的。然而区别在于，马克思在科学的严格性和冲击力方面远远超过了卢格那新闻记者的天赋，他在所有的黑格尔左派中间不仅是最极端的，而且也完全是在概念的清晰以及在博学方面能够与黑格尔匹敌的人物。论辩术的套话在卢格那里属于其作品的实质，在马克思那里却只是达到目的的一种手段，并不减弱他那批判分析的透彻性。至于他在多大程度上从黑格尔那里得到传授，他那些受到费尔巴哈影响的、直接与黑格尔相关的早期著作所表现出来的还不及《资本论》，后者虽然在内容上与黑格尔相去甚远，但若不是吸取了黑格尔使现象成为概念的方式，其分析简直就是不可思议的。

当年长的马克思开始把历史的真正发生固定在物质生产关系中的变化上，并把经济上的阶级斗争视为一切历史的惟一动因的时候，他虽然相信已经清算了自己"过去的哲学良知"，但在根本上，除了向经济学批判的这种过渡之外，起初与黑格尔的争论也依然存在。他的第一次、同时也是最后一次黑格尔批判是以黑格尔的**完成**的反命题开始的。在马克思的博士论文中推动着他的问题，就是在那个终点之后一个新开端的可能性问题。

1840—1841年关于伊壁鸠鲁［Epikur］和德谟克利特［Demokrit］的博士论文包含着对黑格尔所创造的处境的间接分析。对伊壁鸠鲁和德谟克利特的考察被与柏拉图和亚里士多德所结束的希腊哲学联系起来，而且是与黑格尔哲学由于**其**唯物主义

---

[1] 卢格：《书信往来与日记》，I，343—344、367、380；参见《费尔巴哈书信往来与遗著集》，I，358、362。

和无神论的拙劣模仿者而解体相类比。关于古典希腊哲学与后来的学派哲学的关系,导论性的几句话同时也包含着对马克思自己与黑格尔的关系的暗示。"希腊哲学看起来似乎遇到了一个好的悲剧所不应遇到的结局,即暗淡的结局。在希腊,哲学的客观历史似乎在亚里士多德这个希腊哲学中的马其顿王亚历山大那里就停止了……伊壁鸠鲁派、斯多葛派、怀疑派几乎被看做一种不合适的附加品,同他们的巨大的前提没有任何关系。"[1]但是,认为希腊哲学简单地寿终正寝了,这是错误的,历史表明,**希腊**哲学的所谓解体结果成为**罗马**精神的原型,罗马精神特征明显、内容丰富的特性是无可争议的。即便古典哲学就此终结了,但一个英雄的死亡却与"青蛙因胀破了肚皮致死"不同,而是与预示着新的一天的太阳落山相似。"在就体系的广博程度来说已接近完成的柏拉图和亚里士多德哲学体系之后,出现了一些新哲学体系,它们不以这两种丰富的精神形态为依据,而是远远往上追溯到最简单的学派,在物理学方面转向自然哲学家,在伦理学方面转向苏格拉底[Sokrates]学派,难道这不是值得注意的现象吗?"因此之故,也许现在,在德国古典哲学终结之后,也和当时、当哲学从雅典过渡到罗马时一样,需要哲学的一种类似的集中和简单化吗?但是,在黑格尔之后,究竟如何获得一个精神的立场,它既不是复制黑格尔,也不是一种单纯的心愿呢?只有通过与在黑格尔那里变成整体的哲学进行原则上的争论,通过一种"扬弃",它同时也是哲学的"实现"。每当哲学抽象的原则展开为一种整体的具体化,例如在亚里士多德那里,在黑格尔那里,哲学就总是处在这样一个"关节点"上。这时,就出现了一种直线延续的可

---

[1]《马克思恩格斯全集》,I/1,13(中文版第40卷,第194—195页。——译者注)。

能性，因为整个圆圈已经走过了。有两种整体性相互对立：一种是在自身变成整体的哲学，另一种——与此相对立——是一种完成了的非哲学（Unphilosophie）的显得真实的世界。因为黑格尔与现实的和解并不是**在**现实**中**的和解，而是**与**现实的和解，在理解的元素中的和解。哲学必须自己"转向外面"，对世界采取实际行动。它作为国家的哲学成为一种哲学的政治。在黑格尔那里变成理智世界的哲学在这种情况下就直接转向了现实存在的世界并反对哲学。它的这种双刃的态度是从理论与实践的整个世界划分为两个分道扬镳的整体所得出的结果。由于有两种彼此对立的整体性，就连重新规定自己的哲学自身的分裂也是一种整体的分裂。完成了的哲学的客观普遍性首先分解为一种从它产生的私人哲学的各种纯粹主观的意识形式。这种使一切都变得动摇不定的风暴是以历史的必然性发生在汇聚于自身的哲学的这样一些关节点上的。看不到这种必然性的人，必定始终如一地否认：在一种变成整体的哲学之后，人还能够过精神的生活。只有这样，才能看出为什么在亚里士多德之后还能够出现芝诺［Zeno］、伊壁鸠鲁和塞克斯都·恩披里柯［Sextus Empiricus］，在黑格尔之后"还能够出现现代哲学家们的大部分毫无价值的尝试"。[1] 与其他只是想部分地改造黑格尔的青年黑格尔学派不同，马克思从历史中获得了这样的认识：这涉及哲学自身。"在这样的时代，模棱两可的智者们"——他这里指的是像卢格那样的哲学家——"的观点同全体统帅们的观点是对立的。统帅们认为，裁减战斗部队，分散战斗力量并签订符合现实需要的和约，可以挽回损失，而泰米斯托克利斯"——即马克思本人——"在雅典城"——即哲学——"遭

---

［1］《马克思恩格斯全集》，I/1, 132（中文版第 40 卷，第 137 页。——译者注）。

到毁灭的威胁时,却劝说雅典人完全抛弃这个城市,而在海上,即在另一个原素上"——即在政治和经济实践的原素上,现在应当把这种实践理解为"存在的东西"——"建立新的雅典"——即一种全新的哲学,它在迄今为止的意义上不再是哲学。不要忘记,在这些大灾难之后的时代是铁器时代,"如果这个时代以伟大斗争为标志,那它是幸运的;如果这个时代像艺术史上跟在伟大的时代之后跛行的那些世纪那样,那它是可悲的,因为这些世纪只会……用……石膏和铜来仿造那些用卡拉拉大理石雕刻出来的东西……但是继在自身中完成的哲学及其发展的主观形式之后到来的那些时代具有宏伟的特点,因为形成这些时代的统一性的分裂是巨大的。于是继斯多葛派、怀疑派和伊壁鸠鲁派哲学之后来到的就是罗马时代。这些时代是不幸的铁器时代,因为它们的诸神死去了,而新的女神还命运莫测,不知是一派光明,还是一片黑暗。她还没有白昼的色彩。然而不幸的根源在于,那时的时代精神……本身是充实的……不可能承认那种不是由精神单子形成的现实。这种不幸的幸运的一面,是作为主观意识的哲学在对待现实的态度上所采取的主观形式……例如,伊壁鸠鲁哲学和斯多葛派哲学曾是它那个时代的幸运,又如在大家共有的太阳落山后,夜间的飞蛾就去寻找人们各自为自己点亮的灯光。"[1]新的女神还命运莫测,不知是一派光明,还是一片黑暗,这句话使人回想到黑格尔关于在一个已经完成的世界的灰色黄昏中哲学思维的比喻。对于马克思来说这意味着:如今,在黑格尔那里已经完成的哲学崩溃之后,暂时还不能确定无疑地看出,这种朦胧是黑夜开始之

---

[1] 《马克思恩格斯全集》,I/1, 132—133(中文版第40卷,第137—138页。——译者注);参见《黑格尔全集》,XII, 224。

前的黄昏还是新的一天醒来之前的黎明。[1]在黑格尔那里，现实世界的老化是与哲学的最后一次年轻化同步的，而在预言未来的马克思那里，已被终结的哲学是与现实世界同旧哲学相悖的年轻化同步的。通过理性在现实世界黎明的实现，作为哲学的哲学扬弃了自己，成为现存的非哲学的实践，也就是说，哲学成了马克思主义，成了一种直接实践的理论。

世界在黑格尔那里成为哲学的，这就要求哲学在马克思那里同样完全地成为世界的。如今，黑格尔的体系被理解为惟一的、抽象的整体性，它的另一面则是整体的非理性。它的内在的完善和自为满足已被打破，黑格尔哲学中的"内在之光"变成为转向外部的"吞噬性的火焰"，而把世界从非哲学解放出来同时就是它自己从哲学解放出来。但是，由于哲学的这种新品种在理论方面还没有超出黑格尔体系，而是还囿于黑格尔体系，由于马克思本人还是黑格尔学派，新的哲学思维最初知道自己还处在与完成了的体系的矛盾中，还不理解它对黑格尔哲学的肢解就是它最独特的实现。**因为黑格尔的原则，即理性与现实的统一和自身作为本质与实存的统一的现实，也是马克思的原则。**因此，马克思之所以被迫双刃地对待现实世界和现存的哲学，恰恰是因为他想把二者统一在理论与实践

---

[1] 与马克思同时，伊默曼为了直观地说明危机而使用了朦胧的比喻："如今还是一片朦胧，认识的各种形态批判性地相互渗透；它们将被那白昼的光所照耀，每一种都处在自己的位置上，彼此轮廓分明地分离开来。"(《回忆录——25岁前的年轻人：学说与文献》)但是，早在1815年左右，在艾兴多夫[Eichendorff]的《预期与当代》中，就以琢磨不透的朦胧的比喻解释了时代："我觉得，我们的时代就像是一片辽阔的、琢磨不透的朦胧。光明和阴影还在胜负未分地、极为激烈地相互争斗，乌云压城，不知道是祸还是福。世界陷入一片沉寂的期待。彗星和奇异的天象又出现了，幽灵又在我们的深夜里游荡，神话中的女海妖又出现了，就像在临近的暴风雨之前，重新唱着歌掠过海面。没有无忧无虑的轻松游戏、没有欢快的休闲像使我们的父辈高兴那样使我们的青年高兴。我们早早就感到了生活的凝重。"

的一个广泛的整体性之中。但是,他的理论作为对现存事物的批判,作为对现实与观念、本质与实存的批判性区分是能够成为实践的。作为这样一种批判,理论为实践中的改变铺平了道路。但另一方面,从"倾覆"的某种方式又可以回溯到黑格尔哲学的世界历史特性。"在这里我们仿佛看见哲学的生活道路之最集中的表现和主观的要点,就像根据英雄的死亡可以判断英雄的一生一样。"

由于马克思如此极端地理解新的处境,以致他从一个黑格尔法哲学的批判者变成为《资本论》的作者,他也就有可能比卢格更在原则上理解黑格尔对政治现实的"**适应**"。"一个哲学家由于这种或那种适应会犯这样或那样明显缺乏一贯性的毛病,是完全可以理解的;他本人也许会意识到这一点。但有一点是他意识不到的,那就是:这种表明适应的可能性本身的最深刻的根源,在于他的原则的不充分或在于哲学家对于自己的原则没有充分的理解。因此,如果一个哲学家真正适应了,那么他的学生们就应该**根据他的内在的本质的意识来说明那个对于他本人具有一种外在的意识形式的东西**。"[1] 由于黑格尔的哲学并不同时把握理论与实践、本质与实存的世界,它必然同等地对待从而适应现存的东西,因为应予理解的东西的全部具体内容由于——在现存事物的意义上——"存在"的东西而总是已经预先给它规定好了。

理论与实践的辩证法不仅说明了马克思对唯心主义的精神哲学的批判,而且也说明了对费尔巴哈的唯物主义哲学的批判。在关于费尔巴哈的 11 条论纲(1845)中,马克思指出迄今为止的唯物主义的主要缺陷是:它只是从"直观"(theoria)的形式理解感性的现实,

---

[1]《马克思恩格斯全集》,I/1, 63 以下(中文版第 40 卷,第 257 页。——译者注);参见 III, 164。

从而就像是对待一个既成现存的"客体"那样，而不是把它当做人的感性活动或者实践。[1]反过来，唯心主义由于是从主体出发，虽然实现了主体创造性的活动，但只是抽象地实现了，是作为精神性的设定。无论是唯灵主义还是上述唯物主义，都不理解最初创造人的世界的那种"革命性的"、即实践的 批判的活动。费尔巴哈之所以局限在一种单纯直观的唯物主义上，其历史原因就在于晚期市民社会的局限，它作为一个由单纯享受者个人组成的社会，不知道无论它消费什么，都是共同的人类活动的历史产品，甚至一个苹果也是商业和国际交通的结果，绝不是直接到手的。[2]在这种局限内部，费尔巴哈虽然有很大的功绩，他把宗教世界分解成其世俗的基础，但却没有在理论上和实践上对这种基础提出疑问。就连费尔巴哈也只是以另一种方式，即以人道的方式"解释"了对人来说异化了的世界，而问题在于通过理论的批判和实践的革命来"改变"世界。[3]然

---

[1]《马克思恩格斯全集》，V，533（关于费尔巴哈的提纲第一条）。
[2]《马克思恩格斯全集》，V，31以下。
[3] 关于马克思对费尔巴哈的评判，参见《马克思恩格斯全集》，III，151以下。马克思与费尔巴哈之间的差异主要在于，站在费尔巴哈的立场上来说，马克思反对费尔巴哈的人本学，又恢复了黑格尔的客观精神学说。他之所以反对费尔巴哈，乃是因为费尔巴哈仅仅把抽象的人当做其哲学的基础，也就是说，忽视了人的世界。但黑格尔的法哲学恰恰说明了这个政治关系和经济关系的世界。对于费尔巴哈来说，无可争议的功绩是他把绝对精神还原为人。但是，马克思指出了费尔巴哈具体地规定人性的方式，即把人性规定为自然主义的类本质，以致他只是把黑格尔"扔到了一边"，但却没有"批判地克服他"。费尔巴哈虚构了一个人，他的实在只不过反映了市民私人人格的存在。他关于"我"和"你"的理论就像实践中市民的私人一样，回溯到单个人之间的私人关系，但却不知道，不仅表面上"纯粹人的"生活关系，而且感性确定性的最简单的对象，也都是由人生活于其中的世界普遍的社会关系和经济关系预先规定的。这样，马克思就能够针对费尔巴哈恢复他鉴于其政治要求自己埋葬了的黑格尔的分析，另一方面又在原则上从费尔巴哈的人本学出发理解黑格尔。他之所以针对费尔巴哈捍卫黑格尔，乃是因为黑格尔理解普遍者的决定性意义，而他之所以攻击黑格尔，乃是因为黑格尔在哲学上把历史的普遍关系神秘化了。

而，在马克思那里，改变世界的意愿并不仅仅意味着直接的行动，而是同时意味着对迄今为止的世界解释的批判，意味着对存在**和**意识的改变，例如就意味着对作为实际的经济和经济学说的"政治经济学"的批判，因为经济学说就是实际的经济的意识。[1]

庸俗马克思主义按照恩格斯的范例[2]把理论与实践的这种辩证关联简单化了，它坚持一种抽象的物质"基础"，但这个基础与理论的"上层建筑"的关系却是正像韦伯[M. Weber]指出的那样，[3]可以轻而易举地逆转过来。与此相反，如果坚持马克思原初的观点，那么，即便是黑格尔的"理论"，也可以理解为实践的。因为黑格尔为什么让预先规定自己理解的内容，却不想通过"批判"来改变它，其更深层的理由并不在于单纯的"诠释"，而是在于实践上作为目的的东西。黑格尔的理解要与现实和解。但黑格尔之所以能够与现存世界中的经验矛盾**和解**，乃是因为他作为最后一个**基督教**哲学家还在世界中，就好像他没有离开世界似的。另一方面，马克思对现存事物极端的批判也不能从单纯的"改变愿望"出发来说明理由，相反，这种愿望的根源在于对基督教创造秩序的一种普罗米修斯式反抗。只不过，相信自己本身的人的**无神论**，还必须关心世界的创造。马克思的"唯物主义"的这种无神论动机在他博士论文关于两个古典无神论者和唯物主义者的命题中就已经表现出来了。伊壁鸠鲁在马克思看来是最伟大的希

---

[1] 参见 K. 柯尔施：《马克思主义与哲学》，第 102 页以下；以及雷瓦尔特[E. Lewalter]在《社会科学与社会政治文库》诠释《德意志意识形态》第 1 部分的尝试，1930 年，第 1 期，第 63 页以下。

[2] F. 恩格斯：关于历史唯物主义的 4 封信，载马克思恩格斯：《论历史唯物主义》，董科尔[H. Duncker]编，柏林 1930 年，第 2 部分，第 138 页以下。

[3] 参见作者的《M. 韦伯与 K. 马克思》，载《社会科学与社会政治文库》，1932 年，第 1、2 期，特别是第 207 页以下。

腊启蒙思想家，他在有死的人中第一个敢于抗拒天上的神灵。人的"自我意识"的哲学信奉的是作为哲学日历中最高尚的圣者和殉道者的普罗米修斯，反对一切天上的和地上的神。[1]基督宗教的解构是建构一个让人在里面是他自己主人的世界的前提条件。

因此，马克思对普鲁士国家和黑格尔的国家哲学的批判是以这样一个发现开始的：对宗教的批判——这个"一切批判的前提"，即对世界的批判的前提——在根本上已经结束。"因此，**彼岸世界的真理**消逝以后，**历史的任务**就是确立**此岸世界的真理**。人的自我异化的**神圣形象**被揭穿以后，揭穿**非神圣形象**中的自我异化，就成了为历史服务的**哲学**的迫切**任务**。于是对天国的批判就变成对尘世的批判，**对宗教的批判**就变成**对法的批判**，**对神学的批判**就变成**对政治的批判**。"[2]同哲学一起为历史服务的还有对经济学的批判，由此就可以理解马克思的唯物主义作为一种"历史"唯物主义的特征。他关于法国阶级斗争、法兰西内战、雾月18日和德国资产阶级的历史作品，并不单纯是政治经济学分析的附属品，而是他关于人类世界历史性的基本观点的一个根本性组成部分。

尽管有哲学理论为历史实践服务这个前提，马克思的批判却并没有像人们期待的那样直接对准政治现实，而是对准了黑格尔的国家哲学，不是对准"原本"，而是对准了"副本"。这种明显"唯心主义的"转变的根基却又在于历史的现实，因为40年代**德国**的政治实存就是自法国革命以来开始的现代欧洲世界内部"时

---

[1] 《马克思恩格斯全集》，I/1，10和51；参见80—81和110以下批评普卢塔克[Plutarch]在与伊壁鸠鲁论战中的"神学化的理智"。关于现代唯物主义的历史，请参见III，302以下。

[2] 《马克思恩格斯全集》，I/1，608（中文版第1卷，第453页。——译者注）。

代上的错误"。当时,德国的历史还从来没有超过自 1789 年以来在法国就已经发生的事情。"我们和现代各国一起经历了复辟,而没有和它们一起经历革命。我们经历了复辟,首先是因为其他国家勇敢地进行了革命,其次是因为其他国家受到了反革命的危害;在第一种情形下,我们的统治者感到害怕,在第二种情形下,我们的君主没有感到害怕。我们往往只有一度,**在自由被埋葬的那一天,才在我们牧师的领导下,处于自由社会。**"[1]德国只经历了一次彻底的解放行动,即农民战争。[2]这场战争失败于宗教改革,在宗教改革中,德国革命的过去"在理论上",即在宗教上表现了出来。但今天,"在神学自己失败了的地方","德国历史最不自由的事实,即我们的现状",也将"失败于哲学",即失败于马克思的哲学理论的历史实践。然而,德意志人在思想中,即在黑格尔的法哲学中,已经事先经历了自己未来的历史,黑格尔法哲学的原则超出了现存的德国状态。"我们是本世纪的**哲学**同时代人,而不是本世纪的**历史**同时代人。德国的哲学是德国历史**在观念上的继续**。……在先进国家是同现代国家制度的**实际脱离**,在甚至还没有这种制度的德国,首先却是同这种制度的哲学反映的**批判脱离。德国的法哲学和国家哲学**是惟一站在**正统的**当代现实al pari[水平]上的**德国历史**。因此,德国人民必须把自己这种想像的历史和自己的现存制度联系起来,不仅批判这种现存制度,而且还要批判这种制度的抽象继续。他们的未来既不能只**限于**对自己现实的国家和法的制度的直接否定,也不能只**限于**对观念中的国家和法的制度的直接实现,因为他们这些理想制度就包含了

---

[1] 《马克思恩格斯全集》,I/1,608—609(中文版第 1 卷,第 454 页)。
[2] 参见恩格斯:《德国农民战争》,H.董科尔编,柏林 1930 年版。

对现实制度的直接否定，而理想制度的直接实现，他们在观察邻国的生活的时候几乎已经**经历**过了。"[1]

由于这种批判，马克思在多大程度上成为黑格尔学派，或者黑格尔在多大程度上成为"马克思主义者"，黑格尔关于哲学与现实在法国和德国不同的关系所作的阐述已经表现出来了。就连黑格尔也断言：在德国，自由的原则仅仅是作为概念存在的，而在法国，它却获得了政治上的实存。"在德国从现实中产生出来的东西，显得是一种外部环境的暴力和对这种暴力的反动。"[2] 法国人具有"现实感、行动感、自由感，我们则在头脑里面发生了各式各样的骚动。……此时，德国人的头脑仍然可以很安静地戴着睡帽，坐在那里，在自己内部进行活动"。[3]

黑格尔从这种区别所得出的结论是：具体地从作为哲学基本理念的"思维与存在的统一"出发来把握理论自由与实践自由这两种各自片面的形式。实际上，他以这种思辨的干预却没有置身于某种现实之上，而是置身于德国理论一边。

就哲学与现实的关系而言，马克思采取了两面作战的立场：既反对实践上简单地否定哲学的要求，同时也反对单纯在理论上对政治党派的批判。一些人相信，德国哲学并不同属于现实，他们希望不使哲学成为现实就消灭哲学；而另一些人则认为，不消灭哲学就可以使哲学成为现实。真正的批判必须提供这两种东西。它是对现代国家的批判的分析，同时也是对迄今为止的政治意识的消解，这种政治意识最普遍、最终的表述就是黑格尔的法哲学。"如果说，思辨的法哲学，这种关于现代国家（它的现实还是彼

---

[1] 《马克思恩格斯全集》，I/1, 612—613（中文版第 1 卷，第 458—459 页）。
[2] 《黑格尔全集》，XV, 535。
[3] 《黑格尔全集》，XV, 553。

世……）的抽象的、脱离生活的**思维**只在德国才有可能产生，那么反过来说，**德国人**之所以有可能从**现实人**抽象出现代国家的思想形象，也只是因为现代国家本身是从**现实人**抽象出来的，或者只是幻想地满足**所有的**人。德国人在政治上考虑过的正是其他国家**做过**的事情。德国是这些国家**理论上的良心**。它的思维的抽象和自大总是同它的现实的片面性和低下并列。因此，如果**德国国家制度的 status quo ［现状］**表现了 ancien régime ［旧制度］的完成，……那么**德国的国家学说的 status quo ［现状］**就表现了**现代国家的未完成**。"[1] 黑格尔理论对于德国历史的这种实际意义，论证了马克思对于法哲学的理论批判的突出兴趣。[2]

马克思对德国哲学和德国现实的评价中的辩证统一既把他与老年黑格尔主义区别开来，也把他与青年黑格尔主义区别开来，后者还缺乏把握现实世界历史的实践的或者物质的观点。在《德意志意识形态》一篇序言的手稿中，马克思嘲笑了青年黑格尔学派"纯洁的幻想"，德国的公众敬畏地、吃惊地接受了他们的革命套话。揭露"这些自视为"——而且也被视为——"狼的绵羊"，说明这些最后的哲学家的夸夸其谈只不过反映了德国现状的可怜，是《德意志意识形态》的目的。

关于费尔巴哈的一章开篇伊始就写道："正如德国的思想家们所宣告的，德国在最近几年经历了一次空前的变革。从施特劳斯开始的黑格尔体系的解体过程变成了一种席卷一切'过去的力量'的世界性骚动。在普遍的混乱中，一些强大的国家产生了，但是立刻又消逝了，瞬息之间出现了许多英雄，但是马上又因为

---

[1]　《马克思恩格斯全集》，I/1, 614（中文版第 1 卷，第 460 页。——译者注）。
[2]　参见下文第 2 部分，第 1 章，第 3 节。

出现了更勇敢更强悍的对手而销声匿迹。这是一次革命,法国革命同它比起来只不过是儿戏;这是一次世界斗争,在它面前狄亚多希的斗争简直微不足道。在瞬息间一些原则为另一些原则所代替,一些思想勇士为另一些思想勇士所歼灭。在1842年至1845年这三年中间,在德国所进行的清洗比过去三个世纪都要彻底得多。"[1]但事实上,这里不涉及任何革命,而是仅仅涉及"绝对精神的瓦解过程"。迄今为止靠传播黑格尔的精神过活的不同的哲学"经营者们"扑向了新的结合;他们在相互的竞争中热心地兜售着自己获得的那一份遗产。"起初这种竞争还相当体面,具有市民的循规蹈矩的性质。但是后来,当商品充斥德国市场,而在世界市场上尽管竭尽全力也无法找到销路的时候,一切便按照通常的德国方式,因工厂的过度生产、质量降低、原料掺假、伪造商标、买空卖空、空头支票以及没有任何现实基础的信用制度而搞糟了。竞争变成了残酷的斗争,而这个斗争现在却被吹嘘和描绘成一种具有世界历史意义的变革、一种产生了伟大成果的因素。为了正确地评价这一套在可敬的德国市民心中唤起他们引以为快的民族感情的哲学骗局,为了清楚地表明这整个青年黑格尔派运动的渺小卑微和地方局限性,特别是为了揭示这些英雄的真正业绩和关于这些业绩的幻想之间的啼笑皆非的对比,就必须站在德国以外的立场上来考察一下这些喧嚣吵嚷。"[2]

与法国的批判不同,德国的批判直到它的最后的挣扎,都没有离开过哲学的基地。"这个批判虽然没有研究过它的一般哲学前提,但是它谈到的全部问题终究是在一定的哲学体系,即黑格尔

---

[1]《马克思恩格斯全集》,V,7(中文版第3卷,第19页。——译者注)。
[2]《马克思恩格斯全集》,V,7—8(中文版第3卷,第20页。——译者注)。

体系的基地上产生的。不仅是它的回答，而且连它所提出的问题本身，都包含着神秘主义。对黑格尔的这种依赖关系正好说明了为什么在这些新出现的批判家中甚至没有一个人想对黑格尔体系进行全面的批判，尽管他们每一个人都断言自己已超出了黑格尔哲学。他们和黑格尔的论战以及互相之间的论战，只局限于他们当中的每一个人都抓住黑格尔体系中的某一方面来反对他的整个体系，或反对别人所抓住的那些方面。起初他们还是抓住纯粹的、未加伪造的黑格尔的范畴，如实体的自我意识，但是后来却亵渎了这些范畴，用一些世俗的名称称呼它们，如'类'、'惟一者'、'人'，等等。"[1]

　　德国批判的真正业绩局限于对神学和宗教的批判，道德的、法的、政治的观念也归属于这一批判。在青年黑格尔学派通过把一切都简单地宣布为"神学的"来"批判"的时候，老年黑格尔学派却认为，任何东西只要归入黑格尔的范畴，就"明白易懂了"。在对普遍概念的统治地位的信仰上，两个党派是一致的，不过一派认为这种统治是篡夺而加以反对，另一派则宣布它是合法的。老年黑格尔学派要保持旧的意识，而青年黑格尔学派则要变革它，二者离真正的历史存在同样遥远——尽管他们坚持一种"人的"意识（费尔巴哈）、"批判的"意识（鲍威尔）、"利己的"意识（施蒂纳）。"这种改变意识的要求，归根到底就是要求用另一种方式来解释现存的东西，也就是说，通过另外的解释来承认现存的东西。尽管青年黑格尔派思想家们满口都是'震撼世界'的词句，而实际上他们是最大的保守分子。他们之中最年轻的人确切地表达了他们的活动，说他们仅仅是为反对'词句'而斗争。不过他们忘记了：他们只是用词句来反对这些词句，既然他们仅

―――――――
〔1〕《马克思恩格斯全集》，V，8（中文版第3卷，第21页。——译者注）。

仅反对现存世界的词句,那么他们就绝不是反对现实的、现存的世界。这种哲学批判所能达到的惟一结果,就是从宗教史上对基督教作一些说明,但就连这些说明也是片面的。至于他们的全部其他论断,只不过是进一步来粉饰他们的一种奢望,以为他们用这样一些微不足道的说明作出了仿佛具有世界历史意义的发现。这些哲学家没有一个想到要提出关于德国哲学和德国现实之间的联系问题,关于他们所作的批判和他们自身的物质环境之间的联系问题。"[1]他们理论的界限是历史的实践,但在这种局限性内部,他们却走得尽可能地远,只要不终止在哲学的自我意识中的实存。

与这整个德意志意识形态相对立,马克思展开了他的唯物主义历史观。自此之后,这种历史观也规定着非马克思主义者和反马克思主义者的思维方式,甚至超出他们自己想知道的程度。与黑格尔的精神世界相比,人们在黑格尔之后是主要根据经济的生产关系,还是一般地以社会学的方式,还是根据"社会历史现实"来对"精神的历史"作出物质的解释,是根据阶级的导线还是根据人种的导线来对历史作出物质的解释,这并不构成原则的区别。他们都要像马克思那样把握"现实的生活过程"和并非无前提、而恰恰相反也是思维方式的前提条件的"一定生活方式"。"这种观察方法并不是没有前提的。它从现实的前提出发,而且一刻也不离开这种前提。它的前提是人,但不是某种处在幻想的与世隔绝、离群索居的状态的人,而是处在一定条件下进行的、现实的……发展过程的人。只要描绘出这个能动的生活过程,历史就不再像那些本身还是抽象的经验论者所认为的那样,是一些僵死事实的搜集,也不再像唯心主义者所认为的那样,是想像的主

---

[1]《马克思恩格斯全集》,V,9—10(中文版第3卷,第22—23页。——译者注)。

体的想像的活动。"[1]恰恰是任何历史实存的这种有条件性，被马克思宣布为惟一无条件的东西。这样一来，黑格尔的精神历史形而上学就被尽可能激进地有限化、并在为历史的服务中时间化了。

从这一历史立场出发，对于马克思来说，迄今为止的全部历史都变成了作为人们在物质上和精神上创造其生活的方式方法的现存生产关系彻底变革之前的纯粹"史前史"的角色。与哲学历史中的"关节点"相适应的，是世界历史中未来与迄今为止之间的交接点。就这种要求的极端性而言，只有施蒂纳截然相反的纲领才能够与马克思相媲美。施蒂纳的著作把整个世界历史划分为两个阶段，并命名为"人"和"自我"。

### 4. 施蒂纳（1806—1856）

人们大多把施蒂纳的著作《惟一者及其所有物》理解为一个怪物的混乱作品，但毋宁说它是从黑格尔的世界历史构思得出的最后结论，它——以讽喻的方式扭曲地——详尽地再现了这一构思。施蒂纳本人在谈到鲍威尔的《对无神论者和反基督者黑格尔的末日审判的号角：一个最后通牒》时也承认自己出自黑格尔的起源。然而，黑格尔自己在他的哲学史的结尾却要求把握住时代精神，把它的闭塞境况带到光天化日之下——每一个人从自己的地位出发。就连马克思也把施蒂纳的著作理解为遵照黑格尔的样板进行的历史构思，并为此在细节上作出了证明。[2]但是，施蒂纳赋予黑格尔的范

---

[1] 《马克思恩格斯全集》，V, 16（中文版第3卷，第30页。——译者注）。参见对黑格尔的"以自己本身为前提"这一概念的批判: V, 245页以下。
[2] 参见毛茨［K. A. Mautz］:《M. 施蒂纳与黑格尔唯心主义相对立的哲学》，柏林1936年。在这部作品中，马克思对施蒂纳的黑格尔主义的分析被引人注目地当做不存在的来对待，尽管它是惟一对作者的命题提供了证明的作品。

畴以通俗的、影响更为具体的名称，并由此自认为超出了"精神"的历史，所以他的黑格尔主义被掩盖起来了。[1]

《惟一者及其所有物》的生存，全靠自认为是一个新时代的开端，在这个新时代里，每一个独一无二的自我都成为他独特的世界的所有者。为了这场革命，施蒂纳返回到"创造性的无"里面。从这个无出发，他以一种终极史的视野勾勒了异教和基督教的"旧"世界和"新"世界，而新的开端就是"自我"。在古代人看来，**世界**是一种感性的真理，基督教弄明白了这种真理；在近代人看来，**精神**成为超感性的真理，施蒂纳以费尔巴哈的一贯性弄明白了这种真理。基督教的"精神"历史的最后一脉是黑格尔左派政治的、社会的、人道的"自由主义"，施蒂纳以自己的"利己主义者联盟"战胜了它。他彻底地，也就是说像他那样无根无底地，不仅把希腊人的"世俗智慧"，而且也把基督徒"关于上帝的博学"以及最新无神论者的"神学暴乱"抛在了后面。

自两千年以来，人们致力于使原初神圣的精神还俗。基督教对赋予生命的精神的信仰，在黑格尔那里达到了其最后的、最高的形态。在天主教的中世纪之后所开始的发展在他那里已经完成。使一切世俗的东西都变成神圣的，路德是在信仰中，笛卡儿是通过论证在思维中，而黑格尔则是在思辨理性中。"因此，就连路德教徒黑格尔也成功地把概念完全彻底地贯彻在一切事物里面。在一切事物里面都有理性，即圣灵。"[2]但根据施蒂纳所达到的"完全的无耻行径"来衡量，路德、笛卡儿和黑格尔之间的区别是微不足道的。他们都信仰人里面的某种神性的东西，他们都不承认完全一般的、赤

---

[1]《马克思恩格斯全集》，V，109以下、118。
[2]《惟一者及其所有物》，莱比锡，雷克纳[Reclam]版，第111页。

裸裸的、是各自独特自我的人。最后，人性的"人"似乎还是一种神性的真理，但它仅仅是一种"内容丰富的词句"，施蒂纳以自己关于惟一者那作为一切词句之终结的"绝对的词句"超越了它。因此，他的出发点既不是精神也不是人，而仅仅是他自己。在对基督教精神和异教世界一种已经丧失的信仰最外面的边沿，施蒂纳的"自我"从无中创造了他的世界。这表明，人根本没有普遍的"使命"和"任务"，[1] 因为惟一者的意义仅仅在于它那独特的汲取能力。

与此相反，如果追问人的一种普遍的使命，那就还是在"基督教的怪圈"中、在普遍的（神性的）"本质"和个别的（尘世的）"实存"的张力内部运动。对基督教来说，和对古代来说一样，重要的是神性的东西。基督教并没有获得明确的**世俗**历史。基督徒想到的世界之拯救是"时间之终点"，而人想到的世界之拯救则是"历史的目标"：二者并没有把历史放在各自的"时刻"[2] 中，这时刻正是"自我"在时间中的点。人被祛魅为自我，他既不是基督教的上帝之国的分有者，也不是黑格尔精神性的世俗王国的代办，他**自身**就已经是**世界历史**——"而且这**超出**了基督教的"惟一者并不为全部其余的世界操心，其余的世界就是他可以利用的所有物。"如果我将我的事情置于我这个惟一者身上，那么它就置身于暂时的、有死的、消耗其自身的创造者，而且我就可以说：我已将我的事情置于无身上。"凭借这种不再涉及人的普遍"类本质"（马克思语）、而是仅仅涉及自我之极端的有限化和时间

---

[1]《施蒂纳短篇著作集》，第369页。
[2] 施蒂纳的格言的诱因可能是歌德的诗《废话的废话还是废话》。就连基尔克果也注意到了这一点。在《日记》（乌尔利希版，第145页）中，他称这是"很有趣的"，也就是说是考虑到，它是一种非常重大的个性的虚无主义"人生结果"。

化，施蒂纳结束了他以黑格尔的完成为条件的历史虚构。

从唯物主义历史观的立场出发，马克思在他的批判"圣麦克斯"中把这种虚构斥责为一种变成了"幽灵历史"的诸精神的历史。施蒂纳把"柏林的地方性结果"，即整个世界在黑格尔的哲学中"全部完了"，与他那各自"独特的"世界帝国混为一谈。"局限于地方范围的柏林教书匠或著作家……他们的活动仅仅是一方面辛苦工作，一方面享受思维的陶醉，他们的世界就限于从莫阿比特区到科比尼克区，钉死在汉堡门以内，他们的可怜的生活状况使他们同世界的关系降至最低限度。在这样的人那里，当他具有思考的需要时，他的思维不可避免地就会成为和他本人以及他的生活一样地抽象。"[1]这样一个思想家一定会这样把哲学结束掉，"他宣布他本身之无思想就意味着哲学的终结，因而，也意味着胜利地进入肉体的生活"，而他事实上只不过是作了一种"思辨鞋跟上的旋踵运动"。

马克思想从正面证明，施蒂纳只不过是分崩离析的资产阶级社会、一个由"个别化的单个人"组成的社会最极端的思想家。施蒂纳所摆脱的，并不是现实的存在关系，而是单纯的意识关系，他本人并没有看透这些关系，因为他囿于资产阶级社会私人的利己主义。因此，他把私人和私有绝对化为**惟一者**和**所有物**的"范畴"。与这一关于"惟一者"的所有物的命题相反，马克思要求没收财产，以便把世界给予作为"类本质"的人，作为他自己的世界。施蒂纳和马克思在同一块自由的荒野上进行相互对立的哲学思维：马克思的自我异化的人必须通过一场革命来改变现存世界的整体，以便能够在异化中回到自身；与此相反，施蒂纳那变得离群索居的自我除了返回到自己的无，以便在他可以利用世界的

---

[1]《马克思恩格斯全集》，V，243（中文版第3卷，第296页。——译者注）。

程度上如世界所是的那样利用世界之外,不知道做其他任何事情。

## 5. 鲍威尔(1809—1882)

鲍威尔作为著作家的影响开始于对符类福音书作者的福音书批判,结束于一系列探讨 18 和 19 世纪法国和德国革命运动的当代史论文。[1]与所有比较年轻的黑格尔学派一样,他在根本上也

---

[1] 我们已知的鲍威尔作品如下:
**神学哲学著作**
《思辨神学杂志》,柏林,第 5 期,1836—1837。
《亨斯腾贝尔格博士先生:论宗教意识批判》,1839。
《普鲁士福音派国家教会和科学》(匿名),1840。
《约翰福音书批判》,1840。
《对无神论者和反基督者黑格尔的末日审判的号角:一个最后通牒》(匿名),1841。
《黑格尔的宗教与艺术学说》(匿名),1842。
《自由的美好事业和我自己的事情》,1842。
《符类福音书作者的福音批判》,1—3 卷,1841—1842。
《被揭穿了的基督教》,1843。
《使徒行传:基督教会内部保罗主义与犹太精神的平衡》,1850。
《保罗书信批判》,1—3 卷,1851—1852。
《斐洛、施特劳斯、雷南与原始基督教》,1874。
《基督与恺撒:基督教出自罗马的希腊精神的起源》,1877。
《原初福音、基督著作的对手和恺撒们》,1880。
**政治历史著作**
《法国革命以来近代历史回忆录》,1843。
《1792 年 9 月的日子和共和国各党派最初的斗争》,1844。
《18 世纪政治、文化和启蒙的历史》,1—2 卷,1843—1845。
《1831—1834 年德国南部立宪运动和革命运动的历史》,1—3 卷,1845。
《法国革命期间的德国历史》,1846。
《1842—1846 年间德国党派斗争的完备历史》,1—3 卷,1847。
《最近几场革命的败亡》,1846—1850。
《自德意志天主教运动开始到当代的德国资产阶级运动》,1849。
《法兰克福议会的沉沦》,1849。
《俄罗斯与日耳曼世界》,1853。
《英国贵格会对德国文化以及对英俄普世教会计划的影响》,1878。
《论俾斯麦时代的定位》,1880。

是历史地思维的；精神事件的最高裁决者是历史过程。与想实际应用哲学的黑格尔左派不同，他宣布了形而上学不可挽回的终结，并在自己这方面转移到一种持久的批判，这种批判的"纯粹性"不允许赋予它一种实践的措辞。他既不想"改变"现存的世界，也不想为自己而利用它，而是要批判地澄清历史的状况。就连他对黑格尔的完成的态度也是世界历史地决定的，而且是在俄罗斯开始上升的视野里观察基督教日耳曼世界的终结的。1853年的一部作品《俄罗斯与日耳曼世界》分析了德国哲学的历史处境，它已经预先说出了陀思妥耶夫斯基的思想。

康德的哲学思想和政治思想是在法国革命的限度内运行的，他把这个限度视为人类为进步所具有的道德素质的最高担保，并从对这个限度的经验出发来规定历史的任务。费希特迎合德国人的傲慢，把德国人描绘成具有创造性的原初民族，把其余人类的重建与德国人自己本质的自我维护联系起来。黑格尔的知识的完成作为以往历史的回忆是一种终结。他从自己的描述中排除了与迄今为止的全部文化进行决裂的可能性，不允许提出一个新时代的问题。"所有这些赋予自己民族的面貌以最高、最纯粹的表述的德国哲学家，都仅仅考虑了西方，东方对他们来说还不存在，日耳曼世界与俄罗斯的关系对他们来说还不存在。不过，早在康德时代，叶卡特琳娜［Katharina］就已经建立了对大陆的独裁统治，在力量、影响和世界历史意义方面远远超过了西班牙的查理五世［Karl V］、法国的路易十四［Ludwig XIV］的独裁统治。"[1] 当代的问题是："日耳曼世界是否经受住了旧文明的衰亡（因为再也没有比这一衰亡更确定无疑的了），或者是否惟有俄罗斯民族才将决定

───────
[1] 鲍威尔：《俄罗斯与日耳曼世界》，第1—2页。

新的文明,正在开始的时代是否叫做俄罗斯时代,或者日耳曼世界是否与俄罗斯世界结盟也将把自己的名字赋予这个时代。"[1]"德国问题和俄罗斯问题是近代欧洲两个独一无二地鲜活的问题——只不过后者已经得到如此精细的阐述,以致它的答案将先行于另一个问题的答案,而且它还得到一个如此庞大的组织的支持,以致它的领导所服从的力量就能够决定它想作出回答并斩断戈尔迪之结的时刻。"[2]

与旧欧洲的解体相联系,鲍威尔也把"哲学的终点"[3]判定为一种历史发展的自然终结,判定为政治世界和精神世界的一种新组织。"就在德国以其所有的国民议会、代表大会和关税协商徒劳地寻求能够组织起来的内在力量所在的同一时刻,德国人在最近 80 年里为之贡献了自己最佳头脑的哲学崩溃了,这难道纯粹是一种偶然事件吗? 在这个以哲学的名义震撼了西方的民族……同样地失去了自己的攻击力量的同一时刻,哲学用来使各门具体科学——无论是道德科学还是物理科学——臣服自己的征服性力量完全被摧毁,它迄今为止对各门科学所拥有的至高无上地位受到质疑,这难道是偶然的吗? 最后,在形而上学家至高无上的地位达到了其终点的同一时刻,一个从其存在的开始就与西方的哲学研究无缘、毫不顾忌西方形而上学的民族,一个——我们指的是俄罗斯民族——只知道一种观点、即实用的观点的民族,却取得了对大陆的统治地位,这难道是偶然的吗? 不! 毫无疑问,在同一时间里击中整个欧洲国家体系——无论是立宪主义还是形而上

---

[1] 鲍威尔:《俄罗斯与日耳曼世界》,第 7—8 页。
[2] 鲍威尔:《俄罗斯与日耳曼世界》,第 83—84 页。
[3] 鲍威尔:《俄罗斯与日耳曼世界》,第 44 页以下。

学——的灾难，是一个有内在联系的事件。"[1]鲍威尔继续写道：各大学变得失去魅力，它们的哲学教师只不过还是过时体系的重复者；他们不再产生哪怕一点像过去那样能够打动世界的新思想。时代普遍的匮乏，一种精神上和经济上的"贫困症"[2]瓦解了形而上学研究的兴趣。各人学的听众人数合情合理地逐年减少，而技术专科学校则门庭若市。就连科学院，自从它们补充进一些最平庸的墨守成规者以来，也证实了普遍研究的衰落。"随着征服大自然而终于获得成功的各民族，只需要在新的、卓有成效的原则上确立工业设施、或者通过制作通讯手段来克服迄今为止令人畏惧的困难的工程师；这是一种各民族在与空间和时间的实际斗争中赋予其信任的人物；但是，他们既没有时间也没有兴趣来倾听哲学家们关于时间和空间概念的争执，或者对哲学家们善于实现从理念到自然过渡的技巧感兴趣。那么各国政府呢？常备军就是它们当前适用于以惟一合乎时宜的宁静和秩序的体系来教育各民族的哲学家学校。他们还在各大学容忍旧形而上学的教师，不过是像只要迫切的需要还没有要求拆除，人们在一座新酒肆旁边就容忍一所旧废墟那样。""欧洲是有道理的。这只不过是表明了德国的批判10年前就已经说明并开始实施的东西。如果欧洲永远地回避形而上学，那么形而上学就会被批判永远地摧毁，就决不能重建一个形而上学体系，即一个在文化史上占有一席之地的形而上学体系"。[3]

---

[1] 鲍威尔：《俄罗斯与日耳曼世界》，第45—46页。
[2] 请参见鲍威尔的《党派斗争的完备历史》第3部分关于"贫困症"和"大学运动"的章节。
[3] 《俄罗斯与日耳曼世界》，第47页以下；参见作者的《布克哈特》，第159页以下和第233页以下。

与此相反，各种帝国主义的独裁主宰了欧洲，由此也就决定了是要俄罗斯还是要欧洲这一问题。"三月革命的幻觉是，历史上民族大家庭的各成员通过相对于过去的影响而权利平等的新原则并在其自我决定中受到保护，独立自主地建构自己，和平地相互合作的时代开始了（这是一种在各个政府的……尝试中，例如在各民族代表大会的观念中以及在和平大会的磋商中表现出来的幻觉）；这种幻觉的遭遇，与其他所有自过去人身活动的界限被粉碎以来必然确立一种新自由的时代并转化为对一种更为严酷的暴力的承认的幻觉一样。而所有这些幻觉的遭遇，又与下述幻觉一样，这种幻觉把个人主义这最近60年革命的结果看做是解决和整体，而却不得不天天觉察到，个人主义只不过是一种权宜之计，仅仅构成了**一个方面**，并由于铁一般的规律被紧紧地与它的**对立面**即帝国主义和独裁专制捆在一起。"[1] 因为旧的结合与等级的被摧毁，剥夺了个人作为某个社团成员的人格意义，从而使他臣服于一个"扩大了的集中体制和整体的全权"。"劳动得到了解放——但在它的解放中，它的结果却是一种更强大的集权，这种集权用铁臂把所有在其过去的封闭状态中感到舒适和安全的存在捆在一起，迫使它们要么臣服自己，要么毁灭。"又将有一种法律降临到人们头上，它——与法国革命前在旧的"军事—神学世界"中类似——将对人们严加管教，按照固定的标准规定人们的感受、思维和意欲。但是还缺少能够像旧的道德秩序所作的那样以类似的方式抓住群众心灵世界的"历史的法律学"。在这一领域里，自然科学的优势地位还没有被赶上。在传统的无政府状态与未来的社会形式和统治形式之间，同时代人都是动摇的个人。他们恐惧地问："究竟怎么办？"他们认为，他们对

---

[1] 鲍威尔：《俄罗斯与日耳曼世界》，第76页。

今日的不满已经包含了未来的力量。

相对于他们，鲍威尔立足于他自己的"自我存在"，在一场划时代变革的时代里，这是真正的哲学立场。当罗马国家政权崩溃时，基督徒们之所以是"未来的党派"，恰恰是因为他们远离了所有的国家生活。同样，人们现在也必须不理会任何现存的东西，而是面对政府权力坚持做一个新团契的胚芽。"与第一批基督徒一样，现在所有的人也都是怀有一种超越此刻的观念并完全外在于国家事务的人；就像基督徒以其消极的反抗来与皇家的一时胜利作对并期待未来一样，现在又有整个的党派退回到反对占统治地位的此刻的消极反抗之中了。"〔1〕但是，在这些时代的转折点上，肯定性的构建力量必然表现为否定性的。苏格拉底面对现存的国家和宗教传统以自己的**无**知为荣，〔2〕在灵魂的救赎之外**没有任何东西**让基督徒感兴趣，笛卡儿在中世纪结束时要求怀疑一切**未**在自我意识中得到论证的东西。但新世界的创造，恰恰是这种"**无的英雄业绩**"，〔3〕同样，现在的关键就在于期盼无，即旧事物的无，以便把对世界的统治权交给人。为此，就需要一个从自身力量出发的新开端，它——与1789年和1844年的革命不同——不可再与垂死的事物中的任何一个有瓜葛。

在对"历史的永恒进程"的黑格尔式信赖中，鲍威尔在它的批判性—历史性作品中解构了当代，以与基尔克果类似的方式、但却怀着不同的意图超越了讥讽的否定性。这种批判是绝对的，因为它不把任何东西设定为绝对有效的，而是在自己的批判性设定中就已经又否定自己了。因此，它非常自觉地与先行于它的费

---

〔1〕 鲍威尔：《俄罗斯与日耳曼世界》，第77页。
〔2〕 参见基尔克果在讥讽这一概念中对"绝对否定性"的肯定解释。
〔3〕 鲍威尔：《俄罗斯与日耳曼世界》，第121页。

尔巴哈、施特劳斯和卢格的哲学、神学和政治学批判区分开来；这几位都还想是肯定性的，因而也必然是有所偏袒的，而鲍威尔则以斯多亚学派的镇定来分析不同的虚妄。他的历史性批判的主题是作为一种普遍解构的开端的法国革命。但对他来说独特的批判性成就却是"发现"被基尔克果维护同时又攻击的基督教。他那以对历史的信任为界限的批判性虚无主义在他那个时代并没有产生深远的影响，但过了一个世纪却在一个新的"未来的党派"中变得鲜活起来。出自"抵抗"圈子的政治作家们接受了鲍威尔的观念，并把它运用于当代。[1]

## 6. 基尔克果（1813—1855）

如果人们把基尔克果不是单纯地当做"例外"，而是当做时代的历史运动内部的一个杰出人物，那么这就表明，他的"个别性"根本就不是被个别化了的，而是对当时的世界状况所作的一种广为传播的反应。作为鲍威尔和施蒂纳、马克思和费尔巴哈的同时代人，他首先是时代发生的事情的一个批判者，他关于基督教的《非此即彼》同时是由社会政治运动规定的。"在这些时代里，一切都是政治"，这句话开始了关于"个别的人"的两个说明的前言（1847），为的是结束语说，时代所要求的东西，即社会改革，是它所急需的东西的对立面，即某种无条件地固定不变的东西。当代的不幸是，它变成对永恒再也不想有所了解的单纯的"时代"。基尔克果1851年推荐给当代"自我检验"的著作在关于圣灵的降临的讨论中说道，人们目前将几乎找不到一个不相

---

[1] 参见在抵抗出版社1932年至1935年出版的尼基施［E. Niekisch］和佩特拉斯［O. Petras］的著作：《基督教之后》，1935年。

信"时代精神"的人,即便这人除此之外还幸福地处在中流,为可怜的回顾所着迷。"即便是他也相信时代精神,而且是固执地相信。"时代精神是某种高于他自己的东西,尽管时代精神不可能高于时代,在时代之上时代精神就像是一朵飘浮在沼泽上的云雾。或者,人们相信"世界精神"和整个人类的"人类精神",以便至少还能相信精神性的东西。但是,没有人相信圣灵,就圣灵而言,人们必定是想着某种确定的东西;但从圣灵出发来看,所有那些精神都是恶。如同在一个解体的时代里一样,人们宁可求助于轻浮的东西,即时代精神,以便能够怀着良知屈从于时代的任何微弱气流。[1]

当基尔克果把自己理解为一个"反对时代的校正者"的时候,他是在历史地理解自己,并且根据时代的特征来确定自己的任务。自己作出决定——维护或者反对基督教——的实存的**个别性**与时代隐匿地和公开地发生的事情的**普遍性**有着一种精确的关系。个别的人应当认识到,"作者……懂得用惟一的一个词绝对明确地作出表述,他理解**自己的时代**,并**在自己的时代中理解自己**",他知道这是一个"**解体的时代**"(基尔克果给它加了两重着重号)。[2]这是与"世界的发展",也就是说与**所有决定性差别的敉平**的一种自觉的关系,这种关系把基尔克果引向了**强调被个别化了的个别的人**,而同样的时代状况在鲍威尔那里造成的是"自我存在"的批判态度,在施蒂纳那里造成的是"惟一者"的虚无主义态度,

---

[1]《基尔克果全集》,XI,61—62(=《对基督教的攻击》,第76—77页)。
[2]《基尔克果全集》,X,93(=《对基督教的攻击》,第473页);参见XII,59;《日记》,I,58以下和II,367;对当代的批判。——参见瓦尔[J. Wahl]:《基尔克果学派研究》,巴黎1938年,第172—173页;以及《契斯克夫斯基论时代的特征》,第444页。

在马克思那里造成的是"类本质"的社会主义态度。

从对自己时代和对时间性的这种态度出发,也规定了基尔克果与黑格尔哲学的关系。在他看来,黑格尔哲学代表着个别实存敉平在历史世界的普遍者之中,代表着人在"世界过程"中的"散失"。同样,他对黑格尔"体系"的攻击也不是仅仅针对系统化的哲学,而是针对整个现存世界的体系,黑格尔的历史哲学被他看做是这个现存世界的最后智慧。他的黑格尔批判和时代批判是从讥讽概念开始的(1841),[1]针对黑格尔的系统解释和世界历史性解释,他把讥讽的"绝对否定性"确立为主体性的智慧。在《哲学片断》中,黑格尔的"此在体系"遭到了明确的否定,因为只有当人们不考虑作为每一个个别者都以伦理的方式实存也属于此在的本质时,关于此在才可能有一个体系。在与世界体系的这种差异中,包含着自己的实存的真理,对于自己的实存来说,世界历史只不过是暂时的和偶然的东西。但是,黑格尔的思辨考察对于实存的这种严峻性来说败坏了19世纪。"因此,我们的时代如果应当有所行动的话,它也许是不满意的,因为它被考察宠坏了;……因此,……就有了诸多由此超出人们实际所是的无益尝试,人们以社会的方式联合起来,希望得到历史精神的敬佩。被对世界历史性事物的不断探讨所宠坏,人们只想做谨慎的事情,只关心偶然的东西,即世界历史性的结局,不关心本质性的、最内在的东西,即自由、伦理的东西。"[2]在与伦理实存的关系中,世界历史"量的辩证法"是一个纯粹的点缀。但是,黑格尔学派不想满足于实存的主体性,而是以一种出色的忘我状态在每一个

---

[1] 瓦尔:《基尔克果学派研究》,第204页以下。
[2] 《基尔克果全集》,VI,214—215。

时代里发现一个道德的实体和一个理念，就好像自己的此在是一个形而上学的思辨，而个体是一个世代似的。它以忽视个别的树木来俯视整个森林。[1]

在自然世界里，个别的个体直接与类相关；改良一个绵羊品种的人，由此也就改变了类的所有个别个例。但如果个体是一个有精神规定性的人，那么，认为基督教的父母直截了当地生出基督教的子女，则是愚蠢的。精神的发展是自己起效用，因此，仅仅出生在19世纪是不够的，因为人们不能借助世代和时代全部达到自己本身。"世代理念越是甚至在通常的思维中取得优势，过渡也就越可怕：不是在类中存在并且说'我们、我们的时代、19世纪'，而是成为一个个别的实存着的人。我并不否认，这是极为困难的，因此，要不拒绝这一点，还需要万念俱灰。然而，究竟什么是一个个别的实存着的人？是的，我们的时代人清楚地知道这种人是多么的少，但这里恰恰包含着时代特殊的不道德。每一个时代都有它们的不道德，我们时代的不道德也许并不在于享乐……但可能在于对个别的人的一种……肆无忌惮的轻视。在关于我们时代和19世纪的所有欢呼声中间，响起了一种暗中轻视人之存在的声音，在世代的重要性中间，流行着一种对人之存在的怀疑。一切的一切都想参与其中，人们想以世界历史的方式在整体中欺骗自己，没有一个人想是一个个别的实存着的人。因此，也许还有许多坚持黑格尔的尝试，甚至是来自在他的哲学中看到困难的人们。人们担心，如果成为一个个别的实存着的人，就会消失得无影无踪，就连日报——更别说世界历史性的投机者了——都对他不屑一顾。……不可否认的是：如果没有伦理和宗

---

[1]《基尔克果全集》，VII，7、30—31、51以下。

教的热忱,就必然对人们是一个个别的人产生怀疑,反之就不会。"[1]世代表面上的勇敢掩盖了仅仅还敢在大的活动中生存、以便成为某种东西的个体的真实胆怯。人们把自己混同于时代、世纪、世代,混同于公众、人类的群体。

由于黑格尔忽略了个别的人,他关于进步着的"生成"的说法也是一个假象。事实上,他把世界历史理解为一个已经生成的存在的终结,一种需要行动和决定的现实生成除外。[2]但是,与黑格尔对过去事物的回忆一样,对于个别的实存来说,他的学生们关于世界可能进程的预言也同样是无关紧要的。基尔克果在其时代批判的结尾说道,它认真地说来可能并不比诸如打保龄球和打牌之类的娱乐更重要。

他之所以能够让自己的时代面临一种抉择,乃是因为他也参与了时代发生的事情,尽管是否定性地参与。他甚至以一幅画来表述自己被个别化的参与:他的时代来到他面前,就像是一艘驶近的船,他与其他乘客都在船上,但他独自有一个船舱。这种自为存在的市民现实性是一种与世隔绝的私人实存,但它并不妨碍他探究世界公开发生的事情。

在小小的丹麦身上,如同在一个"全权代表"身上,他综观着欧洲"体制"的崩溃,与此相对立,他把"个别的人"——他"恰恰也"是基督教的原则——视为对时代的惟一拯救。世界向平均化的发展和基督教面对上帝作为自己实存的要求,这二者在他看来就像是一个幸运的巧合那样同时发生了。"一切都完全符合我的理论(即关于个别的人的理论),人们应当会看到,**刚好我**是怎

---

〔1〕《基尔克果全集》,VII, 51—52;参见 42—43。
〔2〕《基尔克果全集》,VII, 6, 注释。

样理解时代的",基尔克果以例外的自豪写道,这种例外也是根据普遍者把自己刚好理解为例外的。[1]他报告了1848年的"灾难",相信能够预言,与宗教改革相反,这一次将是**政治**运动转化为**宗教**运动。这是因为,整个欧洲都以越来越快的狂热速度迷失在以世界为中介不能回答、而是只有面临永恒来纳回答的问题之中。此后还要有多长时间以这种纯粹痉挛性的东西为目的,人们当然无法知道,但可以肯定的是,当人类由于受难和流血变得精疲力竭之后,永恒将重新得到考虑。"为了重新获得永恒,需要流血,但却是另一种血,不是成千上万被杀戮的牺牲者的那种血,不是的,是个别的人、殉道者、这些强大的死者珍贵的血,他们能够做到没有一个成千上万地杀戮人们的活人能够做到的事情,能够做到这些强大的死者自己作为活人也做不到、只有作为死者才能做到的事情,即逼迫疯狂的人群顺服,这恰恰是因为这些疯狂的人群可以不顺服地杀戮殉道者们。"[2]在这个"转变"的决定性时刻,还能够统治世界的将只是殉道者们,而不是通常的那种世俗领袖。需要的是神职人员,而不是士兵和外交官。"是能够将'人群'分开、并使他们成为个别的人的神职人员;是对研究不提出过高要求、除了统治之外什么也不企求的神职人员;是尽可能在雄辩方面强大、但在沉默和忍耐方面也同样强大的神职人员;是尽可能做知人心者、但也同样知道节制判断和谴责的神职人员;是知道借助作出牺牲的艺术来运用权威的神职人员;是做好准备、

---

[1] 基尔克果:《日记》,I,324、328;《选民的概念》,海克尔[Th. Haecker]译,赫雷劳1917年,第30页;《对基督教的攻击》,多纳[Korner]与施莱姆普夫[Schrempf]编,斯图加特1896年,第475页。

[2] 基尔克果:《惟一必做之事》,乌尔利希[H. Ulrich]译,载《时代之转折》,第1期,慕尼黑1927年,第4页;《选民的概念》,第273页以下、第170页以下,论权威的本质。

被教育、被培养得服从和忍耐，以致会平息、告诫、开导、感动、但也会迫使的神职人员——但不是借助强势迫使，一点也不是，不是，是借助自己的服从迫使，尤其是耐心地忍耐病人的所有坏习惯，不被其干扰……因为人类是病态的，从精神上来理解，是病得要死的。"[1]

因此，时代的强势也引导着基尔克果，尽管他与黑格尔的论战，却把他引向一种世界历史的思辨，与马克思相对立把他引向一种反共产主义宣言。他竟敢预言如果灾害发生就必然出现的危险：在这种情况下，将会出现基督教的假宣报者，一种新宗教的发明者，魔鬼附体的人物狂妄地自称使徒，就像小偷穿上警察的制服。凭借他们的诺言，他们在时代身上找到了一种巨大的支持，直到时代需要无条件的东西、需要一种对于所有时代都同样有效的真理这一点大白于天下。由于对由愿为真理而献身的见证人重建基督教的这种展望，基尔克果成为马克思煽动一场无产阶级世界革命的同时代的对立者。不过，基尔克果把即便在自身也包含着的基督宗教性的"成分"看做是共产主义真正的强大之处。[2]

## 7. 谢林与青年黑格尔学派的结合

青年黑格尔学派对黑格尔体系的多方面的攻击，得到了1841年在柏林讲授其最后哲学的老谢林的赞助。在他的听众中，有如此不同的同时代人，诸如基尔克果、巴枯宁、F. 恩格斯和布克哈特。[3] 谢林用来开始自己"积极"哲学的论战，针对的是黑格

---

[1] 基尔克果：《选民的概念》，第6页。
[2] 参见别尔嘉耶夫[N. Berdiajew]：《共产主义的真理与谎言》，卢塞恩1934年。
[3] 基尔克果：《日记》，I，169页以下；《马克思恩格斯全集》，I/2，173页以下；布克哈特：1842年6月13日致金克尔[Kinkel]的信。

尔作为一种纯粹"消极"哲学的本体论，这种本体论只把握可能的存在，但并不也同时把握显现给思维的现实存在的东西。随着德国古典哲学的这一最后事件，开始了马克思和基尔克果站在外在性和内在性立场上针对黑格尔所发展出来的"存在哲学"（Existenzphilosophie）。

Existentia（实存）这一术语最初是经院哲学 essentia（存在、本质）的对立概念。在中世纪基督教哲学内部，区分涉及上帝创造的任一存在（Sein），但并不涉及上帝自身。被视为上帝的存在的是，他在本质上也实存，因为完美属于他的本质，而实存属于完美。只有在上帝里面，本质与实存才是相结合而存在，或者说就是一回事。说明这一点，是坎特布雷的安瑟尔谟的"本体论"上帝证明的任务，包括笛卡儿、斯宾诺莎［Spinoza］、莱布尼茨［Leibniz］和沃尔夫也在他的意义上进行了证明。而康德的批判试图在原则上反驳这种证明，因为从一个"概念"中不能得出他的"此在"。就概念而言，100个现实的塔勒和100个可能的塔勒是无法区分的；把他们区分开来的东西——即"实存"的积极的因素——在它们的本质之外。黑格尔重新扬弃了对是**什么**和"是"本身所作的这种批判的分离。他的逻辑学把"现实的东西"定义为"本质与实存或者内在与外在直接生成的统一"。因此，按照更古老的观点仅仅标志着上帝的存在的东西，在黑格尔看来也适用于所有"真实的"或者在"强调的"意义上一种现实性的存在者。因为把本质与现实像把某种纯粹内在的东西与某种纯粹外在的东西那样对立起来，是"陈腐的"见解。毋宁说，"理念"或者"概念"作为本质性的存在也是绝对起作用的和现实的东西。与这种本质和实存的合一相反，谢林又推进到"积极"哲学和"消极哲学的区分,但并不是为了回到康德,而是为了超越黑格尔。[1]

谢林反对黑格尔的"理性"哲学所作的存在哲学转变早在神话哲学和启示哲学之前就已经在库辛[Cousin]的一部著作的序言中(1834年)[2]和在慕尼黑的近代哲学史讲演录中[3]得到了表达,但只是在柏林演讲之后才在众多著作中得到公开的讨论。[4]他的批判的主题总的来说也出现在费尔巴哈和卢格、马克思和基尔克果那里,甚至也出现在特伦德伦堡那里,基尔克果一再提到后者的黑格尔批判。[5]

谢林在黑格尔的逻辑本体论中因缺少对从理念到自然的辩证进步和过渡作出论证而感到遗憾。纯粹的思维不能造成任何真正的运动和对现实的生动把握,因为期望中的其内在运动的无前提性缺少经验的东西。从纯粹的存在和无出发的"变易"的合题是一个假象。像纯粹的、空洞的**存在**这样的"抽象的抽象"永远不能从自身

---

[1] 参见康德的《纯粹理性批判》(雷克拉姆出版社,第468页以下);《谢林全集》,第2部,第1卷,第285页以下;第3卷,第46页。
[2] 《谢林全集》,第1部,第10卷,第212页以下;参见第2部,第3卷,第80页以下。
[3] 《谢林全集》,第1部,第10卷,第126页以下。
[4] 单是在1843年,就出版了以下著作:L.密什莱:《德国现代哲学发展史,特别关注谢林与黑格尔学派当前的斗争》,柏林;Ph.马海内克:《谢林的启示哲学批判》,柏林;K.罗森克兰茨:《论谢林与黑格尔,致P.勒鲁的一封公开信》,哥尼斯贝各;《谢林》,但泽;参见罗森克兰茨:《日记选》,第80页以下,以及第97页以下;卡普[Chr. Kapp](匿名):《谢林:论今日的哲学》,莱比锡。
[5] 特伦德伦堡:《逻辑学研究》,莱比锡1840年,第1卷,第23页以下。关于特伦德伦堡对黑格尔学派的态度,参见屈内的说法:《契斯克夫斯基——黑格尔和德国精神的一个学生》,第128—129页;参见《基尔克果全集》,VI,67、194;VII,1,注释;《日记》,I,314—315;《基尔克果全集》平装本,VIA,145。参见鲁滕贝格[Ruttenberg]:《基尔克果》,1929年,第79页以下。鲁滕贝格关于基尔克果在敌对的运动中对黑格尔的态度的卓越评论(第57页以下),并不能相应地利用已提供的材料,因为这一运动的历史特性并不能用诸如"非理性主义"、"主观主义"和"实在主义"这样含糊的概念来把握。

走出、过渡为某物和返回到自身，或者干脆解放为自然，相反，只有现实的**存在者**，即积极的东西才能这样做。[1] 对于黑格尔来说，在变易的辩证进程中对存在的进一步规定之所以可能，乃是因为已经有一个内容丰富的存在，因为思维着的精神自身已经是一个这样的存在。不自觉地引导黑格尔逻辑学的进程的，是他的 terminus ad quem[终极目标]，即现实世界，科学应当在这里出现，对它的**直观**[2]事先已经被设定。没有它作为基础，黑格尔的存在作为是其所是的东西，即作为无，就依然没有得到完成。[3] 第一的、最高的存在已经自身就是一个**确定的**存在，尽管它只是一个存在着的、**思维着的主体**的思想。[4] 但黑格尔的理性哲学要的是没有一个存在者的存在，就他根本没有接受积极实存的问题而言，这种哲学的唯心主义是"绝对的"。黑格尔赋予逻辑概念一种它并不具备的自我运动，从而以极罕见的方式将它实体化，用它取代了鲜活的、现实的东西，以此清除了这种先天经验的东西，也清除了**偶然的东西**。[5] 一旦体系迈着沉重的脚步从实存的否定性东西，即从纯逻辑的东西走**进现实**，[6]辩证运动的线索就完全中断了，在"是何存在"和"存在"之间，依然是一道"宽阔的精神壕沟"。"一个第二假说成为必要的，也就是说，理念——如果不是为了打破其纯逻辑存在的枯燥，谁知道是为了什么？——着手或者想到将自己分解为自然的产生所需用的那些元素。"[7]

---

[1] 参见《基尔克果全集》，V，78；VI，67。
[2] 参见马克思：《马克思恩格斯全集》，III，169—170。
[3] 参见《基尔克果全集》，VI，196。
[4] 参见《基尔克果全集》，VII，1 和 30 以下。
[5] 参见《基尔克果全集》，V，4。
[6] 参见《基尔克果全集》，V，3 以下；VI，193 以下、206。
[7] 参见《基尔克果全集》，VI，212—213。

因此，所谓根本不在事先设定任何东西的哲学[1]的第一个假定是，纯逻辑的概念具有仿佛是从**自身**涌出、以便在此之后重新返回自身、从而就**概念**而言**说出**某种只有一个**有生命的东西**才可以**思维**的东西的本性。第二个假定是理念与自身断绝关系，以便决定到达自然，这样之前被拒斥的经验就通过理念变得不忠于自己的后门又进来了。黑格尔实际上所证明的东西，无非是人们以纯理性的东西不能接近现实。他的存在论仅仅把握了"并非**不可思维的东西**"、"**无法忆及的东西**"、**无**之则没有任何东西存在的否定性一般的东西，但却不是**有**之则某种东西存在的东西、在自身包含着否定性东西的真正肯定性存在的东西。[2]为了把哲学提升到这种肯定性的立场上来，人们必须**期望**存在着的东西，"它**存在着或者实存着**"，与此相反，黑格尔把单纯存在着的东西——所有逻辑概念的这一最高的尖端——设定为**纯粹的**存在，而这个纯粹的存在事实上是"无"，就像白没有一个白的东西就不存在一样。[3]通过对本质性的消极存在和实存的积极存在作出的这种区分，对哲学来说就凸现出一个最终的巨大的变革，它一方面将提供对**现实**的一种积极的解释，另一方面又不会使理性失去"甚至对神性"也拥有绝对优先权的特权。[4]

与此相反，黑格尔的上帝概念与他反对其单纯的理性本性的

---

[1] 关于对开端辩证法的批判，请参见《基尔克果全集》，VI, 194以下；费尔巴哈：《未来哲学原理》，第26条原理。

[2] 参见《基尔克果全集》，VI, 214；参见143。

[3] 参见《基尔克果全集》，VI, 215，注释，此外还有谢林1834年11月3日致魏塞［Weiβe］的信；关于对黑格尔存在概念的批判，参见费尔巴哈：《未来哲学原理》，第26条原理。

[4] 参见《基尔克果全集》，VI, 216；关于是何存在与存在或者本质与实存，请参见《谢林全集》，第2部，第3卷，第57页以下，第70页以下，第90页以下，第163页。

概念的创造力是一回事。[1]因此，从它的理念的大众化中必然产生出他的学生们的泛神论—无神论结论。也就是说，如果人们把绝对不是理解为历史的实存，而是理解为一个内在于概念的过程，那么，人关于上帝所拥有的知识就成为惟一的知识，就连上帝对自己拥有的也是这种知识。[2]这样，就达到了对于这一体系来说"最深刻的友好特色"，人们不要为它在"广大的公众"中找到拥护者而感到惊奇；尽管人们可以假定，他的思想的这种广为流传并没有给黑格尔本人带来多少乐趣。不过，所有这一切都出自一个过失，即逻辑的关系被转换为现实的关系。[3]

谢林更为极端地在其柏林讲演的引言中以"实存"来描述开端。积极哲学不像消极的理性哲学那样从思维走向存在，而是从"径直的存在"走向思维。它的思维是一种自由的思维，因为**意欲着**的思维和它的体系是一种"先天经验主义"，其终结就是"盲目存在者"或者"径直实存者"。进行哲学思维的人甚至上帝的真正道路是：从盲目的被发现的存在、从"忘我的存在"解放自己回到自身，"挣脱"自己达到对盲目实存者的独立性，后者对他的实存来说是"不可能替代的"，是"**偶然**必然的东西"。"整个世界都是这个被扬弃的、无法忆及的、盲目实存的东西。"[4]从黑格尔的立场出发，马海内克能够有理由对此附加说明道：自从谢林满足于诸如"真正的"和"非真正的"这些"如此微不足道的范畴"

---

[1] 参见《基尔克果全集》，VI，127；参见费尔巴哈：《未来哲学原理》，第24条原理。
[2] 参见《黑格尔全集》，VIII，88；费尔巴哈：《未来哲学原理》，第23条原理。
[3] 参见《基尔克果全集》，VI，160—161。
[4] 根据密什莱的两处一致的复述，《德国现代哲学发展史，特别关注谢林与黑格尔学派当前的斗争》，第174页以下和第195页；马海内克：《谢林的启示哲学批判》，第20页以下，第36页以下，第41页。

以来，他就真正地证实了**费尔巴哈**的神学！

存在的问题在对黑格尔的反向运动中已经在谢林那里达到了**海德格尔**重新拣起这个问题的那个点。因为谁能否认，蕴含在实际存在的迟钝的既成事实之中的此在的"既成性"[1]、"被抛"和"勾画"就适应"直截了当地实存者"和对这种必然的巧合的"挣脱"？但与谢林的区别在于，海德格尔在基尔克果的基础上建立起一个"此在的体系"，而"理性"和"实存"的消极哲学和积极哲学之间的谢林式张力却缺少这个体系。对于他来说，此一在的普遍"本质"仅仅并且直截了当地在于各自的"实存"[2]，这种实存掩蔽在它们的何处来与何处去之中，并且完全"应当存在"，因为它把此在的无辜——为此不能有任何东西——当做有辜接受下来了。黑格尔的"存在"对于谢林来说是可能性意义上的单纯"能在"，与现实性相对立，而这一能在在海德格尔那里则成为恰恰是现实实存的一个本体论规定。[3]

至于黑格尔的本体论缺少与现实实存的直接联系、缺少直观，这不仅是谢林的意见，而且也是青年黑格尔学派的意见。谢林断言黑格尔只是"仿效"现实的东西，把它转化成一种"存在的荒野"，与此相应的是费尔巴哈、马克思和基尔克果的批判；后者反对黑格尔而为谢林辩护，因为黑格尔总还是尝试使思维的自我反

---

[1] 海德格尔：《存在与时间》，第 29 节。至于海德格尔的存在本体论还间接地以对黑格尔的研究为条件，可以在他关于邓斯·司各特 [Duns Scotus] 的就职论文的结尾处（蒂宾根 1916 年，第 241 页）看出。
[2] 海德格尔：《存在与时间》，第 9 节。
[3] 关于实存意义上的现实性和可能性，请参见《基尔克果全集》，VII, 17 以下；VIII, 12 以下。为找出海德格尔的哲学立场与基尔克果**和**马克思的历史联系而作出的惟一的、但并不充分的尝试是贝克 [M. Beck] 和 H. 马尔库塞在关于海德格尔的《存在与时间》的专辑中的文章：《哲学杂志》，柏林 1928 年，第 1 期。

思停顿下来。[1]因此，谢林有理由断言，反对他而把黑格尔哲学置于保护之下是多余的。因为即便是那些反对他而支持黑格尔的人，"这样做部分地至少不是为了反对积极哲学，恰恰相反，他们自己**也想**这样；只不过他们认为，这种积极哲学必须建立在黑格尔体系的基础上，而不能建立在其他基础上；除了**他们**将黑格尔的体系继续到积极的之外，黑格尔的体系什么都不缺；他们认为，这可能发生在一个永恒的进展中，没有中断，也没有返转"。[2]针对这一尝试，谢林早在1832年就坚信，人们不能再继续黑格尔的哲学了，而是必须打碎它，以便重新回到"真正进步的路线"。[3]而当他10年后在柏林举行讲演时，他已经可以自诩，在绝大多数黑格尔学派公开地和私下地向他表达了敬意之后，他们都成了他的听众了："紧张关系是不可信的，现在……一切都活动了，要防止过多的人涌入相对小的最大教室而造成轰动。"[4]但是，当青年黑格尔学派的革命冲动在与谢林的"最新反动尝试"的论战中达到高潮时，[5]谢林的胜利信念很快就转成心酸的失望了。但10年之后，反动也支配了青年黑格尔学派，终结了他们的"进步"。50年代在政治上和教会方面的反动抽去了他们受时代精神制约的哲学的历史基础，而此时，叔本华的世界观获得了非同寻常的影响，它不是建立在世界的积极内容上，而是建立在其与国家、与历史

---

[1]《基尔克果全集》，VII, 33；参见 V, 14 和 55，注释。
[2]《谢林全集》，第2部，第3卷，第90页以下。
[3]《谢林书信中的生活》，莱比锡1870年，第3卷，第63页。
[4]《谢林书信中的生活》，第3卷，第173页。
[5] 参见《马克思恩格斯全集》，II, 173 以下；F. 恩格斯：《谢林论黑格尔》（1841）；《谢林与启示》（1842）；《谢林：基督中的哲学家》（1842）。而1841年夏结识谢林、并觉得自己没少通过他对年鉴的赞词受到奉承的 A. 卢格，早在半年之后就不得不在致罗森克兰茨的一封信中承认，谢林当时对他"肆意撒谎"（《书信往来与日记》，I, 174、236、272—273）。

相异的情调上。[1]

"悲观主义"和"乐观主义"成为时代的流行语,[2]因为它们适应了心灰意冷、心烦意乱以及对更好时代的向往。在这方面,"贫困的哲学"是从经济实存的困境出发的（蒲鲁东）、是从普遍的人类实存的困境出发的（叔本华），还是从基督教意义上的精神实存的困境出发的（基尔克果），人们是强调贫困的哲学还是强调"哲学的贫困"（马克思），解释"此在的苦恼"是用基督教（基尔克果）还是用佛教（叔本华），人们是断言生活的无价值（巴恩森 [Bahnsen]）还是"生活的价值"（杜林），以及除此之外，生活的价值被看做是可评估的（E. v. 哈特曼）还是"不可评估的"（尼采），这都构不成原则的区别。所有这些现象共同的东西是，此在自身受到质疑。尤其是叔本华成为时代的哲学家，他"作为思辨的约伯置身于有限性的灰堆之上"，由此也获得了基尔克果的重视。[3]盲目的"意志"造就了这个苦难的世界，而"表象"除了什么也不多想之外，也不能给它提供更好的建议。

无论是这种反动，还是精神与政治生活先行于它、并作为它基础的革命，德国哲学的历史撰写都没有在其充分的意义上予以

---

[1] 为此参见《尼采全集》，I, 487 以下; X, 297、304、348。对于向哲学的这种转向来说，一份有意思的文献是谢林关于梅特涅的报告："这些天我从可靠的消息来源听说了梅特涅侯爵的一封信，信中梅特涅侯爵以感人的痛楚对他的孙子倾谈国家事务，而这位年迈的、在最重要的国家事务中花白了头发的、强有力的人物，……除了能够完全献身于哲学之外，没有别的愿望。谁想过这种事呢？但是，时代自动地朝这方面催逼，而最终的、从当代的困境、中庸和卑贱出发的决定却只能是一种精神的决定。"（《谢林书信中的生活》，第3卷，第197页）

[2] 为此参见罗森克兰茨:《新研究》，II, 571 以下: 当代的哲学流行语; 以及法兴格 [H. Vahinger]:《哈特曼、杜林和郎格、伊塞隆》，此处也指出了杜林与哈特曼同黑格尔学派的联系。

[3] 参见基尔克果:《日记》，II, 244、344 以下、351—352、367。

认识。因此，它并没有真正理解 19 世纪的历史。与法国革命出身贵族的反革命哲学家不同，出自市民阶级反动时代的德国哲学家们没有远见，没有一种精神立场。在 60 年代，人们通过黑格尔及其学生相信进步，通过叔本华又流行**回到康德**，但却没有意识到康德的这种复活是与无力解决 40 年代在与黑格尔的争论中产生的问题相联系的。

黑格尔之后哲学历史的其他"附录"已经外在地显示出面对那种"衰变"的尴尬处境，人们考虑到唯心主义而把那种衰变仅仅理解为唯心主义的瓦解，而人们却低估了运动的解构力量。K. 费舍在其两卷本的黑格尔专著中用两行字就打发了马克思，在宇伯威格—海因策［Überweg-Heintze］的《哲学史大纲》中，即便是第 5 版（1916 年），也只用两页讨论恩格斯和马克思，甚至郎格的《唯物主义史》在正文中都根本没有提及马克思，而是在文献出处中仅仅提到他是国民经济学历史的最好专家。虽然有其博士论文的通告，基尔克果在《哈勒年鉴》中依然不为人知，而对基督宗教批判的—历史的解析则被听任于一种神学，这种神学的教义学也与哲学的系统论类似，已经自己分解为教义史和教会史、分解为比较宗教学和宗教心理学了。由原初的黑格尔学派认识到的极端的哲学运动和神学运动的危险逐渐被忘却，事情会显得是这样，就好像在黑格尔之死与康德的复活之间根本没有发生过本质性的东西似的。从与这个世纪现实的、全部的事件发生的联系来看，这种表面上如此无缘无故的回到康德，却可以由以下情况得到解释，即市民阶级知识分子在实践上已经不再是一个历史活跃的阶级，从而在其思维中已经失去了首创精神。与政治的—革命的运动的结束同时，40 年代的哲学运动也结束了。回到康德就其发生的方式而言，表示着返回青年黑格尔学派在哲学和宗教、社会和政治关系中曾达到的那个难题的界限后面。[1]在根基上受到攻击的市民阶级的—基督教的世界在新康德主义的历史中经历了一种虚假的复苏,这才在**新康德主义的危机**中,又发生了**复活黑格尔**的尝试。

## 三、新黑格尔学派复活黑格尔哲学

复活黑格尔的原则首先并且最清楚地是由 B. 克罗齐通过区分黑格尔哲学"死的"部分和"活的"部分来确定的。[2]作为死的东西,首先是自然哲学,但还有逻辑学和宗教哲学;作为活的东西,是关于客观精神的科学,这是就它的绝对的—体系化的要求化解为一个历史的要求而言的。这种在整体上否定黑格尔体系的划分对于黑格尔在德国的复活来说也是适用的。但是,在意大利,黑格尔哲学的传统是没有中断地进行的,因为在它里面所包含的问题从未被夸大,而在德国,面对黑格尔曾经陷入的普遍轻视,却需要一种所期望的复活。叔本华预言[3]黑格尔荣誉的时代是一个持久的民族耻辱,是世纪的嘲弄,这一预言由于新黑格尔主义而破灭了:叔本华依然只有在尼采的介绍中才为人知,黑格尔似乎出乎意料地出现在 20 世纪初。在《逻辑学》已有 80 年之久不

---

〔1〕 参见 K. 柯尔施:《马克思主义与哲学》,第 57 页以下。
〔2〕 《黑格尔哲学中的活东西和死东西》,1907 年;德文译本 1909 年。关于意大利黑格尔主义的历史,请参见格拉西[E. Grassi]的文章《德国哲学与意大利哲学之间的关系》中的参考书目,《德国文献学和精神史季刊》,1939 年,第 1 期。关于德·桑克蒂斯,请参见 B. 克罗齐的《论黑格尔》,巴黎 1913 年,第 363 页以下。
〔3〕 叔本华:《附录与补遗》,II,第 20 章。

再新版之后，出版了两个新的全集，遗著也发表了，还有其青年时期著作的评注，一部黑格尔词典和一部已经变得不可忽视的关于黑格尔的文献。[1]新的黑格尔主义自身已经成为历史，并且在反思着自己的变迁，[2]一个黑格尔协会和一个黑格尔大会体现着黑格尔的研究。但是，要问的并不是这种复活的外部事实，而是当前时代是否以及如何懂得回答已经由原初的黑格尔学派提出的历史性问题以及时代问题。

狄尔泰以杰出的方式把历史意识理解为哲学和精神的问题。在这方面，对黑格尔的历史精神哲学的处理具有决定性的意义，而且无论是对于想成为一种"历史"理性批判的《精神科学导言》（1883）来说，还是对于后来论历史世界结构的论文来说都如此。狄尔泰通过他的《青年黑格尔历史》（1805年）和他的历史的一系统的作品，比其他所有新黑格尔学派加起来还更多地重新复活了黑格尔的历史思维方式，并使之对当代来说也富有成果。他对黑格尔的研究可以回溯到60年代——斯逊令[Stirling]的《黑格尔的奥秘》也是在60年代出版的——并一直延伸到他的研究生涯的最后几年。1900年左右关于费舍的黑格尔专著的书评是一个中点。

狄尔泰在黑格尔哲学中区分持久的东西和暂时的东西的批判性标准，就像已经在海姆那里一样，就是**历史性**。在他看来，黑格尔哲学中荒谬的东西就是对任何历史现实的相对性的历史意识

---

[1] 单是布雷希特[J. Brecht]关于1926—1931年的黑格尔研究的报告就谈到了50多部作品：《出自哲学领域的文献报告》，霍夫曼[A. Hoffmann]编，埃尔福特1931年。
[2] 请参见 H. Levy:《德国哲学中的黑格尔复兴》，载《康德协会论文集》，1927年；格罗克讷[H. Glockner]:《黑格尔主义的历史中的危机和变迁》，载《逻各斯》，VIII，1924/5年。

和体系的形而上学封闭性之间的矛盾。[1]绝对体系的封闭形式与"伟大的、充满未来的发展思想"以及它依据的"事实"是无法统一的。"在由各个世界、在它们上面完成的发展的多样性、这个继续向前一再造成新形象的宇宙母腹中孕育的无边未来构成的无法测度的体系里面,怎么可以坚持这种要求!"[2]但是,与费舍的进化论解释不同,狄尔泰清楚地知道,19世纪的发展思想并不是黑格尔的思想,而是与他相矛盾的。[3]黑格尔在推理的逻辑形式中结束自然和精神的结构是以一个不再是我们的世界的世界为前提条件的。"如果精神应当在这个地球上达到绝对认识,那么,这个地球就必须重新成为世界的中心;而事实上,黑格尔的整个自然哲学都是在这一观点下建构的。地球上的精神发展原则上必须在绝对哲学的发现中找到其结束,而黑格尔的整个世界历史和哲学历史都是在这个观点下建构的。"[4]对于狄尔泰来说,这样一种要求的"愚蠢"是没有任何怀疑的,因为他关于我们世界的"现实性"的观念是根据各门实证科学已发现的"事实"来衡量的,而不是像在黑格尔那里那样,是根据哲学概念衡量的。[5]"与各门自然科学、人和历史的徒然争执贯穿着黑格尔的所有作品。"[6]关于黑格尔对各门实证科学方法的论战性态度的这种提示之所以更应当重视,就在于狄尔泰借此同时指出了对黑格尔的一种复活的无根基性,这种复活掩饰现代科学意识与黑格尔的思辨"科学"的无法统一性,似乎忘记了黑格尔把各门科学称之为"一种被理性

---

[1]《狄尔泰全集》,IV,187。
[2]《狄尔泰全集》,IV,219。
[3]《狄尔泰全集》,IV,244—245、248—249。
[4]《狄尔泰全集》,IV,219—220;参见246。
[5]《狄尔泰全集》,IV,218。
[6]《狄尔泰全集》,IV,220、223。

抛弃的知性的大厦",其肤浅的扩展是令人无法忍受的。[1]但是,即便黑格尔哲学是惟一真正的"科学",它也必然与狄尔泰的世界观学说分道扬镳,后者知道自己仅仅是形而上学"需求"的"表达"。对于狄尔泰来说,由于在判断和评价科学和现实性方面的这种原则分歧,黑格尔历史地"从自身出发"把握精神世界整体性的努力就与绝对精神的解释原则产生了矛盾。黑格尔把作为无时间的东西无能解释空间和时间中的现实发展的"逻辑"规定的观念王国强加给人类精神的"现实"历史世界。黑格尔的哲学在19世纪就是败在把一种不受时间规定的发展的"空想"概念与时间中的一现实的发展这样结合起来。此外,借助辩证法解决错误提出的任务的尝试也是完全无用的和应予摈弃的。[2]为了正确地提出它并使之可以解决,狄尔泰把黑格尔对现实性概念的思辨"把握"还原为对现实最普遍的结构的分析性**理解**。存在者的"逻各斯"就这样转化为一个相对的"意义",黑格尔的本体论也转化为对现实的一种世界观的分析。[3]作为黑格尔形而上学持久的东西,只有"历史的意向"依然存在,还被抽掉了其形而上学的—神学的基础,这种基础恰恰是体系的有限部分。黑格尔的持久意义在于他教导,要历史地理解每一个生命现象的本质。[4]

被狄尔泰视为对当代史失效了的,除了逻辑学和自然哲学之外还有宗教哲学:关于基督宗教的绝对性的命题;基督宗教对于黑格尔的精神历史结构来说如此处于中心地位,就像对于他的自然哲

---

[1]《黑格尔全集》,XVI,47—48。
[2]《狄尔泰全集》,IV,229—230。关于黑格尔辩证法站不住脚的证明,在狄尔泰看来已经由特伦德伦堡提出。
[3]《狄尔泰全集》,IV,227—228。
[4]《狄尔泰全集》,IV,249、254。

学来说地球在宇宙中的中心地位一样。毋宁说,"它里面非暂时的东西"是对所有宗教真理和伦理真理的历史联系的认识。"一切都是相对的,无条件的只是精神自身的本性,它体现在这一切里面。就连对于精神的这种本性的认识来说也没有终点,没有最终的版本,任何版本都是相对的,任何版本只要满足了自己的时代,就做得够了。这个伟大的学说,作为其进程中的强有力结果,所有制概念的相对性彻底变革了社会秩序,它也将合乎逻辑地导致基督教诲的相对性。"[1]历史由于使一切都相对化而使自己获得了绝对者的特征,借助绝对者向历史的这种转化,**狄尔泰并没有复活黑格尔,而是复活了卢格和海姆对黑格尔的理解**,这两人的批判已经预先涉及他的黑格尔研究的所有主题。但是,与青年黑格尔学派的激进主义不同,狄尔泰把黑格尔的形而上学时间化,并不具有革命的倾向。他所想传播的东西,最终也只不过是一种哲学的"情调",就像"对历史意识的结论的感觉"带给他的那样。黑格尔启示宇宙深奥的精神的形而上学激情在他那里和缓为一种"思索",这种思索知道,流行的"所有更深信念中的混乱"[2]既不能通过一种旧形而上学的复活、也不能通过一种新形而上学的构建来清除。黑格尔的充满精神的世界成为"社会的—历史的现实",它自身既不是理性的也不是其对立面,而是以不确定的方式"具有重要性"。但是,世界的重要性也不再是在它自己里面得到论证的,而是我们的世界行为和世界理解的产品,因为"我们"并没有把任何意义从世界转移到生活中,恰恰相反,"我们对意义和重要性只有在人及其历史中产生这种可能性是开放的"。伟大的、"人类历史的客观力量"——

---

[1]《狄尔泰全集》,IV,250;参见 V,XXII 以下。
[2]《狄尔泰全集》,VIII,175 以下。

黑格尔哲学的客观精神——是个人如果要不用独断论的神学和形而上学而想从自己出发理解人类生活的话就必须求助的实体。至于对历史性问题的这一回答并不是真正的哲学回答,至于狄尔泰毕生致力于从历史意识自身出发建构一种哲学却受挫于他的认知的正直,这却不可使人忽视,他恰恰由于自己放弃黑格尔的立场而成为他惟一建设性的复活者。

"复活黑格尔主义"是由**文德尔班**[Windelband]在1910年的一次科学院演讲中正式宣告的。[1]该演讲的措辞在今天只能唤起对精神贫困化的一种惊讶。黑格尔的这种正式复活与黑格尔并没有原初的关系,而是绕道通过一个自身已经得到复活的康德。"既然康德之后的哲学必然以其概念工作集中于理性体系的发展,那么,这事实上就是从康德经费希特和谢林导向黑格尔的一个必然进步,而在现代哲学从新康德主义到新黑格尔主义的进步中重复这一过程并不是偶然的,而是在自身中拥有一种实际的必然性。"[2]黑格尔像之前的康德一样,"在世代的转换中"经历到"承认的转换"!回到黑格尔的这一进步意味着,康德的理性批判要求一个历史的基础,在"文化科学"在历史科学中被精神如此有力地发展之后,他的自然科学批判必然被扩展到"文化科学"批判。但是,为了能够在概念上仔细钻研"理性价值"十分丰富的历史发展,需要首先说明精神世界原则的黑格尔哲学。"这是一种对世界观的迫切需要,它抓住了我们的年轻一代,它在黑格尔那里寻求满足。"但是,这种情调是由什么样的精神状况变迁造成的,这一问题被文德尔班拒绝了:"够了,它就在这里,它就在以强劲的力量爆发!"年轻一代出自形而上学

---

〔1〕 文德尔班:《序论》,I⁵,273以下。
〔2〕 文德尔班:《序论》,I⁵,第279页。

的荒芜而怀念"精神的生活理由",而特别是黑格尔那说明"现实的整体意义"的历史精神的普遍哲学迎合了这种需求。此外还有他的学说的"欢迎发展的乐观主义",借此他战胜了叔本华的悲观主义和尼采的无限制的个人主义。在这种意义上,回到黑格尔意味着一种进步,只是新黑格尔主义必须防止老黑格尔主义的"奇怪的外在性"和"形而上学的草率",人们必须剥去已死的外壳,坚持活的内核。但是,留下来的能结果实的内核是我们作为一个"被包括在发展之中的类"分有世界理性的认识。今天没有人还能够忽视,这个纲领无非是外壳,它那来自黑格尔的概念是一个乐观主义的市民阶级天赋的套话,绝对不会显露精神"强劲的"力量。

原则上以同样的方式,但强调黑格尔哲学的普鲁士因素和新教的自由意识,**拉松**也把黑格尔主义的任务理解为康德主义的一个结论,[1]并以作为普鲁士黑格尔学派和牧师的双重属性着手重新整理黑格尔著作这件功勋卓著的工作。但是,**艾宾浩斯**[J. Ebbinghaus]表明,从康德到黑格尔的道路是在多么薄弱的基础上重复的。[2]艾宾浩斯在明确表态拥护黑格尔的"绝对"唯心主义之后不久就又返回到康德,最终落脚在沃尔夫那里。

只有**克洛纳**[R. Kroner],在他的著作《从康德到黑格尔》中,以及在一部依据黑格尔的《文化哲学》中,认真地贯彻了文德尔班的规划。[3]克洛纳说道:"理解黑格尔,这意味着认识到绝

---

〔1〕 拉松:《什么叫做黑格尔主义?》,1910年。
〔2〕 艾宾浩斯:《相对唯心主义和绝对唯心主义》,1910年。
〔3〕 克洛纳:《从康德到黑格尔》,蒂宾根,第1卷和第2卷,1921年和1924年;《精神的自我实现》,蒂宾根1928年;以下参见:《黑格尔论体系与历史》,载《逻各斯》,1931年;《时间辩证法的说明》,载《第三届黑格尔大会论文集》,蒂宾根1934年,第153页以下。——关于对克洛纳的黑格尔主义的批判,请参见马尔克[S. Marck]:《当代哲学中的辩证法》,1929年,I。

对不能再超越他。"至于他尽管如此仍然有为当代而复活黑格尔的意图,其理由在于把当代的任务与黑格尔所完成的任务等量齐观。[1]虽然自此以来哲学思维的前提条件改变了,但为了支配这种变革,就需要重新吸取像黑格尔极为丰富地体现的那种古典传统。尤其是他实现了世俗意识与宗教意识的和解,克服了古代和基督教的对立,把希腊精神与德意志精神统一起来了。

在战争期间,黑格尔的理想与现实的辩证一致性被以爱国主义的方式简单化为:"德国的唯心主义与德国的现实感"据说(据拉松)[2]在黑格尔的哲学中和在世界大战中动人心魄地表现为"绝妙的统一";现实和理想据说(据克洛纳)[3]在德意志国家中"亦步亦趋地"相随和相伴。在这个哲学的战地发行的时代里,基督教—日耳曼的、或者更精确地说普鲁士—新教的自我意识的自我维护表明是学术上复活黑格尔的真正当代史意义。

假如这种黑格尔主义真正理解,我们生活和思维的前提条件——如它自己所说——已经从根本上发生了变化,黑格尔的世界已经不再是我们的世界,假如它认真地对待自己附带的认识,即黑格尔的命运就是费尔巴哈,[4]那么,它本来必定还把黑格尔哲学的**绝对**意义和**历史**意义之间的表面矛盾认作这样一种矛盾,这种矛盾之所以成为矛盾,仅仅是因为**我们**不再相信**基督教**和建立在基督教里面的精神的**绝对性**。但只有在这个前提条件下,黑格尔的终极史结构才能被理解为这样一个结构,与此相反,精神史

---

[1] 克洛纳:《从康德到黑格尔》,第 2 卷,第 X 页。
[2] 拉松:《什么叫做黑格尔主义?》。
[3] 克洛纳:《国家的理念与现实》,1930 年。
[4] H. 格罗克讷:《黑格尔》,I,第 XV 页以下;《黑格尔主义历史中的危机与变迁》,第 346—347 页。

的一种无限进步的理念也先天地排除了基督教的时间意识,包括它以由黑格尔所世俗化了的形式表现出来的。

因此,克洛纳的黑格尔主义中真正不一致的东西在于,他肯定了黑格尔精神的基督教性质,但却否定了在这里面确立的精神历史的结束,因为他不想承认,黑格尔的哲学事实上是基督教原则的完满实现,他在古代和基督教之间进行的调解不是"遗产",而是一个世纪前就被质疑了的东西。

为了解决"体系"与"历史"之间的矛盾,[1]克洛纳给黑格尔解释进一个过于现代、以致不能表现黑格尔特点的矛盾,即历史的有条件性和无条件的"效力"之间的矛盾,黑格尔以一种"做作的无所谓态度"容忍了这一矛盾。他一方面断言任何哲学都在思想中把握自己的时代,另一方面又断言精神永恒的绝对性。克洛纳首先试图以形式的—辩证的方法解释这两个论断的统一性。黑格尔慎重考虑的统一性把这二者统一起来,因为对他来说,历史自身是精神的一个作品。"历史不**仅仅**是历史,它同时是人类继续生产的精神,它是精神……定居的……并且不断扩建和改建的家园。"[2]克洛纳在这种意义上来理解他自己对黑格尔的进一步研究,从而也就误解了在它里面所包含的终点。这里他自己注意到,黑格尔以一种历史完成的意识,不像别的人那样以回顾的方式进行哲学思维,随后的时代似乎只是完美地证实了这种观点。[3]然而,克洛纳不是从这一**历史性的**难题出发解释所谓体系与历史之

---

[1] 为了对历史与绝对者的关系这一问题在原初的黑格尔学派那里如何表现出来获得一个概念,请参见关于迦布勒的命题的讨论:《论历史发展与绝对者的关系》,载诺亚克的年鉴,1846 年,第 4 期,第 99 页以下;以及 1947 年,第 1 期,第 150 页以下,和第 2 期,第 223 页以下。
[2] 克洛纳:《体系与历史》,第 248 页以下。
[3] 参见克洛纳在第二次黑格尔大会开幕式上的演讲,1931 年。

间的矛盾,而是提出这样的问题:黑格尔有什么理由能够"不顾"这种历史性的断念而为其体系要求"绝对的效力"?黑格尔把他自己体系的真理与自在自为的真理等量齐观,同时又史无前例地以历史的方式思维,而另一方面,他的哲学史又属于体系。他把历史的角度转化为一种体系的角度,以便避免历史相对主义的危险,从而解决了这一矛盾。

但是,历史相对主义是一个非常现代的问题(甚至不能再现代了),它对于黑格尔来说根本不存在。黑格尔的独特贡献不是把历史的角度转化为体系的角度,这一尝试是狄尔泰才做的,而是恰恰相反,是把体系的角度与历史的角度融为一体。关于各种哲学体系的一种历史的角度,即一种所谓的理念史或者问题史,从黑格尔以来才存在,这并不是偶然的。但在他那里,哲学真理的历史化却和效力一样同样离历史主义很远。对"自在"效力的现代要求历史地说是出自黑格尔**之前**的哲学,是新康德主义的一个公设。只有面对一个公设的自在真理,它的历史性才会陷入相对化其效力的历史主义之中。因此,并没有像克洛纳所希望的那样,凭借一种"超历史的"历史,凭借一种形式主义的论证,即精神的历史性的命题自身已经是超历史的,因为它对所有的时代都"有效",体系与历史的矛盾就得到了解决。当黑格尔让永恒的东西出现在暂时的东西中的时候,他并不以形式的辩证法为基础,而是以一种内容丰富的基督教逻各斯形而上学为基础。他的哲学如克洛纳也发现的那样,[1]自身包含着基督教对"万物终结"的意识,因为黑格尔完全是在**基督历史地**出现的**绝对意义**的意识中思维的。因此,把握"时间的整体"对他来说是可能的。他生活在"千年王国"之中,在它

---

〔1〕 克洛纳:《从康德到黑格尔》,第 2 卷,第 505 页。

里面,"所有我们的东西都重新被聚集起来","也就是说,在现实中——因为在思想上我已经很久都是生活在其中了"。[1]因此,并不是每一个任意的当代,而是只有像他那个当代一样是曾经存在过而且如今完整地在思想中获得的东西的"神圣链条"中的"最后一环"的当代,才对他来说就是"最高的东西"。就像在黑格尔那里一样,并不是每一个当代都"同时是开端和终结",并"正因为此而是绝对性",而是只有从泰勒士到普罗克洛并从那里一直到黑格尔的时代,才使得在"迄今为止"的现在之后设定一个终点成为可能。尽管黑格尔在字面上说,精神塑造的系列"如今"以他的事业结束了,但这并不"仅仅"像每一个"深信"他的体系的哲学家都必然说的那样,意味着"他的哲学是**迄今**达到的最高形态",[2]相反,这里所指的时间是"从时间到时间"[3]的时间,是黑格尔按照千年计数的时间,就像他按照其整体性的尺度度量各体系的真理一样。[4]只有一切神圣的时间,而不是每时每刻,才发生一种精神的"冲击",它从根本上改变了迄今为止存在过的东西的整体。因此,黑格尔的历史思维也绝没有中断,以便转入一种体系的思维,但在黑格尔**之后**却在时代精神中、从而也在体系思维中发生了一种根本性的变革。因此,黑格尔关于迄今为止的精神历史的命题并不具有和善的意义,"当代作为当代并不是也不能是历史考察的对象",[5]相反,这样的命题的"纯朴真理"应当是黑格尔在对一个终点的认知中完成精神的历史。但在这样的情况下,针对说他把自己的当代

---

[1] 《黑格尔往来书信集》,I,141。
[2] 克洛纳:《从康德到黑格尔》,第2卷,第506页,注。
[3] 《黑格尔全集》,XV,34、95—96。
[4] 《黑格尔全集》,XVI,174。
[5] 克洛纳:《体系与历史》,第256页。

理解为历史的终点的责难再来保护他也就不可能了。**经验的**事件发生无止境地继续进行,这对黑格尔来说是不言而喻的。与此相反,概念的历史事实上已在他那里结束。这样,黑格尔并没有不顾自己在历史上的断念仍然为自己的体系要求绝对的效力,而是由于自己的历史知识而能够也在一种杰出的意义上如此体系化,乃至前无古人,后无来者。在他对迄今为止全部精神史的总结中,重点并不像克洛纳所强调的那样在于"迄今为止",就好像他对未来未置一词似的,而是强调的整个"迄至今日",即"终于"世界精神来临,而这个整体是一个目的丰富的结果。至于将来会从中产生什么,黑格尔虽然不予决定,但并不是因为当代不能被历史地考察,而是因为现在有三个时期已经终结,黑格尔在概念上结束了历史。如果某人有的话,恰恰他自己就已经从回忆起的过去而与当代有一种历史的关系了。因此,他的那些最接近的继承人并非偶然地对预期的未来进行哲学思维,并由此出发把他们自己的时代看做是反义上的"历史的"。黑格尔把迄今为止存在过并且实现了的东西都当代化,相比之下,青年黑格尔学派对现存事物的批判则是在相反的方向上把即将来临的任务当代化。与此相反,新黑格尔主义既不谈过去也不谈未来,因为它错认了与黑格尔决裂的历史意义,不承认我们的"精神史"是以黑格尔精神的崩溃为开端的。

就连**朔尔茨**[Scholz]也试图解释黑格尔体系的绝对意义和暂时意义之间的所谓矛盾。[1]对于形式的考察来说,这一矛盾虽然还是一种没有彻底清除的不一致,但是,人们可以这样来解释绝对的要求,即黑格尔生活在第一次按照绝对者在应当表明在现

---

[1] 朔尔茨:《黑格尔哲学对于当代哲学思维的意义》,载《康德协会报告集》,1921年。

实中起作用、也就是说表明为"不断地将自身相对化"的情况下就必须怎样把握它的样子来把握它的意识中。他的体系的绝对性在这种情况下将处在一种绝对的相对主义之中,因为黑格尔——与康德相反——把绝对者描述为一个内在于现实中并且随时在场的精神。[1]

在自然哲学领域,朔尔茨把这种尝试看做是完全失败的,但在历史精神领域,他却把它看做是部分成功的,也就是说,如果人们把证明所有事件的意义解释为假说的方法,为的是克服与相信历史的意义相对立的——在黑格尔自己的意识中也是如此——困难的话。但无论如何,原则上赞赏黑格尔对于当代的意义的出发点是,哲学只是通过他才知道自己是时代的思想,而这个命题涉及哲学与我们生活的历史现实的全部关系。哲学的暂时性特征与其实体性内容的这种结合保证了黑格尔的持久意义。至于每一种哲学都是其时代的自我意识,这并不意味着哲学只是时代的一面镜子,而是意味着每一个世代都必须以新的力量并且以自己的方式来完成哲学的任务,这恰恰是因为从来不存在任何外在意义上的"永恒哲学"。积极地与哲学的暂时性特征对应的,是哲学不断地年轻化。只有当人们回忆过去是怎么回事时,才能衡量这一思想的影响范围。"在黑格尔之前,没有一个伟大的思想家敢于如此果断地将哲学置入生活的洪流中。他们都站在岸边,把在洪流之上架起一座永恒的桥梁看做是自己的任务。少数持不同见解者却又不是伟大的思想家,而是怀疑论者或者相对主义者。黑格尔的真正伟大之处在于,他与爱利亚主义一刀两断,但又没有哪怕是仅仅用指尖触摸一下确定意义上的怀疑主义和相对主义。命运

---

[1] 朔尔茨:《黑格尔哲学对于当代哲学思维的意义》,第31、39、59页。

竟然如此惠顾他,甚至这样一种东西的一点征兆也与他的出现无关。他的精神如此彻底地在绝对者里面安营扎寨,以致他那独特的相对主义只是从他那伟大的绝对性意识中产生出来的。"[1]因此,哲学成为一种排斥对过去体系进行修整的永恒事业。应当符合这种暂时性特征的哲学家,必须是时代最坚忍、最富有的精神,是一个具有最可靠的区分力量的人,以便能够把内容丰富的与毫无价值的、把充满未来的与单纯与时事相关的分离开来。由于黑格尔也把这深刻的批判与最广博的概览结合起来,所以他在亚里士多德和莱布尼茨之后第一个获得了一种不外在于哲学的历史地位。通过把过去的东西理解为继续起作用的东西,哲学成为时代的意识,历史连续性成为历史进程的原则——在黑格尔那里成为一种我们不再能同行的超越,因为一种**绝对的**连续性是与哲学的暂时性特征相对立的。但决定性的东西依然是精神自身的历史性的理解,只有黑格尔才以典型德意志的方式锻造了精神的概念。

至于黑格尔的历史哲学与维科[Vico]和赫尔德不同,没有一刻想到未来,这被朔尔茨解释为仅仅是对浪漫主义思辨的放弃,解释为"现实感"。原初的黑格尔学派把黑格尔的终极史结构理解为他的体系的封闭性的成问题的理由,而朔尔茨则把一种不可忽视的自我年轻化的动机置入黑格尔哲学的暂时性中;这种动机从黑格尔自己出发也不可证明,但黑格尔在与返回自身的精神的完全成熟相适应的精神的"老年"中想到过。不过,一个对判断黑格尔的意义来说具有决定性的问题是,是不是恰恰他的历史感的这一界限由他以后的德意志精神史充分地给予了辩护。但在这种情况下,他的历史精神形而上学对当代的意义就在于,它结束了

---

[1] 朔尔茨:《黑格尔哲学对于当代哲学思维的意义》,第46页。

作为一种"**基督教**"哲学的日耳曼哲学的时代。

对把我们与黑格尔分离开来的时代界限的清晰意识促使**普伦格**〔J. Plenge〕重新提出黑格尔对世界历史的态度问题，并且把马克思也纳入黑格尔研究。[1]他的探讨又为青年黑格尔学派——特别是鲍威尔——早在一个世纪之前就提出的那些问题打开了眼界。它开始于这样一个断定，即如果人们以哲学知识只想重复黑格尔自己已经更好地说过的东西的话，这是最配不上黑格尔的方式。这在他的眼中恰恰是精神的死亡，而精神的活力就在于完成新的分裂。"他将问我们，在我之后没有从外部和内部出现新的对立吗？形式的是分裂为各个专业的科学主义的经验科学，质料的则是从我自己的学派生长出来的、由我的辩证法滋养的、上升成为社会生活不可阻挡的命定进程的卡尔·马克思的社会主义。你们想回到我，把我当做一种胜利的肯定的承载者，你们太软弱了，无法越过对立赶上我，而是留在这些对立面前，就好像我的时代比我自己当时要设计它时还更古老、更成熟似的。"[2]黑格尔和马克思二位都认识到了所有人类生活基本的历史性，而我们的任务则是吸取他们的观点，但并不无批判地追随这一个或者那一个。[3]

黑格尔以及后来马克思观察我们世界体系的方式是受局限的，因为只是在19世纪才开始了那场"能量爆发"，其最终的表现就是世界大战和从世界大战产生的变革，黑格尔根本不可能预见到，马克思也只是在资本主义范围内才预见到。19世纪的发明和因这些发明而可能的对经济活动、社会活动和军事活动的组织，第一次开启了一个事实上囊括地球所有历史民族的"世

---

〔1〕 普伦格：《马克思与黑格尔》，1911年；《黑格尔与世界历史》，明斯特1931年。
〔2〕 普伦格：《马克思与黑格尔》，第13页。
〔3〕 关于普伦格正面的马克思批判，请参见第9—10页概括性的指点。

界"。鉴于这个新产生的世界,普伦格试图重新划分迄今为止的欧洲历史,从当代的立场出发规定黑格尔的历史位置。基督教的中世纪、所谓的近代和同样开始一个新时代的19世纪,是随着世界大战开始的新兴"世界体系"之前的一个历史进程的三个子时期,相比之下,黑格尔用基督教——日耳曼世界结束世界历史,还考虑到一个既不知道美洲和俄罗斯的世界历史意义也不知道与东方的新争执的欧洲。"在我们与黑格尔之间,有一个我们还缺少普遍承认的、确实说明其特点的名称的时期。'**资本主义时代**'只是指向……继续推进的经济形式……'**市民社会**'如果没有与'公民'这个词如此违背事实地结合起来的附加意义,听起来对于一种如此爆炸性的事件来说就确实太惬意了,而对于未来而言误解又很容易太危险,因为社会主义的劳动大军至少和市民阶级需要同样多的秩序。人们可以求助于把戈尔德贝格尔[Goldberger]在世纪之交关于美洲的著名说法……扩展到19世纪:'**可能性无限多的世纪**'!人类大步走向越来越高的技术成就和个人成功的狂喜对于这个经济复苏时期的幸运的获利者和胜利者来说倒是由此而恰切地说明了特点。但是,超出所有历史上曾经存在过的东西的发展过程的魔力则最好称之为'**能量的爆发**'。地球所有的力量都被开发出来,这种开发的后果征服了人类,把我们的社会拖入不可测度的、不受任何认识和意志驾驭的变化之中,这种变化……最终就罪责而言将出自共同的罪责在世界大战和世界革命中结束。在这里,借助研究的结果,现实的画卷扩展到无法测度的、但却估计到的**宇宙远处**……以致不可改变的法则的永恒平衡到处都丧失了……就连'**发展**'也成为无拘束地爆发出来的能量,从我们的头上一掠而过。就像人类社会被从其各种关系的所有井然有序的或者被作为秩序接受的整体规则中揪出来一样，对全部现实的完整概览也失去了。人们再也没有世界观了。人们有的是科学！没有其整个体系的联系秩序的专门科学……在这背后隐藏的只是严格的**对作为方法的科学的信仰**，这种方法以其可靠性甚至涉及终极的事物，从而也有把这种终极的东西理解为无前提的力量的倾向，人在其社会生活中虽然利用这种力量，但自己也是它的产品。……**物质就是能量！**弗里德里希·李斯特和卡尔·马克思二人也都是同样相信力量的。这就是真正的19世纪的世界，虽然它已经在黑格尔的眼皮底下产生，但黑格尔却对它没有任何思想预见。"[1]

通过世界的技术化而对时间和空间的征服——与种族和民族、民族和阶级的斗争相交叉——在一切领域里都迫切要求一个自觉地组织起来的世界体系，要求一个"世界组织的历史"，尽管人们无法知道，建造这个巴别塔连同其语言的混乱是否能够被导向一种永久的创造。与此相反，黑格尔想在当时的世界持存里面阐释绝对者。尽管他的目光远大而可靠，但他的世界观还是完全局限在基督教的—人文主义的历史主体上，虽然还在他有生之年，历史撰写就已经开始修正其传统画面，并通过新发现的东方历史原始资料来突破它。[2]但是，这样局限在欧洲内部世界的一个中等的切面上，在黑格尔的哲学立场中，也就是说在他的国家理念和宗教理念中还有更深层次的原因。对于黑格尔来说，法国革命是伟大的事件，他有意地忽略了从它产生出的各种可能性，尽管早在他那个时代就能够感觉到革命的时代已经开始。"他对从世界各地来到欧洲令人眼花缭乱的影响一无所知。这在于他的方法自身，

---

[1] 普伦格：《马克思与黑格尔》，第35页以下。
[2] 参见凯吉［W. Kaegi］富有启发性的文章：《伏尔泰和基督教历史观的崩溃》，载《光环》，第8年度，第1期。

因为辩证法一旦把什么东西甩在后面,这种东西作为被扬弃的环节虽然还悄悄地活在它里面,但从自己的权力出发却不能发挥本质上新的影响了。"黑格尔的体系的这种封闭性的最终原因在于他对基督教的态度。"对于黑格尔来说,基督是综合的革命者,他把处在其各种最外在对立的顶尖上的世界一劳永逸地为其思维聚合在一起。黑格尔毫无敬畏和同情地……以专心致志的科学激情把基督看做是众问题的问题,因为在他里面无限者成为有限的,因为他作为'一个这一位',在其生机勃勃的匆匆经历中,把万有包容在自身,最后指明了人在本质上的与神的亲密关系。"[1] 同时,在这一逻辑的概念进程中,基督教的十字架失去了任何原初的、人的权势,因为对于黑格尔世界的历史目的来说,本来新教的国家就已经够了。根据对基督教的超越世界的这种全面的精神化和世俗化,从真正的基督教的时代向近代的过渡在黑格尔那里就失去了其决定性的意义,从而近代就失去了历史进展的力量,这种进展在19世纪迅猛的进程中曾最终把它推向了第一次世界大战。近代干脆就成了自己知道自己、自己完成自己的基督教。"黑格尔没有看到现实观被改造成为一种全新的维度阶段,没有看到地球上的所有文化开始统一为一个惟一的活动领域,它使近代这个时期虽然仍然是世界性欧洲上升的整个进程中的一个时期,但相对于人类的所有过去、从而相对于世界性欧洲的时期以'基督性'时代为开端来说却注定要形成鲜明的对比。当然在这里依然如故的是,近代鼎盛期的世界优越性意识是建立在基督教臣服上帝的世界优越性意识之上的,并且上升成为受自己作品奴役的19世纪

---

[1] 凯吉:《伏尔泰和基督教历史观的崩溃》,第65页;参见马尔克:《当代哲学中的辩证法》,I,第57页。

在技术上的世界优越性意识！"[1]与他的方法的要求相反，黑格尔的历史构建也仅仅在表面上是以所经历的各种对立的最高和解和组织为结束的。事实上，它在政治上是以相互斗争的民族国家的彻底分裂、在宗教上是以分裂为各教派的新教为结束的，新教自身已经是公教的一个无法和解的敌手了。

黑格尔对于理解世界历史来说虽然有这些局限却依然卓越的成就，在19世纪只是受到马克思和李斯特的纠正，这二人与市民阶级的历史学家不同，力图快动手形成自己对技术和经济社会发展的世界意义的预见。"李斯特不怎么打听黑格尔，就把民族国家看做是历史的承载者，给予它经济武器，以期保证世界体系得以形成的与他人的权利平等。马克思作为黑格尔的精神继承人，完全与李斯特一样把经济和技术理解为人类真正的工作任务和生存基础，但恰恰因此也理解为阶级分裂和阶级斗争的温床，阶级斗争对于他来说成为一再重复的普遍对立，直到最终形成劳动的世界体系。我们选取他们二人，只是作为时代的事实如何把黑格尔的构建推到一边并给思维指出更简单的道路的表述。同时还作为回答黑格尔错误地回答或者根本没有回答、甚至没有看到的问题的尝试。是因其片面性而缺少黑格尔所要求的宽广性的不完善回答。"[2]而还要问的是，黑格尔历史哲学的基本概念是否可以用于塑造刚开始的世界时期，因而例如用于分析不同的文化以及对它们不予理会的整齐划一过程。[3]相比之下确定无疑的是，

---

[1] 凯吉：《伏尔泰和基督教历史观的崩溃》，第66页。
[2] 凯吉：《伏尔泰和基督教历史观的崩溃》，第70页。
[3] 参见列宁对黑格尔历史哲学的批判性判断：其中黑格尔在大多数情况下都已经过时并被马克思超越（《列宁哲学遗著》，马克思主义丛书第23卷，第175页）。

只有一个经马克思纠正了的黑格尔才让人真正认识19世纪的历史。"人们首先可以——用由马克思所发现的基本真理的正确措辞来说——把地球上所有力量的**利用**和征服、把此时从目的创造出的劳动手段、工具对社会实体的反作用看做是我们人类精神的

种暂时只在最接近的作品创作中才清楚可见的创造力的最强有力的作用。……但是,这在任何地方都是与黑格尔所走不同的道路。"[1]

对黑格尔的这种社会学的接受,其独特的表述只会吓退肤浅的读者;与它相反,20世纪的学院新黑格尔主义作为一种派生的教育产品则在马克思和索雷尔的历史洞见面前闭上了眼睛,忽略了19世纪的这些问题。所谓的马克思主义,只是通过国家社会主义的政治宣传以及在对它的论战性包装中,才为德国知识界所知的。

在德国,原初的黑格尔主义已经被遗忘,黑格尔的复活是通过新康德主义发生的,而在俄罗斯,40年代的黑格尔主义却在虚无主义、马克思主义和列宁主义中以一种从不间断的序列一种影响到当代,并创造了历史。当1931年值黑格尔百年忌辰举办国际大会时,一个大会在莫斯科,另两个大会在罗马和柏林,它们虽然相互拒斥,但又休戚与共,就像一个世纪之前的黑格尔左派和黑格尔右派一样。和当时一样,更为精致的教养在模仿者一边,而历史的力量却在要求进步并通过马克思来诠释黑格尔的人们一边。但在一点上,唯心主义辩证法和唯物主义辩证法两个党派都是一致的,即借助简单的操作就可以把黑格尔的积极精神哲学中的"死东西"和"活东西"彼此分离开来,分别地要么利用精神

---

[1]《列宁哲学遗著》,第71页。

的"内容",要么利用"辩证的"方法。[1]但是,真正面对黑格尔的调和作出的抉择,已经由马克思和基尔克果在相反的方向上完成了。至于黑格尔的这两位最坚决却彼此最对立的批判者还为他的概念所着迷,则表明了能够造成这样的极端的精神的力量。

---

[1] 参见克洛纳在第二次和第三次黑格尔大会开幕式上的演讲,以及卢那特沙尔斯基[A. W. Lunatscharski]:《黑格尔与当代》,载《新俄罗斯》杂志,柏林,1931年11月。关于克罗齐在黑格尔里面区分死东西和活东西,卢那特沙尔斯基说道:"就连我们也以我们的方式并且正确地把这和那区分开来。"

# 第三章　黑格尔的调和被马克思和基尔克果的抉择所瓦解

## 一、对黑格尔现实概念的一般批判

马克思和基尔克果的攻击恰恰把黑格尔统一起来的东西给分开了；两个人都颠倒了他的理性与现实的和解。马克思以政治哲学为批判对象，而基尔克果的攻击则针对哲学的基督教。但这样一来，就不仅发生了黑格尔体系的解体，而且也发生了市民阶级的—基督教的世界的整个体系的解体。对现存事物的这一彻底批判的哲学基础，是对黑格尔关于"**现实**"是"**本质与实存的统一**"[1]的概念的解析。争论主要涉及《法哲学原理》序言中的惟一一句话："凡是合理的就是现实的；凡是现实的就是合理的。"

我们即使在今天也还是很难想像这场争论的全部认真性和这句话早在黑格尔有生之年就已经引起的深刻刺激，因为我们作为19世纪的继承人，是把"现实"理解为完成了的"事实"和一种只是在黑格尔的实在唯心主义[2]崩溃之后才有可能出现的实在主义的"实在"的。但是，给予现实概念中的这种变迁以推动的，恰恰就是黑格尔，就是他史无前例地把现实的、当前的世界提升

---

[1] 黑格尔：《逻辑学》，拉松版，莱比锡1923年，II, 156以下。
[2] 参见黑格尔：《耶拿实在哲学》，莱比锡1932年，第1卷，第214页以下。

为哲学的内容。因为既然把意识的内容置入**思想**的**形式**从而对现实进行"反思"对于作为哲学的哲学来说如此具有本质性,那么另一方面,弄清楚哲学的**内容**无非就是世界或者可经验的现实的内容,就也是具有本质性的。哲学与现实的一致甚至可以被看做是它的真理性的一块外在的试金石。但由于并非所有和任何完全实存的东西都在同等的意义上和在同一尺度上是一种"现实",所以必须由哲学来决定,什么是一种仅仅"转瞬即逝的"、"没有意义的"和"偶然的"、"暂时的"和"凋萎的"实存。这样一种单纯偶然的、同样可以**不存在**的现实,不配享有一种真正现实的"强调的"名称。[1]由于对偶然的实存与现实作出这种区分,黑格尔就可以把出自《法哲学原理》序言的说法完全看做是"简单的"命题,而对于后人来说,这两个命题却是极其歧义的,要看他们强调的是前一个命题还是后一个命题,从而是仅仅把合理的东西的现实性还是仅仅把现实的东西的合理性当做解释的尺度。不过,《法哲学原理》第二版的编者 E. 甘斯还不能在黑格尔的命题中发现任何暂时的东西,并针对它所遭受的攻击把它当做一个简单的真理来维护。因为"平实地解释",他想说的不多不少,无非是"真正合理的东西为了符合自己的本性总是要进入世界并获得在场,而真正在世界上持存的东西也在世界上拥有它所固有的合理性的辩护"。[2]尽管如此,黑格尔的命题仍很少是不言而喻的,这一点产生自以下事实,即黑格尔还必须为它作辩护,尤其是从他作出这一命题的方法方式出发。也就是说,针对反感现实的理性的神学家和哲学家,他诉诸于**上帝**和**世界**。黑格尔认为,对于神

---

[1] 黑格尔:《哲学全书》,第 6 节;参见第 24 节,附释 2;第 213 节,附释;第 445 节,附释。
[2] 《黑格尔全集》,VIII$^2$, X。

学家们来说,这一命题必然是直接明了的,因为上帝统治世界的学说自身就已经宣布了这一命题;而哲学家们也必须有如此之多的教养,来知道"不仅上帝是现实的",而且他是"最现实的,惟有他才真正是现实的"。因此,把理性与现实等量齐观——如同"理念"的生效——其理由出自 种哲学,这种哲学同时是神学,它的最终目标是:通过对神性事物和尘世事物的一致性的认识来最终造成"自我意识的理性"与"存在着的理性"即现实的和解。黑格尔使理性与现实和解的真理遭到了卢格和费尔巴哈、马克思和基尔克果的反对,他们所使用的方式也已经预告了从海姆到狄尔泰的论证。

恰恰由于**卢格**在原则上接受了黑格尔关于现实是本质与实存的统一的概念,他也就能够针对黑格尔在国家哲学中对这一原则的解释提出,他把某些自身转瞬即逝的历史的实存在普遍本质的意义上绝对化了。以这种方式,理性在黑格尔那里离开了精神当前的、现实的生活,失去了对政治实存自身的"兴趣"。[1]他把读者置于一个双重的地基上,因为他时而把一个普遍的本质置于个别的实存下面,时而把一个历史的实存置于普遍的本质下面。[2]

**费尔巴哈**的批判所涉及的不是逻辑规定相对于**历史**实存的失效,而是它们与对他来说是现实事物的尺度**感性**实存的不相称。[3]作为感性的实存,现实**直接**表现为它所是的东西;但对于费尔巴哈来说,直接性并不像在把存在与中介的精神活动相联系规定为非**间接的东西**的黑格尔那里一样,意味着仅仅尚未**被中**

---

〔1〕 参见前文第二章第二节 2 的后半部分。
〔2〕 参见海姆:《黑格尔及其时代》,第 368 页以下,第 387 页以下,第 462 页。
〔3〕 参见海姆:《黑格尔及其时代》,第 91—92 页。

**介的存在**。由于思辨思维**在其自身内部**与作为直接的东西的存在相对立，它表面上能够毫无困难地扬弃现实存在与思维之间的对立。[1]与本身就是思维的存在的这种杜撰的直接性相对立，费尔巴哈坚持直接的—感性的现实的积极性质和原初性质，但它尽管如此仍不是没有思想的不言而喻的东西。因为比人们必须从自身出发走向的对象性现实的感性直观更容易理解的，是关于某物的单纯主观的表象，它在被表象者中能够继续与自身同一。因此，要想使感性直观表现存在者的现实性，就需要一种从东方的梦幻世界到希腊的明见性的类似转变，后者第一次使我们看到存在者未被歪曲的样子。[2]与此相反，黑格尔思辨的理智直观是一种与自己本身同一的建构性思维，它所达到的东西，并不是**这个**现实世界，而仅仅是一个神学的幕后世界的此岸化。从基督教神学出发，也可以解释黑格尔关于现实事物的理性的命题。"思维与存在的统一……仅仅是理性的神性表述，是……理性就是绝对的本质、是一切真理和实在之总和的表述，是不存在理性对立、毋宁说理性是一切的表述，就像在严格的神学中上帝是一切，即是一切本质性的东西和真正存在的东西一样。"[3]只有与一个思想的思维相区别的感性存在，才像一个不可收买的见证人一样，证实了作为一个存在者的独立现实的真实存在。但对作为思想家的思想家[4]来说，不存在现实的存在和实在的实存，不存在此在和自为存在，但它们对于感性思维的人来说是存在的。[5]

---

〔1〕 费尔巴哈：《未来哲学原理》，第 24 条原理。
〔2〕 费尔巴哈：《未来哲学原理》，第 43 条原理。
〔3〕 费尔巴哈：《未来哲学原理》，第 24 条原理。
〔4〕 费尔巴哈：《未来哲学原理》，第 51 条原理。
〔5〕 费尔巴哈：《未来哲学原理》，第 26 条原理。

借助对感性实存的、随时确定的和内容丰富的现实的坚持，费尔巴哈自觉地放弃了对于所有的存在者都可以用同样的方式说出的无区别的存在的本体论问题。[1]对于纯粹的本体论思维来说，这一感性确定的"这个"与前者并没有本质的区别，因为这个的逻辑形式对于感官的所有确定性来说都是同样有效的。[2]黑格尔的感性确定性的辩证法就这样把现实的、个别的"这个"扬弃在一般逻辑的东西里面，尽管后者只是一个词，而惟有前者才是一个事物。但是，就像词已经不是事物一样，所思和所说的这个也已经不是一个感性的—现实的存在，后者的实存对我来说是一个与时俱进的"实践"问题。因为存在的秘密并不显示给普遍者的思维，而是显示给感性的直观、感觉和情欲。"只有情欲"，费尔巴哈与基尔克果一致地说，"才是实存的标志"，因为事实上只有对它来说，事情的关键才在于某物存在或者不存在；与此相反，对于单纯理论的思维来说，这一实践的区别是毫无兴趣的。[3]即使单纯的感觉，对于存在的认识来说就已经具有一种基本的、不仅仅经验的意义。在腹中空空的感觉中，要求进食的饥饿为一种现实实存的存在的丰富性展示了一个生动的理解。就像爱和情欲一样，对于事实上涉及一种"存在"的此在来说，它是一个"本体论的证明"。只有改变我的状况的东西、令人愉悦和令人痛苦的东西，才由此也说明它"存在"或者短缺。只有一种被直观、感觉和情欲所干扰，并非一味在自身中自己运动的思维，才能够也

---

[1] 费尔巴哈：《未来哲学原理》，第27条原理。
[2] 费尔巴哈：《未来哲学原理》，第28条原理。
[3] 费尔巴哈：《未来哲学原理》，第33条和第28条原理，以及《费尔巴哈全集》，I，256。

在理论上理解什么是"现实"。[1]

即便是马克思和基尔克果,也根据现实实存的概念来确定自己的黑格尔批判。卢格主要集中于**集体**的**伦理的—政治的**实存,费尔巴哈集中于活生生的人的**感性**实存,马克思集中于**群众**的**经济**实存,而基尔克果则集中于**单个人**的**伦理的—宗教的**实存。在卢格那里**历史**的实存显示给政治上理解的"**利益**",在费尔巴哈那里**现实**的实存显示给感性的感觉和情欲,在马克思那里**社会**的实存显示给**作为社会实践的感性活动**,而在基尔克果那里,**伦理的现实**则显示给**内在行动**的激情。

关注"现实"的,还有 40 年代的俄罗斯和波兰的黑格尔学派。在他们那里,他们研究黑格尔的实存性主题以一种只有斯拉夫人才特有的直率和坦诚表现出来。俄罗斯知识界之区分为 Westler(**亲西方派**)和 Slawophilen(**斯拉夫派**),在哲学上是由**赞同黑格尔**及其学生还是**赞同谢林**反对黑格尔的斗争所决定的。但由于即便是谢林的一种现实的积极哲学的要求,也是以黑格尔关于把现实当做哲学的惟一内容来把握的要求为条件的,所以俄罗斯对德国哲学的研究在两方面都是由黑格尔规定的。当时在德国学习的俄罗斯人的书信证实了这一点,对于他们来说,"德国"和"黑格尔"差不多是一回事。

**基勒耶夫斯基**[J. W. Kirejewski, 1806—1856][2]沿着他从依据西方到依据斯拉夫的道路发展了一个命题,即整个西方思维

---

〔1〕 费尔巴哈:《未来哲学原理》,第 48 条原理;参见《费尔巴哈全集》,II,258;《马克思恩格斯全集》,III, 161。

〔2〕 基勒耶夫斯基在 1830 年还听过黑格尔本人的课,并且与 E. 甘斯有特别的交往。他最重要的论文已译成德文发表:《三篇论文》,慕尼黑 1921 年(《19 世纪》,1832 年;《论欧洲文明的特征及其与俄罗斯文明的关系》,1852 年;《论重新为哲学奠基的必要性和可能性》,1856 年)。

都缺少精神人格与现实的一种完完整整的关系。他把西欧自从罗马与拜占庭分裂以来出现的教会和国家以及信仰同知识的关系看做是这一命题的决定性理由。理性过分抬高和西欧思维分裂的结果是18世纪的解构性理念及其对基督教的错误态度。在黑格尔的哲学中,全欧洲对理念和现实的可组织性的信仰达到了其最高的实现。但由于黑格尔从人的自我意识出发把精神世界的建构推进到一个无法超越的巅峰,他同时也就为谢林证明这种从活生生的现实异化的思维方式的"否定性"创造了基础。"这样,今日西方哲学的处境就是,它在对所有理性抽象受限制的有效领域的意识中既不能沿着这条道路继续前进,也不能找到另一条新的道路,因为它的全部力量都在建设旧的抽象的理性主义时已经用光了。"[1]与此相反,俄罗斯在它的隐修院和希腊教父们的学说中还保存着原始基督教的传统,从而把所有的精神能动性都集中在完整的、未被撕裂的人身上。"西方的人没有能力把握各种精神能力的活生生的联系,就这种联系而言,没有一种能力能够离开其他能力进行活动。西方的人缺少对灵魂的那种独特平衡的理解,这种平衡表明了在正教传统中受教育的人的特征,直到外部的姿势和表情。他的举止甚至……在命运的多事之秋也总是还表现出……一种最终的深沉的安宁,一种克制、尊严和谦恭,它们证实了灵魂的平衡,证实了生活意识深刻的内在和谐。与此相反,欧洲人总是表现得心醉神迷,态度公事公办甚至装腔作势,在其内在的和外在的举止中充满了永恒的不安,他甚至试图以极度的努力使它获得一种人为的平衡。"[2]但如果欧洲有朝一日放弃其错

---

[1] 基勒耶夫斯基:《三篇论文》,第114页。
[2] 基勒耶夫斯基:《三篇论文》,第121页。

误的基督教的原则，并回到前基督教思维的阶段上，那么，它也许就又有能力接受真正的学说了，这种学说既不臣服于理性也不与它对立。

M. 巴枯宁（1814—1876）最初把黑格尔的哲学解释为一种"新的宗教"，希望的是能够通过完全献身"绝对者的生命"也解决自己所有切身的问题；他甚至想从黑格尔哲学的立场出发来决定自己兄弟姐妹的生活道路。"一切都有生命，一切都因精神而有生命。只有对一只死的眼睛来说现实才是死的。现实是上帝永恒的生命。……一个人越有生命，他就越被自我意识的精神所渗透，现实对他来说就越有生命。……**凡是现实的，就是合理的**。精神是绝对的力量，是一切力量的源泉。现实是它的生命，从而它是万能的……"[1] 在由他翻译的《黑格尔中学讲演录》的导论中，他宣布了与现实和解的必要性，并极端乐观主义地为黑格尔的命题做好了准备。因为对现实进行革命与在自身中消灭任何活的生命源泉是一回事。"与现实的和解在……所有生活领域里都是我们时代最重大的任务；黑格尔和歌德是这一和解、这一从死到生的返回的总代表。"[2]

启蒙思想家**别林斯基**[W. G. Belinskij, 1810—1848] 由此得出了进一步的结论。他写信对巴枯宁说："在我的精神的锻炉中，锻造出现实这个伟大的词的一种特殊的意义。我注视着我过去如此轻视的现实，不禁发抖……因为我理解了它的合理性，因

---

[1] D. 契采夫斯基：《黑格尔在俄罗斯》，包含在其论文集《斯拉夫人看黑格尔》中，第 193 页以下。这番精彩的描述和分析下面还要利用，它第一次揭示了黑格尔的全部历史影响。参见雅科文科 [B. Jakowenko]：《论黑格尔主义在俄罗斯的历史》，布拉格 1934 年；科尔 [A. Koyre]：《黑格尔在俄罗斯》，《斯拉夫世界》，第 2 卷，1936 年。

[2] 契采夫斯基：《斯拉夫人看黑格尔》，同上，第 196 页。

为我看到人们不可以从它清除任何东西,不可以对它有任何指责……""现实啊!我起床时说,睡觉时说,白天说,夜里说。而现实环绕着我,我到处感觉到它,在万物里面,甚至在我自己里面,在我身上天天可以发现的新变化里面感觉到它。""我现在每天都遇到实践的人,生活在他们的圈了里面对我来说不再是困难的事了……""我判断每一个人,都不是按照某种过去准备好的理论,而是按照他自己所提供的资料,我渐渐地知道如何与他正确地处关系,因此所有人都对我感到满意,我也对大家感到满意。我开始在谈话中找到与人们的共同利益,而我过去根本无法想像与他们共同生活。我对每一个人所要求的也仅仅是人们可以向他要求的,因此我从他那里得到的也只是善而不是恶……""不久前,我发现了一个伟大的真理,它过去(迄今为止)对我来说是一个秘密。……我认识到,不存在出卖自己天职的堕落的人。我如今不再轻视任何通过一次婚姻使自己毁灭、在职务上熄灭自己的理智和天分的人,因为这样一个人根本没有过失。现实是一个装备有铁牙的怪物,谁不自愿地献身于它,它就强行抓住此人并吞噬之。"[1]在对黑格尔的强调的现实的这种俄罗斯式解释中,蕴含着别林斯基独特的激情,这种激情促使他不要"蓝天"的无限,而是使"厨房的现实"与理性的公路和解。[2]他不再是浪漫主义的,而是要服务于俄罗斯的现实——直到彻底地承认俄罗斯的专制主义,由此他与自己的所有朋友都分道扬镳,最终甚至陷入一场危机,这场危机使他在巴枯宁和赫尔岑的影响下,走到了黑格尔左派一边,成为俄罗斯现实的反对派。早在上述致巴枯宁的信

---

[1] 契采夫斯基:《斯拉夫人看黑格尔》,第222页。
[2] 参见果戈里[Gogol]的《死魂灵》,第7章,对平凡诗人的颂扬。

之后两年,他就为自己所谓追求与糟糕的现实和解而感到懊悔。人的人格胜于整个世界历史,海涅胜于所有原封不动地为现实辩护的"职业思想家"。[1]"我很早就在猜测,黑格尔的哲学只是一个契机,也许是一个重要的契机,但它的结果的绝对性质却成了恶魔,宁死也不能顺从地接受它。……主体在他那里不是目的自身,而只是普遍者的一种短暂表述的工具,而普遍者对他来说则是一个蜥蜴,因为这普遍者在它(主体)里面趾高气扬,然后像对待一条旧裤子一样把它扔掉。我有特别的理由生黑格尔的气,因为我感到,我(在基本情绪上)是忠实于他的,以致我就不能与俄罗斯的现实和解……黑格尔关于道德的所有废话都是纯粹的胡说八道,因为在思想的客观王国中不存在道德,就像在客观的宗教中不存在道德一样。——主体、个人、人格的命运比整个世界的命运、比中国皇帝(即黑格尔的普遍性)的健康更重要。"[2]作为与现实的真正和解,在他看来是卢格当做理论的实践化所宣传的东西。[3]黑格尔哲学在他看来虽然还是教养的最高巅峰,但同时也是向一种新的世界形态的过渡中的自我解体,而避开黑格尔就有了脱离哲学自身的意义。

在根本上斯拉夫风格不减,但在概念的严格性和所提问题方面与德国的黑格尔主义几乎无法区别的,是波兰伯爵 **A. 契斯克夫斯基**的哲学(1874—1894)。[4]他于1832年在柏林大学学习,听过密什莱、霍托[Hotho]、魏尔德[Werder]、甘斯、

---

[1] 《俄罗斯大师书信》,诺采尔[K. Nötzel]编,慕尼黑1922年,第177页和第179页。
[2] 契采夫斯基:《斯拉夫人看黑格尔》,同上,第226页。
[3] 参见与卢格的书信往来、《马克思恩格斯全集》,I/1,566。
[4] 以下参见 W. 屈内的专著《契斯克夫斯基——黑格尔和德国精神的一个学生》,该著特别探讨了契斯克夫斯基与密什莱的关系,这里敬谢利用。

亨宁和埃德曼的课。他对德国人的印象是，他们是极为"综合"同时又"抽象"的民族。"他们根本没有**具体的生活**。一切都在德国得到一种健康的、强有力的赞同，但所有这些因素都缺少一种有机的、和谐的**协奏**。一切都流散在各种局部性中，它们的整体画面却是一个抽象物，是一个幻觉，是一种 caput mortuum［死脑筋］。科学与生活、观念性与实在性被彼此分开。永远是非此即彼。"[1]契斯克夫斯基试图在斯拉夫文化的精神中把理论与实践、科学与生活的这种相互的"异化"扬弃在一种"行动的哲学"中，他把这种行动的哲学建立在一种"基督教主义"的彼岸，据说就是这种基督教主义把黑格尔的逻辑主义引回到基督之言的原初逻各斯的。[2]他把黑格尔的哲学看做是一种通过从思维的环节跳跃到意志的环节就可以克服的终极状态，因为只有意志才能够开启一个新的未来。[3]另一方面，黑格尔的完成也解释了契斯克夫斯基返回到希腊哲学初始状态的哲学起源的理由，[4]就连马克思、基尔克果和拉萨尔在面对黑格尔那里的终点时也让人注意这种哲学起源。他对黑格尔的研究首先涉及黑格尔的"普遍性"概念。真正的精神不是一般的、非人格的思维，而是"完满的自己"的精神行为。[5]黑格尔多半把普遍与特殊对立起来，并把二者都扬弃在现实的个别性中——但有时也把特殊和个别与普遍对立。契斯克夫斯基用以下理由来解释

---

[1] W. 屈内:《契斯克夫斯基——黑格尔和德国精神的一个学生》，第 429 页。
[2] W. 屈内:《契斯克夫斯基——黑格尔和德国精神的一个学生》，第 264 页以下。
[3] W. 屈内:《契斯克夫斯基——黑格尔和德国精神的一个学生》，第 28—29、43—44、65—66 页。
[4] W. 屈内:《契斯克夫斯基——黑格尔和德国精神的一个学生》，第 73 页。
[5] W. 屈内:《契斯克夫斯基——黑格尔和德国精神的一个学生》，第 22、45、98 页。

这种术语上的不确定性,即在黑格尔那里,普遍在任何情况下都是超越者,以致他虽然保证达到具体的一,但却把个别交给普遍性,把主体交给实体。在契斯克夫斯基看来,个别性与普遍性都可以在其中扬弃的第三个环节是精神在神的位格中完全的个体化。只有这样,实体才事实上成为主体。[1]这就是说,契斯克夫斯基想在德国精神哲学的框架内部达到基尔克果针对普遍者的思维以悖论的方式阐发的基督教立场。他的目标是积极生活的哲学,对于这种哲学来说,上帝是在自身中完成的、自由地从自身出发进行创造的自我。[2]

从这种立场出发,就产生了也是对黑格尔的历史哲学的一种决定性的纠正,契斯克夫斯基在其《历史智慧导论》[3]中作出了这种纠正。与黑格尔把历史划分为东方世界、希腊罗马世界和基督教日耳曼世界不同,他提出了三分法:古代至基督,基督教日耳曼世界至黑格尔,作为第三的是未来;未来不仅仅存在于先知们那里,而在根本上是任何历史性的一个一体化的组成部分,因为历史并不是一个必然的进程,而是一种自由的、负责任的行为。我们就处在未来历史的开端,它应当带来前基督教世界形态和基督教世界形态的合题。作为未来世界的具体问题,他在自己的作品中探讨了**基督教**和**政治社团**的改革。[4]

---

[1] W. 屈内:《契斯克夫斯基——黑格尔和德国精神的一个学生》,第 93 页以下、第 96 页。
[2] W. 屈内:《契斯克夫斯基——黑格尔和德国精神的一个学生》,第 110 页。
[3] W. 屈内:《契斯克夫斯基——黑格尔和德国精神的一个学生》,第 13 页、第 25 页以下;参见克罗齐:《论黑格尔》,巴黎 1913 年,第 149 页以下。
[4] W. 屈内:《契斯克夫斯基——黑格尔和德国精神的一个学生》,第 89 页以下、第 251 页以下、第 14 页、第 161 页、第 179 页以下、第 347 页。

## 二、马克思和基尔克果的批判性抉择[1]

### 1. 马克思

马克思在他的《黑格尔法哲学批判》中,并不否定黑格尔的原则,而是仅仅否定由他自己所断言的理性与现实以及普遍本质与个别实存的统一的具体落实。但是,政治实存的本质是共同体的城邦性质,是"政治的普遍性"。"黑格尔应该受到责难的地方,并不在于他如实地描写了现代国家的本质,而在于他用现存的东西来冒充**国家的本质**。"[2] 由于他把经验神秘化,他的唯心主义的解释就成了在哲学上为实际现存的东西作辩护的"最极端的唯物主义"。他在市民社会和国家之间所作的调和并没有现实地扬弃私人的—利己的实存和公共的—共同的实存之间的矛盾,毋宁说,它们恰恰通过调和而表明这种矛盾是不可扬弃的。"黑格尔把市民社会和政治社会的分离看做一种**矛盾**,这是他较深刻的地方。但错误的是,他满足于只**从表面**上解决这种矛盾。"[3] 实际上,市民社会"真正的人"是当今国家宪法的私人,因为国家自身的抽象和私人生活的抽象是一个共存的对立。[4] "因此,他要成为**真正的公民**,要获得政治意义和政治效能,就应该走出自己的市民现实

---

[1] 以下马克思与基尔克果的对比同时也是对尼采和基尔克果的对比的一种校正,后者迄今为止被视为惟一有意义和有成果的对比。作者在尚未就其全部范围纵览与马克思的历史联系时,也曾为这种对比作出贡献。——参见拙作《基尔克果与尼采》,法兰克福1933年;雅斯贝斯 [K. Jaspers]:《理性与实存——第一次讲演》,格罗宁根1935年;柏姆勒 [A. Baeumler]:《德国精神史研究》,柏林1937年,第78页以下;J. 瓦尔:《基尔克果学派研究》,第207页以下、第429页以下。

[2] 《马克思恩格斯全集》,I/1, 476(中文版第1卷,第324页。——译者注)。
[3] 《马克思恩格斯全集》,I/1, 492(中文版第1卷,第338页。——译者注)。
[4] 《马克思恩格斯全集》,I/1, 437、499。

性的范围,摆脱这种现实性,离开这整个的组织而进入自己的个体性,因为他暴露出来的**个体性**本身是他为自己的公民身份找到的惟一的存在形式。要知道,作为政府的国家,它的存在是不依赖于他而形成的;而他在市民社会中的存在也是不依赖于国家而形成的。只有在同**各种单独存在的共同体**的矛盾中,只有作为**个人**,他才能成为**公民**。他作为公民而存在是他所真正隶属的任何**共同体**以外的存在,因而是纯**个体**的存在。"[1]

作为公民,资产者对于自己来说必然是某种与自己不同的、外在的东西,是异己的——完全就像他的私人生活处在国家的另一面那样异己和外在。他的国家是一个"抽象的"国家,因为这个国家作为官僚体制的统治力量抽象掉了其公民现实的、即私人的生活,就像后者作为个体的人抽象掉了它一样。只要现实的生活关系以私人事务和公共事务的分离为前提条件,人作为国家成员的规定性就必定依然是一个抽象的规定性。[2]作为一个与生活公共的普遍性分离的私人,他自己是以私人的方式被规定的。在共产主义集体中则恰恰相反:在它里面,个人是作为**个人**参加作为**他们的**公共事务的国家的。就像马克思作为黑格尔学派所理解的那样,共产主义是无本质的实存关系的真正解决,是本质的理性与作为集体实存的人的现实实存的社会同一性。黑格尔只是在思想中使二者和解,而实际上却使私人的—个别化的实存和公共的—共同的实存之间有历史条件的矛盾成为他的阐述的内容。

无论是在古代,还是在中世纪,都不存在这种现代的矛盾。因为古代的真正私人是不参与集体从而也根本不是完全意义上的

---

[1]《马克思恩格斯全集》,I/1,494(中文版第 1 卷,第 340 页。——译者注)。
[2]《马克思恩格斯全集》,I/1,538。

"人"的奴隶。[1]在中世纪，每一个私人的生活领域都同时意味着一个公共的—团体的生活领域；虽然人不是自由的，但人民生活与国家生活是同一的。只有法国革命才与仅仅政治的国家的抽象同时造成了私人生活的抽象，并把资产者的自由理解为对国家的消极自由。但真正的自由是在一个"自由人的联合"中最高联合的自由。然而，自由的感觉随着希腊人而从世界上消失了，平等的感觉随着基督教而消失在天国蓝色的迷雾之中了，只有对现存的实存关系的一种彻底革命才能够也造就一个扩大为世界城邦的城邦，即无阶级社会的"真正民主"，在现代社会的元素中实现黑格尔的国家哲学。只有在这个未来的城邦中，世界才能够在事实上成为我们的世界，成为我们的世界自身同类的他在，相比之下，市民阶级的私人在自己的公共世界中必定依然是异己的。

在与这种哲学上的共产主义的外在对立中，基尔克果把私人极端化为"个别的人"，用自我存在的内在性与群众关系的外在性相对立。对于他来说，被个别化的实存的两个无与伦比的榜样，是雅典城邦的苏格拉底和与整个由犹太人和异教徒组成的世界对立的基督。

## 2. 基尔克果

在《论讥讽的概念》的最后几页，基尔克果暗示，"把科学的结论"——指的是黑格尔的结论——"翻译成亲身的生活"，亲身"接受"它们，是"时代的任务"。因为如果某人终生教导"现实"具有绝对的意义，但却除了宣布这种智慧之外，至死也没有让它获得别的效能，这是滑稽可笑的。作为证明现实的一种途径，可

---

[1]《马克思恩格斯全集》，I/1，437。

以利用讥讽的否定性，它通过对现实作出应有的强调而教人"使现实成为现实的"。[1]当基尔克果在结束了自己的博士论文之后来到柏林听谢林讲课的时候，他期望从积极哲学中获得一种他在黑格尔那里找不到的对现实的解释。一段日记写道："我如此高兴地听了谢林的第二次课——简直无法描述。长久以来我一直在叹息，而思想也在我里面叹息；当他在谈到哲学与现实的关系时提到'现实'这个词的时候，思想的胚胎在我里面就像在伊丽莎白里面一样高兴得直跳。我几乎能回忆起他从这一刻起所说的每一个词。这一下可要豁然开朗了。就是这个词，使我想起我所有的哲学痛苦和磨难。"[2]这一期待接踵而至的是失望："我的时间不允许我一点一滴地服用我难以张嘴一口吞下的东西。我年纪太大了，已经不能再听课了，就像谢林年纪太大了，已经不能再讲课了一样。他关于潜能的全部学说都表现出极度的无能。"[3]对黑格尔和谢林的失望的一个余音是出自《非此即彼》的一段格言："如果人们听哲学家谈论现实，那么这经常和人们在一个旧货商的橱窗里

---

[1] 基尔克果：《论讥讽的概念》，第274页。《日记》，I，169。
[2] 基尔克果：《日记》，I，169（=《基尔克果全集》平装本，IIIA，179）；参见像罗森克兰茨这样一位如此审慎的学者同样充满期待的紧张心情："谢林的就职演讲到了。我一字不漏地听下来了。哪怕他仅仅实现他所许诺的一半，他结束自己的生涯时也将比他开始时伟大得多。他拥有极高明的引起人们注意力的艺术。他想使人类超出其迄今为止的意识。如果他做到了这一点，那他就不仅仅是一个哲学家，他就是一个宗教创始人了。"另一段话又写道："今年就是谢林，一直是谢林。而他也配得上这样。一个伟大的人物是怎样把一切都推动起来！从围绕真理的严酷斗争的领域开始直到低级的激情的领域……一切都通过他而被激动上来了。当迦布勒被任命为黑格尔的后继者的时候，人们谈论他达4个星期之久。然后他就永远被了结了。现在一个月又一个月地过去了，所有的报纸、杂志、小册子都完全在谈论谢林。柏林的一切都在改变思路。某些黑格尔信徒在悄悄地与自己进行外交谈判，谢林是否有理由反对黑格尔，以及自己是否必须公开地改宗。"（《日记选》，第79—80、107—108页；参见恩格斯：《马克思恩格斯全集》，II，173—174）
[3] 基尔克果：《日记》，I，176。

看到一块牌子上写着'此处轧衣'几个字一样将人引入歧途。如果有人拿着洗过的衣物来让轧平,那就上当受骗了。牌子挂在那里只是为了出售。"[1]自此之后,在基尔克果的作品中,贯穿着对哲学借助理性把握现实的要求的一种或多或少明确的论战。

至于黑格尔对现实失灵的原因,基尔克果并不像马克思那样认为是原则缺少一贯性,而认为是黑格尔在根本上想把本质与实存合为一体。正是因为这一点,他从来也达不到对一种"现实的"实存的描述,而总是仅仅达到一种观念上的"概念实存"。因为把握某物的本质或者某物是**什么**的,是普遍的本质,而把握某物实存或者某物**实际**存在的,则是随时的个别此在,是我的和你的各自独有的实存,对于它来说,它存在还是不存在,是某种决定性的东西。[2]基尔克果的黑格尔批判又返回到**康德**对上帝存在的本体论证明的批判,以便表明自己本质与实存的区分是"对实存的惟一诚真可靠的思维"。[3]至于实存把思维与存在"隔离"开来,黑格尔却无法理解,因为他不是作为人,而是以一种特殊的才能的差异作为职业思想家进行思维的。他从存在所把握的,只不过是它的概念,却不是它的现实,后者每次都是一种个别的现实。[4]但是,个别性的范畴并不是诸多范畴中的一个,而在根本上是现实的一个杰出的规定;因为按照亚里士多德的说法,就已经总是只有"这个确定的某物"、在此时此地存在的个别者才是现实地

---

[1]　《基尔克果全集》,I,29。
[2]　基尔克果:《日记》,II,127—128。
[3]　基尔克果:《日记》,II,86;参见费尔巴哈:《未来哲学原理》,第22条和第25条原理;关于黑格尔的批判:《逻辑学》,拉松版,I,74—75;《黑格尔全集》,XII,368以下。
[4]　《基尔克果全集》,VI,207;VII,3、27以下;参见费尔巴哈:《未来哲学原理》,第24条原理。

实存的。[1]在黑格尔关于概念的学说中,个别性虽然还被要求为惟一现实的东西,但却是在与特殊和普遍的无关紧要的调和中。[2]对他来说,个别的现实意味着普遍在自身中反映的、特别的被规定性,因而个别的人也就意味着普遍的人之为人的一个特别的被规定性,而普遍的人之为人的本质也就是精神。基尔克果虽然并不否认人之为人的普遍性,不否认普遍的人的东西,但认为它只有从个别的人出发才是可以实现的,与此相反,在他看来,精神普遍的东西(黑格尔)和人类普遍的东西(马克思)在实存上显得是无本质的。

基尔克果反对黑格尔的现实概念的论战,在根本上始终只是改变着一个核心的思想,即一个此在的"体系"根本不能容纳现实,一个在体系内部讨论现实的"章节"是对体系的一个绝对的抗议。[3]"如果给《逻辑学》的最后一章加上'现实'这个标题,那人们由此获得的好处就是造成了外表,就好像人们在逻辑学中已经达到了最高的东西,或者如果愿意的话,也可以说达到了最低的东西。然而,坏处也是显而易见的:由此既无助于逻辑也无助于现实。无助于现实,乃是因为逻辑不能让本质上属于现实的偶然性发生。无助于逻辑,乃是因为当它思维现实时,它也就把某种它并不能同化的东西接纳入自身之中;它预先做了它只应当倾向的事情。作为惩罚而清楚地出现的是,对什么是现实的任何研究都更困难了,甚至不可能了,因为首先必须给予这个词仿佛

---

[1]《基尔克果全集》,VII, 1;参见费尔巴哈:《未来哲学原理》,第28条原理。
[2] 黑格尔:《逻辑学》,拉松版,II, 238以下;《哲学全书》,第112—114节;《法哲学原理》,第270节,附释。
[3]《基尔克果全集》,VI, 206。

意识到自己的时间,给它忘掉错误的时间。"[1]

但是,被黑格尔从真正现实的概念中排除掉的真正"偶然的东西"或者还有"奇妙的东西"[2]在于,实际上完全有某种东西存在,而且我完全在这里。[3]恰恰是这种单纯的实际存在构成了对现实的绝对"兴趣",与此相反,黑格尔的抽象要求人们事实上对此毫无兴趣。[4]体系的内在性因形而上学的兴趣而失败,[5]在体系内部,存在与无是纯粹的、单纯的思维的无关紧要的可能性。但对于自己实存的东西来说,实存自身最令人感兴趣,而"对实存的兴趣就是现实"。"什么是现实,在抽象的语言中得不到表达。现实就是假定的思维与存在的抽象统一之间的存在。"[6]

借助这样把实存的 factum brutum〔沉重的事实〕提高到决定性的现实,在基尔克果那里,存在的普遍问题转移到了人的此在的问题,被视为其真正问题的,不是这种此在是什么,而是这种此在根本上在此。此外,从基尔克果发端的存在哲学也不再追问与实存区别的本质,而是在它看来,实存自身就是惟一本质性的东西。

在"利益"中建立现实,这是基尔克果与费尔巴哈、卢格和马克思共同的东西,尽管利益的类别在费尔巴哈那里是以感性的方式,在卢格那里是以伦理的—政治的方式,在马克思那里是以实践的—社会的方式规定的。基尔克果称利益为"**情欲**"和"**激**

---

[1] 《基尔克果全集》,V,3—4。
[2] 《基尔克果全集》,VI,196。
[3] 《基尔克果全集》,VII,15;III,180—181。
[4] 参见黑格尔:《逻辑学》,拉松版,I,74。
[5] 《基尔克果全集》,V,14,注释。
[6] 《基尔克果全集》,VII,13;参见《对当代的批判》,第54页。

情",并把它与思辨理性对立起来。[1]情欲的本质是,它与封闭性的"终结"不同,把黑格尔的体系推进到一种**决断**,[2]"要么"这样"要么"那样作出抉择的决断。一种杰出意义上的抉择是**飞跃**,是这种"对方法的倒置进程的坚决抗议",即辩证的反思。[3]准备飞跃的决定的坚决情欲设定了一个直接的开端,与此相反,黑格尔逻辑学的开端事实上并不是从"直接的东西"开始的,而是从一个最极端的反思的产物开始的:纯存在一般,通过对现实实存的此在的抽象。[4]借助这些实存的规定,基尔克果把自知的理性现实王国还原为"一个实存者不仅仅知道的惟一的现实",也就是说还原为这样的现实:"**他实际上在此**。"[5]对于世界历史的思维来说,这显得是"无宇宙主义",但尽管如此,它是把时代以百科全书的方式四分五裂的知识引回到其起源并重新从实存获得一个原初的印象的惟一道路。[6]但是,如果有人想由此推论出,实存者根本不思考并且"像流浪汉那样"抓取知识,这就是一种误会了。恰好颠倒过来,他思考这一切,都是联系到自己本身,出自对理解自己本身的此在的兴趣,尽管这此在分有理念,但并不自身就是理念。[7]在希腊,任务是达到存在的抽象,而如今恰恰相反,困难在于在黑格尔式抽象的高度上重新获得实存。在实存中理解自己,这已经是希腊的原则,且更多的是基督教的原则,但自从

---

[1] 基尔克果:《非此即彼》,题词,I;《基尔克果全集》,V,15;VI,272 以下;VII,3、47;《日记》,I,170;《对当代的批判》,第 5 页以下、第 43 页。
[2] 《基尔克果全集》,VI,196—197、265。——在基尔克果的范畴内部,坚决的情欲与飘浮的讥讽、无聊和全神贯注的忧郁的轮作是有区别的。
[3] 《基尔克果全集》,VI,190。
[4] 《基尔克果全集》,VI,196 以下;V,10,注释。
[5] 《基尔克果全集》,VII,15。
[6] 《基尔克果全集》,VII,41。
[7] 《基尔克果全集》,VII,16、25、27 以下。

"体系"胜利以来,人们不再爱、信仰和行动,人们只想知道,这一切是什么。

基尔克果关于现实实存的论战性概念不仅仅是针对黑格尔的,而且同时也是对时代要求的一个矫正。1. 相对于以同样的方式包裹一切并把(存在与无、思维与存在、普遍与个别之间的)区别平整为无关紧要的存在的平面的体系,个别化到自己本身的实存是**杰出的和惟一的**现实。2. 相对于个人自身并不适用的(世界历史和世代、群众、公众和时代的)历史普遍性来说,它是**个别人的**现实。3. 相对于各种关系的外在性来说,它是个别人的**内在的**实存。4. 相对于基督徒在世界历史性传播的基督教中的外在化来说,它是面对上帝的一种**基督教的**实存。5. 在这些规定性中间,它尤其是一种自己**决定**自己的实存,要么是做一个基督徒,要么是不做基督徒。作为一个这样或者那样决定自己的实存,它是"理智的"时代的对立面,是黑格尔那些不承认非此即彼的概念的对立面。[1]

1848年革命前夕,马克思和基尔克果都表述了作出决定的意志,其所用辞令即便现在也有其鼓动力:马克思是在《共产党宣言》(1847)中,基尔克果则是在《文献通报》(1846)中。前者的宣言的结束语是:"全世界无产者,联合起来",而后者则以每个人都应当自己为自己的拯救而工作结束,相比之下,关于世界进程的预言则至多是可以当做玩笑忍受的。但是,世界历史地看,这种对立仅仅意味着市民阶级—基督教世界的共同的解构的两个方面。马克思还支持无产者群众进行市民阶级—**资本主义**世界的革命,而基尔克果则在自己反对市民阶级—**基督教**世界的斗争中

---

〔1〕《基尔克果全集》,VII, 5;参见黑格尔:《政治与法哲学作品选》,第368页;《黑格尔全集》,I², 131。

把一切都设置在个别人头上。与此相适应，对于马克思来说，市民社会是一个"被个别化的个别人"组成的社会，其中人与他的"类本质"发生了异化，而对于基尔克果来说，基督教是一个以群众的方式传播的基督教，其中没有一个人是基督的继任者。但是，由于黑格尔在本质上调和了这些实存着的矛盾，即市民社会与国家、国家与基督教的矛盾，所以无论是马克思还是基尔克果，其决定都旨在于强调恰恰是那些调和里面的差别和矛盾。马克思所注目的自我异化，对人来说就是资本主义，而基尔克果所注目的自我异化，对基督徒来说就是基督教。

## 三、对资本主义世界和世俗化的基督教的批判

### 1. 马克思

马克思在国家、社会和经济领域分析人的自我异化。它的政治表述就是**市民社会与国家**之间的矛盾，它的直接社会表述则是**无产者**的实存，而它的经济表述则是我们的利用对象**商品性质**。资本主义作为私人占有的私人经济是作为共同占有的公有经济的共产主义的反题。但是，就连对"政治经济学"的批判也是并且依然是依据历史世界的整体和隶属于它的人之为人的方式。[1] 资

---

[1] 在《政治经济学批判》中，这种联系得到了明确的强调："在研究经济范畴的发展时，正如在研究任何历史科学、社会科学时一样，应该时刻把握住……现代资产阶级社会……是既与的；因而范畴表现这个一定社会的……存在形式、存在规定、常常只是个别的侧面；因此，经济学**在科学上**也绝不是在把它**当做这样的经济学**来谈论的时候才开始存在的。"（马克思：《政治经济学批判》，第 XLIII 页。[《马克思恩格斯全集》，中文版第12卷，第757页。] 最后一句话与德文原文有出入，此处据德文译出。——译者注）

本主义世界的人对自己异化了，因为资本、商品和雇佣劳动是实存关系的客观表达，在这些实存关系中，生产的人和消费的人不是（在黑格尔的意义上）"与自己同在"或者"自由的"。

黑格尔的"需求体系"与马克思的"政治经济学批判"之间的差异表现在，马克思当做人的**自我异化**与之进行斗争的，在黑格尔那里还是每一种人类活动的一个积极环节，即它自己的**外化**。精神——人的这种普遍的本质——直接就是对世界中的它自己的解释，同时也是"自我回忆"，即从外化返回到自身。精神的这种运动的结果在它的每一个阶段上都是自己的存在和异己的存在的一种调和，是"在自己本身的它在中与自己变得相同"。根据这种建设性地将自己外化为一个世界或者"走出自身的"[1]的精神的普遍结构，黑格尔也把人与"物"的关系理解为所有制，他借助"占有"、"使用"和"外化"来更精确地规定这一关系。[2]一个物通过被他物利用和使用来实现自己的规定性。这种使用对于物自己来说并不是外在的或者异己的，因为它乃是为了被使用而**在此存在**的，它的整个此在就是一种成为某物的此在。一个物的完全使用就是物本身，就像一块田地只有通过自己的产量来实现自己特有的存在一样。因此，物的实体就是它的"外在性"，它实现了的外在性就是它的被使用。如果我有权支配它的全部被使用，我由此就把它变成了所有物。——和在与物的关系中完全一样，就连我**亲身的**外化和我的力量的全部使用也都与人格自身表现着的生命是一致的。[3]对于黑格尔来说，由此得出以下关于人的活动外化的观点。"**我可以把我身体和精神的特殊技能以及活动能**

---

[1] 黑格尔：《哲学全书》，第 123 节，附释。
[2] 黑格尔：《法哲学原理》，第 41 节以下。
[3] 黑格尔：《法哲学原理》，第 61 节。

力的个别产品让与他人,也可以把这种能力**在一定时间上的**使用让与他人,因为这种能力由于一定限制,对我的**整体**和**普遍性**保持着一种外在关系。如果我把在劳动中获得具体化的**全部**时间以及我的全部作品都转让了,那就等于我把哲学东西中实体性的东西、我的**普遍**获得和现实性、我的人格,都让给他人所有了。"[1]黑格尔借助一个古代奴隶和一个现代雇工之间的区别来使部分的外化与全部的外化之间的区别直观化。"雅典的奴隶恐怕比今日一般佣仆担任着更轻的工作和更多的脑力劳动,但他们毕竟还是奴隶,因为他们的全部获得范围都已让给主人了。"与此相反,马克思从现实存在的生产关系出发得出结论,恰恰是就连一种"特殊的"活动已经能够使**整个人**异化,即使他在法律上支配着自己,因为没有人强迫他出卖自己的劳动力。在他的现实实存中,"自由的"雇佣工人仍然和古代的奴隶一样是不自由的,因为即使他也是自己的劳动力的所有者,与生产资料的占有者有同等的权利,并且仅仅出卖一个有限的时间里的一种特殊的劳动,但他由此却使自己完全彻底地成为劳动市场的奴隶,因为他那可以出售的劳动力是他实际占有并且为了能够生存而必须外化的惟一的东西。[2]但对于马克思来说,雇佣工人体现着市民社会的普遍问题,它的经济学特点就在于一个物化的商品世界的生产。我们所有的使用对象和相关的人的消耗的商品性质,很少是一种经济学的特性,毋宁说它把人类生活的表现的全部性质,即人类生活的生产方式,都规定为一种外化。甚至精神生产也成为商品,书成为图书市场的一种货物。[3]"这里有一件可以作为我们19世纪特征的

---

[1] 黑格尔:《法哲学原理》,第67节及附释。
[2] 马克思:《资本论》,I⁶,130以下;《马克思恩格斯全集》,I/1,251以下。
[3] 为此参见海克尔[K. Hecker]:《人与种族》,第62页。

伟大事实,一件任何政党都不敢否认的事实。一方面产生了以往人类历史上任何一个时代都不能想像的工业和科学的理论。而另一方面却显露出衰颓的征象,这种衰颓远远超过罗马帝国末期那一切载诸史册的可怕情景。在我们这个时代,每一种事物好像都包含有自己的反面。我们看到,机器具有减少人类劳动和使劳动更有成效的神奇力量,然而却引起了饥饿和过度的疲劳。新发现的财富的源泉,由于某种奇怪的、不可思议的魔力而变成贫困的根源。技术的胜利,似乎是以道德的败坏为代价换来的。随着人类愈益控制自然,个人却似乎愈益成为别人的奴隶或自身的卑劣行为的奴隶。甚至科学的纯洁光辉仿佛也只能在愚昧无知的黑暗背景上闪耀。我们的一切发现和进步,似乎结果是使物质力量具有理智生命,而人的生命则化为愚钝的物质力量。现代工业、科学和现代贫困、衰颓之间的这种对抗,我们时代的生产力与社会关系之间的这种对抗,是显而易见的、不可避免的和毋庸争辩的事实。有些党派可能为此痛哭流涕;另一些党派可能为了要摆脱现代冲突而希望抛开现代技术;还有一些党派可能以为工业上如此巨大的进步要以政治上同样巨大的倒退来补充。可是我们不会认错那个经常在这一切矛盾中出现的狡狯的精灵。我们知道,要使社会的新生力量很好地发挥作用,就只能由新生的人来掌握它们⋯⋯"[1]

《资本论》的第一部提供了对这一普遍问题的一种现象学的分析,在那里,马克思指明了我们的生产创造的商品性质。商品向他展示了我们整个对象世界的本体论结构,即这个世界的"商品

---

[1] 马克思:《1848年革命与无产阶级》,1856年(《马克思恩格斯全集》中文版,第12卷,第3—4页。——译者注)。

形式"。它同时标志着人与自己的异化和事物与人的异化。[1]但在《资本论》中，这种经济学分析的社会批判意义以及人的意义只是在中间插入的讨论和注释中才得以表现，与此相反，它在《关于林木盗窃法的辩论》的报告中毫不掩饰地表现出来。[2]它包含着对"手段"与"目的"、也就是说"物"与"人"的那种包括人的自我异化的基本颠倒的第一次杰出的揭露。自己与自己的关系如同与某种其他的和异己的东西的关系，这种最高的"外在性"，马克思在其博士论文中已经称之为"唯物主义"，并称自己为一个想否定这种异化的"唯心主义者"。一种**自我**异化之所以是向一个物的外化，乃是因为人不是为了物存在，而是物为了人存在。马克思想指出的乃是以下的东西：属于林木占有者并且可能被盗窃的林木绝对不单纯是林木，而是一个具有经济意义和社会意义、从而具有人的意义的事物。但是，作为实存于这种联系中的林木，对于作为私人所有者的林木占有者来说，就不是像对于盗窃它的一无所有者那样的林木。因此，只要前者知道自己纯粹是**林木**占有者，对作为人的自己拥有这种"目光狭隘的"自我意识，而后者也不是被视为人，而是同样仅仅被视为**林木**盗窃者，那么，一种对人公道的、不仅是法律上的适当的惩罚就不可能实现。在这两个角度都是死的物，是"物的力量"，是某种非人的东西，如果人不能自己支配自己的社会劳动产品，这种非人的东西就要规定人，将人"归属于"自己下面。但是，人已经可能被纯粹的林木所规定，因为这林木自身是"政治"关系的一种对象性表述。因此，"胜利的是木头偶像，牺牲的却是人"。"因此，林木和林木

---

〔1〕 以下请参见卢卡奇［G. Lukacs］：《历史与阶级意识》，柏林1923年，第94页以下。

〔2〕 《马克思恩格斯全集》，I/1, 266以下。

占有者本身如果要颁布法律的话，那么这些法律之间的差别将只是它们颁布的地方和书写的文字不同而已。这样**下流的唯物主义**，这种违反人民和人类神圣精神的罪恶，是'普鲁士国家报'正向立法者鼓吹的那一套理论的直接后果，这一理论认为讨论林木法的时候应该考虑的只是树木和林木，而且总的说来，**不应该从政治上**，也就是说，不应该同整个国家理性和国家伦理联系起来来解决每一个实际任务。"[1] 由于像林木这样的某物根据一定的社会关系对人的存在和作为来说成为决定性的，所以随着人的自我意识的物化，物自己就成为人的尺度。

马克思在《德意志意识形态》中提出了与《辩论》中相同的问题。在这里他也问道：人们与他们自己的产品的关系的"异己性"，使得人们不再能够控制"他们互相关系的方式"，"他们的关系对于他们自己取得独立存在"，"他们自己生活的力量对于他们称为占优势的"，这种异己性是从哪里来的呢？在不自觉地发生的"个人利益变为阶级利益而获得独立存在"的过程中，"个人的行为不可避免地受到物化、异化，同时又作为不依赖于个人的……力量没有个人而存在"，这是怎么发生的呢？[2] 答案是：通过分工。迄今为止的整个劳动方式都必须被扬弃，成为一种彻头彻尾的"独立性"。这种转变不仅意味着扬弃脑力劳动和体力劳动的分工，而且还意味着扬弃城市与农村的对立，这种对立自身只不过是"个人被归属于分工的最极端的表述"。[3] 但是，它只有在一个与财产一起改变人之为人的共同体中才能被现实地扬弃。

---

〔1〕《马克思恩格斯全集》，I/1, 304（中文版第 1 卷，第 180 页。——译者注）。
〔2〕《马克思恩格斯全集》，V, 25 以下（参见中文版第 3 卷，第 273 页）。
〔3〕《马克思恩格斯全集》，V, 21 以下；39 以下。参见恩格斯：《反杜林论》，第 11 版，柏林 1928 年，第 312 页以下。

就连《资本论》也不仅仅意味着对政治经济学的批判,而是意味着对市民社会的人的批判,它遵循的是资本主义经济的导线,这种经济的"经济学细胞"就是劳动产品的商品形式。这种商品形式在于,按照原初的目的为**使用**而制造的东西,并不直接作为用品为需要而交换,而是作为独立了的**商品价值**来到商品市场上,以便绕这条弯道从出售者——对于他来说商品仅具有交换价值——手中来到作为商品购买者的使用者手中。使用对象成为"商品"的这种独立化,又以实例说明了普遍的关系,即在市民阶级—资本主义社会里,产品统治着人。为了揭示这种颠倒的经过,马克思分析了商品的"拜物教性质"中的现代社会劳动关系的"对象性假象"。作为商品,通常的桌子是一个可感觉而又超感觉的物。在它那里显现出来的东西,只是它不作为商品、而是作为用品所是的东西。与此相反,它作为值钱的商品——因为它自己花费劳动和劳动时间——所是的东西,则是一种最初隐蔽的社会关系。以这种方式,"它不仅用它的脚站在地上,而且在对其他一切商品的关系上用头倒立着,从它的木脑袋里生出比它自动跳舞还奇怪得多的狂想。""可见,商品形式的奥秘不过在于:商品形式在人们面前把人们本身劳动的社会性质反映成劳动产品本身的物的性质,反映成这些物的天然的社会属性,从而把生产者同总劳动的社会关系反映成存在于生产者之外的物与物的社会关系。由于这种转换,劳动产品成了商品,成了可感觉而又超感觉的物或社会的物。……这只是人们自己的一定的社会关系,但它在人们面前采取了物与物的关系的虚幻形式。因此,要找一个比喻,我们就得逃到宗教世界的幻境中去。在那里,人脑的产物表现为赋有生命的、彼此发生关系并同人发生关系的独立存在的东西。在商品世界里,人手的产物也是这样。我把这叫做拜物教。劳动产品一旦作为商品来生产,就带上拜物教性质,因此拜物教是同商品生产分不开的。"[1]

但是,由于商品即任何种类具有商品形式的对象的生产者首先是通过把自己的商品**作为商品**交换才实际上相互交往的,所以对于生产者来说,作为商品基础的关系表现为人的**劳动关系**,相反对他们来说,这种社会关系自己表现得如同他们自己作为商品生产者之间的纯粹"实际的"关系,而另一方面,实际的商品关系又获得了在一个有自身规律的商品市场上自动的商品体之间的类人关系的性质。[2]人们最初对这种颠倒没有意识,因为就连人们的自我意识也在同样的规模上被物化了。

这种颠倒的历史条件性最初实际地被商品在货币形式中固定不变的**价值形式**所掩盖,[3]以致显得好像人们只能改变商品的价格,却不能改变使用对象自身的商品性质似的。为了认识这样一种劳动产品作为商品独立于生产者的经济秩序,一种完全颠倒的经济秩序,人们必须把它与其他历史社会形式和经济形式进行比较。因为例如,无论人们怎样评判"黑暗的"中世纪及其人身依附关系,人们在其劳动中的社会关系在这里却无论如何表现为他们自己的人身关系,没有"被装扮成物的社会关系"。[4]由于在这里"人身依附关系构成该社会的基础,劳动和产品也就用不着采取与它们的实际存在不同的虚幻形式。它们作为劳役和实物贡

---

[1] 马克思:《资本论》,I⁶,38—39(《马克思恩格斯全集》中文版,第23卷,第88—89页。——译者注)。
[2] 从美学立场出发,G. 齐美尔试图把这种对象化的问题发展成为"文化的悲剧":《哲学的文化》,第3版,波茨坦1923年,第236页以下。
[3] 关于生息资本的拜物教性质,请参见马克思:《资本论》,III/1,339以下。
[4] 至于这只不过是任何情况下生产条件的统治隐藏在其后的"性质面具",对于马克思来说是不言而喻的:《资本论》,III/2,326—327。

赋而进入社会机构之中。在这里,劳动的自然形式,劳动的特殊性是劳动的直接社会形式,而不是像在商品生产基础上那样,劳动的共性是劳动的直接社会形式"。[1] 紧接着这一历史的视角,马克思阐发了一种未来的共产主义社会秩序,为的是再次用现代商品世界看不透的颠倒性来与他们同自己的劳动产品的社会关系的"透明性"相对立。——因此,商品世界在根本上只能通过根本变革社会存在着的人的整个具体生活关系来扬弃。[2] 与使商品性质返回到使用性质相适应的,是使物化的人返回到"自然的人"的必要性;自然的人的本性在于,他从根本上是一个社会的人。"既然人天生就是社会的生物,那他就只有在社会中才能发展自己的真正的天性,而对于他的天性的力量的判断,也不应当以单个个人的力量为准绳,而应当以整个社会的力量为准绳。"[3] 从这一基本的前提条件出发,产生了马克思的无产阶级社会主义,它依据的是黑格尔的亚里士多德样板:城邦;城邦的人是一个政治动物,其自由就是在他在中与自身同在。

## 2. 基尔克果

基尔克果激烈地反对这种共同实存的理念,因为在他看来,"在我们的时代"任何种类的联合——在"体系"中、在"人类"

---

[1] 马克思:《资本论》,I⁶,43 以下(《马克思恩格斯全集》中文版,第23卷,第94页。——译者注)。
[2] 参见马克思1867年6月22日致恩格斯的信。
[3] 《马克思恩格斯全集》,III,21、117、307—308(中文版第2卷,第167页);《政治经济学批判》,第 XIV 页;《关于费尔巴哈的提纲》,第10条。——关于对"族类人"的批判,除施蒂纳的《惟一者及其所有物》之外,请参见鲍威尔:《1842—1846年间德国党派斗争的完备历史》,第2卷,第4章;第3卷,第30页以下,第185页。

中、在"基督教"中——都是一种平均化的力量。"谈不上社会主义和集体的理念将成为时代的拯救。……联合的原则（它至多能够在与物质利益的关系中有效）在我们的时代并不是肯定的，而是否定的，是一个借口……一个感官上的欺骗，它的方言就是：当它使个人强大的时候，就也使个人丧失活力，它借助联合中的数字来使之强大，但这在伦理上是一种弱化。"[1]社会主义的重大失误，就是它认为能够以本质是差别的世俗性为中介解决平等的问题。

基尔克果自己所关心的东西不是人类的平等，而是相对于"群众"的基督教的个别性。与"关于社会的幻想理论"相对立，他想重新破译逐渐消失了的"个人的、人性的生存关系的原文"，因为要对付时代的混乱，只能用给予人类生存必要的"包袱"，以便在时间的洪流中挺立在永恒面前这种方式。对基尔克果来说，问题也在于人的异化，但并不是在世界中，而是在既存的基督教中，它与世界和国家已混在了一起。

基尔克果把一些宣传小册子命名为《此刻》，因为在它里面应该决定是要基督性还是要世俗性；在这些宣传小册子里面，他从自己的活动愿望出发得出了最后的结论。[2]他以无节制的嘲讽对在世界和基督之间进行调和的国家基督徒的"新教式中庸"提出

---

[1] 基尔克果：《对当代的批判》，第54页；参见《日记》，I, 315: "'群众'本来就是我为了论战目的才假定的东西。"参见伊默曼的《回忆录》，I（1839年）: "真的，时代在与能量的关系中提供了一幕不同寻常的戏剧。请回忆一下席勒关于个别人的精神及其结盟的精神的最著名的五音步半诗论。如今，人们可以模仿对立面说，哪里有许多人在共同行动，那里就出现一个巨人，如果人们个别地考察行动者们，这个巨人就碎裂为纯粹的侏儒了。但在这里，还真正地出现了从主观时代向客观时代过渡得以成立的那些关节点之一。"
[2] 参见 F. C. 费舍:《零点实存》，慕尼黑1933年，第203页以下。

了抗议,也对黑格尔调和国家与基督教提出了抗议。第一期的第一句话开始于对柏拉图关于哲学家必须在国家中进行统治的命题的嘲讽性解释:"柏拉图在他的《国家篇》中的某处公开地说,只有当对此没有乐趣的人掌握统治权的时候,才可以希望某种正义的东西。……这一说明也适用于其他关系,在那里,也应当相当认真地对待某种东西(指的是基督教)了。"真正的政治家和现实的基督徒可能没有乐趣进行统治,因为他们知道,一方面什么是国家,另一方面什么是基督教。但在所谓的基督教国家中,人性的东西"提携"神性的东西。"在所有世界里",基尔克果以一种暗示黑格尔的方式说道,"像国家这样一种如此理性的东西究竟是怎么想起这样荒唐的事情:要提携神性的东西?""如今,这就是一个漫长的历史;但主要是它与基督教在时间的进程中越来越得不到符合其真实特性——即作为神性的东西——的服务。请设想一个基督教问世时代的政治家,并且问他:Quid tibi videtur [你觉得怎么样]?你不认为这是一个有利于国家的宗教吗?他将会认为你疯了,几乎不值得给你一个回答。但是,如果基督教在胆怯的人类恐惧中、在中庸中、在暂时的利益中得到服务,事情看起来就有点不同了。在这种情况下,确实可能产生假象,即基督教(通过它被服务的方式渐渐地……变成了一个可怜的造物)必须对国家的提携感激涕零,因为它这样获得了成功。"[1]人性的东西不能当做神性的东西来提携,因为真正的基督教不多也不少,就是基督的后继者,它坚决地放弃一切世俗的东西。但是,对于人们来说,世俗的东西首先是作为国家实存的,《此刻》就是这样来反

---

[1]《基尔克果全集》,XII,17以下;参见对费尔巴哈同样冷嘲热讽的批判,《基尔克果全集》,I,98以下。

对基督教和国家的虚假一致的那种得到承认的谎言的。"假定国家雇佣1000个公务员，他们及其家庭就靠……阻止基督教来存活，那么，这就完全是一种旨在于只要有可能就使基督教不可能的试验了。然而，这一试验……远远不如实际发生的那样危险：国家雇佣1000个公务员，他们作为'基督教的宣报者'……其经济利益在于，首先，人们称自己为基督徒……其次，保持不让他们知道事实上基督教是什么。……这种状态的效力并不是以基督教被阻止、从而1000个公务员及其家庭领取其薪饷的名义发生的；不是的，他们是'为基督教工作的'！……难道这还不差不多是为只要可能就使基督教不可能所能想出的最危险的事情吗？"[1]这种国家教会的或者人民教会的基督教，就像在丹麦戈鲁恩特维奇［Grundtvig］所主张的那样，[2]是新约所宣布的真正基督教的对立面。在现代基督教中，基督教通过传播而被废除。黑格尔的教会与国家的和解转化为基尔克果的宗教愤恨，转化为马克思的社会愤恨。

马克思在《路易·波拿巴的雾月十八日》[3]中这样刻画资产

---

［1］《基尔克果全集》，XII，5以下。
［2］"关于国籍的戈鲁恩特维奇式废话是……一种向异教的倒退。狂热起来的戈鲁恩特维奇候选人们能够用什么样的愚蠢来招待人们，这是不可信的。例如冯格尔［Th. Fenger］说，除了通过国籍之外，没有人能够成为一个真正的基督徒。而基督教也恰恰想在异教中废除对国籍的崇拜！""这种'参与一切'在根本上是一个想像的产物"。"在他最近的日子里，他代表着古代的、旧式的、远古的原始又原始的基督教；如今在他的老日子里，他被装饰成一个纯粹的时髦年轻贵族。""千方百计达到的结果是，如今人们称之为基督教的，恰恰是基督要排斥的。这特别在新教中、特别在戈鲁恩特维奇那里是这样。因为他们是严格的：犹太人……他们对出身有一种真正犹太人的迷信。此外，自负，是上帝的选民。……这是犹太人的乐观主义……而且这也应当是新约的基督教！"（《法官之书》，第177页以下）
［3］关于马克思的研究，请参见弗兰策［C. Frantze］：《路易·波拿巴》，1852年；克姆佩［F. Kemper］的新版本，波茨坦1933年。

阶级革命的时代：它的激情没有真理，它的真理没有激情；它的完全变得清醒的世界只有通过移植才能结出果实，它的发展是不断地重复紧张和松弛，它的对立推进到极端，只是为了变得麻木不仁和崩溃，它的历史没有结果，它的英雄没有英雄业绩。它的"最高的规律"就是"不做决定"。基尔克果在其对当代的批判中用差不多相同的话以"平均化"[1]的标志把握了这个没有激情和决定的世界，用自己的强调来与对重大差别的抹煞相对立。作为平均化的具体方式，他分析了把讲话与沉默之间的强烈对立抹煞为不负责任的废话，把私人事务与公共事务之间的强烈对立抹煞为公私的宣传，把形式与内容的强烈对立抹煞为无形式性，把封闭与开放之间的强烈对立抹煞为应酬，把本质上的爱和放纵之间的强烈对立抹煞为调情，把客观的认知和主观的信念之间的强烈对立抹煞为一种干巴巴的思考。马克思用无产阶级与这个"变老的世界"的破产相对立，基尔克果则用面对上帝个别化了的实存。在他看来，经济学上的骚动只有症状的意义。"它们暗示，欧洲的结构……完全改变了。我们将在未来有一种骚动——secessio in montem sacrum［撤退到圣山］。"[2]比欧洲所面临的经济、社会和政治破产更具有决定性的，是它的精神衰败，是它由于新闻的高速工作而造成的"语言混乱"。最好是让时代的组钟沉默一个小时，而由于这也许不会如愿以偿，他要与银行家们一起对人们大声疾呼："要节约，要大力节约、狠狠节约！"[3]也就是说，返回到人类生存的基本问题，返回到赤裸裸的生存问题本身，这问题

---

［1］ 参见 K. 海克尔：《人与种族》，第 96 页和第 113 页；以及伊默曼：《模仿者》，I, 10（1830 年）。
［2］ 基尔克果：《日记》，I, 328。
［3］ 基尔克果：《日记》，I, 64。

对于基尔克果来说就是马克思称之为"真实的世俗问题"的那个东西的内在一面。这样,根据同样的与现存事物的决裂,与马克思对市民阶级—资本主义世界的世俗批判相适应,是基尔克果对市民阶级—基督教世界的同样彻底的批判,这种批判无论是对原初基督教来说还是对 种城邦制的市民阶级国家来说都是陌生的。至于马克思让**群众**的**外在**生存关系面临抉择,基尔克果让**个别人**的**内在**[1]生存关系面临抉择,马克思的哲学思维**没有**上帝,基尔克果的哲学思维**面对**上帝,这些明显的对立是以其与上帝和世界的崩溃为共同的前提条件的。所谓的实存对于二人来说都不再是对于黑格尔来说的那种东西:简单的"走出自身",作为内在的本质走出来进入与它适合的实存,[2]它在基尔克果那里是向个别人在良知中作出抉择的实存的返回,在马克思那里则是向群众关系的政治抉择进军。根据与黑格尔的理性世界的同样决裂,他们又挑选出黑格尔所统一起来的东西。马克思选中了一种人道的、"人性的"世界,基尔克果则选中了一种无世界的基督教,它"在人性上来看"是"非人性的"。

如果了解了黑格尔和尼采之间精神事件的系统结论和历史结论,就会清楚,马克思的经济学分析和基尔克果的试验心理学无论在概念上还是在历史上都是休戚与共的,都是黑格尔的一个反题。他们把"存在的东西"把握为由商品和货币决定的世界,把握为充满了讥讽和无聊的"轮作"的实存。黑格尔哲学的"精

---

[1] 关于外在与内在的关系,请参见黑格尔:《逻辑学》,拉松版,II,150以下、156、169;《哲学全书》,第139节以下。——《基尔克果全集》,I,3—4、21;IV,253、409、444—445。《马克思恩格斯全集》,III,160以下;V,26以下。

[2] 黑格尔:《哲学全书》,第123节,附释。

神王国"成为**劳动**世界和**绝望**世界里的幽灵。在马克思那里,一种"德意志意识形态"颠倒了黑格尔的自在自为的"理念",一种"致命的病"颠倒了绝对精神的"自我享受"。对于二人来说,黑格尔的历史完成都成为一场广泛的革命和一场深刻的改革的前史的终结。他的具体的调和颠倒成为抽象的抉择,是要旧的基督教的上帝还是要新的世俗的世界。取代黑格尔的能动精神的,在马克思那里是一种社会**实践**的**理论**,在基尔克果那里则是内在**行动**的**反思**,二人都以此用认知和意志避开了作为人类最高活动的理论。他们彼此有多遥远,也就有多接近,处于对现存事物的共同攻击中,[1]处于从黑格尔的起源中。无论什么把他们区别开来,都又在对世俗的东西与神圣的东西的那种彻底的分裂的同样关注中证实他们的共同性,而在 19 世纪之交,青年黑格尔自己就已经把这种分裂当做自己重建作为分裂者的最高统一的绝对者的出发点。

## 四、黑格尔的和解源自分裂

黑格尔与"存在的东西"的和解,自身已经起源自又从它产生的东西:起源自与现存的东西的一种基本的分裂。黑格尔与荷尔德林 [Hölderlin] 一起经历了这场危机,与年轻时代好友的默默分手,是他与现实世界和解的开始。当他避开了其本质是个别性和一种纯唯心主义的普遍性的"年轻人"的时候,黑格尔在其详细标明日期为 1800 年 9 月 14 日的第一个体系提

---

[1] 参见《基尔克果全集》,IX,74 以下。

纲的最后一个句子里面，决定作出男子汉的"**与时代统一**"，以便不必坚持与自己本身和与世界的分裂。但是，黑格尔在他生命的这个决定性的转折点上承认，**假如**这样一种统一是"不高尚的和卑鄙低下的"，那么，就只剩下个别化与固定化的"绝对的　"了——无论是在于内在此在的赤裸裸的主体性，还是在于外部世界固执的客体性。惟一并且统一的生命自我分裂为"反对绝对无限者的绝对有限者"，在这种情况下就是最后和绝对的东西。对于分裂自身来说，人是知道自己绝对独立还是知道自己绝对依赖于一个遥远的上帝，他是把自己理解为个别化的个别人还是把自己理解为批量生产的此在，他是完全外化还是完全内化，这并不构成任何区别，因为有一个极端，就已经也有了另一个极端，而且"内在的东西越独立、越孤独，外在的东西就也越独立、越孤独"。

在完成其第一个体系提纲之后不久，黑格尔给谢林[1]写道："青年时代的理想"对他来说已转变为"体系"，而且他有在大学授课的愿望，以便再影响人们的生活。由于取得了一个市民的职业，他在这种情况下就置身于现存世界的体系之中了。但是，在第一个法兰克福时期，他还在痛苦万分地享受分裂与和解的力量之间摇摆不定，不仅不想赞同、而且甚至想"阻挠""与世界的结盟"。[2] 还在 40 岁的时候，他就宣布他的新娘是他的"真正内心与我反对现实的东西和赞同现实的东西——太经常了——的方式"的"调解人"。[3] 但在原则上，黑格尔在 19 世纪之交就已经选中

---

〔1〕《黑格尔往来书信集》，I，26 以下。
〔2〕 F. 罗森茨威格：《黑格尔与国家》，慕尼黑 1920 年，I，73 以下。
〔3〕《黑格尔往来书信集》，I，321。

了世界的现实性，把它当做"事情的要素"。[1]由此出发，他毫不妥协地、乃至愤怒和讥讽地反对一切浪漫主义的—碎裂的、受"精神的肺结核"侵袭的、与自己和世界分裂的、不幸的—优美的灵魂。从荷尔德林和浪漫学派的命运中，他获得了一种确信：如果人不能"适应"任何世界并在其中"安身立命"，那么，这并不仅仅是个人的不幸，即"不真实"和最严酷的"无命运的命运"。

但是，分裂依然作为哲学的一个"前提条件"存在。[2]另一前提条件是作为预先设定的目标的统一。绝对者的这种双重的前提条件，黑格尔在柏林时期和法兰克福时期已经把它当做原初的"哲学需求源泉"经历过了，在法兰克福时期结束时又与世界的普遍状态相联系阐释了它，而在耶拿的最初几篇论文中则在概念上把它当做"同一性与非同一性的同一"予以了透彻的思考。[3]

黑格尔的危机并没有表现在对自己的反思中，而是表现在对一个过渡时期的"世界危机"的分析中。[4]已经坚定了的与时代统一的倾向首先表现在对现存事物的批判中，因为这一批判是与存在的东西的一种可能的统一的前提条件。在对现存世界危机的这当时未发表的刻画中，黑格尔也已经预先表现出马克思重新完成的那种批判的决定性特征，而另一方面，马克思在黑格尔的调和中要揭示的矛盾却也就是黑格尔已经调和了的矛盾。**法哲学的调和性分析来自一种对现存事物的首次揭示矛盾的批判，这使马克思有可能批判地依据黑格尔对现存事物的辩护。**未能认识黑格

---

[1]《黑格尔全集》，XVI，171。
[2]《黑格尔全集》，I，168以下、173；VIII，66；参见XVI，47。
[3]《黑格尔全集》，I，246；《黑格尔早期神学著作集》，第348页；《宗教哲学讲演录》，拉松版，I，240以下。
[4] 罗森克兰茨：《黑格尔传》，第88页以下；海姆：《黑格尔及其时代》，第62页以下；参见《狄尔泰全集》，IV，122以下。

尔的批判，[1] 马克思于 1841 年在 1821 年的黑格尔身上追溯到 1798 年的青年黑格尔——就像费尔巴哈的爱的宗教和鲍威尔的基督教批判实际上都追溯到黑格尔的早期神学著作一样。青年黑格尔学派的批判重复了黑格尔自己经历过的危机，那是他尚未在体系中克服这种危机之前的事情了。因此，马克思经常使用与黑格尔相同的方法来表现市民社会的危机，就不是一种巧合了；黑格尔尚未想到在一个由柏拉图和卢梭规定的国家——它在经验上就是普鲁士国家——中"清除"道德"无可救药的极端"的时候，就用这种方式描述市民社会的危机。

按照黑格尔对世界危机的刻画，时代的所有现象都表明，旧生活中的满意已经不复存在。但为了"清除现存世界消极的东西，以便能够适应它、在它里面生存"，就需要从"理念"到"生活"、从理性到现实的过渡。特别是在德意志帝国，"掌权的普遍性"作为一切法权的源泉消失了，因为它把自己隔离开来，使自己成为某种特别的东西。就连个别的人，如果他就像在教会与国家现存的不协调中那样被"打碎"成为两个"碎片"，成为一个"特别的**国家人**和特别的**教会人**"，也不再是完整的人。[2] 只有作为"思想"，生活的普遍性才存在。但是，公共舆论[3]通过丧失信任已经决定了的东西，就很少再需要什么来使一种清晰的意识更普遍

---

[1] 马克思可能迟至 1844 年才从罗森克兰茨的黑格尔专著中形成这方面的间接观念。G. 卢卡奇 1932 年在法兰克福的一篇报告中曾试图对那里（第 86 页）提到的黑格尔对斯图尔特［Stewart］的国家经济学的述评进行马克思主义的重建，但这篇报告据我所知没有发表。
[2] 罗森克兰茨：《黑格尔传》，第 88 页；参见《马克思恩格斯全集》，I/1, 585 以下。
[3] 与此相反的参见黑格尔后来在《法哲学原理》中对公共舆论的评价，第 315 节以下；参见罗森克兰茨：《黑格尔传》，第 416 页。

了——而给作为阶级的无产阶级这种"意识",成为马克思深为关切的事情。整体失去了的"普遍性"必须重建起来。而在法哲学中,黑格尔试图指出,普遍性的思想也作为现实性存在。然而,他首先发现了矛盾自身。他把自我限制在一个狭小的、卑躬屈膝的财产世界称为一种这样的矛盾,在这个世界中,单纯的"事情"成为绝对的东西——"市侩"[1]和"商品"的世界——与此相适应是把自己抬高"在思想中升上天"——它的"郑重的补充"用马克思的语言风格说是借助"无精神状态的精神"。此外还有匮乏与奢侈休戚相关的对立,[2]是马克思的一个恒常主题。更好的人有理由蔑视这种处处受限制的生活,就像这种生活是"提供"给他或者"允许"他的那样,但是,像荷尔德林在《许佩里翁》中那样,仅仅在自己面前"描述"真正的自然,并把描述的东西当做自己的伴侣,还是不够的。人"还必须把描述的东西当做一种活生生的东西",凭借的是现实地解决现存的矛盾。但是,这种解决只有在矛盾的顶点,"在现存的生活失去了它的权力及其所有尊严的时候"才会发生。无论是在黑格尔还是在马克思看来,现存的东西被攻击、被摧毁,并不是通过外在的或者内在的针对自己或者世界的暴力,而是通过它"自己的真理"。这种在它自身隐藏并为它掘墓的真理就是所要求的法的普遍性,那种受限制的生活尽管分裂成各种抽象的特殊性,但为了存续也必须拥有这种普遍性,直到它被一种更好的生活剥夺了提出这种要求的有效权利为止。这样一种更好的生活已经向时代打招呼了。"时代的渴望接近了个别的人们具有伟大品格的作为,接近了整个民族的运动,接近了诗

───────

[1] 参见黑格尔:《耶拿实在哲学》,II,249,边注;参见《哲学入门》,第56节。
[2] 参见这一矛盾在《法哲学原理》中的扬弃,第190节以下、第241节以下;参见《黑格尔全集》,IX,200,那里为排除这一矛盾而考虑了迁移。

人们对自然和命运的描述。通过形而上学，各种限制获得了自己的界限及其在整体的联系中的必要性。"[1]

在这种情况下，黑格尔以革命的正义激情，在关于符腾堡社会状况的作品中得出了一种变化的必然性的结论。这部作品自己意识到的分裂，自身已经是如下事实的一个结果，即人们针对"存在的东西"也已经能够设想和描述、期望和造就别的更好的时代了。因此，"存在的东西"在分裂的时代并不是"**永恒的在场**"，而是一个暂时的实存，一个没有真正现实性的、只不过还现存的东西。在这种情况下，"把握"它，就意味着对于马克思来说也意味着的那种东西：不是单纯的理解，而是批判和改变。"普遍深入人心的是这样一种情感，即国家大厦虽然如今仍存在，但却是无法持续的；广为流行的是这样一种恐惧，即它将彻底崩溃，并在坍塌时伤害每一个人。——心怀那种信念，这种恐惧竟然如此强有力，以致人们要让破什么、立什么、什么存、什么殁都取决于好运气吗？人们不想离开无法持续的东西吗？以从容不迫的目光来审视：什么属于无法持续的东西？正义在这一判断中是惟一的标准；主持正义的勇气是惟一能够体面地完全清除掉摇摇欲坠的东西、并造就一种有保障的状态的力量。那些人相信，与人们的习俗、需求、见解再也不能一致的机构、宪法、法律，虽然精神已经从中逃逸，却还将长时间存在，知性和感觉再也不感兴趣的形式还有足够的力量长时间构成一个民族的纽带，他们是多么地盲目啊！为信仰已经从中逃逸的一种宪法的各种关系、各个部分重建一种信任，用优美的语词粉饰墓穴，所有这些尝试都不仅使深思熟虑的发明家蒙受耻辱，而且准备了一场更可怕得多的爆发，

---

[1] 罗森克兰茨：《黑格尔传》，第 90 页。

其中复仇与改革的需求结伴，一再受骗、受欺压的群众因不诚实而受到惩罚……但如果应当发生一种变化，那就必须有某种东西被改变。一种如此赤裸裸的真理之所以说成为必然的，乃是因为必然的恐惧与意欲的勇气之间的区别仅仅在于，受前者驱迫的人们虽然清楚地感觉到并且承认变化的必要性，但如果真要开始，却表现出想保持他们已经占有的一切的弱点，就像一个挥霍者一样，他必须限制自己的支出，但却认为在他迄今为止的需求中，人们向他谈到要砍掉的每一个项目都是必不可少的，从而不想放弃任何东西，直到最终无论是必不可少的东西还是可以缺少的东西都被从他那里夺走为止。一个民族不可以让人看这样一种弱点的笑话，德国人不可以让人看这样的笑话。在清晰地确信变化是必要的之后，他们就不可以担心研究具体的细节，他们认为是不义的东西，承受不义的人必然要求废除，而不义地占有的人也必须自愿地牺牲这种占有。"[1]

内在生活与外在生活、私人生活与公共生活不再协调，这使得整体成为"无精神的"，或者像马克思站在费尔巴哈的立场上所说，成为"非人的"。因此，无论是对于黑格尔来说还是对于马克思来说，对现存事物的批判的积极倾向都是在现实生活的整体中重建一种富有精神的、也就是说属人的统一。

尽管对变化有这种呼吁，黑格尔的批判却不是马克思的宣言。即便是作为政治作家，他也想**把握**存在的东西。这样一种把握是他下一篇关于德国宪法的批判文章的明确目的；这篇文章贯穿着一种抑郁的听天由命情绪。尽管有最尖刻的批判，但它却只想更

---

[1] 罗森克兰茨：《黑格尔传》，第 92 页以下（《政治与法哲学著作选》，第 151 页以下）。

好地理解存在的东西，甚至促成一种"适度的容忍"。黑格尔在理念的概念中消除理想与现实之间的差别，在作为"命运"的必须存在中扬弃与实际存在不同的应当存在，藉此来掩饰从批判到理解这一过渡的模糊性。[1]他以如下方式解释关于理解的命题："这篇文章所包含的思想当其公开发表时不可能有别的目的和效果，而只是促进理解存在的东西，因而也只是促进平心静气的考察，促进这种考察在言论方面以及触及现实方面适当得到容纳。因为使我们痛苦恼怒的不是存在的东西，而是它不是应当是的那样；但是如果我们认识到它是必然是的那样，即不是按照任性和偶然而存在，那么，我们也就会认识到它就应当是这样。"[2]但是，黑格尔是怎样认识必然存在从而也如其应当地存在的东西呢？通过他相信知道"世界精神"希望什么。[3]

然而，黑格尔从自知的历史精神出发论证自己对必然如何的认识，这种孟浪行为必须通过他自己对德国人的判断来纠正，依据的是前面引证过的那段话，并联系到想像的政治必然性。关于德国人，他说道：他们"为了自己的概念起见"，从而恰恰是因为他们如此有哲学思维，而显得如此不正直地不承认任何东西如其所是。"在他们要求的东西与违背它的要求而发生的东西之间的永恒矛盾中，他们不仅显得爱吹毛求疵，而且在一味谈论自己的概念时显得虚情假意，因为他们把必然性置入自己的权利和义务的

---

[1] 1795年，黑格尔还在期待"一切应当如何的理念的传播"将带来对现存事物的变革（《黑格尔往来书信集》，第1卷，第15页），因此，他甚至还把理念理解为理想，反对"老成持重的人们的无关痛痒"，他们认为一切都将永远"是其所是的样子"（参见《黑格尔往来书信集》，I，194，以及诗歌《厄硫西斯》）。
[2] 《政治与法哲学著作选》，第5页。
[3] 参见《黑格尔全集》，XV，95—96。

概念,但却没有任何东西按照这种必然性发生,而他们自己一方面对自己的言词和行动永远自相矛盾感到心安理得,另一方面也就安于从事件中得出某种与事件现实所是不同的东西来,依照某些概念歪曲对事件的解释。但是,谁想按照应当发生的事情的概念,即按照国家法律,去认识德国通常发生的事情,那就大错特错了。因为国家的解体首先就在一切都进行得与法律不同上可以识别出来。同样,谁如果以为这些法律所采取的形式,真的是国家解体的根源和原因,那也会陷入谬误。因为恰恰是由于自己所持的概念,德国人才显得如此不正直,以至于根本不承认存在的情况,尤其是不承认情况正好符合事情的力量中实际包含的那样。他们对自己的概念……忠实不渝,但事件却常常与之不一致,于是他们就力求找到一个方面,这个方面具有通过言词以概念的力量使二者相互适应的优点。"

与他批评自己同胞的那种求全责备的挑剔精神中相同的不正直,却也包含在黑格尔的和解中。一种成问题的调解并不是偶然地出现在他的批判的结尾。但无论是对现存事物的挑战还是对它的适应,都被对"存在的东西"的把握中的模糊性所掩盖,因为这种东西既可以等同于**只是还现存的东西**,也可以等同于**真正现实的东西**。在作为"存在的东西"的现实性[1]概念中这种基本的模糊性之桥上,黑格尔走过了从分裂到统一、从青年到老年、从法国大革命经拿破仑统治到普鲁士兴起的这段路。

黑格尔还在同基督宗教的关系中走过了与在同国家的关系中同样的道路。先行于对基督教教义的哲学辩护的,是对神学和基督教的批判,这种批判后来由黑格尔的学生们又重新赶上。1795

---

[1] 海姆:《黑格尔及其时代》,第368页以下、第387页以下、第462页。

年致谢林的一封信表达了对认为自己能够扑灭"教义学的熊熊烈火"的新教神学尴尬处境的一种毫不掩饰的幸灾乐祸。"关于哲学在蒂宾根的神学的—康德式的（si diis placet [如果它讨好诸神]）进程，你所告诉我的东西并不值得惊奇。只要正统教义的行当还与世俗的好处紧密相连，交织进国家的整体之中，正统教义就是不可动摇的。这种利益太强大了，以至还不能很快废除它。……这支队伍如果读到某种与他们的信念（如果人们还愿意赏脸这样称呼他们的语言垃圾的话）相悖的东西，并且他们感觉到这东西的真理，他们就说：对，这也许是真的；然后就抛到脑后，早上照旧喝自己的咖啡，并倒给别人一杯，就好像什么事情也没有发生过似的。然而，凡是提供给他们并使他们能够维持陈旧体系的东西，他们却是爱不释手。但我相信，对于那些搬来批判的建筑器材加固其哥特式神殿的神学家，尽可能在他们的蚂蚁式忙碌中打扰一下，给他们的一切造成困难，把他们从每一个隐身角落里驱赶出来，直到他们再也找不到一个这样的角落，不得不把自己赤裸裸地暴露在光天化日之下为止，那倒是蛮有趣的。"[1]

没几年之后，黑格尔以一种不致产生辩证调和的想法的方式把犹太教和基督教的精神与希腊人、罗马人和日耳曼人的精神区别开来。基督教摧毁了圣林，宣布本土的民间宗教想像为迷信，作为补偿给予我们一个民族的想像，这个民族的"气候、法律、文化、兴趣，对于我们说来都是异己的，它的历史同我们也完全没有任何联系"。"一个大卫 [David]、一个所罗门 [Solomon] 却活在我们民族的想像中，但是我们祖国的英雄们却在学者们的历史书中睡大觉，对于这些学者来说，一个亚历山大、一个恺撒

---

[1]《黑格尔往来书信集》，第 1 卷，第 11—12 页。

［Cäsar］等等，和查理大帝［Karl der Groβe］或者弗里德里希·巴巴洛萨［Friedrich Barbarossa］的历史同样有趣。也许除了路德之外，在新教徒的眼里，就我们这些从来没有形成一个民族的人说，哪里有过什么英雄呢？"[1]但就连宗教改革，这个惟一具有民族意义和宗教意义的德意志事件，也不再活在民族的记忆中，而是仅仅活在使每一个听众都感到厌烦的一年一度对奥格斯堡信条的诵读中。[2]"因此，我们没有土生土长的、同我们的历史联系在一起的宗教幻想，也简直可以说是没有任何正直幻想，只是偶尔一种我们自己的幻想的残余，以迷信的名义潜伏在普通民众里，这种迷信作为鬼魂信仰保持着对一座山丘的记忆，曾经有骑士在那座山丘上闹鬼，或者保持着对一座房子的记忆，曾经有修士和修女在其中作祟。……这些迷信是寻求独立和寻求财富的可怜而又悲惨的残余，完全根除这些残余，被视为国民中整个开明阶级的义务……"[3]与此相反的是雅典的既是宗教的也是正直的节日，有教养的人和无教养的人都可以参与这些节日，因为要从城邦的崇拜、娱乐和节日中了解他们的教养，在雅典城墙里面生活一年就够了。与此相反，圣经中的历史单是由于它的教义学和历史学的内容，对于遵循地域性因素的自由想像力来说也必然保持为异己的。既然不能使现在的德国人了解"犹太亚"，那也就不能使"阿凯亚"成为"条顿人"的祖国。希腊人和罗马人的诸神、祭坛、牺牲和节日没有任何"实证的"、亦即外在地确定的和教训人的意义；但

---

〔1〕《黑格尔早期神学著作选》，第 215 页；参见拉加德：《德语作品集》，格廷根 1892 年版，第 183 页。
〔2〕30 年后，黑格尔为庆祝宗教改革而作了一个拉丁语的祝词。
〔3〕《黑格尔早期神学著作选》，第 215—216 页；以下参见卢梭：《社会契约论》，第 4 章，第 8 节。

他们却把整个日常生活神圣化,而我们则必须强迫自己把一种与我们实际实行的原理在大多数情况下相矛盾的道德意义置入圣经的历史中。基督徒何以应当有理由来惋惜"盲目的"异教徒呢?"基督徒最惬意的感觉之一就是把自己的幸福和自己的科学与异教徒的不幸和黑暗进行比较,教会的牧人们最喜欢把自己的羊群引导到自身的满足和骄傲的谦卑之牧场上的隐秘处所之一,就是把这种幸福相当生动地置于他们面前,这样一来通常总是表明那些盲目的异教徒日子过得很坏。……但是我们很快就可以意识到,我们用不着同情他们,因为在希腊人那里我们并没有碰到我们现在的实践理性所具有的那些需要,——实际上人们一般都知道给实践理性强加上许多东西"。[1]

但是,如何才能解释,植根于城邦的民众生活的昔日幻想宗教居然能够被实证的—基督教的学说所排挤?"对于诸神的信仰怎样会终止?诸多城市和帝国都把自己的兴起归功于这些神,各族人民天天向他们奉献祭品,一切事情都要祈求他们的保佑,惟有在他们的旗帜下军队才战无不胜,并且为了自己的胜利而感恩于他们,欢乐的歌声和严肃的祈祷都是献给他们的,他们的庙宇和祭坛、他们的财富和雕像,都是各族人民的骄傲、艺术的光荣,对他们的敬拜和节日是举国欢腾的原因,——对这些神的信仰与人的生活之网有千丝万缕的联系,怎样可能与这种联系割断呢?……克服那种力量的对立力量必须有多么强大呢?"[2]青年黑格尔能够给予这个问题的回答,与后来鲍威尔和尼采给予的回答是一致的:基督教的侵入只能从罗马世界的颓废出发来解释。[3]

---
[1] 《黑格尔早期神学著作选》,第 219—220 页。
[2] 《黑格尔早期神学著作选》,第 220 页。
[3] 参见吉本:《罗马帝国衰亡史》,第 15 章。

只有在公共生活的自由及其德性沦亡、罗马人只是还有一种私人生活的时候,[1]一种宗教才能找到进入的通道,对于这种宗教来说,政治上的独立和自由没有任何价值,因为它自己已经是来自一个"极为堕落"的民族。"在这个从道德方面必然轻视自己、但通常又把自己高抬为神祇的宠儿的堕落人类的内部,必然产生并且乐意接受人性堕落的学说;这个学说一方面与经验一致,另一方面它又满足了骄傲,从自身洗除掉罪恶,并且在痛苦之感自身中给出骄傲的根据;它给耻辱的东西以荣誉,把那种无能神圣化和永恒化,因为它甚至使能够信仰一种力量的可能性也成为罪恶。"[2]堕落了的罗马人反正已经借助逃避、贿赂和自残避开了死的危险,没有了自尊心,就必然欢迎一种以忍耐服从的名义把无能和耻辱转化为荣誉和最高德性的宗教情调,——"通过这种做法,人们以欣喜的惊异看到别人的轻视和自己的耻辱的自我感觉转化成了光荣和骄傲。""于是,我们看到圣安勃罗斯[Ambrosius]或者圣安东尼[Antonius]带起无数的群众,在大群的蛮族兵临城下的时候,不是忙着跑上城墙守卫城市,而是跪在教堂里和大街上,祈求神来祛除他们的可怕的灾难。他们怎么会也想去战死

---

[1]《黑格尔早期神学著作选》,第 71、223、229—230 页;参见《黑格尔政治与法哲学著作选》,第 472—473 页。——对私人生活来说,财产和人格的安全是最高的东西,死亡是最可怕的东西;在对私人生活的这种刻画中,已经以萌芽的方式包含着后来对市民社会的分析。关于对死亡的恐惧对市民社会的精神的原则性意义,参见莱奥·施特劳斯:《霍布斯的政治哲学》,牛津 1936 年,第 57—58、105—106、122—123 页。
[2]《黑格尔早期神学著作选》,第 225 页,同样的意思还在哲学史中《黑格尔全集》,第 15 卷,第 116—117 页;参见韦尔豪森[Wellhausen]对古代以色列和流放后的犹太教所作的区分,在韦尔豪森看来,这种区分恰恰能够给以色列的古代绘制一幅图画,就像黑格尔对希腊城邦所勾画的那样。参见博施威茨[F. Boschwitz]的马堡博士论文:《J. 韦尔豪森及其历史写作的主题和尺度》,马堡 1938 年,第 26 页、第 35 页以下。

呢？"[1]——这与鲍威尔和尼采关于基督教起源自一种奴隶道德的再感受的命题别无二致。

通过这种"本性的逆转"，神获得了一种与同他的活生生的关系不可调和地对立的"实证性"或者"客观性"。"这种精神以这种方式通过它的客观的神来启示自身，人们扑始关于神有了异常之多的知识，知道神的本性的如此之多的秘密，制订出如此之多的信式，不像关于邻居的秘密那样贴耳告诉别人，而是向全世界高声宣讲，而且要叫儿童们背得烂熟。时代精神在它的神的客观性中启示自身，时代精神不是在量上超升到无限，而是被置于对我们来说陌生的世界里，我们丝毫也不参与这个世界的领域，在其中我们不能通过自己的行为有所贡献，而是至多用乞求和魔术的方式进入，人自己是一个非我，他的神则是另一个非我。它最明显地在它创造的一大堆奇迹中启示自身，这些奇迹就决定和信念而言取代了自己的理性。但是，最可怕的莫过于为了这个神而战斗、谋杀、诬蔑、放火、偷窃、撒谎和欺骗。——在这样一个时期，神必定完全不再是某种主观的东西，而完全成为了客体；在这种情况下，对道德准则的那种歪曲就是轻而易举的，并且可以通过理论合乎逻辑地加以辩护。"[2]这样一种客观信仰的能力以丧失自由和自我规定为前提条件。黑格尔把耶稣要用自己的爱的宗教克服的犹太教的律法精神解释为这样一种丧失的极端。[3]但是，就连与"实证性"的这种斗争也导致不了任何完备的"整体感受"，虽然活生生的爱的关系减轻了"精神"与"现实"之间、

---

[1]《黑格尔早期神学著作选》，第229页。
[2]《黑格尔早期神学著作选》，第228页，参见本文第2部分第5章，鲍威尔从主体性原则出发对黑格尔宗教哲学的诠释。
[3]《黑格尔早期神学著作选》，第245页以下。

上帝与人之间的分离。要造成属神事物与属人事物的一种"结合",满足这方面的渴望,使宗教成为一种完备的生活,还需要一种进一步的发展。因为基督宗教的所有历史形式都保持着对立的基本性质。无论是神秘主义迷狂者与上帝的合一还是天主教和新教教会与世界命运的结合,都未能把崇拜上帝与现实生活合为一体。"……在发生于上帝与世界、属神的东西与生活的对立内部的两个极端之间,基督教教会前后奔跑绕圈子,但是,这与它在一种非人格的活生生的美中找到安息的主要特性是相悖的;而它的命运就是,教会与国家、上帝崇拜与生活、虔诚与德性、宗教活动与世俗活动永不能融合为一。"〔4〕但恰恰是这种统一,黑格尔后来在自己的精神哲学中把它看做是已经完成了的,其真理就是"整体"。〔5〕

黑格尔在离开了荷尔德林对宗教生活与政治生活美好一致的希腊状态的渴望之后,开始从哲学上在现存的现实中建设"上帝之国"〔6〕,并把教义的基督教提高为一种哲学的实存,以便在历史世界中保证人的精神有他看做是基督教的特有本质的那种家园感。要求——"至少在理论上"——把在天上挥霍的财富当做人的财产归还,他虽然早在青年时代的著作中就把这看做是留待"我们的时代"完成的任务,但当时还带着疑问,即哪一个时代将有力量提出并使自己拥有这种权利。〔7〕从黑格尔决定与时代统一、以致"应当"在现实性的强硬中丧失自己的要求的那一刻,这一不仅仅具有道理的怀疑就沉默了。通过与现存世界的这种容忍,即便人

---

〔4〕《黑格尔早期神学著作选》,第342页。
〔5〕 黑格尔:《哲学全书》,第552节。
〔6〕《黑格尔往来书信集》,I,13和18。
〔7〕《黑格尔早期神学著作选》,第225、71页。

们"在其中找不到"自己,黑格尔也已经找到了走出他年轻时代革命批判的道路。从这时起,思辨的调和就成为他的批判的标准。就像他决不会同意马克思进行一场彻底变革的革命意志一样,他也不高兴地拒绝了基尔克果的一个"实存的思想家"的要求,因为这个问题对他来说不是一个问题。他有一次非常老派地称有关存在的思维为"生活与意见",并区分了其联系的三种类型:"在人们中间,有一些人有**生活**而无意见,另一些人只有**意见**而无生活;最后还有这样一些人二者都有,**既有生活又有意见**。后一种人比较罕见,其次是第一种人,最常见的总是中间那种人。"[1] 在这种生活与意见的比喻中,黑格尔无论是对两个极端还是对中间都有所考虑,与此相反,马克思和基尔克果一直走到最极端,与现存的东西完全决裂。

但是,在黑格尔看来,自我存在和异己存在的这样一种决裂也并不是想让自己保持是自己所是的,因为它自身已经是某种原初统一并且还想重新统一的东西的分裂。人必须能够在他者或者异者那里有家园感,以免在现存世界的异在中对自己成为异己的。黑格尔把希腊的此在解释成为这样一种"实存的家园感"的伟大榜样,——即便在对存在的东西的坚强承认禁止对一个过去了的状态有一种渴望的情况下亦是如此。[2] 使有教养的欧洲人在希腊人那里有一种家园感的东西,就是他们把自己的世界变成家园,他们并没有"走出"或者"越过"。他们如此精心地处理、改变和转换自己的宗教教养和社会教养的异己的、实体性的开端,使它们在本质上成为他们自己的。就连哲学也是如此:"在自己家里——

---

[1] 罗森克兰茨:《黑格尔传》,第 557 页。
[2] 《黑格尔全集》,XIII, 171 以下;XVI, 139。

人在自己的精神中在家,在自身在家。"

世界对马克思和基尔克果来说变成异己的,而黑格尔却在它里面"安家";他们越过并走出了,或者如歌德称未来的世纪精神那样,是"荒唐的"和"超越的"。此外,尼采在任何地方都不再在家,而是一种"过渡"和一种"沉没",以致他甚至在希腊的此在中也不再承认实存的家园感和可塑的意义,而是仅仅承认悲剧的激情和由瓦格纳的现代性所启迪的音乐的精神。

历史性时代的哲学转化为对永恒的要求

## 第四章　作为我们时代的哲学家和永恒的哲学家的尼采

"当再也不知道往哪里走时，人们就不再走了。"
——歌德（《准则》，第901条）

由黑格尔通向尼采的道路，是以年轻德国和青年黑格尔学派的名字为标志的，后者通过瓦解黑格尔的体系而使它产生了历史性的影响。另一方面，尼采的历史性作用可以这样来衡量，直到现在，人们才开始按照一个蓝图系统地综合他那些表面上无法结合的警句。[1]在两种场合，它们的影响都不再局限于哲学自身，而是贯穿着整个精神生活和政治生活。黑格尔在当时和尼采在今天一样，是一个人们并非在字面上理解的口号。

人们大多数情况下根据尼采与**叔本华**和**瓦格纳**的关系来衡量他的历史地位，而不考虑二者的历史位置的不同。叔本华对世界的道德评价和非历史的观点已经植根于"ancien regime"［旧制

---

[1] 参见柏姆勒：《哲学家和政治家尼采》，莱比锡1931年；拙作：《尼采的同一事物永恒复归的哲学》，柏林1935年；K. 雅斯贝斯：《尼采——理解他的哲学思维的导论》，柏林1936年；希尔德布兰德［K. Hildebrandt］：《论尼采体系的解释和整理》，载《康德研究》，1936年。

度〕之中，与此相反，瓦格纳的文学激情起源自40年代革命的黑格尔主义。据此，就连他们对尼采的影响也是必须区分的。叔本华的思想中正面进入尼采哲学的，是历史世界表面的变迁中本质上相同的对象永恒复归的自然哲学观点。与此相反，瓦格纳的改革计划影响了尼采对于未来的时间中的意志。但是，尼采并不仅仅通过瓦格纳与**费尔巴哈**的关系才与黑格尔左派的革命批判相关的，相反，他的全部著述活动都是以对 **D. F. 施特劳斯**的攻击开始的，这一攻击合乎逻辑地以"敌基督"结束。在对基督教的批判中，他与 B. 鲍威尔相遇，后者的宗教批判是从黑格尔的宗教哲学产生的。这样，就连**施蒂纳**的著作在尼采出生的那一年出版这样的巧合，从历史来看也可以显得如此必然，就像尼采的一种新开端的尝试与在施蒂纳那里达到的无的联系一样。尼采通过布兰德斯〔G. Brandes〕发现了**基尔克果**，但为时已晚，未能与他结识。看来，尼采从未研究过**马克思**。但尽管如此，与这二人的对立是有根据的，因为尼采是马克思和基尔克果之后惟一以市民阶级—基督教世界的衰落为同样的基本分析的主题的人。复归说与基尔克果的基督教的"重复"的对照自身就是令人信服的，尼采的文化批判与马克思的资本主义批判的历史联系[1]不太明显，因为它首先被尼采自己的市民性[2]和他对社会问题和经济问题少有重视所掩盖。**海涅**也属于广义上的青年黑格尔学派，尼采如此高度评价他的重要性，以致他毫不犹豫地把他与黑格尔和自己本人并

---

〔1〕 H. 费舍的《叛逆者尼采》包含着对尼采和马克思历史联系的暗示，埃尔富特1931年，第13页以下；参见特洛尔奇〔E. Troeltsch〕：《历史主义及其问题》，1922年，第26页和第497页以下；以及舒巴特：《欧洲和东方的灵魂》，卢塞恩1938年，第195—196页。

〔2〕 参见奥韦尔贝克：《基督教与文化》，巴塞尔1919年，第287页。

列。[1]——至于把尼采的敌基督哲学与黑格尔的哲理神学、把他的"锤子"与黑格尔的"思辨"深深地分离开来的东西,被黑格尔的学生们以反对基督教传统和市民文化的起义的一贯结论架起了桥梁。黑格尔和尼采分处在这座桥梁的开端和结尾,而问题是,是否 越过尼采 ——还有一条可行的道路。

## 一、尼采对歌德和黑格尔的评价

尼采按照自己在古代和基督教之间作出抉择的意志,把黑格尔看做是一个诡计多端的神学家,把歌德看做是一个坦诚的异教徒。但同时,他也意识到他们的精神和意向的相似。"黑格尔的思维方式与歌德的思维方式相距不远:人们听到歌德谈过斯宾诺莎。神化宇宙和生活、以便在自己的观察和探索中获得安宁和幸福的意志;黑格尔到处寻找理性,人们在理性面前可以俯首听命、心满意足。在歌德那里,是一种几乎欢乐的、充满信任的宿命论,他不反抗,不疲倦,力图从自身出发形成一个整体,相信只有在整体性中,一切才能拯救自己,表现为善的和称义的。"[2]与拿破仑一起,黑格尔与歌德对他来说意味着一个全欧洲的事件,一个克服18世纪的尝试。[3]

尼采关于**歌德**所形成的印象,首先并不缺少批判的保留,但这种保留越来越退居后台。在第3篇不合时宜的考察中,他在对19世纪的一种刻画之后提出了一个问题:在这样一个崩溃和爆

---

[1]《尼采全集》,X,253和264;XV,35。
[2]《尼采全集》,XV,211—212。
[3]《尼采全集》,XV,218;参见 XIV,178;X,279以下。

裂的时代里，谁将还保持"人的形象"？三个形象规定了新时代的人性：卢梭的人、歌德的人、叔本华的人；尼采在其《英雄的履历》中自己作了解释。从卢梭发出一种平民的力量，它迫切要求革命；歌德不是一种如此有威胁的力量，他观察和组织，但并不以革命的方式推翻。"他恨任何暴力的东西，恨任何飞跃，但这也就是说，恨任何行动；这样，世界的解放者浮士德仿佛就仅仅成了一个世界旅行家。一切生活和自然的王国、一切过去、艺术、神话、一切科学都看到永不知足的观察者忽视了自己，最深切的渴望被激起又被平息，甚至赫勒拿也不再能留住他——如今必须有一个他的幸灾乐祸的陪伴者所期待的时刻。在地球的任意一个地方，飞行终止，飘荡下落，靡菲斯特就在手中。如果德国人不再是浮士德，那么，就再也没有比他是一个市侩并且落到魔鬼手中更大的危险了——只有上天的力量能够拯救他。歌德的人是……高贵的观看的人，他要想在地球上不受煎熬，就只有搜集一切伟大的和重要的东西……作为自己的营养，并且生活得就像只是一种从渴望到渴望的生活似的；他不是行动的人：毋宁说，如果他在某个地方加入了行动者的现存秩序，那么，人们就可以肯定，从中产生不了什么合适的东西……尤其是，没有任何'秩序'被推翻。歌德的人是一种维持的、平和的力量……就像卢梭的人可能容易成为卡塔里纳主义者一样。"[1] 以类似的方式，在关于瓦格纳的考察中也说道，歌德虽然是一个伟大的学习者和认知者，但他的分支众多的河系似乎并没有把他的力量汇聚起来带入大海，而是至少在沿途和弯道损失了同样多。在歌德的本质中，蕴含着某种高贵的—富丽堂皇的东西，而瓦格纳的（即尼采的）

---

[1]《尼采全集》，I, 426—427; 参见 III, 264; XIII, 335。

奔流和冲击力可能会令人退避三舍。[1]但是，当尼采后来自己在《查拉图斯特拉如是说》中达到一种完成时，他就让自己年轻时代的保留沉默了，以便更明确地承认歌德的实存。因为如果德国的教养在席勒—歌德的基础上就像躺在一个沙发床上，这并不是歌德的过错。[2]成熟的尼采理解了，既不想是一个"职业作家也不想是一个职业德国人"的歌德，为什么从不像席勒那样大众化，而是虽有声誉却依然寂寞，被迫面对自己的崇拜者戒备森严、装模作样。[3]"他属于一个更高的文学类别，比民族文学更高，因此，他也不属于一个民族，既不属于与生活相关的民族，也不属于革新的民族，也不属于过时的民族。他过去和现在都只是为少数人活着的。对绝大多数人来说他只不过是虚荣心的时不时声音越过德国边界的铜号而已。歌德不仅是一个好人，一个伟大的人，而且是一种文化，歌德在德国人的历史上是**一个没有后果的中间变故**：例如，在最近70年的德国政治中，谁能够指出有歌德的一份（但无论如何都有席勒的一份，也许甚至可以说有莱辛的一份在其中活动）！"[4]歌德——他在另一个地方说道——作诗越过了德国人，因为他在任何关系上都高出于德国人之上。"每一个民族怎样才能胜任歌德**在安康亲善中的精神性**。"[5]追随他的只有一小群"最高级的学者，受过古代、生活和旅游教育的人，超越了德意志本质的人；他自己也不希望是别的样子"。远离"唯心主义"，他以自己的方式观看着德国教养的这种活动："袖手旁观，婉转抵

---

［1］《尼采全集》，I，510—512。
［2］《尼采全集》，X，250；VIII，129。
［3］《尼采全集》，VIII，13。
［4］《尼采全集》，III，128、265—266。
［5］《尼采全集》，III，89。

制、沉默寡言,越来越坚定地走他自己的更好的道路",而外国则相信,德国人"悄悄地发现了天的一角",而德国人自己则已经开始用工业的、政治的和军事的活动来替换自己的唯心主义教养。[1]

使歌德如此高出于其他所有较平凡的人物的,是他不仅希望自由,而且完全掌握了自由。从这种**已经达到的**自由出发,他可以允许自己甚至促成与自己相悖的东西,成为生活在整体上的代言人,既是其显明的真理的代言人,也是其真正的显现的代言人。"歌德在一个崇尚非实在的时代里是一个坚定不移的实在论者:他肯定在这方面与他性质相近的一切,他没有比那个 ens realissimum[最实在的存在]——这里说的是拿破仑——更伟大的经历。歌德塑造了一种强健的、具有高度文化修养的、体态灵巧的、有自制能力的、崇敬自己的人,这种人敢于把大自然的全部领域和财富赋予自己,他强健得足以承受这样的自由;一种不是出于软弱、而是出于强大而宽容的人,因为他懂得为了自己的利益去利用令平凡的天性走向毁灭的东西;一种无所禁忌的人,除了软弱,不管它被叫做罪恶还是德行。这样一个**解放了的精神**带着欢乐的并且充满信任的宿命论置身于万有之中,置身于一种信仰:惟有个别的可抛弃,在整体中一切将拯救和肯定自己——**他不再否定**。"[2]但是,这同时也是尼采"对此在的狄奥尼索斯态度"的公式,事实上,强势意志的最后警句与歌德关于自然的片断出自同一种精神。

尽管如此,尼采的强势意志与歌德的自然之间的差异,仍犹如极端与有节制、不安分的力量与秩序井然的宇宙、意欲与能够

---

〔1〕《尼采全集》,IV,179—180;VIII,111 以下。
〔2〕《尼采全集》,VIII,163—164;以及对良好教养的描述,XV,12—13。

以及攻击的毁灭性尖锐与善意的讥讽之间的差异。[1]这种区别特别清晰地表现在他们对基督教的态度上。尼采虽然有一次发现，人们必须像歌德那样来感受"十字架",[2]但他自己的感受却完全是另一回事：他想教给人们的不是受难，而是笑，并宣布自己的是神圣的。查拉图斯特拉嘲笑基督的荆冠，而他自己戴的是一个由蔷薇花编织的王冠。[3]这些蔷薇花与十字架既没有一种人性的关系，也没有一种理性的关系；查拉图斯特拉的"蔷薇花编织的王冠"对于被钉十字架者的荆冠来说纯粹是挑衅性的。源自路德的蔷薇花十字架的象征转变到了这等颠倒的境地！歌德不是敌基督，正因为如此，他是真正的异教徒；他的"上帝"没有必要反对另一个上帝，因为他就其积极本性而言是不喜欢任何否定的。但是，他那完全成熟了的自由在德意志文化中依然没有结果，这却既是灾难性的又是可以理解的。"德国人……相信只有在他们悖谬的时候，即在他们不公正的时候，才有精神。"[4]他们虽然相信理念，但他们并不看现象,[5]从而他们的"世界观"是一种意识形态的虚构。对世界纯直观的这种缺少，在19世纪已经使黑格尔的学生们——越过歌德——占据了统治地位，使他们成为"这个世纪德国人的真正教育者"。[6]

这样一个出自黑格尔哲学的理念是"发展"或者"变易"的理念。"即便从来不曾有过一个黑格尔，只要我们凭直觉地赋予

---

[1] 参见歌德1829年12月25日致策尔特的信；关于歌德的讥讽，参见弗兰茨[E. Franz]:《宗教思想家歌德》，蒂宾根1932年，第62页以下。
[2] 《尼采全集》，XV, 272; XIII, 50和165。
[3] 《尼采全集》，VI, 428以下。
[4] 歌德1828年7月27日致策尔特的信。
[5] 《歌德谈话录》，III, 504。
[6] 《尼采全集》，III, 90。

变易、发展以一种比'存在'的东西更深刻的意义和更丰富的价值,我们德国人就是黑格尔学派。"[1]德国人之所以本来就是黑格尔学派,是他们并不满足于现象的直接的东西,而是"翻转表面现象",几乎不相信"存在"这个概念的合法性。在这方面,尼采注意到,就连莱布尼茨和康德也是"黑格尔学派"。德国哲学与其说相信逻辑规则,倒不如说相信"正因为荒谬,所以我才相信",德意志的逻辑以此已经出现在基督教教义的历史上。"但是,即便是今天,在一千年之后,我们今天的德国人……也在黑格尔在自己那个时代帮助德国精神战胜欧洲所凭借的那个著名的实在辩证法原理——'矛盾推动着世界,所有事物都是与自身矛盾的'——背后觉察出某种属于真理、属于真理之可能性的东西;我们正是、甚至直到逻辑里面都是悲观主义者。"[2]通过从虚无主义的自我扬弃出发来勾画自己关于永恒复归的悖论,尼采自觉地把矛盾的逻辑又向前推进了一步,再次从荒谬发展出一种我信。[3]

然而,尼采的悲观主义逻辑由于他对基督教道德和神学的极端批判而不同,他也在黑格尔的历史哲学中看到了基督教道德和神学的统治。[4]由于这种奸诈的神学,黑格尔败坏了自己伟大的创见,这种创见就在于,他已经在把否定性的东西——错误和恶——纳入到存在的整体特性之中。"根据他所作出的了不起的尝试,也就是说,归根结底还是借助于我们的第六感官,即'历史感',说服我们相信存在的神性",他成为从基督教及其道德解放

---

[1] 《尼采全集》,V,300以下。
[2] 《尼采全集》,IV,7—8。
[3] 参见作者关于尼采的专著,第81页;雅斯贝斯:《尼采》,第317页和第325页。
[4] 《尼采全集》,XV,439—440和442。

出来的**那个伟大的迁延者**。[1]这种哲学上的历史主义对德国的教养发生了最危险的影响，因为如果对历史的意义的这样一种信仰成为事实的偶像崇拜，就必然是"后果严重的和毁灭性的"。"如果任何成果都在自身包含着一种理性的必然性，那么，任何事件都是……'埋念'的胜利——在这种情况下，只有赶快卑躬屈膝，屈服于'成果'的整个阶梯。"[2]对于后世来说，黑格尔把作为对历史意义的信仰的历史学当做宗教的替代品。[3]但恰恰是产生自黑格尔的精神历史形而上学的**历史主义**，与从自然观中提取人类的发展形式和生活形式的歌德的非历史的世界观相比，变得**更为充满希望**。

## 二、尼采与40年代黑格尔主义的关系

尼采从历史的—哲学的科学出发，使他一开始就对历史采取了**与叔本华**迥然不同的态度，对于叔本华的哲学世界观来说，研究自然科学才是本质性的。无论怎样批判历史的意义，尼采对黑格尔作出的评价尤其不是以同叔本华非历史的教养的这种对立为条件的。叔本华由于自己"对黑格尔不智的怒气"而使最后的整整一代德国人脱离了与德国文化的联系，"这种文化……曾经是**历史意义**的一个高峰和预期的精美"。但是，叔本华恰恰在与创造性

---

[1]《尼采全集》，V，301。
[2]《尼采全集》，I，353以下。
[3] 关于黑格尔对泰纳的影响，参见《尼采全集》，VII，225；以及罗斯卡[Rosca]：《黑格尔对泰纳的影响》，巴黎1928年。

的这一关系中是贫乏的、不敏感的和非德意志的。[1]

在叔本华开始活动的时代里,历史的意义在德国哲学内部以K.费舍的主张最富有影响。与费舍的《近代哲学史》相联系,叔本华注意到:"他被黑格尔的东西不可救药地败坏了,按照自己先天的模式来**虚构**哲学的历史,而在这里,作为悲观主义者的我是作为乐观主义者的莱布尼茨的必然对立面;这可以由此得出:莱布尼茨生活在一个**充满希望的**时代,而我却生活在一个**绝望的**、邪恶的时代。因此,如果我生活在1700年,我也会是一个体面的、乐观主义的莱布尼茨;而如果他生活在现在,他也会是我。"[2] 黑格尔的东西亦即辩证地表述的历史意义如此令人疯狂。他补充说明道,他自己的悲观主义是在1814年至1818年间产生的,而在这一年——《作为意志和表象的世界》第一卷出版的那一年——就已经"完全表现出来了"。但是,1814年至1818年是德国最富有希望的年代,因而费舍的说明也就是胡说八道。但是,叔本华的历史影响事实上是在德国知识分子于革命失败后成熟得可以理解它的时候才开始的,这与对历史意义的拒斥并不矛盾。费尔巴哈的书信、A.赫尔岑的《回忆录》和R.瓦格纳的自传为当时出现的绝念的程度提供了一个清晰的表象,这种绝念诱发了叔本华的成果。叔本华早在1843年左右就已经知道利用他的晚期成果与时代精神的这种联系了。他给自己的出版商写信说,他想下决心再版自己的著作,并增加一个第二章,以使它最终按其所值吸引读者们的注意力。"尤其是现在"希望如此,"讲台上的英雄们如此长期地进行的假争吵越来越被揭穿,被认识到它的毫

---

[1]《尼采全集》,Ⅶ,145。
[2]《叔本华书信集》,格里泽巴赫[Griesebach]编,莱比锡,第300页。

无价值；随着宗教信仰下降的同时，比以往任何时候都更强烈地感受到对哲学的需求，因而对哲学的兴趣变得鲜活而普遍，但另一方面，却没有任何现存的东西来满足那种需求"。[1]然而，这是再版他的著作的最佳时刻，这个时刻与这部著作的完成的巧合就像是借助 次幸运的安排。他心满意足地断言，即便是像罗森克兰茨这样的黑格尔信徒和《哈勒年鉴》的同事们也不得不承认他了。[2]与此相反，把自己的哲学与瓦格纳的音乐结合起来的思想距离他如此遥远，以致他毋宁说赞同与瓦格纳的论战："林德耐［Lindner］博士寄给我两册非常有意思的音乐回应。……审美的柯萨克［Kossak］反对 R. 瓦格纳，在其中很恰当地、颇有道理地利用了我的说法。漂亮极了！"[3]而当他虽然对出自苏黎世的瓦格纳小圈子的两篇"奇特的崇拜文章"作出了拒斥的回答，却从"大师"本人那里"在精美厚实的纸上"得到了带有题献词的《尼伯龙根的指环》时，他对此言简意赅地说明道："一系列 4 部歌剧，他想在某个时候为之谱曲，这是未来真正的艺术品，看起来很了不起。刚读过序幕，再往下看吧。"[4]

17 年之后，尼采与**瓦格纳**一起宣称自己是叔本华信徒，并把事实上产生自 R. 瓦格纳的音乐精神的《悲剧的诞生》献给他，称

---

［1］《叔本华书信集》，第 77 页。
［2］《叔本华书信集》，第 78 页注和第 82 页；评论发表在《哈勒年鉴》，第 4 年度，第 2 期，第 29 页以下。——叔本华在这里也提到了 1841 年 5 月发表在《领港员》上面的一篇文章：《关于黑格尔哲学的末日审判》，其作者以"可嘉的极为适当的方式"谈到了他。这很可能涉及关于鲍威尔的《对无神论者和反基督者黑格尔的末日审判的号角：一个最后通牒》的一篇文章。作为另一篇从一个黑格尔信徒方面对他的学说所作的"非常正确的"阐述，叔本华提到了德·桑克蒂斯的作品：《叔本华与莱奥帕尔迪》，1858—1859 年。
［3］《叔本华书信集》，第 266 页；参见第 128 页。
［4］《叔本华书信集》，第 285 页。

他为"崇高的先驱者"。他从瓦格纳的作品《艺术与革命》(1849年)中吸取了希腊的怀旧和现代的革命倾向,而在根本上,尼采即便是在宣布自己"反对瓦格纳"的时候,也依然受这位对手的影响,后者的才能根本不在于懂得"指挥"和创作。即便瓦格纳的第一次音乐经历,也不是真正属于音乐的;他在孩童时代从韦伯的《魔弹射手》的上演得到的印象是:"不是皇帝也不是国王,但却如此站在那里并且指挥!"[1]能够掌握一支乐队、使群众陶醉和进行创作,这曾是并且依然是他戏剧生涯的抱负。尼采在不再与"演员"来往并且以失望了的景仰的洞察力看透了"魔术师"之后,把他称之为一位在民主政治的群众时代发号施令的艺术家。

在《艺术与革命》这部作品的导论中,瓦格纳引用了卡莱尔[Carlyle]把法国革命刻画为世界历史的第三幕的一段话:"如果第二幕在1800年之前开始,那么我相信,这将是第三幕。这是……天堂地狱的大事:千年以来发生的最罕见的事。因为它标志着整个人类突然陷入无序状态,陷入……无政府状态的实践——也就是说……陷入一场抑制不住的反对骗子统治者和骗子导师的暴动——我以善意的方式把这解释为一种……对真正的统治者和导师的求索。——所有的人都应当……关注和研究这一突然爆发的自焚事件,把它当做……历来所发生的最罕见的事件。在旧的事物完全被焚烧干净、新的事物以清晰的形象表现出来之前……我们面前还有好多个世纪,还有好多个悲惨的、肮脏动荡的世纪。"[2]瓦格纳的艺术革命的呼吁感到与年迈的卡莱尔的呐喊完全一致,从而也同时与

---

[1] 参见 K. 希尔德布兰德:《反对19世纪的斗争中的瓦格纳和尼采》,布雷斯劳1924年,第9页。
[2] 参见 F. 恩格斯对卡莱尔的《过去与现在》(1843年)的赏识,《马克思恩格斯全集》,II, 405 以下。

青年黑格尔学派的危机意识完全一致，后者从另一方面预示了尼采在虚无主义历史上对危机的划时代意识。此后他叙述了费尔巴哈的著作是怎样束缚他自己并规定着他的艺术哲学的概念的。不过，当时他相信费尔巴哈关于人的本质的规定预先规定了他自己所认定的"艺术的人"。"由此产生出某种剧烈的混乱，它表现为在使用哲学图式时的草率和模糊。"他也是在事后才清楚这种"误解"的。尼采后来可以说，他由于叔本华的公式和"最现代的事物"而败坏了自己"狄奥尼索斯的预感"，他把希望与瓦格纳联系起来，但在这里却没有任何东西可希望，同样，瓦格纳也感到遗憾，他用费尔巴哈的公式搅乱了自己的第一部作品。但在这两个事例中，事后的校正也证实了原初的依赖——在 R. 瓦格纳这里是依赖 40 年代的革命激情，在尼采这里是依赖 R. 瓦格纳的革命激情。在 1886 年为《悲剧的诞生》撰写的前言中，尼采自己提请人们注意，这部作品虽然表面上是希腊精神的，但却有点是反希腊精神的，就像瓦格纳的音乐是"1830 年的浪漫主义表白戴上了 1850 年的悲观主义面具"一样，既令人陶醉也令人迷惑。这是一种自我批判，它比前言用又跳舞又欢笑的查拉图斯特拉来结尾包含着更多的真理。但是，尼采不在任何政治现实中检验自己精神革命的意志，而瓦格纳却亲身投入地参与这一令人陶醉的戏剧，首先是 1830 年在莱比锡，按照他自己的说法，他在那里像一个疯子一样参与破坏。同样，他在 1849 年与勒克尔［Röckel］和巴枯宁一起投身入德累斯登事件的洪流，他还以费尔巴哈、马克思的惯用语来欢呼这一事件："我要砸碎一个人对另一个人的统治、死人对活人的统治、物质对精神的统治；我要砸碎掌权者、法律和财产的权力。**自己的**意志才是人的主人，**自己的**快乐才是人惟一的法律，**自己的**力量才是人全部的财产，因**为惟有自由的人才是神圣的东西，再也没有比他更高贵的了。**……

看哪，人群，在那山丘上，他们寂静无声地跪着。……他们变得高贵了的脸上焕发着激情，他们的眼睛放射出明亮的光辉，随着'**我是一个人**'那震天动地的吼声，千百万人，即活生生的革命、**成为人的上帝**，走下了山谷和平原，向全世界宣告新的幸福福音！"[1]在这段时间，瓦格纳无论在政治上还是在精神上都与海涅一样思想解放。与费尔巴哈关于"未来哲学"的原理一样，他也想起草一部《未来的艺术作品》[2]，而尼采透视年轻德国"绝望的大学生"的影响的论文集，讨论的也是"教育机构的未来"。[3]

更大的现实感显然是在瓦格纳这里。他把艺术的问题理解为一个公共生活的问题，并用希腊城邦的解体来解释希腊悲剧的衰落，就像他另一方面把我们大城市的工业活动的精神也看做是现代艺术活动的本质一样。他描述艺术与公共生活原初的和堕落了的关系所用的措辞，在词句上来自于黑格尔学派——人们可以逐个地挑出来自黑格尔和马克思的概念。艺术原初产生自生活"自觉的普遍性"——"百分之五的上帝"今天是所有艺术活动的统率者和领导。"交易所的英雄们"统治着现代艺术的市场，与此相反，希腊的悲剧却是"一种自由的普遍性的自由表达"。埃斯库罗斯［Äschylos］和索福克勒斯是"雅典的杰作"——现代话剧则是"从现代资产阶级的沼泽里开出的鲜花"。真正的当代艺术必然

---

[1] 引自希尔德布兰德：《反对19世纪的斗争中的瓦格纳和尼采》，第44页；参见胡赫［R. Huch］：《M. 巴枯宁》，莱比锡1923年，第103—104页、第113页以下、第116—117页、第119—120页。
[2] 当时作为政治流亡者生活在苏黎世的瓦格纳，在当地试图让人聘用费尔巴哈，并将《未来的艺术作品》（1850年）题献给费尔巴哈；参见尼采对瓦格纳的《没有未来的音乐》的批判，《尼采全集》，VIII, 191以下。
[3] 《尼采全集》，IX, 412；参见卢格的说明：有人"干巴巴地"告诉他，他的全部著述都只是来自于他无缘于大学！（卢格：《书信往来与日记》，内尔利希编，柏林1886年，I, 289）

不可避免的是革命的，因为它只有在与现存事物的对立中才能存在。"从其文明化了的野蛮状态出发，真正的艺术只有站在我们伟大的社会运动的肩膀上才能获得自己的尊严：它与这种社会运动有一个共同的目标，二者都只共同认识到这一点才能够达到这一目标。"与卡莱尔的格言相联系，瓦格纳最后要求，艺术的革命必须像基督教推翻异教一样彻底。"例如**耶稣**向我们指出，我们所有人都是平等的、都是兄弟；但**阿波罗**对这一伟大的兄弟盟约来说却是强大和优美的印记，他出自对人的价值的怀疑，而把人引向其最高的神性力量的意识。这样，无论是在生活中还是在鲜活的艺术中，就给我们留下了未来的祭坛，它是人类两个最崇高的导师建立的：耶稣为人类受难，而阿波罗则将人类提高到其充满欢乐的尊严！"——与把希腊人的神马上就翻译成假日耳曼语的瓦格纳相对立，尼采早在《悲剧的诞生》中就已经用狄奥尼索斯[Dionysos]取代了基督，最后又揭露瓦格纳的基督教—日耳曼的英雄就是德国伪善的一个典型例证。但是，他最初是计划作为某种贝若特的宣传部长致力于为瓦格纳效劳的。他后来对瓦格纳的攻击只能从他的这种激情出发来理解。

继贝若特的刺激之后，尼采还写下了他的关于**D. F. 施特劳斯**的第一篇《不合时宜的考察》，这是对已经出现在瓦格纳的《未来的艺术作品》中的"知识庸人"的批判。这一攻击针对的是施特劳斯的"新信仰"，但同时也是沿着施特劳斯本人早就通过其早期作品针对时代的普遍意识中的旧信仰造成的那种解放的道路又前进了一步。即便是尼采，也不能不对青年施特劳斯"在根本上具有强健和深刻气质的学者和批判家性格"表示敬重。[1]在《瞧

---

[1]《尼采全集》，I, 250。

这个人!》中,他还自诩借助"第一个德国自由思想家"的批判同时表达了他自己的解放。就连一位评论家也这样理解尼采的作品,他把造成"无神论问题中的某种危机和最高的裁定"看做是尼采作品的任务。但因此之故,尼采感到不理解改善世界的"libres penseurs"〔自由思想家〕,更甚于他们的敌手,前者还根本不知道解放的关键之处。施特劳斯宗教上的无神论与尼采的反基督教之间的差别在根本上就像尼采就瓦格纳的"感性"概念所指出的差别:瓦格纳虽然沿着费尔巴哈的道路来表述感性,但却是"有所改变的",以便最终兜售一种迷狂的"禁欲"。[1]就连尼采的无神论也有所改变,最终宣告了一种新的信仰。然而,把两种变化区别开来的,是尼采从来不像他与瓦格纳对"帝国"和对基督教的态度相联系指责瓦格纳的那样没有特点。[2]瓦格纳不可能是清晰的,因为他的音乐要"意味着"它自身并不是的东西。"艾尔萨意味着什么?但毫无疑问:艾尔萨就是'未被规定的**民族精神**'!"瓦格纳毕生都是一个"理念"的诠释者,而没有逻辑上的清晰性。但在德国人中间,这种清晰性是一种异议,也就是说,是反对"深刻"的,这在尼采看来,是与黑格尔的影响密切相关的。"我们来回想一下,在黑格尔和谢林蛊惑人心的时代,瓦格纳还年轻;他猜测和探究过惟有德国人才认真对待的东西——'理念',想要表述某种暧昧、飘忽、充满预感的东西。"瓦格纳把握住了这种鉴赏力,他发明了一种意味着"无限"的风格,他把音乐领会为"理念",成为黑格尔的继承人。"昔日崇拜黑格尔的同一类人,今日又在崇拜瓦格纳;在瓦格纳的学校里,甚至有人在**写**黑格尔

---

[1]《尼采全集》,VIII,197以下;参见 VII,403。
[2]《尼采全集》,XIV,168。

式的作业！——德国青年尤其理解他。'无限的'和'意味'这两个词就已经够了：他们感到无比地幸福。……瓦格纳故布疑阵的天才，他的故弄玄虚，他的虚张声势，恰好是……黑格尔当年用来……蛊惑和引诱人心的同一伎俩！"[1]

尼米与黑格尔学派有直接的关联，乃是借助于同 **B. 鲍威尔**的关系。他在回顾《瞧这个人！》的时候说道，自他攻击施特劳斯以来，他在鲍威尔身上拥有了自己最专心致志的读者之一。在致泰纳、布兰德斯和加斯特［Gast］的书信中，尼采称赞他是自己除瓦格纳、布克哈特和凯勒之外惟一的读者，甚至是他的"全部读者"。[2]至于除了鲍威尔的著作《论俾斯麦时代的定位》（1880年）[3]之外，尼采是否知道出自40年代的神学著作，迄今尚无法确定。不过，可能性是显而易见的，尤其是因为奥韦尔贝克在密切注视着鲍威尔的宗教批判工作，并部分地作了评论。[4]无论这种关系是怎么样的，尼采的《反基督徒》和鲍威尔的《揭穿了的基督教》之间的对应却是如此引人注目，以致它们至少标志着19世纪进程中的一个地下通道，与鲍威尔的基督教批判和黑格尔的早期神学著作中的基督教批判之间的一致同样发人深省。[5]

---

[1]《尼采全集》，VIII, 33—34。

[2]《尼采书信全集》，III, 201、274；此外致 P. 加斯特的信，《尼采书信全集》，IV, 81—82。——关于尼采第一篇《不合时宜的考察》，请参见鲍威尔的著作：《斐洛、施特劳斯、雷南与原始基督教》，柏林1874年，特别是第16页以下。关于 G. 凯勒与费尔巴哈的关系和他以此论证的对尼采攻击施特劳斯的拒斥，请参见科胡特［A. Kohut］:《费尔巴哈传》，莱比锡1909年，第230页以下。

[3]《尼采书信全集》，IV, 54；参见94和《P. 加斯特致尼采的信》，慕尼黑1923—1924年，I, 220、225；II, 162。

[4] 参见贝努利［C. A. Bernoulli］:《奥韦尔贝克与尼采》，耶拿1908年，I, 441。

[5] 参见本书第2部分，第5章，5；参见契耶夫斯基［D. Tschijewsky］:《黑格尔与尼采：哲学史研究》，巴黎1929年，第338页以下；本茨［E. Benz］:《尼采关于基督教历史的思想》，载《教会史杂志》，第56卷，第2—3期，1937年。

尼采的作品中虽然从未提及施蒂纳，但尼采肯定知道他，这虽然不是凭着郎格的《唯物主义史》，但却是凭着奥韦尔贝克的见证得到了证明。[1]人们经常把施蒂纳和尼采进行比较，竟然到了这样的地步，即断言施蒂纳是尼采取得自己武器的"思想武库"[2]，而另一些人则把施蒂纳判定为一个空话连篇的人，其小市民阶级的平庸与尼采的贵族身份无法媲美。这样的评价没有触及到历史的疑问。二人可以被一个世界分离开来，但尽管如此又休戚相关，即通过他们对基督教的人道的极端批判的内在一贯性。这样，就不难理解一种猜测，即尼采之所以像奥韦尔贝克所说的那样"节俭地"使用对施蒂纳的认识，恰恰是因为施蒂纳吸引着他，同时又使他反感，而且他不愿意被人与施蒂纳混为一谈。

他们共同的东西，首先是与基督教相关的划时代意识，和在这里面得到论证的"对人的克服"的观念。在哲学规定的意义上的"超人"概念首先在施蒂纳的圈子里出现，这并不是一种巧合。[3]超人原初是神人和基督人[4]，自费尔巴哈的人类学转变以来变换了它的意指：与普遍人性的东西相比，他一方面是非人的，另一方面是**超人**的。M. 赫斯[5]在这种意义上使用超人和非人这两个词，用前者指鲍威尔，用后者指施蒂纳。鲍威尔的命题，即人在基督宗教中将"非人性"崇敬为自己的本质，[6]是与施蒂纳的命题相对应的，即只要基督是超人，人就不是自我。因

---

[1] C. A. 贝努利：《奥韦尔贝克与尼采》，I, 135—136、148 以下、238—239、427 以下；参见安德勒 [Ch. Andler]：《尼采传》，IV, 166 以下。
[2] 例如，E. 巴尼克尔在其新编的鲍威尔的《被揭穿了的基督教》中，第 79 页。
[3] 参见契耶夫斯基：《黑格尔与尼采》，第 331 页以下。
[4] 《德国词汇研究杂志》，1900 年，I, 1, 第 3 页以下和第 369 页以下。
[5] M. 赫斯：《1841 年至 1847 年社会主义论文集》，第 149 页和第 188 页以下。
[6] B. 鲍威尔：《揭穿了的基督教》，第 12 节。

此，对基督教的克服是与对人的克服等义的。在尼采那里，与**神人基督、基督教理解的人**和在与前者的关系中是"非人"、拥有自己本身的**自我**之间的联系相对应的，是**上帝之死**与**人的克服**成为战胜上帝和虚无的超人之间的联系。由于尼采是在对人的人性采说的充分意义上来理解上帝死了这个"重大事件"的，所以他同时认识到，**上帝之死**对于意欲着自身的人来说就是"**死的自由**"。[1]

尼采的偶尔说明，即19世纪德国人的真正教育者是黑格尔的学生们，就其意指来说远远超过了尼采自己能够意识到的东西。[2]经过青年黑格尔学派从黑格尔导向尼采的道路，最清晰地与上帝之死的观念相联系表现出来：黑格尔把自己基督教哲学的完成建立在基督教信仰从作为"无上帝"的"真理"[3]的基督十字架之死出发的起源上；尼采则把自己借助重复希腊哲学的起源来克服"数千年的谎言"的尝试建立在贯彻到底的基督教上。对于黑格尔来说，上帝成为人意味着人性与神性一劳永逸地完成的和解；而对于尼采和鲍威尔来说，人就其真正的本性而言被打碎了。黑格尔把基督教关于上帝是"精神"的学说提高为一种哲学的实存；尼采则断言，说上帝是上帝的人朝着无信仰迈出了最大的一步，[4]只有通过一个有血有肉的上帝的再生才能重新纠正这种无信仰。

---

[1] 参见作者关于尼采的专著，第36页以下。
[2] 在研究卢格的书信往来时，还发现了一种血缘关系：卢格的夫人娘家是尼采家族，与尼采本人一样在第三代上源自戈特黑尔夫·恩格尔贝特·尼采（1714—1804年）。参见卢格：《书信往来与日记》，I，19、23、43页。
[3] 《黑格尔全集》，I，153；《精神现象学》，拉松版，第483页；《黑格尔全集》，XI，352以下。
[4] 《尼采全集》，VI，456。

## 三、尼采克服虚无主义的尝试

> "这是我刚才学到的新沉默：他们的喧闹在我的思想上展开一件外衣。"

如果有人断言，尼采是"我们这个时代"的哲学家，那么，就必须首先问一问，对他本人来说时代是什么。鉴于他与时代的关系，有三件事必须谈到：1. 作为欧洲的命运，尼采是我们这个"**时代**"的第一个哲学家；2. 作为我们这个时代的**哲学家**，他**既是合时宜的也是不合时宜的**；3. 作为最后一位爱"智慧"者，他也是一个爱**永恒**者。

1. 在其最后一部作品的最后一章，尼采向世人解释，他为什么是一个"命运"，是一个"厄运之人"。"我知道自己的命运。回忆有朝一日将从我的名字……开始，从一种尘世不曾有过的危机开始，从最深刻的良知冲突开始，从一种决定开始，追忆起来反对迄今所信仰、所要求、所神圣化的一切。我不是人，我是火药。……我像从未被反对那样去反对，尽管如此我是一个说不的精神的对立面。……虽然有这一切，我却必然也是一个'厄运之人'。因为如果真理与千年的谎言进行斗争，我们就将有震动，有地震的痉挛……就像做梦也从未想到的那样。在这种情况下，政治的概念完全转化为一种精神的战争，旧社会所有的权力产物都烟消云散了——它们都是建立在谎言之上的；将会有战争，就像尘世从未有过的战争那样。只是从我开始，尘世才有了**伟大的政治学**。"

带有欧洲命运烙印的《瞧这个人！》可能表现为一个精神病人的自大狂，但也可能表现为先知的认识，表现为疯狂和忧郁。尼采作为古典语言学退职教授,在其精神错乱的忧郁中成为必须为在精神上规定欧洲的命运作出牺牲的被钉上十字架的狄奥尼索斯。但同时,他也有这样的感觉,即归根结底他只不过是"永恒"的一个"滑稽角色"而已。

在是时代的第一位哲学家和"两个千年之间"的"某种决定性的和充满厄运的东西"的意识中,尼采也可以说:他的事业是有时代的。1844年他从威尼斯写信说道:"我的事业是有**时代**的——我根本不想混同于这个当代要当做**它**的任务来解决的东西。50年之后也许会有一些人……睁开眼睛,认识到**我所做的事情**。但显而易见……公开地谈论我却不无限地**落后于**真理,这不仅是困难的,而且是根本不可能的。"因此,尼采的哲学意图的真正时代并不是他自己的、由瓦格纳和俾斯麦统治的时代,而是尼采作为"现代性"经过考验的发掘者和一种最古老的学说的宣报者所看到的东西,而这是从最长远的观点来看的。

当尼采回首往事的时候,他预见到了"欧洲虚无主义"的兴起,这种虚无主义认为,在基督教对上帝的信仰以及随之而来的道德的没落之后,**不再有真的东西**,而是**一切都被允许**。"我要叙述的"——《强势意志》的序言写道——"是往后两个世纪的历史。我要描述的是行将到来并且不能以别的方式到来的东西,即**虚无主义的兴起**。现在,这段历史已经在被叙述了,因为是必然性自身在这里起作用的。无数征兆业已预示了这种未来,无处不在预言这种命运。人人都已在洗耳恭听这未来的音乐。长久以来,我们整个欧洲文明都随着每十年出现一次的紧张局面的折磨而运动,就像朝灾难扑去一般;动荡不安、刀兵水火、猝不及防;就像要奔向**尽头**的洪流,不再**沉思**,害怕沉思。——在这里发言说话的,反过来迄今为止什么也没做,只是**沉思**:作为出自本能的哲学家和隐士,他在旁观、客处、忍耐、彷徨……中发现了自己的长处；作为勇敢和探索的精神，他已经在每一个未来之迷宫中走失过一次了；……当他要叙述行将出现的事物时，他就要**回首顾盼**；但是，作为欧洲第一位彻底的虚无主义者，他甚至已经在自身彻底体验了虚无主义。——他在自己身后、脚下、身外体验了虚无主义。"尼采以心理学的高超技巧阐述了这种虚无主义的历史起源以及它在科学和艺术中、在哲学和政治学中的表现方式。他的15年沉思的结果就是《强势意志》，与关于永恒复归的学说是一回事。

虚无主义自身意味着两种东西：它既可以是最终没落和对存在的厌恶的征兆，但也可以是强大和一种新的存在意志的第一征兆，一种孱弱的虚无主义或者强大的虚无主义。就连尼采自己也吸取了作为现代性起源的**虚无主义的这种含混性**："我的存在之幸福，也许就是它的惟一性，在于他的厄运：我存在，为的是以谜的形式表达它，作为我的父亲我已经死去，作为我的母亲我还活着并在变老。这双重的出身，仿佛是出自生活阶梯的最上面一级和最下面一级，同时是颓废和开端——这，如果有某种东西的话，说明了也许使我出众的在与整个生活问题的关系中那种中立性、那种无党派性。对于从开端到衰落的标志来说，我有一种比历来一个人所有过的都更灵敏的嗅觉，我是这方面同样杰出的导师，二者我都认识，二者我都是。"因此，在查拉图斯特拉身上，自己究竟是什么人的问题：是一个许诺者还是一个履践者，是一个征服者还是一个继承者，是一个秋天还是一个犁铧，是一个病人还是一个新愈者，是一个诗人还是一个求真者，是一个解放者还是一个束缚者，他仍使其悬而未决，因为他知道，他既不是前者也不是后者，而是同时是这二者。尼采哲学上的实存的这种含混性也说明了他与时代的关系：他既是来自"今天和过去"，但也是来自"明天、后天和未来"。在对过去和未来的这种认识中，他才能在哲学上解释自己的当代。作为"出自（基督教）后世历史的一种片断"，他的哲学同时也是出自希腊前世的一种残余。因此，尼采不仅是最新时代的哲学家，而且也是最古老时代的哲学家，因而是一个"时代"的哲学家。

2. 由于尼采就其与时代和同时代哲学的关系而言是一个"不合时宜者"，而且也依然是不合时宜的，所以他过去和现在也都是合时宜的，是时代的一个哲学尺度。他至少自己理解自己的不合时宜性的合时宜性。第二篇不合时宜的考察的前言的结束语是：他只是作为"更古老时代的学生"，尤其是作为西方哲学引以为开端的希腊时代的学生，作为"他的现今时代的产儿"，才得出如此"不合时宜的经验"。作为古典语言学家，除了抵制时代从而作用于时代、并且这样也许还有利于一个未来时代的意义之外，他不知道希腊时代的知识还应当有什么意义。

在他 1888 年最后一篇不合时宜的考察中，即在《瓦格纳事件》中，尼采更为明确地把自己与时代的关系解释为时代的"自我克服"："一个哲学家对自己的起码要求和最高要求是什么？是在自身里面克服自己的时代，变成无时代的。那么，他凭什么去进行他最艰难的斗争？就凭那使他成为自己时代的产儿的东西。那好吧！我和瓦格纳一样完全是这个时代的产儿，我想说的是，是一个颓废者：只不过我了解这一点，只不过我与之进行斗争罢了。是哲学家在我里面与之进行斗争的。"哲学家在他里面克服时代的同代人，只是由此尼采才成为经受了其考验的时代的**哲学家**，他"既不由于德国的伟大政治运动、也不由于瓦格纳的艺术运动、也不由于叔本华的哲学运动"而离开自己最重要的事情。[1] 由于

---

〔1〕《尼采全集》，XIV，348。

他在历史事件的总体中综览欧洲人的教养从埃斯库罗斯直到瓦格纳、从恩培多克勒［Empedokles］到他自己的开端和衰落，他也就能够看透自己的时代。

与尼采作为自己时代的哲学家所具有的不合时宜的合时宜性不同的东西，是他在文学后继者变换不定的观点中所拥有的**当时的现实性**。如果人们综览 40 年代尼采在 P. 加斯特、邓南遮和纪德［A. Gide］、潘维茨［Pannwitz］和斯宾格勒［O. Spengler］、曼［Th. Mann］和穆齐尔［R. Musil］、贝恩［G. Benn］和蒂尔［R. Thiel］[1]的观点中所经历的现实性的各种不同方式，就会形成继他之后的时代的精神问题的一个非常有特色的景象。同样的变迁反映在哲学上从里尔［Riehl］到齐美尔和从贝尔特拉姆［Bertram］到雅斯贝斯的尼采文献中。但是，如果人们把"合时宜"理解为自己时代的趋势是理解各种哲学意图的有效尺度的话，那么这一切都已经不再是"合时宜的"。在这种情况下，按照当时消逝着的时代不可抗拒的"进步"，合时宜的对于尼采来说也就是最后的和最近的时代，它的诠释者主要是克拉格斯［Klages］和柏姆勒。克拉格斯在其颇有见解的《对意志和精神的厌恶》中把尼采二等分，并且以强势意志和虚无意志为代价把狄奥尼索斯哲学的尼采解释为一个"肉体"和"灵魂"的"放荡"哲学家，柏姆勒则在其《战斗意志》中以永恒复归的狄奥尼索斯哲学为代价把强势意志和虚无意志的尼采解释为一个"英雄的实在主义者"

---

［1］ 邓南遮：《从死亡到毁灭》；A. 纪德：《尼采》，载《尼采学会年鉴》，慕尼黑 1925 年；R. 潘维茨：《尼采导论》，慕尼黑—费尔德奉 1920 年；G. 贝恩：《虚无主义之后》，斯图加特 1932 年；R. 蒂尔：《没有男人的一代》（尤其是关于 Th. 曼和 St. 格奥尔格的一章，柏林 1932 年。参见蒂斯茨［G. Deesz］：《尼采形象在德国的发展》，波恩博士论文，1933 年。

和政治哲学家,这只是一个与精神为敌的时代的同一种偏见的两种截然相反的变种罢了,二者距离尼采**完整的**强势意志哲学**和**永恒意志哲学同样遥远。

与尼采反对自己的和每一个"时代"的斗争更为遥远的,是对尼采的这样一种诠释,对它来说,尼采既不是一个强势意志的哲学家,也不是一个永恒复归的哲学家,而是时髦定理的一个任意的选辑。但是,由于尼采是在成千个警句中阐发自己的思想的,而不是把它阐发为体系,人们在他那里就能够**具体地**发现人们想要发现的一切:令人瞠目结舌地合时宜的东西和惊人地不合时宜的东西。一些实例可以简要地说明这一点:尼采在《瞧这个人!》的结尾谈到,只是由于他,精神的战争才与"伟大的政治"成为一回事;但他也在《瞧这个人!》一开始就说道,他是"最后的反政治的德国人",比当今任何"帝国"德国人都更是德国的。二者似乎相互矛盾,但事实上是同一个思想;因为正是由于尼采代表着一种伟大的、欧洲的政治,所以他也在与同时代的帝国政治的关系中表现为最后的反政治的德国人,并且说,人们必须彼此之间有"政治和民族自私的可怜的时代废话",才能从根本上理解他。——尼采说,战争和勇气比博爱在世界上造成了更多的丰功伟绩;但他也说,"最重大的事件"不是我们最吵闹的时刻,而是我们"最寂静的时刻"。——他反对自由主义的"新闻自由"精神,但同样反对那种"政党良知"的精神;哪怕仅仅是属于某个政党的想像,"即便那是自己的政党",也激起他的厌恶。——他批判市民社会的民主精神;但他也以"新偶像"为题说,国家是最冷酷的怪物,从它的口中吐出谎言:"我,国家,便是民族。"——他相信一种返回到野蛮去的必然性,相信欧洲的"男性化",为此创造了"金色的野兽"一词;但他也把瓦格纳的英雄刻画为感性陶醉的巨兽，并用"服从加长腿"来刻画他的"日耳曼人"。——他赞同种族的驯育和驯化，但同样反对反犹主义种族妄想中骗人的自我欣赏。[1]——他嘲讽"文化之邦"和"无玷的知识"，放弃"受过教育的人"；但他也自己作为一个受过教育的人，发现普遍的"审美媚俗"和野蛮的兴起。——他要求在"发号施令"的人和"服从"的人之间有等级秩序；但他同时也否认"做羊群之牧人或牧犬"，他断言，在无条件服从的士兵德性中"德意志的仆从灵魂"得到了理想化。——他谈到一个"居统治地位的种姓"的必要性；但他也知道，人成为怪物的"可驯性"上升了，因为人们自己没有任何可说的。——最后，他把"真理意志"阐发为"强势意志"；但他也说，人们永远不要问，真理对一个人来说是有用的还是成为厄运，而《强势意志》是一部仅仅为还以思维为乐趣的人写作的书；但今天的德国人不再是思想家，如今是某种别的东西给他们造成印象和乐趣。[2] 谁要是想为了一种"我们时代"的哲学而依靠尼采，他就必须让查拉图斯特拉说："我是河边的护栏；谁能扶我的，便扶我吧！但我不是你们的拐杖。"但是，为了扶一位哲学家，人们必须首先领会他的思想，尼采希望那些还有

---

[1] 尼采：《快乐的科学》，警句377；参见1887年3月24日致奥韦尔贝克的信："这方面有一个奇怪的事实，我越来越意识到它。我渐渐有了一种'影响'，不言而喻是很隐秘的。在所有极端的政党（社会主义者、虚无主义者、反犹主义者、基督教保守派、瓦格纳学派）那里，我都享有一种奇怪的、几乎是神秘的威望。……在《反犹主义通讯》（它只是秘密投递的，而且只寄给'可靠的党内同志'）中，我的名字几乎出现在每一行。查拉图斯特拉这个神人吸引住了反犹主义者；有一种独特的反犹主义解释，让我觉得非常可笑。顺便再说一句：我向'主管部门'建议，造一份具有全部或者半个犹太血统的德国学者、艺术家、作家、演员、演奏家的名册，就可以为德国文化的历史、也为这一历史的**批判**作出杰出的贡献。"
[2] 《尼采全集》，XIV, 420；参见《尼采书信全集》，I, 534。

时间思维的读者们能够这样。[1]

3. 尼采真正的思想是一个思想体系，它的开端是**上帝之死**，它的中间是从上帝之死产生的**虚无主义**，而它的终端则是对虚无主义的自我克服，成为**永恒的复归**。与此相应的是查拉图斯特拉第 次演说中精神的三次变形。基督教信仰的"你应"变形为获得自由的"我要"的精神；在其成为虚无的"自由的荒野"中，发生了从"我要"到毁灭与创造中的童戏的永恒复归——从"我要"到"我是"，也就是说，在存在的整体中的最后一次也是最困难的一次变形。随着成为虚无的自由最后一次变形为一种同样的东西永恒复归的自由意欲的必然性，对于尼采来说，他的时间中的命运就作为一种"**永恒的命运**"完成了；他的**自我**对他来说就成**命运**。而《瞧这个人！》，即此在的这个偶然，应当表现的是，人们只是"成为"人们已经"是"的东西，因为存在的最高星座是必然性，在里面偶然与自己存在合而为一。

> 必然性的徽章！
> 存在的最高星座！
> ——任何愿望都达不到它，
> 任何否定都不玷污它，
> 存在的永恒肯定，
> 我永远是你的肯定：
> 因为我爱你，哦，永恒！

在"必然性的标志"之下，即在古代的命运的标志之下，此

---

[1]《尼采书信全集》，I, 515。

在的偶然又处在存在的整体之中。

　　永恒以及还有永恒在其中一劳永逸地展示出来的决定性"瞬间"在尼采的哲学中究竟具有什么样的意义，已经由以下事实表现出来，即《查拉图斯特拉如是说》的第3部分和第4部分都以永恒的一首颂歌结束，就连《瞧这个人!》也以诗《荣耀与永恒》结束。但是，就像永恒意味着永恒的复归一样，永恒的**问题**要沿着尼采同时用"人"超越"时代"的**途径**来发现。这是一条从基督教的历史走出的出路，尼采称之为"虚无主义的自我克服"，而虚无主义在他那里是从上帝之死产生的。查拉图斯特拉是"上帝和虚无的战胜者"。根据永恒复归的"预卜"和虚无主义的"预卜"的这种联系[1]，尼采的全部学说就是一个双面脸谱：它是虚无主义的自我克服，其中"克服者和被克服者"是一回事。[2]他们如此是一回事，就像查拉图斯特拉的"双重意志"、狄奥尼索斯对世界的"双重观察"和狄奥尼索斯的"双重世界"自身是一个意志、一个观察和一个世界一样。[3]虚无主义与复归的这种统一性产生自，尼采追求永恒的意志就是将自己的意志**扭转**向虚无。

　　但是，人们怎样才能以产生自基督教此在的意欲自由来期望古代如此而非他样存在的必然性——除非是凭借把二者结合起来的**必须的意欲**吗？这种超人的意志在时间的角度看来是双重的，因为它还总是意欲它总是已经必须的东西，因为它以悖论的方式把追求未来的意志与追求过去的意志强拧在一起。在这种意欲反对自己本身的双重化的意志中，系统地、也是历史地包含着尼采的"最终"意志的全部问题。在《查拉图斯特拉如是说》里面，

---

[1]　以下参见作者关于尼采的专著，第36页以下。
[2]　《尼采全集》，XVI，422。
[3]　《尼采全集》，VI，203以下、210；XV，80；XVI，515和401—402。

讨论这一问题的解决的，是《论拯救》一章，即论过去。

查拉图斯特拉发现放弃了过去的一切，而且是以双重的方式：一些人迫使它们下降为给自己堕落了的今天开辟道路的前兆，而对于另一些人来说，过去的时间随着"祖父"而终止。[1] 二者都没有从过去拯救。"拯救过去的人们，把所有的'已如是'改造为'我曾要它如是！'——这才是我所谓拯救！——意志，解放者与传递欢乐者如是称；因此，我曾教你们，我的朋友们！但现在再学这个吧：意志自己还是一个囚犯。——想要解放，但也把解放者还投入锁链的是什么呢？'已如是'，意志切齿痛恨的东西和最寂寞的痛苦如是称。对于一切已成的，无力改变：所以它对于过去的一切，是一个恶意的旁观者。意志不能希望回去；它不能打败时间与时间的欲望——这便是它最寂寞的痛苦。……时间不能倒退，这便是它的愤怒；'已如是者'——意志不能踢开的石头如是称。"但由于希冀未来的意志不能对已如是者、已要者和已成者复仇，意欲着的此在对于自己——自从再也没有上帝对人说人"应当"怎样，人就**是**意志——成为"罪过"、成为"惩罚"。此在对于自己之所以"永恒地再是行为与罪过"，恰恰是因为它对于总是在它意欲自己之前就已经发生和在此的此在的偶然**不**负有责任，但作为存在着的意志**想**对此负有责任却又**不能**负有责任。因此，意志作为对偶然归于它的此在的负担的恼怒，踢开"一块又一块石头"，直到最后疯狂说起教来：一切死灭，所以一切值得死灭。对已发生之行为的已过去之时间的厌恶将它们贬值为过去——除非像在叔本华的形而上学中那样，"意志最终自己拯救自己"，而"意欲成为不意欲"。与此相反，查拉图斯特拉的创

---

[1]《尼采全集》，VI，295—296。

造性意志对作为徒劳地设计自己此在的负担的石头说:"**但我曾要它如是**",并且将永远再要它如是。不过,它什么时候已经如是说了呢?创造性的意志为了未来而为过去的东西说话,这是什么时候发生的?谁教它用想返回取代不想,用传递欢乐来取代制造痛苦?查拉图斯特拉作为永恒存在的教师回答了这一问题。因为在时间和存在永恒复归的循环的意欲中,意志自己也事先从向无穷无限的直线运动变得像想返回的圆。尼采的"**命运之爱**"指的就是这种总是还在要它总是必须已经要过的东西的双重意志。在它里面,时间和存在的整体汇聚成一个还总是变易着的存在已经存在过的未来。[1]查拉图斯特拉的灵魂是"出自快乐投入偶然"的"最必然的"灵魂,但它之所以能够如此,乃是因为作为"所有存在者的最高方式"[2],在它里面"一切事物都有其涌流来去、潮涨潮落"——但"这就是狄奥尼索斯的事物自身的概念",而且它的公式并不已经是命运的意志,而是作为宿命的命运自身的意志,"一种命运居于另一种命运之上"。[3]

据此,尼采把自己关于拯救的学说与古人对支配诸神和人的命运的信仰和今人对意欲自由的信仰区别开来:"从前,人们信仰预言家和占星家。因此人们相信,'一切都是命运!你应当,因为你不得不!'后来,人们又怀疑了所有的预言家和占星家;因此人们相信,'一切都是自由:你能够,因为你意欲!'"[4]与这种二者择一相反,尼采要把自己的意欲与宇宙的必须结合起来。

---

[1] 《尼采全集》,VI,206—207;参见 XVI,201、409;XIV,219;《强势意志》,第 617 条和第 708 条。
[2] 《尼采全集》,VI,18、304;XV,96。
[3] 《尼采全集》,XV,48;以及诗歌《最后的意志》。
[4] 《尼采全集》,VI,294—295。

但是，用意欲—能够的现代自由再次重复对必须如是不能有它的东西的那种古老的信赖，以便过去写在星辰中的命定凭借一种必须的意欲转化为一种独特的命定，以致最终能够说"我自己就是命定，我亘古以来就制约着此在"，"我自己就属于永恒复归的原因"，这怎样才是可能的呢？为此，新的预言岂不必定自身就是统一性，首先是关于出自天上的星辰的，其次是出自作为自己能够的自由之荒野中最后的真理的虚无吗？因此，它所表述的整体就是一种"天上的虚无"？与这种限制相应的，不也是双重的意志达到双重的真理所经由的双重道路，即通过一种**决定**和一种**灵感**，其中后者与前者同样真实吗？在自由最外部的终端"想要虚无甚于不想要虚无"的意志决定和存在将自身交给因此被决定者的那种灵感，二者共同构成了通向尼采的双重真理的成问题的入口，这种双重真理作为虚无主义自我克服的学说也就是它的"正因为荒谬我才相信"。[1]——惟有这才是尼采真正"不合时宜的东西"，因为时代在根本上就是关于时间和关于存在的超越性学说。在尼采看来，再也没有人达到过这个最外端的突变之点。依然追问永恒的少数人，皈依了天主教教会的"少数"真理，谈论"人里面永恒的东西"，醉心于宇宙生命已失踪的"图像"，"呼唤"存在的"密码"，[2]而多数人则顺从时代的要求，时代给他们提供了一种政治动物学种族上的耐用品，来作为永恒性的替代。

---

〔1〕 《曙光》前言，第3和第4段；关于尼采的复归学说，参见俄罗斯哲学家斯特拉霍夫［Strachow］值得注意的类似说法，见契采夫斯基：《斯拉夫人看黑格尔》，第327页以下。

〔2〕 参见巴尔［H. Ball］：《逃避时代》，慕尼黑1931年；Th. 海克尔：《创造者与创造》，莱比锡1934年；舍勒［M. Scheler］：《人里面永恒的东西》，莱比锡1923年；L. 克拉格斯：《作为灵魂对手的精神》，莱比锡1929年以下；K. 雅斯贝斯：《哲学》，第3卷，柏林1932年。

当尼采"在人和时代的彼岸"想与时代一起超越整个"人这一事实",以便从现代的被抛出发设计自己的时候,恰恰发生了他自己关于"把自己的灰搬到山上去"并"想用一跃达到终极"的受难者所说的事情:"正是肉体对肉体感到失望,它用受迷惑的精神之手指触摸着最后的墙壁……"[1]

一个不想用一"跃"达到终极、而是赞美"结果"的他人,不是把永恒设计为一种生活的"可能性"[2],而是在自己的肉体存在的每一刻都把它看做是现在的。因此,歌德也以与尼采不同的方式提出了意欲和必须的问题。由于他现实地生活在存在者的整体中,并不超越自己本人,他也就能够认识到,认知的整个圆圈都被包含在意欲与必须的统一里面。"不情愿地感到一些限制的莱辛,让自己的主人公之一说道:没有人一定必须。一个机智乐观的人说:谁意欲,就必须。第三个人,当然是一个受过教育的人,补充说:谁认识到,就也意欲",[3]即意欲它所必须的东西。与思想家的认识相应的是生活的经验:当歌德收到自己惟一的儿子的死讯并且不得不双倍地承受自己年迈的负担时,他给策尔特写道:"除了以物理的方式在平衡中运动之外,我没有担忧;所有别的东西都是自然而然地发生的。身体必须,精神意欲,而谁发现给自己的意欲规定了极为必然的轨道,也就不需要多想了。"[4]

歌德与基督教和古代相联系在基本原则上阐述了自己的思想。他值宗教改革纪念日之际给策尔特写道:路德宗的根基是**律法**与

---

[1] 《尼采全集》,VI,42—43。
[2] 《尼采全集》,X,233以下;参见作者的尼采专著,第83页以下。
[3] 歌德:《准则与反思》,第542条;参见1826年1月15日和1826年1月21日致策尔特的两封信的结尾和开头。
[4] 歌德1830年11月21日致策尔特的信。

**福音**的截然对立和这两个极端的调和。如果人们不是如此,而是使用**必然**和**自由**这两个词以及它们的远离和接近,那就可以清楚地看到,在这个圈子里"包含着能够使人感兴趣的一切"。路德在旧约和新约中发现了伟大的一再重复的世界本质的象征:"那里是追求爱的律法,这里则是回追律法并履践它的爱,但并不是出自自己的权柄和力量,而是凭借信仰,而且这里是凭借仅仅对众所周知的、促成一切的弥赛亚的信仰。"[1]从这寥寥几句话出发,人们就可以相信,如果理性决定把圣经看做是世界之镜,路德宗并不与理性相抵触。因此,由歌德所计划的宗教改革法庭应当以西奈山之雷的"**你应当!**"开始,以基督的复活和"**你将**"结束。

没有对"仅仅"信仰圣经的教义学真理作出回顾,歌德在《莎士比亚和没有终结》一文中与古代相联系解释了同一个必须与意欲的问题。[2]他在文中列举了古人和现代人的下述对立:古典和现代;异教和基督教;必然和自由;应当与必须。从后两对之间的不协调出发,表现出人所可能遭受的最大的、最多的痛苦。如果由此产生的"困境"小且可以解决,它就为可笑的境遇提供了资质,而如果它是极大的困境并且不可解决,它就产生出悲剧性的境遇。在古代的创作中占上风的是**应当**与实施之间的不协调,而在现代的创作中占上风的则是**意欲**与实施之间的不协调。应当被加给人,意欲则是人自己加给自己的;在前一种场合,一切都显得是**命运**,在后一种场合,一切都显得是**自由**。不可避免的应

---

[1] 歌德 1816 年 11 月 14 日致策尔特的信。
[2] 还请参见 1772 年的《莎士比亚演讲》,其中关于莎士比亚的戏剧说道,它们"都是围绕还没有一个哲学家曾经看到并规定过的那个秘密的点运转的,在这个点上,我们的自我的独特的东西、我们的意志的被要求的自由,与整体的必然进程相碰撞"(《歌德全集》,魏玛版,I/37,第 133 页)。

当被对立的意欲所加强和加速,体现在古代的城市法和习惯法以及宇宙的规律中;它的目的在于整体的福利。与此相反,意欲是自由的,对单个的人有利。"它是现代的上帝",这里蕴含着我们的艺术和气质为什么与古代的艺术和气质永恒分离的原因。但是,莎士比亚的惟一性建立在,他通过建立个人品格中的应当和意欲的平衡,而以一种"热情洋溢的"方式把古代的东西和现代的东西结合起来了。他的戏剧的人物"应当"——但作为人他们却"意欲"。他之所以能够成功地进行这种结合,乃是因为他不是让无节制的意欲从他们产生,而是让它通过外部的诱因引起。"由此,它成为一种应当,并接近于古人"。莎士比亚在其主人公身上把旧世界和新世界联结成为我们的惊喜。而这也是我们在自己的学校里必须学习的那个点:不是不恰当地提高我们的"浪漫",我们应当尝试像一位伟大的和惟一的大师已经现实地作出了这一奇迹那样,在我们里面把那个看起来无法统一的对立统一起来。

歌德关于莎士比亚的观点如何也可以用于他自己本身,人们从下面这一点就可以看出来,即一位浪漫主义者认为歌德的伟大就在于他把"本质上现代的东西"与"本质上古典的东西"结合在一起。[1] 施勒格尔的失误之处仅仅在于,他仅仅断定歌德是"一个崭新的艺术时代"第一个率先向这一目标接近的人物。而毋宁说,在19世纪的历史中,他是最后一个尚未感到古代与现代之间,以及异教的和基督教的之间的区别是一个"抉择"的问题的人物。当尼采这样做的时候,他被迫要在"束手无策的"现代性的顶峰重复希腊世界的封闭观点,并把自己的自我与命定强合在一起,而歌德的本性则在现代事物的范围里重现了古代。歌德不

---

[1] F. 施勒格尔1794年2月27日致其兄弟的信。

仅借助伟大的悲剧，而且借助日常的生活说明了古代与现代的对立："人们把牌戏视为一种创作。就连牌戏也是由那两种因素组成的。游戏的形式与偶然相结合，在这里代表着应当的地位，恰如古人在命运的形式下所能做的；意欲与游戏着的能力相结合，与它起对立作用。在这种意义上，我想把惠斯特牌称为古代的。这种游戏的形式限制了偶然，甚至限制了意欲自身。在同伴与对手给定的情况下，我必须用手中拿到的牌引导一长列偶然，而不能逃避它们；而对龙勃勒牌和类似的游戏来说就完全相反。在这里，有许多东西完全听任于我的意欲和胆量；我可以拒绝偶然分给我的牌，在不同的意义上利用它们，半甩或者全甩它们，求助于幸运，甚至用颠倒的方法从最坏的牌张中得出最大的好处，这种玩法与现代的思维方式和创作方式完全相同。"在尼采这里发现一种类似"惬意的"思考，则是不可思议的。为他而斗争的魔术，如他所知，是"**极限的法术**，所有最外在的东西实施的诱惑"，[1] 但并不是平衡的较温和的魔术，后者是不显著的。对于极端者而言，歌德是一种妥协，因为极端者——与词义相悖——是无根的。

我们从黑格尔到尼采追溯其历史的"德意志精神"，被一个受教于尼采的世代按照尼采所好恶的东西来衡量。把第三帝国看做是尼采的"实现"的小册子、书籍和讲演不计其数。但是，谁不仅仅"解释"，而是认真地对待尼采的著述，就不可能忽视，尼采与"国家的"和"社会的"同样遥远，就像另一方面贝若特精神并不仅仅与俾斯麦帝国的天性有渊源关系一样。阅读尼采反对瓦格纳的作品、不折不扣地认识他关于犹太问题以及关于什么是

---

[1] 尼采：《强势意志》，第 749 条；参见尼采的自我批判：《尼采全集》，IV，75 以下、345、355。

"德意志"的反问题的说明，就足以看到把尼采和他最后的宣教者分离开来的鸿沟。但与此矛盾的，却并不是尼采成为"运动"的一种酵素并且在意识形态上以决定性的方式规定了运动这一公开的事实。使尼采卸下这一精神"债务"或者要求他根本**反对**他所造成的东西，这种尝试与使他成为一件他自己是法官的讼案的律师的努力一样没有根据。二者都因"开辟道路者"历来开辟的是**他们自己**不曾走过的**另外**道路这种历史认识而失效。比尼采的时代作用是有利于他还是不利于他这一问题更为重要的，是按照精神与时代的关系来区分各种精神。无论尼采如何想使时代永恒化，他却——从反对施特劳斯的作品到反对瓦格纳的作品——比他自己所意欲的更符合他自己的时代，这恰恰是因为他以论战的方式、作为不合时宜者来对待自己的时代。作为俾斯麦和瓦格纳的对手，他是在自己的"强势意志"的范围内运动的，即便是他在第三帝国中的不合时宜性，也建立在这是第二帝国的遗产这一处境之上的。

尼采不能把握内在于时代的永恒性，因为当他把时代看做是一个瞬间时，他也就——在人和时代彼岸 6000 步[1]——在自己面前消失了。歌德的维特肯定是合时宜的，但伊菲戈涅和塔索已经是不合时宜的了，歌德的生活圈子越密越广，与时代的所有关联就越转化为其精神视野具体的普遍性。歌德从未能够成为合时宜的或者不合时宜的，因为他永远是在人与自己和世界的关系中的真理的一个源泉。

---

[1]《尼采全集》，XV, 85。

# 第五章　时代精神和对永恒的追问

## 一、各时代的精神转化为时代精神

在 40 年代成为进步口号的"时代精神"这一惯用语，最初与自己的时代及其要求的历史性没有关联。在**歌德**的《浮士德》中，"各时代的精神"只与古代各时代相关，用怀疑主义的措辞说，正是在其主人（历史学家）自己的精神中，各个时代得到了反映。在歌德撰写《浮士德》手稿时期，产生了赫尔德关于莎士比亚的文章，在这里，歌德在结尾时被称之为负有把自己的世界已经一去不复返的莎士比亚的天才翻译成**我们的语言**和**当代的**精神之使命的朋友。就像每一个伟大人物都"在自己时代的伟大意义上"进行哲学思维一样，每一个民族也都必须按照**它自己的**历史、"按照时代精神、风俗、意见、语言"来重新构思自己的戏剧，而不能模仿过去的东西。因此，与一种死亡了的传统相对立，赫尔德诉诸于时代、语言和民族各自独特的精神。因为"时代的土地"并不能在任何时候都产生同样的东西。但是，如果一个伟大的人物在一个"幸运地或者不幸地变化了的时代"里完成了一种戏剧的创造，它以自己的方式与索福克勒斯和莎士比亚的创造一样伟大、一样原创，那么，尽管时代变化了，却达到了同样的东西：从各种世界性事件的大书中产生的描述或者"叙事"。

因此，如果时代精神指的是当代相对于一个不再生效的传统所拥有的独特权利，它就与自己的时代有关联。但是，它并不是一个就自己本身而言暂时的精神，而——与民族精神和语言精神类似——始终是在不同的时代里、在不同的民族那里以各自独特的方式表现出来的"人性界域"的同一个精神。

只有法国革命，才通过摧毁传统而对同时代人的意识产生了具有历史意义的影响，由此开始当前时代与整个"迄今为止的"时代相对立，明确地在**时代**史的意义上并且着眼于未来把握自己。即便是在时代精神成问题这方面，赫尔德也是一个主要的源泉。在《促进人道书信》（1793年）的第一编和第二编中，时代精神达到了一种反思的意识。这种对时代精神的反思典型地以对时代的一种**批判**开始，即以自己的、新的时代与所有更古老的、先行于它的时代的一种批判性区分开始。"与各个更古老时代的诗相比，我们的诗……怎么会如此少地参与公共的事务呢？……这位缪斯入睡了吗？或者她……要创造某种别的东西，不为时代精神所唤醒，听不见自己周围的喧闹吗？"[1]因此，赫尔德要注目于"神圣的信使即时代"给我们带来的东西，以生活在一个更具批判性的时代的贺拉斯［Horaz］为榜样，采撷"时代的花朵"。虽然诗不可以过于密切地参与"时代的事务"，因为"时代的处境"转眼就会过去，但作为"时代的声音"，它却是追随时代精神的，[2]而且在它里面甚至经常充满着一种"各个时代的先知精神"。——我们的书名和杂志名，诸如《时代的精神处境》《时代之声》《时代转折点》《时代之间》等等，都在法国革命所造成的明确的时代意识

---

[1] 赫尔德：《促进人道书信》，I, 11。
[2] 参见赫尔德1795年的文章：《时代的宠儿荷马》。

中有其历史的根源：只是自此以后，人们才在终极的意义上诉诸时代。

但是，什么是这种如此之多地被呼唤、被谈论的时代精神？"它是一个守护神、一个魔鬼？……或者甚至是时尚的一股微风、埃奥尔斯琴的 阵声响？人们对它见仁见智。它来自何方？它要往何处去？它的统治在哪里？它的权柄和力量在哪里？它必然要统治吗？它必然要效力吗？人们能够引导它吗？人们有这方面的著作吗？人们如何从经验出发认识它呢？它是**人道**自身的守护神吗？或者是它的朋友、它的先驱、它的仆人？"[1]它贯穿于所有的精神，每一个人无论行动还是承受都受它指导，它全能、全视，就像圣经《智慧书》中的智慧（第7章，第22节）。但是，惟有宗教改革、科学和艺术才释放了它，印刷术则赋予它羽翅。其母是"自己思维的哲学"，其父是艰辛的"试验"。它是历史结果的整体，它非常古老，同时又永葆青春。"它曾在过去的各个时代里采集，在现在的时代里采集，并迫入以后的时代。它的权柄很大，但却不可见；它发现并且利用理智的东西；对于愚人来说，它大多是太晚、仅仅在发生了的作用中才成为可信的。"[2]作为**历史精神**，它进行统治同时为人服务，但它真正的引导者却不是众人，而是敢作敢当的少数人。时代易逝的时尚是它偶然与之有一种有益交往的虚假姐妹。人们最好是从自己的经验、从写在其各个时代的精神之中的历史出发来结识它。它也作为**我们**时代的精神是人道的先驱，《促进人道书信》在根本上是赫尔德反思时代的机会。作为我们的时代精神，时代精神是"启蒙了的或者自己启

---

[1] 赫尔德：《促进人道书信》，II，14。
[2] 赫尔德：《促进人道书信》，II，15。

蒙的"欧洲的"共同精神",是当代的、充满希望的"欧洲世界精神"。作为**精神**,它是运动、力量和唤醒生命的作用;作为**时代**精神,它交织进各种历史状态的前后相继之中;而作为**我们**时代的精神,它与基督教欧洲的共同精神相关联。

规定时代精神的这种人道直到 40 年代还在起作用,但发生了一种本质性的变化。青年德意志和青年黑格尔学派所说的时代精神,不再具有赫尔德的人道的精神轮廓,相反,它是——超出所有确定的内容———种时间中的地地道道的进步运动。各个时代的**精神**在黑格尔将哲学等同于时代思想的影响下,转化为该词真正意义上的**时代精神**。这种意义转变应当就其主要因素来予以考察。

在黑格尔的早期神学著作中,也就是说在 1800 年之前,就作为从"时代精神"中出生的,包含着"精神王国"中的革命,[1] 基督教借助这种革命战胜了异教世界,而时代精神中的这种巨大变化也成为 19 世纪划时代意识的历史样板。然而在黑格尔本人那里,关于时代精神的说法并不意味着将精神自身时代化。尽管有各种各样的先验构思,这种时代化是在**费希特**的讲演《当前时期的基本特征》(1804—1805 年)中开始着手,通过**阿恩特**[Arndt]让"对当代的厌恶"逃避到"过去事物的精神"和"未来事物的预卜"之中的《时代精神》(1805 年)获得广泛影响的。借助这部作品和费希特的讲演,开始了起初达到马克思和基尔克果、继而达到瓦格纳和尼采的时代批判的那个链环。不过,即便是对于费希特来说,"时代精神"在根本上也还不是一个"永恒的"精神,从而恰恰不是时代的精神。但是,由于费希特在恶贯满盈的标志中看待他自己的时期,并从这一观点出发进行他的批判,所以他

---

[1]《黑格尔早期神学著作》,第 220 页;参见第 228 页和第 229 页。

被迫在同样的编年史的时代内部提出一种区分：在同一个时代中可以有不同的时期相互交错，并非某个时代的所有同人都是时代真正特征的"产物"。[1]对于他自己关于当前时代的考察来说，费希特要求它们不单纯是时代的产物，而是悬浮在各个时代之上，在所有时代的彼岸。但是，它们在这种情况下难道不是一个空洞的梦想，跌入一个空洞的时代，对"真正的和现实的"时间毫无意义吗？而什么是与消闲的空洞时间相区别的现实的时间呢？"在真正的和现实的时间中，如果某种东西成为原则，就也是时代新的、过去从未有过的现象的必然根据和原因。在这种情况下，就形成了一种鲜活的生命，它从自身产生别的生命。"[2]因此，费希特批判当前时代的标准是当前生命之充满未来，作为当代真正充满未来的趋势，他在自己讲演的结尾相信，能够认识到宗教生活的更新。

时代精神一词从费希特那里转变为浪漫学派的时代批判，在30年代和40年代的作家那里成为最流行的时髦口号。由于人们在各个时代的变革中越来越自觉地把一切事件都与"时代"的精神联系起来，并且自我感觉处在时代之间的一个划时代转折点上，所以**有限的时间自身**就成**为精神的命运**。[3]只是借助于此，时代精神的说法才获得了那种令时代注目的声音，这种声音即便是在今天也依然适合于它。"这是很有特点的，"《模仿者》的作者写

---

[1] 《费希特著作集》，6卷本，麦迪库斯［Medicus］编，IV，407—408。
[2] 《费希特著作集》，IV，639。
[3] 关于"全能的时间"与"永恒的命运"的等同，还请参见歌德的《普罗米修斯残篇》(1773年)和黑格尔的著作《论德国宪法》(1802年)，《政治与法哲学著作集》，第74页。——被称之为唤醒人的精神，但更多的是震撼它的，是荷尔德林的诗《你高高在上支配我已太久》(1799年)中的"时代之神"。

道,[1]"我们总是谈论时代,谈论**我们的**时代。它究竟是从哪里开始的呢?它到底有什么独特的东西呢?……"在**伊默曼**的著作中,主上帝在说谎者明希豪森〔Münchhausen〕身上捕捉到"时代的风声",明希豪森体现着他自己时代的普遍精神,其背面就是对一个**新**时代的期待。但是,即便是在伊默曼这里,也还有黑格尔的意识在活动,即在五彩缤纷的时代表面下边,隐藏着一个**永恒的**世界精神,它在期待着打破外壳,以便获得一种当前的存在。在明希豪森身上所体现的时代精神并不是"在寂静的深渊里推进自己秘密的事业"的永恒精神,而是"狡诈的古人"——黑格尔的"理性的狡计"[2]——"遣派到骚动的群众中间"的"彩衣小丑"。这种把当代按照表面和深邃区分为一种暂时的当代和一种永恒的当代的双意的时代意识,与伊默曼革命的时代批判中的保守特征一起在青年黑格尔学派那里消失了。对时代的态度如今一清二楚地确定在两个端点上,一是批判现存事物,一是为未来做准备,不是仅仅期望和等待未来,而是积极地要求未来。当前时代的精神在作为真正的时间运动和精神运动的**未来**里面获得了一种进步的诠释。理论上的批判和实践上的变革将伊默曼还描述为时代特征的持久的"计划"改变为一种理论上得到论证的行动。历史作为时间运动中的进步也被提升为精神的最高权威,黑格尔形而上学的精神被合乎逻辑地时代化。

与这种自觉的时代化同时,产生了**永恒的代用品**,它们标志着被有限化的精神的世纪。伊默曼在回忆基督教对千年王国的期待时作了一首"千禧年主义的"十四行诗,其语言听起来就像是

---

〔1〕 伊默曼:《模仿者》,第1部,第1卷,第8章;第2卷,第10章。参见贡多尔夫〔Gundolf〕关于伊默曼的报告,载《浪漫学派》,新的编号系列,柏林1931年;以及K.海克尔:《人与群众》,第72页以下。

〔2〕 也请参见《模仿者》,第1部,第2卷,第4章("世界历史就是世界法庭")。

盖欧尔格的诗的先驱,而且也内在地与盖欧尔格的新"王国"的宣教相类似。因承负时代的牛轭而疲累,并饱尝轻视,他呼唤着未来的国王,最伟大的人们曾经偶然希求过的东西,作为轻巧的阿拉贝斯克花环缠绕着这位国王的王冠。

> 我凝望进黑夜,辨识着那颗星辰,
> 未来将根据它来校准自己的舵轮。
> 在它美丽的星光下,各种义务将
> 意识到真正的主人。
>
> 它终将升起。但尚须时日。
> 我们现今时代的历史
> 应当完全毁灭自己变成虚构。
> 然后种植新时代的果实。

这位在时间的充盈中的未来统治者将不是被战争裹挟的英雄,也不是一个凭借自己语词的力量役使人们的先知。他既不讲道也不教人祈祷,"他既不给人看什么也不给人听什么"。他是一个肉体化的神,是一个秀丽的人。

F. **恩格斯**[1]在伊默曼死后使他获得的赞赏表明,他是怎样即便在极端派那里也被视为时代的一个发言人。恩格斯对《回忆录》和《模仿者》的刻画的结论是,伊默曼虽然认识到时代的历史要求,他自己已经属于"现代人"了,但由于他对时代发展的普鲁士式同情,

---

[1] 《马克思恩格斯全集》,第 1 部,第 2 卷,第 111 页以下,第 126 页以下;以及《哈勒年鉴》上关于伊默曼的文章,1839 年第 2 期和 1840 年第 3 期。

他在一定意义上还是冥顽不化的。他在结束自己的文章时指出了"新"时代的青年运动特征，其试金石就是"新哲学"。如今的青年与伊默曼所讨论的 25 年前的青年不同，已经经历了黑格尔的学派，一些谷种已经从体系的荚壳中茁壮地长出，于是人们必须进一步为自由的实现而斗争。在**马克思**那里，《模仿者》的千禧年主义和青年黑格尔学派的自由激情转化为《共产党宣言》政治上的末世论。处于资本主义辩证法的终端的，是将生产置于自己的监控之下的社会化了的人们的整体。但是，即便这种状态也还是一个生活必需和必然性的王国，只有在它的彼岸才开始真正的"自由王国"[1]，即尘世的"上帝之国"，就像青年黑格尔称之为他的奋斗目标那样。[2]

从同样的划时代意识产生出**基尔克果**的基督教反应。时代的不幸是暂时性，时代急需某种无条件地固定不变的东西，"因为人们越是相信可以缺少永恒的东西……人们就越是在根本上需要它"。[3]与人为地在暂时性中模仿永恒性相对立，基尔克果在他的宗教演说中宣讲"对永恒福祉的期待"、宣讲"上帝的不变性"。[4]如果臣服于不断的变迁的人完全认真地对待这一思想，它就把人置于恐惧和失望的状态，但同时它也是安慰人的、使人得福的。因为人不顾一种永恒的不变性想成为他自己本身的努力是徒劳的。但是，对于人来说决定性的时间并不是永恒自身，而是时间与永恒相互接触的"瞬间"。[5]它是真正决定性的时间，因为在它里面

---

[1] 马克思：《资本论》，III/2，第 2 版，第 355 页。
[2] 《黑格尔往来书信集》，I，13。
[3] 基尔克果：《对基督教的攻击》，第 458 页。
[4] 基尔克果：《论忍耐和对永恒事物的期待——宗教演说》，Th. 海克尔译，莱比锡 1938 年，第 65 页以下和第 181 页以下。
[5] 《基尔克果全集》，V，78 以下；VII，48。参见作者关于尼采的专著，第 64 页以下和第 153—154 页，论尼采的概念"中午与永恒"。

无区别地匆匆流逝的时间是按照未来、过去和现在的维度划分的。但是，为了能够这样作出区分，瞬间就不可以是时间的原子，而必须是永恒的一个环节。时间自身是没有现实的现在的，只有在瞬间中它才作为跳跃的决定点存在。关于不仅仅是消逝着的东西的瞬间的这种意义，希腊人还不可能理解，[1]因为只有基督教才以对罪过的意识也造就了暂时性和永恒性的意识。在基督教的意义上理解，瞬间是永恒者在时间中的反映，是"其仿佛让时间停住的第一次尝试"。由此就开始了精神性的自我存在的历史。对于基尔克果来说，当他攻击教会并使自己的时代面临是否想认真对待永恒性的问题的时候，最狭意义上的瞬间就是这样。但历史性地来看，他对现存基督教的攻击比他让时间在上帝面前停住的尝试在时代精神中具有更为深刻的根源，对未来有更为重大的后果。

这样，如果**海德格尔**在基尔克果的新教基督性中得出纯世俗的结果，并打掉其悖论的锋芒，那就不是偶然，而是有事实根据的了。[2]当他从基尔克果的《要死的病》中仅仅保留了死亡而清除了失望时，对在世界中存在的失望[3]就成为此在的自我维护，死亡就成为立足于自身的存在的最高权威。[4]但是，与时间中的此在的这种有限化同时，时间自身被借助死亡归于寂静。作为惟一肯定无疑的、事先确定的点，死亡是有限此在真正的"nunc stans"[此时此刻]，以致从死亡出发被规定的时间如今甚至采取

--------

[1]《基尔克果全集》，V，79，注；84，注。
[2] 参见库尔曼[G. Kuhlmann]:《论实存的神学问题》，载《神学与教会杂志》，1929年，第49页以下；以及作者的文章，载《神学评论》，1930年，第5期，第334页以下。
[3] 参见《基尔克果全集》，III，180。
[4] 关于海德格尔的死亡的先驱，请参见《基尔克果全集》，VI，242以下。

了一种永恒性和持久性的假象。[1] 未来的虚无是人们自身所是的存在惟一肯定无疑的未来，在对这种虚无的期待中，基督教的末世论转变为它的对立面：这种不再是但却毕竟还是基督教的存在学说的死亡是在世界中实存的此在的末日审判，这此在——不知为何——由于绝对地在"此"，所以必然存在。死亡作为已经**始终**在先设定的目标，接过了永恒在一个决定一切又什么都没有决定的此在中的角色。[2]

歌德称之为"稍纵即逝的东西"、黑格尔称之为"暂时性的沙滩"的，在海德格尔有限的有限性形而上学中是永恒性搁浅所触的礁石。但由于这种暂时性的哲学不仅仅有一种神学的"背景"，而且就其实质而言是一种在双重意义上"产生"自基督教的无上帝的神学，所以它也能够极为敏锐地把存在与时间的**古典**关联认识为**持久的现在**或者"在场"。[3] 但永恒作为持久的现在不仅是希腊人在天穹看出的关于时间的基本概念，而且也是黑格尔与歌德的基本概念。

## 二、黑格尔与歌德论时间与历史

### 1. 作为永恒的现在

"幸运的是，你的天赋取决于声音，也就是说，取决于瞬间。由于一系列前后相继的瞬间总是一种永恒自身，所以

---

[1] 参见 J. 瓦尔：《基尔克果学派研究》，第 465、468、470 页。
[2] 海德格尔：《存在与时间》，第 53 节。
[3] 海德格尔：《康德与形而上学问题》，波恩 1929 年，第 231—232 页。

对你来说给定的是，始终不渝地在暂时的东西里面，从而既完全地满足我，也完全地满足我所理解的黑格尔的精神。"

歌德（1832年3月11日致策尔特的最后一封信）

## 黑格尔

黑格尔对时间的第一次分析[1]是亚里士多德关于时间的讨论的改写。与希腊的时间观相一致，黑格尔也把时间规定为"现在"。现在有一种"巨大的权利"，因为只有现在才真正"存在"，与已经过去的和尚未存在的不同。然而，单个的有限的现在只是一个相对于无限的时间整体趾高气扬的时间点，而时间整体则是一个永恒的"循环"。在时间的辩证运动中，未来成为过去，而随时消逝的现在也移动到未来，时间的差异还原为一种持久的现在，它在自身中既包含过去也包含未来。真正的现在就是内在于时间的永恒。[2]因此，重要的是"在暂时的、转瞬即逝的事物的假象中认识内在的实体在场的永恒"[3]——"这里是罗陀斯，就在这里跳舞吧！"与此相反，对未来的担忧悬浮在绝对自由的意识的"以太"中。[4]而由于"生育一切又毁灭自己的产物的克罗诺斯"的真理就是永恒的现在，且黑格尔不是按照暂时的、转瞬即逝的东西来衡量时间，所以"概念"是时间的权力，并非时间是概念的权力。[5]时间中的进程的整体并不自身就在时间过程*之中*，因为进入时间过程的，只能是过程的一个环节，但却不能是无过

---

[1] 黑格尔：《耶拿逻辑学》，拉松版，莱比锡1923年，第202页以下。
[2] 黑格尔：《哲学全书》，第259节，附释。
[3] 黑格尔：《法哲学原理》前言。
[4] 《黑格尔全集》，XI, 4。
[5] 黑格尔：《哲学全书》，第258节。

程的时间整体。在永恒无限的持续中，转瞬即逝的事物的暂时性被扬弃，也就是说，被提高、保存和削减。

对时间来说有效的东西，也同样说明了世界历史**精神**的特征，它是绝对"在场"的。"它不是已经过去，也不是尚未存在，它是绝对现在的。""精神还在它自身就拥有过去的所有阶段，而精神在历史中的生命就是由不同的阶段组成的循环……由于我们关涉到精神的理念，并把一切都看做是精神的表现，所以我们在经历过去的时候，无论它多么庞大，都仅仅是在与当前的东西打交道。哲学关涉的是当前的、现实的东西。"[1]按黑格尔看来，精神与时间的关系就在于，它在自身就是时间中的东西，是产生自时间并归于时间的东西。[2]

黑格尔的学生已经放弃了时间的这一**概念**。由于同他们自己的时代和现存的现实决裂，他们根据未来设计自己的现在，不再把黑格尔的思辨视为哲学观点，而是仅仅还视为一种对历史实践的背离。永恒性的问题被交给已经了结了的神学，哲学则被交给时代意识。精神与时代的关系被明确地在时代的意义上决定。——从与青年黑格尔学派类似的动机出发，**海德格尔**也在自己对黑格尔时间分析的批判[3]中把永恒性作为无关紧要的东西推到一边，把一切都设定在死亡以绝对的方式所限定的历史实存自身之上。死亡在有限此在中的反映是"瞬间"。由它出发来判断，黑格尔的"现在"似乎不外是时间**域**中的一个现存的点，远远不是对历时的时间的一种实存的理解。海德格尔试图历史地从按照空间和"世界时间"来度量时间的**古代本体论**的"出现"来说明黑格尔的

---

[1] 黑格尔:《历史中的精神》，拉松版，第166页。
[2] 参见海德格尔在《存在与时间》第82节结尾对黑格尔命题的颠倒。
[3] 海德格尔:《存在与时间》，第82节。

"大众化的"时间观。但另一方面，由此还导致由海德格尔要求为"原初性的"时间概念最初落户在**基督教**对世俗的时间或者"世界时间"的估量之中，尽管海德格尔本人只是以附带说明的方式暗示了他的时间概念的起源，[1]而让实存本体论的历史实体退居次要地位。由此出发，他就可以说，要从"均等化了的"现在和"现存的"当前出发说明瞬间"出神的"现象和未来的优先地位是徒劳的。但问题是，一种依据基尔克果的"瞬间"的时间分析，把当前均等化为单纯"现存的"时间，是否比还在亚里士多德的意义上把握时间的整体，并且作为哲学家不关注他自己的"能够是整体"的黑格尔更本真地理解时间。只有黑格尔也想"对他的时代来说"[2]是"瞬间的"，人们才能够说，他把现在均等化并使之适应世界时间。[3]

黑格尔的时间分析中真正的十字架并不是他思考了永恒，而是他——尽管他改编了亚里士多德的"物理学"——不再以希腊人的原初性根据天穹旋转的星辰和现实的"以太"看出时间，却将它归于一种精神，在这种精神的概念中，希腊人的传统和基督教的传统以无法分解的方式相互渗透。由于黑格尔作为基督教—日耳曼世界的哲学家把精神理解为意志与自由，精神与他以希腊的方式规定为持久的当前、规定为循环的时间的关系，事实上是一个矛盾，是一个谜，只有黑格尔的学生为了未来拥有优先地位的意欲自由才解开了这个谜。但即便是对黑格尔来说，由基督教的出现所造成的精神解放也是精神历史上的绝对具有决定性的点。

---

[1] 海德格尔:《存在与时间》，第 68a 节和第 81 节，结尾。
[2] 海德格尔:《存在与时间》，第 74 节。
[3] 与海德格尔的术语相对立，"此在"在德语使用中，包括在黑格尔和歌德那里，恰恰意味着在海德格尔看来不应当是的东西，即当前的或者在场的存在。

**基督教**精神生成过程中的这个**历史瞬间**在黑格尔的哲学中是与**希腊人的**世界观中的**永恒的当前**一起思考的。

## 歌　德

歌德的时间观在字面上与黑格尔的概念是同一的，但它达到永恒的东西内在于时间这一观点所遵循的道路却是不同的，就像歌德的自然观与黑格尔的思想思辨不同一样。歌德颂扬当前瞬间的说明不计其数，但并不是强行"做决定的"瞬间，而是永恒从自身出发在其中表现出来的瞬间。没有任何东西可以前瞻和后顾。当某次为回忆举杯祝酒的时候，他激动地解释说，他不确立任何回忆，因为无论我们遇到什么重要的东西，都必然是一开始就进入我们的内心，并永远形象地保存在我们心中。人必须学会估量当前和瞬间的状态，因为每一种状态，甚至每一个瞬间，都具有无限的价值："它是整个永恒的代表。"[1]对于歌德来说，持续的现在的原型就是大自然的存在，大自然的生灭对他来说表现为同样的东西的变态。特别是形态学教会他观察"转瞬即逝的东西中有永恒的东西"。黑格尔关于精神所说的东西，也适用于歌德的大自然："一切都总是在它里面。它没有过去和未来。现在就是它的永恒。"[2]"大自然始终是耶和华：它是它自己所是，是它自己将是。"出自《上帝与世界》的三首诗以诗人的完美展开了同样的思想。"永恒者持续活跃在一切里面：因为一切如果想保持在存在里，就必须分解成虚无"——诗《一与一切》以此为结束语。——"没

---

[1]《歌德谈话录》，III，36—37；下文请参见罗森茨威格：《救星》，第3部分，第36页以下；以及施泰格［E. Staiger］：《作为诗人想像力的时间》，苏黎世1939年，第101页以下。
[2] 歌德：《论自然残篇》。

有任何本质可以分解为虚无！永恒者持续活跃在一切里面，保持着你对存在的愉悦"——《遗嘱》以此开始。——"既没有时间也没有权力来肢解塑造出来富有生气地发展自身的形式"——《原始的话》说道。

关于时间整体的这种观点[1]不仅适用于上帝和世界，而且也适用于人的生活；在人的生活中，当前也就是一切。"一切爱都与当前相关；在当前里面让我觉得惬意的，不在场却呈现在我面前的，经常激起更新了的当下存在的愿望的，在实现这种愿望时伴随一种强烈的狂喜的，在继续这种幸福时伴随一种始终相同的优美的，都真正是我们所爱的，而且由此可以得出，我们爱一切能够达到我们的当前的东西；最后一点可以表述为：对神圣事物的爱始终追求使至高者成为现在的。"[2]一首标题为《现在》并以"永恒"结束的诗表述了人在世界整体中的这样一种最高的现在化。[3]

但是，不仅永恒存在于其中的现在，而且还有转瞬即逝的瞬间，都具有无限的价值。[4]甚至过去的生活价值也在于认真对待当前的瞬间，借此为未来保存下行将消失的东西。因此，歌德推荐写日记和任何一种方式的记录。"我们总归太不重视现在了……只是服役似的做大多数事情，为的是摆脱它们。每日对贡献和经历进行概览，才使人们觉察到自己的所作所为，并将人引导到良知。除了在任何状态中的真正适当的东西之外，什么是德性呢？

---

[1] 参见诗《遗嘱》，第 5 节。
[2] 歌德：《准则与反思》，第 388 条。
[3] 参见《歌德与维勒默尔［M. Willemer］书信往来》，海克尔编，莱比锡 1915 年，第 42—43 页和第 312—313 页。
[4] 《歌德谈话录》，III, 446；参见 IV, 160—161。

尽管有这样每日的记录，过错和失误还是发生了，对过去事物的说明是为未来增值。我们学会尊重瞬间，我们随即使它成为一个历史的瞬间。"[1]如果人赋予转瞬即逝的瞬间一种"序列"的结果，并且在暂时的东西中始终有持久的东西，那么，这也是一种永恒。怀着让自己关于时间中的永恒的观点最终能够与基督教的观点统一起来的愿望，歌德在经历了一场致命的重病又活过来之后给施托尔贝格伯爵夫人写道："长寿意味着比许多东西活得更长久，所爱的、所恨的、无所谓的人们，王国，首都，还有森林和我们年轻时播种移栽的树。哪怕是还给我们剩下一些肉体和精神的才能，我们也就比自己活得更长久，并且绝对是感恩戴德。所有这一切都使我们称心如意；只要永恒者还在每一瞬间都是现在的，我们就不为短暂的时间而痛苦。"[2]永恒在其中逗留的"最美的瞬间"也是垂死的浮士德最后的话。在这种意向中，如歌德致策尔特的最后一封信所证实的那样，他相信自己与黑格尔的精神是一致的。

然而，至于"存在的东西"永恒的现在最初是在世界历史中启示自己并将自己启示为精神的，歌德的自然观拒斥对历史理性的这种信仰。他对历史世界的恶感更深刻的理由在于这样一种认识，即自然世界被基督教与"理念"分离开来了。"理想的东西纯粹是精神的，是基督教的。"[3]据此也区分开对历史世界的两种判断。黑格尔的世界历史理念是从精神出发的，精神的绝对性的根据在基督教里面，而歌德关于世界上发生事情的观点是从自然出发的，自然自身就已经是理性了，它们借助历史展现出各自表面上相同的时间概念的区别。

---

[1]《歌德谈话录》，III, 421。
[2] 1823 年 9 月 17 日的信；参见《遗嘱》第 5 节。
[3]《歌德谈话录》，I, 495。

## 2. 黑格尔的历史哲学与歌德对世界上发生事情的直观

历史（Geschichte）在词源上与发生的事情同义，而 historein 在希腊文中指的是"考察某种东西"或者"探究某种东西"，并且借助报告公布所考察和探究的东西。历史和历史学（Historie）这两种基本含义通过许多分支含义相互涵盖和统一。[1]历史学的意义已经如此远离其词源，以致在现代历史学家们那里，对"历史主义"的反思几乎排斥了对所发生事情的考察。西方第一批历史学家没有研究过"历史主义的兴起"；他们是耳目开放的研究旅行家，以典范的方式向我们讲述他们亲眼看到或者亲自通过他人得知的事情。"历史学"这种原初的意义有多么具体和显明，自黑格尔以来人们所理解的"世界历史"就有多么遥远和抽象。自黑格尔以来，与历史学相反，世界历史似乎是人们恰恰**不**亲眼看见和亲自得知、考察和探究的东西。然而，每一天发生的事情，日常生活的历史，在微观上已经向我们显示着宏观上世界历史的某种东西。在所有的世界通史之前，各种日报就天天在介绍着世界发生的事情，尤其是我们的时代，可以有意识地自夸，它每天都在最大的规模上经历着世界历史。——但与铺天盖地席卷我们所有人大脑的**宏观和整体上的世界历史**同时，还存在着另一种发生的事情，它虽然不怎么引人注目，但却同样是实在的：这就是在**人的日常生活的进程**中所发生的不显眼的事情和在**自然世界的进程**中所发生的始终相同的事情。

一种老生常谈的指点可以说明这一点：每一家报纸都在第一版大肆渲染地包含着一篇关于宏观和整体上的世界历史的报道；

---

[1] 参见亨尼希［J. Hennig］：《历史一词的历史》，载《德国文献学与精神史季刊》，1938年，第4期。

在其他几版人们发现报道了接近日常生活的历史,例如来自城市社会生活的消息。最后,在下面的一个角落里还有天气预报。谁还没有被读报纸的习惯给搞得麻木不仁,他就必然会提出一个问题:生活的这三大域界,即伟大的世界历史、日常生活发生的小事和其进程既不小家子气也不昂首阔步的大自然,相互之间有什么关系?人必须在大自然中、与周围人们一起、在世界历史中生活,这一简单事实也规定着对世界上发生事情的哲学考察。

**黑格尔**在1822/3—1830/1年间讲授他关于"历史哲学"的讲演。它的导论说明了其考察的原则,即精神以及自由的逐步展开。精神作为世界精神统治着世界历史,相对于大自然来说是否定性的,也就是说,精神向自由的发展中的进步是从大自然的束缚中解放出来的一种进步。因此,**大自然自身**在黑格尔的历史哲学中没有独立的和积极的意义。它不是世界历史的根基,而只是它的地理基础。自然给定的陆地与海洋的比例,海岸的形成,高地与平原,河流的走向和山脉的形式,降雨和干旱,热带、寒带和温带气候——所有这一切都虽然始终在影响着人们的历史生活,但却从未是绝对规定性的。在某个"地区"生活的民族的类型和特性与该地区的"自然类型"相对应,因为精神毕竟是在时间**和**空间中分化的。黑格尔经常深入到细节阐述自然世界与精神世界之间的这种对应。[1]但原则上,大自然仅仅被他看做是世界上发生

---

[1] 黑格尔:《历史中的理性》,拉松版,第191页;参见 A. v. 洪堡的嘲弄性的说明:"当然,对于我来说,一片理念的森林是在那个黑格尔里面……但对于一个像我这样昆虫般迷恋土地及其自然差异的人来说,抽象地维护关于美洲和印度世界的错误事实和观点就是剥夺自由的和令人不安的……我很乐意放弃黑格尔在第77页编造的比美洲牛肉好得多的'欧洲牛肉',与孱弱的、没有力气的(遗憾的是有25尺长)鳄鱼一起生活。"《A. v. 洪堡致法恩哈根·冯·恩泽书信集》,1860年,第44—45页。

的精神事件的"自然舞台"。对于歌德来说,大自然是理解这种事件的钥匙。

即便是**人的日常生活**,对于黑格尔的世界历史理念来说也没有本质的意义。虽然每一个个人都有一种不依赖于"世界历史的喧闹"的价值,统治着人的生活"小圈子"的利益和热情也就是世界大舞台上的利益和热情。但世界历史却是在一个比日常生活的地基更高的地基上运动的,后者的道德标准对政治上发生的事情没有效力。虽然可能发生这样的事情,即亲身阻抗一个普遍理念的世界历史进步的单个的个人,在道德上比一个犯下在事物的世界历史秩序中充当达到目的的手段的罪行的人更高;但就这样的冲突而言,两个党派却处在"同一个圈子内部",即普遍发生的事情的圈子内部,而在原则上,对世界历史行动提出道德要求并以道德作为反对政治的理由,是毫无意义的。[1] 世界精神的绝对权利超越了所有特殊的授权,在涉及"宏观和整体"的运动内部,个人只是达到这个整体的目的的手段。

因此,真正具有价值的个人对于黑格尔来说只是"**世界历史**"**个人**,他们由于是一个有资格行使统治的"民族精神"和一个"理念"的体现者,所以实现着世界历史普遍的和伟大的终极目的。举例来说,在黑格尔看来拿破仑就是这样一个个人。当拿破仑1806年驻防耶拿时,黑格尔在一封信中写道:"我看到皇帝——这个世界灵魂——骑马穿过城市视察地形;事实上,看到这样一个个人,是一种奇妙的感受;他在这里全神贯注于一点,骑在马上,超越世界并统治世界。"即便是拿破仑的失败,对他来说也只是证实了他的世界历史观。1816年,他给尼特哈

---

[1] 黑格尔:《法哲学原理》,第337节,第345节。

默［Niethammer］写信说："更为普遍的世界性事件促使我达到更为普遍的观点，个别的和更详细的东西无论如何使情感感兴趣，都被它们在思想中继续清理掉。我坚持，时代的世界精神发布进攻的命令；这样的命令获得了服从；这一本质就像一个全封闭的重装步兵方队一样向前挺进，不可阻挡，而其运动又是如此不可察觉，与太阳无论云层厚薄都向前运行一样；无数敌对的和友好的轻装部队驻守在它周围，却大多数都根本不知道这是在干什么，却受到就像是来自一只看不见的手一般的致命打击。一切逗留不进者的吹牛……都无济于事；它只能够得上给这位巨人系鞋带，涂上一点鞋油或者泥浆，但却不能解开这鞋带，更不能脱去带有……弹性的飞鞋垫的神鞋，或者干脆是脱去它穿着的七里神靴。最安全的（无论是内部还是外部）场面就是眼睛死死盯着命令者，这样人们甚至还能够停下来，并且为了建设整个繁忙勤奋的社会，甚至帮助涂抹黏粘巨人鞋子的沥青，为自己的心灵愉悦而促进严肃的事业。"适用于对拿破仑的反动的，是雅各宾派的口号：la verite en la repoussant, on l'embrasse［拥抱令人讨厌的真实吧！］；它处在自己所反对的领域之内，在根本上给自认为有极大仇恨的事件发生打上了自己的印记。但就"人身的蚂蚁、跳蚤和臭虫"的大惊小怪而言，它被"善意的创造者"规定为玩笑、挖苦和幸灾乐祸，在根本上就善恶而言对本质没有任何改变。——黑格尔充满激情地把世界历史理解为实现其时代的"概念"的民族精神、国家和世界历史个人的历史。即便是对于歌德来说，拿破仑也是"世界的纲要"，但却由于他不是从理念出发来虚构，而是生活在直观中，他不是把拿破仑纯粹看做是一个"世界精神的代办"，而是看做一个不可想像的"现象"，一个"半神"，一个极其非同寻常的、从"深渊"中走出来的人。

如果既非大自然亦非人的日常生活，而是"理念"和"精神"才是世界上发生事情的原则，那么，人们就必须扪心自问：黑格尔是怎么论证世界的这种"理念"史的观点的，在他那里这种观点与现实生活的直接经验和观察是处于什么样的关系之中的呢？

历史生活的基本现象首先是**变化**，是民族、国家和个人的不断变迁，是产生与复归消亡，是繁荣与衰败，是建立与毁灭。无论是最高贵的还是最平常的，无论是罪恶还是英雄业绩，没有任何东西是长存的，在所有这种事情的发生中我们到处都发现"我们自己的东西"：人的作为和承受，在这里，单个人与整个国家和帝国一样，其"自私自利"是"最强有力的东西"。巨大的努力灰飞烟灭，从极小的事件产生出极大的历史后果。一种富有活力的自由和财源茂盛的时间与可怜的从属地位和悲惨的贫穷的时间相互交替。如果人们毫无成见地观看人的激情和痛苦、无理性和暴力活动的戏剧，那么，在世界的历史中就既看不到一种理念，也看不到一种理性的终极目的。它是一堆"乱糟糟的废墟"，是各民族、国家和个人的幸福被当做祭品供奉的祭案。但在黑格尔这里，恰恰是这种"最接近的"观点导致了一个问题：这一切是**为了什么、为了什么终极目的**而发生的？作为基督教哲学家的黑格尔，相信能够回答这一问题，他把基督教的天意信仰世俗化，把基督教的救恩史转变成一种世俗的神义论，对于这种神义论来说，神圣的精神是内在于世界的，国家是地上的神，历史完全是某种神圣的东西。

与历史经验和对历史经验的"富有感情的反思"相对立，历史**哲学**的任务是揭示贯穿一切变化的原则。由于历史哲学带有"概念的眼睛"，以理性来观察历史，所以它——虽然不是在所有个别的、"偶然的"实存中，而是在"宏观和整体"上——认识到世界历史的理性内容；在黑格尔看来，世界历史的理性在于，它是一种不断的"自由意识中的进步"，自由在它里面"成长为一个世界"。黑格尔的历史哲学有计划地把这一过程展开，从东方世界经希腊罗马世界一直到基督教日耳曼世界。在其终端是法国革命在欧洲所造成的解放。

黑格尔思想体系的这种形而上学的历史主义弥补了已消失的基督宗教天意信仰，至今历史主义作为对历史意义的信仰仍然是"有教养的人们"的宗教，对它的怀疑太屠弱了，以致不能缺乏任何信仰；它是最廉价的信仰替代品。因为还有什么比相信在漫长的历史时间中凡是某个时候发生并造成后果的事情就都必定有一种意义和一个目的更廉价的了！即便有人根本不知道黑格尔的任何东西，只要在根本上同意他对历史力量的惊赞，"以世界历史的方式"不理睬日常生活的要求和困苦，就至今仍然在他的精神中思考。只有一个像布克哈特这样正直的精神，才摆脱了黑格尔对他的后继者们所施展的魅力。黑格尔的真正学生们把他的精神历**史形而上学**变成一种**绝对的历史主义**，也就是说，他们从历史地展开的精神的绝对性中仅仅保留了历史的因素，把时代的发生变成哲学和精神的最高权利。"一个时代的历史理念"或者"真正的时代精神"被卢格提升为在任何情况下都有道理的最高主人。因为——他从黑格尔出发得出结论[1]——"精神"是在活动的人完成的世界过程中成为现实的。"历史精神"或者"时代的自我意识"在黑格尔的学生们那里被视为正确与错误的标准，因为只有历史才借助时代启示什么东西因为有成果而是真理。但是，如果"一切都落入历史之中"，那么世界和精神的历史在原则上也就是充满

---

[1] 参见前文第二章第二节2。

希望的，因为它的原则就是超越到未来的进步，未来是时代的本质。就这样，在青年黑格尔学派这里，黑格尔向后看的、回忆的**历史主义**就转变成为一种**历史的未来主义**；他们不仅要作历史的结果，而且还要自己开创时代，就此而言是"历史的"。

  青年黑格尔学派这种变得积极了的历史主义虽然由于对40年代的政治反动而重归平静，而从海姆到狄尔泰的历史主义则满足于把黑格尔的精神历史形而上学稀释为一种没有形而上学的"精神历史"。但是，随着从第一次世界大战在意大利和德国产生的法西斯主义革命，就连40年代的能动历史主义也觉醒而获得一种新的生命。它最初被有历史教养的人们认为仅仅是否定性的，是"反历史主义"；[1]但在尼采这里，它已经被揭示为一种未来意志，只是因此它才对"历史"教育来说是批判性的。就像一个世纪之前已经发生过的那样，人们要有意识地成为"历史的"，而不仅仅"以好古的方式"回忆。无论今天居领导地位的政治家们做了什么，宣布了什么，都**先天地**"以历史学的方式"发生在意志和意识中！人们事先考虑到数百年和数千年。每一个星期都有某一个人在做"历史学的讲演"，也就是说，一种——与纪念讲演相对立——遥想**未来**的讲演，因为人们认为，只有我们之后的那些个世纪才能评价现在所做的事情。人们期待着，未来将赋予现在的所作所为和所发生的事情一种历史的权利和一种历史学的辩护，并且比以往任何时候都更为坚信，世界历史是世界法庭。即便是在对"历史学"一词的这种反常的运用中，也可以听出黑格尔所赋予它的那种激情，至于人们是回忆还是期待、是腻烦过去还是好奇未来、在世界历史的意义上放荡不羁，都不构成原则上的区别。

---

[1] B. 克罗齐：《最后的智慧》，巴黎1935年，第246页以下，论"反历史主义"。

无论黑格尔的历史是一种"自由意识中的进步"的思想体系与历史最接近的、经验的观点相比有多么放肆，它为什么能够如此大众化的根据，就在于它可以剥去基督教神学外壳的真正内核。

黑格尔思想体系的纲要在于，它完全是按照时间中的进步来衡量历史进程的，也就是说，它从最后一步回溯到先行的必然导向这一步的步骤。时间**序列**的这种取向的前提条件是，在世界历史中只有**后果丰富**的东西才有效，世界性事件的前后相继必须按照**成功**理性来评价。但成功不仅是黑格尔世界历史观点的最高权威，而且还同时是日常生活的一个持久标准，在这里人们同样认为，成功证实某种东西比无成功具有更高的权利。因此，黑格尔思辨的大众化内核在于广为流行的信念，即只有富有成功的才也是有资格的。这一信仰在19世纪通过达尔文的进化论也在大自然那里获得了明显的支持。在经济竞争的影响下，达尔文发现了"自然选择"的规律，据此每一个较高级物种的产生，应当是由于在"生存斗争"中最能干的比不怎么能干的活得更长久。黑格尔的历史哲学与达尔文的生物学理论，[1] 二者都从实际上后果丰富的东西出发回溯证明其产生的所谓必然性和内在权利，他们对历史力量和生物学力量的惊赞导致了各自获胜的力量的偶然崇拜。[2] 另一方面，由于被消灭或者无成功而对于历史记忆来说消失了的

---

[1] 对于两种理论的历史联系来说非常说明特点的是，一位像马克思这样的黑格尔主义者把达尔文看做是一个唯物主义辩证论者，从而想把自己的《资本论》题献给他。

[2] 参见《尼采全集》，I，233 和 353—354。——历史主义成功论最大的例子是基督教对古代世界的胜利。不仅在黑格尔那里，而且在几乎所有历史学家那里都被视为确定无疑的是，基督教的历史成功、它在半个世界的传播、它的续存和力量，是它精神上的优越性的一种至少间接的证明。相反请参见《尼采全集》，I，340 和 368；以及 X，140 以下。——恰恰是由于二者都认真地对待基督教，他们都拒绝"数个世纪的证明"。

东西，按照黑格尔的观点被视为一种"无资格的"实存。[1]
一句谚语说道："成功给大师加冕。"——尼采以同样的权利说道："成功总是最大的说谎者。"[2]成功事实上是人类生活的一个不可缺少的标准，但它证明一切，又什么都没有证明：证明一切，乃是因为在世界历史中和在日常生活中一样，只有成功的才能生效；什么都没有证明，乃是因为即便是最大的大规模成功，对于实际上成功者的内在价值和真正"历史伟大"也没有证明任何东西。[3]已经常有平庸的人和笨蛋、卑鄙和荒唐取得了极大的成功，已经有许多次，获胜的力量也宣布被战胜者的荣誉和光荣，而不仅仅是他们自己成功的力量的明显权利。还从未有一种历史政权是没有暴力行为、违法和罪行而建立起来的，但受到伤害的人类是好是坏都适应着任何变化，而世界历史却"以我们为代价积聚了巨额的财富"。[4]

谁真正地经历过一段世界历史，不仅仅是从道听途说中，从讲演、书籍和报纸中了解它，他就必然达到这样的结果，即黑格尔的历史哲学[5]是一种遵循向时间终结时的末世论实现进步的理念导线的伪神学历史思想体系，可见的现实不与任何方式与它相对应。世界历史真正的"激情"不仅在于它所涉及的声音洪亮、引人入胜的"伟大"，而且也在于它给人们带来的无声的苦难。而如果人们能够对世界历史的某种东西表示惊赞，那就是人类从所有的损失、毁灭和伤害中重新恢复自己所借助的力量、毅力和韧性。

---

[1] 参见《布克哈特全集》，VII, 26, 198、205。
[2] 参见 L. 克拉格斯：《尼采的心理学成就》，莱比锡 1926 年，第 6 章。
[3] 参见布克哈特：《世界历史考察》，第 8 章，"论历史伟大"。
[4] 《歌德谈话录》，II, 159。
[5] 参见拙作：《历史中的意义：历史哲学的神学前提》，芝加哥 1949 年。

**歌德**看待历史的方式与黑格尔的思想体系相距甚远,但这并不是因为歌德是一位"诗人"而黑格尔是一位思想家,而是因为歌德纯粹的人性感觉对大自然和人的日常生活与对世界上发生的大事件是同样开放的。他由于自己在魏玛宫廷的地位而从一种比黑格尔近得多的距离经历了世界历史。歌德所触及的世界历史性事件,是约瑟夫二世[Joseph II]在法兰克福加冕为皇帝(1764年)、七年战争(1756—1763年)和弗里德里希大帝[Friedrich der Groβe]之死、法国革命的爆发(1789年)、德国军队在法国的远征(1792年)、耶拿战役和德意志民族的神圣罗马帝国的结束(1806年)、埃尔富特诸侯会议和与拿破仑的会谈(1808年)、莫斯科的大火(1812年)、普鲁士解放战争(1813—1814年)和拿破仑的失败(1815年)、梅特涅的统治以及最后还有巴黎七月革命(1830年)。"我有巨大的优势……我出生在一个最大的世界性事件被列入议事日程并且终我一生都在继续的时代,以致对于七年战争、然后是美国与英国分离、再往后是法国革命、最后是整个拿破仑时代直到这位英雄失败以及随后的事件来说,我都是活的证人。由此,与所有现在出生并且必须借助他们并不理解的书本来获知那些重大事件的人们所可能的相比,我得出完全不同的结论和观点。"[1]

　　歌德不仅仅接触、而且他不得不维护自己的整个本质来反对的世界历史,是法国革命。由于他刚刚从意大利返回在魏玛安置自己,法国革命的爆发对他的触及就更为敏感了。对所有现存事物的这一世界历史性的颠覆如何由于对人类状态可以感觉到的影响而激发其他的旨趣,在他的著作和书信中只有寥寥几行字透露

---

[1]《歌德谈话录》,III,74。

出来。"法国革命即便对我来说也是一场革命,这你可以想像。此外,我在研究古人,并仿效他们的榜样,在图林根好好过日子",致 F. H. 雅可比的一封信中他写道。[1]他在这种瓦解中求助于自己的研究,就像"在沉船时求助于一根木头"一样,并且试图仍以诗人的方式战胜这一"所有事件中最可怕的事件",靠的是一种他称之为"无穷的"努力。"当我回顾许多个年头时,我清楚地看到,与这一极为庞大的对象的亲密关系长久以来如何几乎是白白地耗尽了我的创作能力;然而,那种印象在我这里如此根深蒂固,以致我不能拒绝,还总是想继续做自然的女儿,在思想中造就这一奇妙的产品,而没有勇气在细节上投入阐述。"[2]

40 年之后,歌德在回顾所作所为的时候按照这一事件的标准把自己与更年轻的一代区别开来,他如此明确地感受到对人的意向和行为的那种世界历史性影响。[3]他没有写成一部革命戏剧,而只是描述了"法国的社会"。

从对一个战争插曲的这一经典描述出发,大部分情况下被引证的是一句听起来很像黑格尔的话。它关涉的是瓦尔米的连续炮击,说道:"世界历史的一个新时期是由这里和今天出发的,你们可以说你们曾经在场。"但这句话的正确含义只有与紧随其后的话相联系才能够理解,这种联系把世界历史性的重点推到了整个实在的、平淡的日常生活:"在没有人无果腹之物的这些瞬间里,我从今天早上获得的东西中索要一口面包,而昨天化缘来相当多的

---

[1]　1790 年 3 月 3 日的信;参见《年鉴》,《歌德全集》,第 27 卷,第 9 页和第 19—20 页;《歌德谈话录》,III,61—62。
[2]　《歌德全集》,第 40 卷,第 446 页。
[3]　歌德 1829 年 1 月 2 日致策尔特的信;参见蒂克[Tieck]:《歌德及其时代》(1828 年);古茨科:《论两个世纪之交的歌德》(1835 年)。

葡萄酒还剩下一小烧酒瓶……"[1]在歌德再次回到自己的格言的另一处地方，他在同样的意义上继续说道："但是，就像人在根本上，尤其是在战争中，要忍受不可避免的东西，并且试图以消遣和娱乐来充实危险、困苦和烦恼之间的间歇一样，在这里也可以让塔登的双簧管演奏家演奏卡依拉和马赛进行曲，同时一瓶接一瓶地干光香槟酒。"[2]

这两处说明对于讨论的整个情调、口吻和内容来说要比零星的世界历史格言更为典型得多。但歌德的报告令人深信不疑的真实性就建立在他同等地对待士兵和平民、市民和贵族、革命者和流亡者、朋友和敌人、领队者和同行者、激动和平淡、努力和疲倦、饥饿和干渴的高度公正之上——他在属于上述事物的混合中描述了战争混乱之中人的现实生活的整个进程，他既不是纪念性地历史化也不是批判性地平凡化历史，而是像对待一个现象那样无成见地看待它。

世界历史作为宏观和整体的东西所诱致的成见在于，人们在抽象掉人类现实的情况下来对待它，就好像它是一个自为的世界，与在它里面行动和承受的人们没有关系似的。歌德并没有让自己为这样一种哲学抽象地负责。他并没有把"民族精神"虚构为一个绝对原则的体现，而是完全直观地叙述，就像在世界历史性的瞬间瓦尔米的连续炮击在他那里激起了进食的需求一样。而当"德意志民族的神圣罗马帝国"在歌德返回波希米亚期间分崩离析的时候，他承认在这一瞬间他的仆人和马车夫之间的争执比那个重大的、但模糊而又遥远的事件更使他恼火。

---

[1]《歌德全集》，第25卷，第61页。
[2]《歌德全集》，第25卷，第225页；参见第27卷，第46页和第226页。

同样，他在致策尔特的一封信中承认，世界在拿破仑于耶拿会战取胜之后的"哀歌"在他看来只不过是"空洞的废话"。"如果有人抱怨他和他周围的人们所承受的东西，抱怨他所失去的和担心失去的东西，我就同情地听着，乐意谈论这些东西，并乐意给予安慰。但如果人们哭诉的是一个应当失去的、在德国没有一个人终其一生曾经看到过、更没有人关注过的整体，那么，我就必须遮掩自己的不耐烦，以免不礼貌、显得是个自私的人。"[1]当会战之前一段时间歌德的朋友们受到鼓舞，除了战歌之外什么也不想的时候，维兰德［Wieland］问他为什么如此沉默寡言。此时歌德回答说，他甚至写了一首战歌，并且令其他人惊怒地朗诵了他的战歌：空洞！空洞！空洞！[2]

在拿破仑进军俄罗斯期间他给莱因哈德写信说："世界比人们想像的要更大和更小……谁运动，就触及到世界，而谁静止，世界就触及到他。因此，我们必须始终准备着触及或者被触及。莫斯科被烧了，这对我没有任何影响。世界历史将来也必定会讲述这事的。德里也是在被占领之后才毁灭的，但那是由于占领者的……而莫斯科在被占领之后毁灭，则是由于被占领者的……贯彻这样一种对立，假如我是演说家的话，就会觉得这是开一种非常的玩笑。但如果我们返回到我们自己本身，您在一场如此惊人的、无法估量的不幸中失去了兄弟姐妹，我也失去了内心关切的朋友，那么，我们将确实地感觉到，我们生活在什么样的时代，我们又必须多么地认真，以便能够按照旧的方式轻松愉快。"[3]关

---

［1］ 歌德1807年7月27日致策尔特的信；参见《歌德谈话录》，I，491以下。
［2］ 《歌德谈话录》，I，449。
［3］ 歌德1812年11月14日致莱因哈德伯爵的信；参见歌德1825年5月31日致舒尔茨［Ch. L. F. Schultz］的信；《歌德谈话录》，III，489。

于莫斯科的说明可能显得有点玩世不恭，但玩世不恭在大多数情况下只不过是一种真理的最粗糙形式罢了，而这种真理就在于，如果我们不从世界历史返回到我们自身和最切近的东西，那么它就将失去任何真实的意义。

但是，在歌德考察世界历史自己的、超越人的力量的时候，他觉得世界历史不是"理性"，而像是一个自然事件。他在1802年值读一部历史政治著作之际给席勒写信说："在总体上，这是溪流江河的非凡景象，它们按照自然的必然性，从许多高地、从许多山谷流出，相互冲撞，造成了大河的上涨和泛滥；谁像对泛滥毫无预感的那样来预见它，就会在泛滥中毁灭。在这种非同寻常的经验中，人们看到的无非是自然，没有任何我们哲学家们喜欢称之为自由的东西。我们想等着瞧，看波拿巴的品格今后是否还会以这种富丽堂皇的、流行的现象来愉悦我们们。"[1] 但是，即便是拿破仑，歌德也并不把他看做是一种向自由的进步，而是把他看做不仅与各国君主和人民、且与各种要素自身处于斗争之中、并排除一切与他的伟大计划相悖的东西的自然现象："他每一次都追求一个目的；凡是阻挡他去路的东西，都被杀戮，被清除，哪怕是他的亲生儿子。在别的君主和伟人让自己受诸多反感和倾心决定的时候，他却喜爱一切能够有助于他的目的的东西，即便这东西与他个人的心情不一致；这就像是一位能干的第一小提琴手，如果每一个爱好者都有自己优先选择的乐器，他也就懂得既无恨也无爱地为自己的乐队利用所有这些人了。因此，人们是遭他恨还是被他爱，结果都一样，决不会给个人带来任何好处。他肯定不喜爱魏玛公爵，魏玛公爵却没有觉察到这有明显的坏处，而他

---

[1] 歌德1802年3月9日致席勒的信；参见《歌德谈话录》，I, 494—495。

所喜爱的那些人同样很少从中得到好处。任何时候他都是生活在一种理念中，生活在一种目的中，生活在一个计划中，只是人们必须小心提防别阻挡这个人的去路，因为他在这一点上是不讲情面的。——简言之，歌德使人理解，拿破仑指挥世界与他指挥戏剧差不多是遵从同样的基本原则。"[1]

在拿破仑身上，他惊赞的是"世界最伟大的理智"和一种始终清晰地、明确地使一切都服从他的政治目的的超人意志。对他来说，拿破仑体现着凡是在世界上成功且持久的东西所发生都凭借的两种力量："权力和追逐"。追逐作为对目的坚持不懈的追求，对歌德来说在人类任性的领域里代表着对黑格尔来说是"理性"的东西。[2]"但是，追逐，始终不渝的、严格的追逐，也可以由小人物来运用，并且很少不击中目标，因为它无声的力量在时间的进程中不可阻挡地在增长。在我不能以追逐起作用、继续实施影响的地方，由于人们除此之外只是干扰自身就带有治疗手段的自然发展进程，而不能为更好的方向提供保证，所以根本不想起作用要更为适宜。"而权力则"很容易被预告，刺激起反作用，在根本上只能授予少数受惠者"。[3]他知道，"无条件的活动"无论是什么种类的，都必然使人"破产"，而"伟大意志那里的容让"最终将战胜单纯的权力活动。

---

[1]《歌德谈话录》，I，546—547；参见 III，491 以下；IV，94—95；以及《东西方诗集》中的《铁木尔》。
[2] 参见黑格尔的格言："但是，如果你是清醒的，你就看着一切并且对一切说它是什么。不过，这就是理性和对世界的统治。"（罗森克兰茨：《黑格尔传》，第 540 页）
[3]《歌德谈话录》，IV，476；参见 II，49；III，96—97 和 492；歌德 1828 年 7 月 18 日致博伊尔维茨［Beulwitz］的信。

"意欲并不能造就和平：
谁想要一切，就想在所有人面前都行，
当他胜利时，他教会其他人争斗；
他深思熟虑，让自己的敌人忧心忡忡；
这样，力量和狡计就向四面八方蔓延，
世界孕育着庞然大物却一片平静。
而分娩的无数劳累，
却每一天都像末日一般威胁重重。"[1]

但是，无论是在和平中还是在战争中，世界历史属人的总和与最终的真理却表现得一样，因为像这样的属人的状态在所有的变迁中都保持为同样的状态。在歌德与历史学家鲁登〔Luden〕的激动人心的谈话中，他说："如果您能够解释和探究所有的原始材料，您将会找到什么呢？无非就是一个早就被揭示了的真理，人们不需要再试图确证它；也就是说这样一个真理，即在所有时代和所有国家中情况都是悲惨的。人们总是在相互恐吓和相互烦扰；他们互相折磨、互相拷打；他们使自己也使别人生活不顺心，他们既不能关注也不能享受世界之美好和美化的世界给他们提供的生存的甜蜜。只有少数人才感到惬意和愉悦。大多数人在参与一段时间生活之后，都宁可退出也不愿重新开始。过去或者现在使他们还有点留恋生活的东西，是对死亡的恐惧。就是这样；过去就是这样；将来也还会是这样。这就是人们的命运。我们还需要什么见证吗？"[2]当鲁登反驳他说单个人的生活并不是各民族的

---

[1] 歌德：《厄庇墨尼德斯的清醒》，题词。
[2] 《歌德谈话录》，I, 434—435。

历史生活时，歌德回答说："对各民族来说和对各个人来说是一样的。各民族是由人们构成的。各民族也和人们一样进入生活，长久一些、以同样奇特的方式活动，同样地要么死于一种暴力的死亡，要么死于一种因年老和衰弱的死亡。人们的总困苦和总不幸也正是各民族的困苦和不幸。"[1]

对于歌德来说极富有特征的是，他的宁可说严酷而不是同情的历史观的这种非同寻常的**人道**并不归功于对精神历史的研究，而是归功于对**大自然**的研究，他在任何现象中都感觉到大自然是"真实的"、"稳定的"和"有规律的"。在研究植物和骨头、石头和颜色时，他让自己养成不是虚构和强迫获得本质的认识，而是让现象自己表现自己并付诸表述的那种耐心和专心。歌德在法国革命期间研究植物的变形，在法国战役期间研究颜色现象，在七月革命期间研究地貌学，居维叶［Cuvier］与盖欧弗洛伊·圣希莱尔［Geoffroy Saint-Hilaire］之间的自然科学争论比政治上的翻天覆地更让他关注，这并不单纯是从政治和世界大事逃遁，而是在歌德的实际本质中有其根据。[2]

在大自然中，我们认识到一种变化的**规律**，它在世界历史的进程中是无法指明的，"原始现象"在他看来也宁可说可在大自然中认识，而不可在历史中认识。在黑格尔按照自己的基督教神学出身把历史理解为"精神的"，并把大自然仅仅看做是理念的"异在"的时候，歌德在大自然自身中看到了理性和理念，并由它出发找到了理解人和历史的一个入口。"没有我在自然科学中的努力，我……学不会按照本来面目来认识人。在所有别的事物中，

---

[1]《歌德谈话录》，I, 435；参见歌德 1831 年 9 月 4 日致策尔特和 1831 年 9 月 7 日致莱因哈德的信。
[2]《歌德谈话录》，IV, 290；V, 175；歌德 1830 年 8 月与埃克曼的谈话。

人们都不可能如此满足纯粹的直观和思维、感官和知性的错误、性格的弱点和优势,所有的东西都或多或少是顺从的和动摇的,并且让一切都或多或少地有商讨的余地;但是,大自然根本不开玩笑,它总是真实的,总是严肃的,总是严格的,它总是正确的,错误和失误总是人的。它鄙夷准备不充分的人,只顺从准备充分、真实、纯粹的人,向他启示自己的秘密。"[1]

当首相米勒对黑格尔的一个学生从法学转到自然科学感到惊异时,歌德言简意赅地回答他说:"他从法律的研究中所能够获得的无非是对人的恶劣状态的认识,所以转向了自然。"[2]原则上又有一次说道:"差不多一个世纪以来,古代语言文学研究不再对从事它的人的心灵发生影响,而且一种真正的幸运是,大自然出现在这期间,把最内在的东西引向自身,并且从它那方面为我们打开了通向人道的道路。"[3]

沿着这条从既是个体的又同时是有规律的大自然出发通向人的任性的王国的道路,歌德坚持他对变化规律的自然科学认识:在一切有生命的东西里面,都完成着一种不断的形式变迁,同一种东西的变形。"如果观察人们自若干世纪以来的所作所为,就可以认识到一些历来并且总是对整个民族也对各个单个的人实施魔力的普遍公式,而这些公式永恒地复归、永恒地在千变万化的掩饰中间保持同一,是一个更高的力量带给生活的秘密嫁妆。每一个人都会把这些公式翻译成他特有的语言,以多种多样的方式使它们适应他自己狭隘的个人状态,并由此经常掺入如此之多的不纯粹的东西,以致再也不能在其原初的意义上认识它们了。但是,

---

[1]《歌德谈话录》,IV, 69;参见 II, 40。
[2]《歌德谈话录》,II, 572。
[3]《歌德谈话录》,II, 6。

这些原初的意义却一再突然地重新浮现，时而在这个民族，时而在那个民族，留心的研究者把这样的公式复合成世界精神的一个字母表。"[1]

歌德没有把世界精神的这一字母表确定为精神世界的一个"原则"，而是在自然世界的原始现象中观察它，也在它可以按照世界历史来检验的情况下按照世界历史来检验它。他知道，构成世界历史的人们对于概念来说有某种"不可通约的东西"，因为规律和偶然相互交叉，而黑格尔则必须排除偶然，以便能够维护自己的哲学—神学体系。歌德发现这样一种编排的可能性的根据在于，历史学家恰恰利用所有历史性的东西固有的不可靠性来作出自己的判断。[2]尽管所有的历史行动和活动都有无法预见的进程，但即使在这种进程中，也可以发现普遍的规则。世界历史在宏观和整体上是沿着螺旋形上升的轨道运动的，此时过去的东西复归，处境依然相同："人类要经过的轨道是足够确定的，且不说野蛮所造成的重大停滞，它已不止一次地走完了自己的进程。如果人们还想描画一种螺旋运动，则它一再地回到自己已经走过的那个区域。沿着这条道路，所有真实的观点和所有失误都重复着自己。"[3]

布克哈特对世界历史的考察是按照歌德对世界上所发生事情的直观形成的，因此，在所有现代历史学家中间，他也是惟一按照世界历史本来面目观察它的一位。但与歌德相比，即便布克哈

---

[1]《歌德谈话录》，II，419；参见416；III，155；IV，275；歌德1831年9月9日致门德尔松—巴尔托尔迪［F. Mendelssohn-Bartholdy］的信。
[2]《颜色学说的历史》，《歌德全集》，第39卷，第59页。
[3]《颜色学说的历史》，《歌德全集》，第39卷，第1页；参见《歌德谈话录》，II，632；IV，51。

特也依然是黑格尔学派，因为他不是直接地，而是以艺术为中介来观察自然的，并且以由于黑格尔、兰克和德罗伊森而流行起来的"自然"与"精神"、自然知识与历史知识的区分为前提条件的。关于精神的全部历史科学的毛病就是自然与精神之间的这种断裂，[1]这种断裂起源于笛卡儿。与歌德针对牛顿**自然科学**的激烈斗争相对应的，是他针对官方的**历史科学**一直上升到讽刺的嘲弄，它不是单纯产生自"恼怒"，[2]而是产生自有深刻理由的信念，即纯粹从历史学来看，世界历史是存在着的"最荒谬的东西"，[3]是"对较高的思想家来说的胡说八道的产物"。[4]历史学家的工作不仅是不确定的、吃力不讨好的和危险的，[5]而且是一个"错误与暴力的大杂烩"，一个"垃圾桶和一个废物间。至多是一个首脑行为或者国家行为"。历史学所传达的东西，就像报纸上的每一篇报道一样，是对真相的歪曲，是由愿望和意图、党派私利和愚蠢、怯懦和谎言组合起来的。即便是最好的历史著作，对一个民族的现实生活能介绍多少呢，而在这多少中间，又有多少是真实的并因

---

[1] 参见布克哈特对歌德以悲剧《瑙西卡》为代价"被植物学提前占领"的独特遗憾（《布克哈特全集》，XIV，176）和他对自然和精神的界限划分（《布克哈特全集》，VII，18）；参见《狄尔泰全集》，VII，88以下。

[2] F. 梅涅克：《歌德对历史的恼怒》，载《柏林会议报告集》，1933年；《历史主义的兴起》，1936年，第2卷，第480页以下。梅涅克能够把歌德纳入"历史主义"的兴起，这只能从下面这一点得到理解，即他在根本上完全不是以从黑格尔产生的历史主义，而是以生活观的个性化为主题的。下文请参见卡西勒［E. Cassirer］：《歌德与历史世界》，柏林1932年；屈萨尔茨［H. Cysarz］：《歌德与历史世界观》，布尔诺1932年；施魏策尔［A. Schweitzer］：《歌德传》，慕尼黑1932年。

[3] 《歌德谈话录》，III，489。

[4] 《歌德谈话录》，III，137。

[5] 歌德1824年3月27日致策尔特的信；参见《歌德谈话录》，II，571；歌德：《准则与反思》，第271条；歌德1793年7月7日致F. H. 雅可比的信。

真实的东西而确定无疑呢？[1]

为了克服这种历史学的怀疑，人们在我们的时代里走上了两条出路，它们就结果而言殊途同归，绕过了歌德对历史认识问题的严峻性的认识。一些人一开始就放弃了对历史真理的认识，他们诗人般地倾心于"英雄"，把现实的世界事件虚构成一种"神话"或者一种"传奇"；[2] 而另一些人则变不利为有利，他们把自己立场的主观性强化为教条，把自己对一种客观认识的厌恶转变为自我"决定"和自我"评价"的意志。与对历史学认知的困难的这些现代逃避不同，歌德坚持尽可能纯粹地、也就是说按照其本来面目来认识物理学现象和道德现象。因此，就连"**重写历史**"这个屡屡有人主张的命题，在歌德那里也具有另一种意义，不同于人们与它所结合的意义。

"重写"历史的说法起源自歌德，但他从自己那方面来说是把这一说法当做已经"在某处说过的"来使用的。相关的书信段落与萨尔托留斯［Sartorius］论东哥特人在意大利的统治的一部历史著作有关，在有上下文的情况下说道："有人在某处说过，世界历史有时必须被重写，而且那是一个和当前时代一样使这成为必要的时代。如何做到这一点，他们举了一个很好的例子。罗马人对自身宽厚的胜利者的仇恨、对已经丧失了的优点的自负、眼前没

---

[1] 《歌德谈话录》，I，433 以下。
[2] 参见贡多尔夫的《歌德传》中论"历史与政治"一章。据此，历史对于歌德来说只具有"象征性的真理"，只是就它勾画事件的"景象"刺激想像力并能够提高伟大活动和形象的品质而言才有效力——没有对"经验正确性"的顾及，受对历史学—古代语言文献学的批判的厌恶所支配。但是，为了认识按照"诗人和英雄"的标尺对历史的这种编造根本不符合歌德的认真和现实感，只需要指出歌德与鲁登的谈话、指出他同 F. A. 沃尔夫的关系和他对尼布尔的评价（歌德 1827 年 4 月 4 日致尼布尔的信；《歌德谈话录》，IV，317 和 353）就够了。

有一种更好的状态而对另一种状态的憧憬、没有根据的希望、随便的行动、没有希望解脱的结合，无论这样的时代的不幸序列是什么样的，这一切他们都杰出地讨论过了，并且向我们证明，这一切都确实在那些时代里是如此发生的。"[1]

因此，在歌德那里，重写过去决不具有如今变得流行了的**当代的自我维护**的意义，而是恰恰相反，具有**一种为过去辩护**的意义：一切都写得如同在那些时代里"真实"发生的那样。仅仅在表面上与历史客观性相矛盾的，是歌德对萨尔托留斯关于一个早已过去的时代的描述的赞同包含着与一个他自己亲身经历的时代的说不清楚的关系这一情况，因为歌德鉴于当时的胜利者和被战胜者在他 1811 年写的一封信中同时想到了德国人对拿破仑统治的无力反应。使重写变得如此必要的"当前时代"的经验，它们并不妨碍对当时发生的事情的正确认识，而是使它成为可能，因为如今发生的事情使人想起曾经发生过的事情。历史"在千变万化的掩饰中"重复着人类命运的某些基本形式，而它之所以"有时"需要重新撰写，乃是因为只有在相似的状态下，过去时代的想像、愿望、希望和活动也才会像它们确实曾经是的那样发生。一种为了作出评价的主体性而针对历史真理的客观认识所采取的论战性措辞如此远离歌德的对象性思维，以致他恰恰是在历史写作对他显得由于主观地编造而"不真诚"的地方指责它的。——歌德在《颜色学说的历史》(第 3 章结尾)比在致萨尔托留斯的信中更为清晰地谈到重写的意义："世界历史有时必须被重写，这在我们的时代里已经是毋庸置疑的了。但是，这样一种必要性之所以产生，

---

[1]《歌德全集》，魏玛版，IV/22, 28；参见《日记》，IV, 183—184；歌德 1826 年 10 月 11 日致策尔特的信。

并不是因为发现了许多发生的事情,而是因为出现了诸多新的观点,因为一个进步着的时代的同人们被带到了使人以一种新的方式纵览和判断过去事情的立场上。在各门科学中也是如此。"特别是人们可以称之为"自作聪明的"18世纪,应当在这种意义上监控自己,**因为它竟然对先前的各个世纪行了多种多样的不义!**"怀疑欲和坚决的否认"在这个时期具有相同的作用:"一种狂妄自大的自满自足",一种对一切不能马上纵览的东西的拒斥,一种令人担忧的对"大胆的、失败了的努力"的宽容的缺乏。这是在评价其他人和其他时代的时候"全面性和公正性"的缺乏,歌德把这种缺乏归咎于18世纪的历史写作,因此他认为有必要对这个时代的传统进行一番重写。正是启蒙运动的"驱魔术",连同"幽灵"一起驱逐了歌德的正义所反对的"精神",但决没有——像在重写的驱魔术士们那里一样——驱逐对其他人和其他时代的历史正义和人类正义。[1]

只是由于**尼采**追问真理的价值、尤其是历史真理的用处的问题,重写真理的命题才获得了那种唯意志论的意义,这种意义使它成为对过去的任何一种任意编造的惬意辩护。但是,即便是尼采的命题,即"只有从当代最高的力量出发才可以解释过去的东西;只有在你们最高贵的品性的最强劲的努力中你们才将猜出,在过去的事情中什么是值得知道、值得保存和重大的",[2] 也并不想赞同当代的像这样一种自以为是的优越感,而是想以一种更高

---

[1] 重写德国历史的样板(除了新德国历史国家研究所的出版物之外)是施瓦茨[H. Schwarz]:《古德国哲学历史大纲》,柏林1937年;E. 泽贝格尔:《爱克哈特大师》,蒂宾根1934年;曼德尔[H. Mandel]:《从德国神秘主义到当代的德国上帝信仰》,莱比锡;等等。
[2] 《尼采全集》,I,336。

级的"客观性"、即作出审判的正义来取代一种由于以同样的方式宽容一切而变得成问题的"客观性"。[1]尼采的后继者们已经远远地离开了这种正义感。觉得自己是"未来的建筑师",他们直截了当地相信已经拥有那些高贵的品性,而没有它们,人们就不能辨认出过去的踪迹。他们认为通过不值得讨论的"评价"、通过"投入"、"变革"、"觉醒"和存在上的"决定"就能够保持一种已经变得空洞的科学活动的运行,并取代一种变得单调乏味的教养。从查理大帝到俾斯麦的德国历史、基督教的宗教史、哲学史、艺术史和文学史,一切都被重写,即像它虽然不曾发生、但符合"20世纪的历史自我意识"的那样写。[2]

但是,同一位对历史科学的不足表示如此不满和冷嘲热讽的歌德,也在历史领域指出了新的、建设性的道路。他在其《颜色学说的历史》的历史部分为探讨"精神史"提供了一种样板,他考虑到人们的特点和思维方式,讨论了一系列科学上的发现和掩盖,但并不抽象地把它们当做单纯理念和意见的历史。他把真正的科学史理解为具有个人与直接经验和间接传统的冲突,因为归根结底只有个人,才"能够向一个更辽阔的自然和一个更广大的传统敞开胸怀和大脑"。[3]此外,在关于文克尔曼[Winkelmann]的提纲中他以令人惊异的方式指出,人们如何也能够以人类史的方式探讨艺术,而尤其是他在《真理与创作》中描述了一个个别的人如何在其历史环境的左右和反作用下发展成为一个其生活具有世界含义的人的。

---

[1]《尼采全集》,I,330以下。
[2] 参见弗赖尔[H. Freyer]有代表性的报告:《20世纪的历史自我意识》,莱比锡1937年。
[3]《颜色学说的历史》,《歌德全集》,第39卷,第4页和第61页。

让短暂易逝的东西走开吧!
你们向它求教将一事无成;
在过去里面活着的是那卓越的,
它以出色的活动使自己永恒。

于是获胜的是那生气勃勃的,
它从结果中导出新的力量,
因为信念,持久的信念,
惟有它才使人万寿无疆。

于是那重大的问题
就在我们的第二祖国身后逝去;
因为尘世时光的持久者
向我们担保永恒的存续。

  这些诗行里包含着歌德所拥有的"历史感"。但是,当他在结束了游历年代之后的高龄里、在法国革命40年之后回首亲历的往事时,他却不得不发现,更年轻的一代由于当时对所有现存事物的成功颠覆而没有能力建立一种在自身中拥有存续和结果的生活机制。他给策尔特写信说道:"无论如何我必须设法日复一日、时复一时地审视,仅仅为了确立并在实践上巩固已经创建的东西还能够做些什么。有一些很杰出的年轻人,但蠢人们却都想从头开始,并且独立地……任意地、不干预地、径自行动地……起作用,并去满足无法实现的东西。自1789年以来我就注视着这一进程,并且知道,如果某个人仅仅是干预,而且并非每个人都为自己保留下一份 peculium［财产］，那就会发生些什么。如今，1829 年，我应当弄清楚面前存在的东西，也许把它说出来，而即使我做到这一点，也将于事无补；因为真实的东西是简单的，并且很少提供要做的，错误的东西则使人分散机会、时间和精力。"[1]

真实的东西，就它上一世纪在德语中获得了表述而言，是在歌德那里而不是在革新者那里清晰可见的，但这一点却很容易被认错，因为人们一般不能理解，通常事物的**例外**并不是通过过度和缺乏所产生的东西，而是**完全正常的东西**。

在歌德的魏玛故居，他在时间中的存在被清晰直观地空间化了。尼采档案馆坐落在离它距离适当的地方，旁边建有一个豪华的大厅，以某种方式适合查拉图斯特拉的青春艺术风格。据说，它有助于"尼采运动"的传播、"查拉图斯特拉事业"的监护和年轻的德国"以某种方式"与此相联系的创造性力量。[2]第三帝国的尼采纪念厅是尼采的"贝若特"，通过它瓦格纳向尼采复了仇。而在歌德的市民故居里，看到的却是另一个、按照年代来说更古老的德国。[3]

───────

[1] 歌德 1829 年 1 月 2 日致策尔特的信；参见歌德 1827 年 3 月 23 日至 29 日的信。
[2] 厄勒尔［R. Oehler］:《尼采运动的未来》，莱比锡 1938 年。
[3] 伊默曼:《回忆录——法兰克地区游记：歌德故居》。

**"从朱庇特开始，在朱庇特结束"**

"在一个一眼泉水使之生动起来的空旷广场旁，显现出一座两层楼的宅院，墙壁的涂料是暗红色的，窗子周围是黑色的镶边，外表看起来很宽敞，但决不逾越一个富有市民住宅的尺度。我们跨过门槛，处身在门厅中，石头淡黄的颜色使它显得明亮开朗。我们登上两侧有砌得很坚实的护墙的楼梯，梯级很宽，缓缓而上……

在最上面的前厅里，从壁龛中映现给我们的是睡和死的塑像以及朱诺巨大的头像。还有罗马的立体城市图，就悬挂在楼梯上面，使人想起那片像他常说的那样、离开之后他就从未真正幸福过的土地。

一间稍微狭长的、黄颜色的小厅打开了。他就在这里与客人们就餐。迈尔［Meyer］风格的古代题材或者普桑［Poussin］式题材的绘画遮掩了墙壁；在一道绿色的帘幕后面，他保藏着迈尔的《阿尔多布兰狄尼婚礼》的水彩复制，他视此为

（接上页）自己最珍贵的收藏。即便是左右的小房间，也都仅仅显示出属于这个艺术流派和艺术时期的东西。这里……没有任何不交织进他受教育那个时期的东西，对于所有后来的东西来说都严格地杜绝了接近的可能。我们激动地看着这位伟大的人物普于修身养性所借助的微不足道的、贫乏的东西。

在这个小房间的右边，我们可以看进所谓的套间……左首是他蓝色的会客室，后面是所谓的乌尔比诺房间，乃是按照他从意大利带回的一张乌尔比诺 [Urbino] 伯爵的画像命名的。……在会客室的门槛上，欢迎我们的是他那友好的 "Salve！"（你好！）。……

这就是他人在他有生之年可以进入的房间。除了考德雷 [Coudray]、里默尔 [Riemer]、米勒、埃克曼这些最亲近的人之外，他不允许任何人进他的工作间。……

死亡破坏了大师设立的禁令；我们自由地通过小小的客厅，横穿过房子，走到研究和工作的房间。在这些小房间之一，我们驻足了片刻；这是当他仅仅与自己的孩子们在一起时用餐的房间。这个小房间前的凉棚投进来一缕绿色的光线；一步之遥，人们就处身于花园中，歌德闲暇时常在这花园中享受每一束明亮的阳光。花园的一角有一个小屋，他在里面存放自己的物理学器械。

在博物馆的前厅，我在柜中和墙边的玻璃盒中浏览着矿块、石头、贝壳、化石——成为他的自然科学考察对象的一切。我发现一切都保存得很干净，布置得颇有点讲究。右边的一扇门开着，从那里我看进图书馆。对于像这里供展出的材料来说，它可能显得小了。歌德有意地不搜集很多书，因为魏玛和耶拿的图书馆他都可以使用；确实，为了阻止诸如此类可能在他看来不必要的财富的所有堆积，他把绝大多数从四面八方敬献给他的东西在唱收之后就又送走了。

现在，图书馆管理员、歌德过去的抄写员克罗伊特尔 [Kräuter] ……打开了工作间的门，那里给我展现出一幅动人的景象。……这个窄小的、低矮的、毫无装饰的、绿色的小房间挂着深色的粗毛织物卷帘，窗台板已经掉了漆，窗框已经部分地朽坏；这就是放射出如此丰饶的最灿烂光辉的那个地点！我感到深深的震撼；我不得不集中精神，以免太重感情，影响我观察的力量。

没有任何东西从其位置上被移动；克罗伊特尔以虔诚的严谨坚持，每一片纸屑、每一根羽绒，都要留在大师逝世时它所在的位置上。……

这里，每一片地方都是圣地，充满小房间的数千件物品述说着精神的本质和活动。周围沿墙摆着一些带抽屉的矮柜，里面保存着手稿。上面是歌德放置正在处理的事情的文件夹。……他站着读，站着写，他甚至在一个高高的桌子旁站着吃早餐。他将同样的做法作为健身法热心地推荐给他所关心的每一个人，此外还有把双手放在背上，以此像他说的那样，保护胸部免受任何挤压。

在这个可敬的工作间我们还在四处张望什么！在这边的门旁挂着一种历史年表。歌德让人在第一栏的这一年记下在他看来预示着政治上的成功的世界人物和团体，在下面的几栏里注明他们在以后的岁月里是否以及在多大程度上获得了预期的成果。他对杰克逊 [Jackson] 期望甚高；但他对印第安人的行为却在后来被打上了黑标记。

一个他自己制作的纸三角体，最初夹在他的文件夹中，作为一次心理学思维游

（接上页）戏的纪念物而值得注意。歌德想弄明白灵魂各种力量的关系。感性在他看来是所有其他东西的基础；因此他把三角体的底面分配给感性，并把它涂绿。想像力获得了一种深红色的侧面，理性得到的是黄色的侧面，知性则被分配一个蓝色的侧面。

旁边放着一个黑颜色的纸做的半球，歌德常借助一个装满了水的玻璃球于阳光明媚时在它上面造成所有的彩虹颜色。他能数小时之久地做这件事，尤其是在他的儿子死后；他最大的快乐就是如此有毅力地诱出五彩缤纷的光线。

当他遇到一种自然现象时，他是多么地满怀喜悦啊！那边，放着埃克曼从瑞士给他带来的蛋白石溶液制的拿破仑小型半身塑像，它向歌德证实了颜色学说的事情，使他真正地着了迷。对于在另一张桌子上指给我们看的瓶子，他曾经像一个孩子那样为之欢呼。瓶子里是红葡萄酒；它倒向一侧，而当歌德偶尔把它对着光线时，他在里面看到酒石的最美结晶，沉淀成了树叶和花朵的形式。他兴高采烈地把自己的朋友们叫到了一起，向他们展示这一奇观，让人拿来一支点燃的蜡烛，郑重地把他的徽章印在软木塞的封蜡上，以免偶然事件会破坏这一现象。这个瓶子此后就一直放在他的房间里。

拿破仑在光的领域里给他以启发；但拿破仑在那个尘世的任何光线都不能照入的黑暗领域里却对他也成了恶魔。他的石膏像在莱比锡会战那一天从钉子上脱落，边缘上摔破了一块，尽管如此这位英雄的面容却没有受伤。残存的部分仍挂在那边的柜格里；歌德讽刺性地模仿卢卡努斯 [Lucan]，让人在画像周围用红色的字母嵌上了诗句：

Scilicet immenso superest ex nomine multum.
[**当然有许多东西根据名称存在极为长久。**]

在这里，人们还发现了《罗马挽歌》的原稿……此外还有最初形态的神像。

歌德极爱整洁。曾使他恼火的是，他通常使用的小台历没有终年保持干净。他亲手为它做了一个纸套子。

在房间的中央，是一个大圆桌。誊员就坐在桌旁，歌德向他口授，在此期间他不停地围着桌子转。工作从早上 8 点开始，经常不间断地持续到下午 2 点。

晚上，当歌德又像他最后几年经常做的那样回到这个寂静的房间时，佣人看着他的眼睛，看它们是否是友好的和清醒的。如果其中可以感觉到一种对倾谈和社交的欲望，佣人就默默地把沙发椅移到桌边，在上面给他准备一个垫子，旁边放一个歌德放自己毛巾的篮子，然后歌德就座，等候着看是否会有一个朋友造访他。在这时间里朋友们被给予信息，如果他能够的话，谁又不乐意来呢！——在这种情况下，他与自己的小圈子坐在一起，在安逸的聊天中直到 11 点，让人给他们葡萄酒和冷菜，他自己则数年以来已经在晚上什么也不进食了。

现在，我还应当再看一看他最后的床铺。虽然他不是躺着去世的，而是——即便不是像适合于将相的那样站着去世，但至少是——坐着去世的。在工作间的左边是卧室。也是非常小，没有装饰，比工作间更为破旧。只有在年纪较大的时候歌德才考虑自己和床铺，他让人在床和紧靠着的墙之间放了一圈羊毛垫，以防冰冷的墙壁。除了这套装置和床前的一块狭长的地毯外，在这里还是看不到任何柔和的或者舒适的东西。床本身很低，用一条旧红丝绸被子盖着，而且如此窄，以致我不能理

(接上页)解，他那魁梧的身躯如何能够在这床上就寝。

看到这些微不足道的细节，给我造成的是一个睿智的人物、一个伟大的人物的印象，他使装饰装潢在其位置上生辉，但他在自己最接近的周围却只想看到最简单的东西，因为他自己就是最大的装饰品。

在床头旁边放着一把沙发椅，这个崇高的生命就在那上面停止了呼吸。这里所有的人都异口同声地说，死亡来临时没有斗争、没有痛苦、没有接近的感觉，的确，没有人知道他真正来临的时刻。……

为了让年轻的人们获得一位坚强的、真正的人物的印象，就把他们带到这里为止。人们应当让他们在这里立下三大誓愿：勤奋、真诚、坚定。"

第二部

# 市民阶级—基督教世界的历史研究

# 第一章　市民社会的问题

> "同一个人既为自己和他的家庭操心,也同样为普遍者工作。……就前一方面而言他叫做 bourgeois [市民],就后一方面而言他是 citoyen [公民]。市民与公民,一个作为公民的如此形式上的市民。"
>
> 黑格尔

卢梭的著作包含着对市民社会属人的问题的第一次、也是最清晰的刻画。这种问题在于,市民社会的人不是统一的、整体的东西。他一方面是**私人**,另一方面又是公民,因为市民社会存在于同国家的一种成问题的关系中。二者之间的不相配自卢梭以来就是所有现代国家学说和社会学说的基本问题,而当代的极权主义国家则是回答卢梭问题提出的一种尝试:生来就已经自身是某种整体的人怎样能够使自己与"政治社会"完全不同类的整体性一致起来呢?看起来,二者之间的一种真正的一致是不可能的,而因此之故,人们就必须在教育一个人的时候作出决定,是想造就一个"homme"还是想造就一个"citoyen",即想造就一个人还是想造就一个公民:"凡是想在社会秩序中把自然的感情保持在第一位的人,是不知道他有什么需要的。如果经常是处在自相矛盾的境地,经常在他的倾向和应尽的本分之间徘徊犹豫,则他既不能成为一个人,也不能成为一个公民,他对自己和别人都将一无好处。我们今天的人,今天的法国人、英国人和中产阶级的人,就是这样的人;他将成为一无可取的人。"[1]因此,我们时代的人的问题在于,现代的市民既不是古代城邦意义上的一个公民,也不是一个完整的人。他在人格上是两种东西,他一方面属于自己本身,另一方面属于"社会秩序"。但这种区别的起源在于基督教,这一点表现在,卢梭对人未堕落的"本性"的呼吁是在基督教关于伊甸园和原罪的观念中运动的。《爱弥儿》开始于一个区分:当人从万物的创造者手中产生的时候他是什么样的,而自他从这一原初的秩序走出进入群体生活以来他成为了什么。

## 一、卢梭:市民与公民

"爱国主义和人道是两个不相容的真理。"

(《山中来信》)

卢梭在《社会契约论》里要求一种"每个参与者及其所有权利和整个集体的整体联系",即将个人完全转让给集体,古代的城邦被他视为这种集体的榜样。但是,同一位卢梭却在效仿奥古斯丁[Augustin]榜样的《忏悔录》中声明信奉他自己本人。这种对整个欧洲文化来说独有的基督教传统与古代传统之间的对立,在卢梭那里表现在(基督教的)"人道"和(古代的)"爱国主义"的非此即彼之中,表现在对现代市民独有的"人"和"公民"之

---

[1] 卢梭:《爱弥儿》,第1章。

间的矛盾。

　　1750 年的《论科学与艺术的进步是否有助于敦风化俗》和 1754 年的《论人类不平等的起源》[1]虽然都是对现代文明的一种批判，但在实际的目标设定上却是相互对立的。前者勾画出一个丰满完整的公民阶级形象，根据的是斯巴达和罗马的爱国主义的样板，后者则勾画的是一个黄金时代的形象，与基督教的伊甸园神话相似。一篇是颂扬真正的公民，另一篇则是颂扬作为非市民人类的原初的人。《论经济学》包含着解决这一二论背反的尝试。但即便在这里，人的权利与公民的义务也不是同一的。它们的一致是《社会契约论》和《爱弥儿》（1762 年）的问题。为了建立一致，所有单个人的个人意志（volunte de tous）就必须与整体的普遍意志（volunte generale）一致，普遍意志是某种与单纯的多数意志不同的东西。但同时，就连"普遍的意志"也必须与"神圣的良知"、即单个人的宗教良知一致。最后，政治上的共同意志与基督宗教的统一和爱国主义与人道的统一应当通过一种"公民宗教"来保证。[2]

　　卢梭一开始自相矛盾地展开问题的那种尖锐性，迫使他在该问题产生的地方、在国家与宗教的关系中寻求解决。在《社会契约论》[3]里，他的阐述如下：起初，任何政治上的统治都是以宗教的方式建立的，任何确定的宗教从自己那方面都局限于自己的崇拜也

---

〔1〕在《论科学与艺术的进步是否有助于敦风化俗》中特别请参见法布里修斯[Fabricius]赞美罗马德性的讲演；《论人类不平等的起源》虽然是对前政治状态的颂扬，但却已经勾画出《社会契约论》的草图。卢梭把它献给作为一个真正城邦的领导者的日内瓦市议会，他自己则通过为了政治上的归属性起见又成为新教徒，而服从这些领导者的结论。
〔2〕以下内容参见 K. D. 埃德曼的马堡博士论文：《依据卢梭的社会哲学国家与宗教的关系》，1935 年。
〔3〕第 4 章，第 8 节；《爱弥儿》第 5 章和《山中来信》的第 6 封信包含着《社会契约论》的一个概述。

是其界限的那个国家。国家的命运与诸神的命运一荣俱荣，一损俱损。这种一致的关系随着基督教进入古代世界而改变。基督教把宗教与政治分离开来，并宣称在任何尘世统治之上有一个天国。而自从基督教以罗马公教教会的形态自己成为政治的以来，欧洲就处在国家与教会、皇帝与教皇的分裂之中。属于一个基督教教会的人不能是一个完完全全的公民，因为他的宗教良知与他的公民良知相冲突。据此，卢梭区分了两种宗教：首先是"人"的宗教，它没有民族的局限、没有特殊的崇拜，符合《爱弥儿》的认信，其次是民族的、多神论的国家宗教。他把公教教会判定为二者之间的一种妥协，相比之下，人的宗教则应是真正的新教。国家与宗教的关系取决于其有用性，而人的宗教则取决于真理。结论是：人的普世宗教是真的，但没有用；局部的、异教的国家宗教是有用的，但不真。卢梭试图在民事宗教中解决这一矛盾。民事宗教既不在教义学的意义上是基督教的启示宗教，也不是异教的国家宗教，而是属人的公民或者身为公民的人的宗教。但是，卢梭即便在这里也只是表面上完成了这种统一。他有时赞同超越所有民族特性的人类的宗教，有时又赞同极为排他的国民教育和国民宗教。应当结合二者优点的民事宗教依然是一个单纯的纲领，是一个妥协。而当卢梭由于自己对基督教的态度而受到攻击，并被迫在《山中来信》里为自己的立场辩护时，他不得不必然地失败了："就其效能而言，尤其是就全体人民而言，爱国主义和人道是两个不相容的真理。"谁同时想得到这二者，他就既得不到前者也得不到后者。此外，他最终还是怀疑"普遍的意志"和公共权力之间的一种"一致"的可能性。他把这一问题的解比作求圆的面积，把它称之为"国家制度中的一个政治深渊"。

在他的科西嘉和波兰宪法草案中，卢梭在这种情况下又求助于一种完全古代的公民理念，在这里，城邦就是一切，个别的人什么也不是。他推荐给这些年轻的边缘民族的,不是社会契约和公民宗教,而是古代的公民阶级。但是,在他谈到古老的欧洲大国时,却是以听天由命的心境。《爱弥儿》由以出发的问题,即怎样才能使现代的市民成为某种正当的和完整的东西,依然没有得到解决。他在波兰宪法草案中表达了自己对于一个完好的人类的渴望,而他自己却陷入到他的私人生存的深渊之中,最终以绝望的"一个孤独散步者的遐思"结束。

早在他死后 11 年,卢梭就像任何其他作家都无法比拟那样建立了自己的学派:在他预见却并不想促成的法国革命中。因为他的著作给其他人以勇气做什么,他自己是有所恐惧的。他的真理在他看来是后果严重的,因为如果人们的心灵已经永久性地败坏了,那么,想堵塞灾难的泉源、引导人们回到原初的平等,则是徒劳的。他给波兰国王写道:"除非通过一场几乎与它所能够救治的灾害同样可怕的大颠覆,否则无可救药;而就这种颠覆而言,期盼它到来是应予惩罚的。"而《爱弥儿》里面则说:"你们信赖当今的社会秩序,并不担忧这一秩序遭遇不可避免的革命。……我们在接近一种危急的状态,一个革命的世纪。我认为,欧洲各大君主政体不可能再长久存在。"然而,这种担忧并不能阻止罗伯斯庇尔〔Robespierre〕在卢梭住过的房子里,准备他那把《爱弥儿》里面描写的市民人道的宗教宣布为国民宗教的伟大讲演。同样,马拉〔Marat〕早在 1788 年就在巴黎的一个公共花园中讲解《社会契约论》,它在后来成为国民公会的圣经。"这就是卢梭的错误",拿破仑在谈到他想填补其深渊的法国革命时说。[1]

---

〔1〕 参见《拿破仑谈话录》,基希海森〔Kircheisen〕编,斯图加特 1913 年,III,195—196、256、262。

直接在革命前不久发表的西耶士［Sieyes］的战斗檄文使用的是挑战性的标题:《什么是第三等级?》(1789年)。"第三等级"这一表述已经暗示着由它产生的社会的问题:与前两个贵族和教士的等级相比,这个用数字表示的名称缺少任何特殊的内容。它最初只不过是对封建体制的特权等级的否定罢了。因此,西耶士的一个批判性的同时代人把它定义为"少数贵族和教士的国民!"否定迄今为止的全部传统的目标是确立一部建立在权利平等的公民的共同的、拥有主权的意志之上的宪法。但与卢梭不同,西耶士希望的不是绝对的民主,而是一种代议制的民主,包括多数原则和惟一的一个立法的人民代表大会。在他这里,"普遍意志"变成了"共同意志"。由此,全部政权第一次被宣布归西耶士自己也属于的中间等级群众所有。

他的檄文开始于三个问题,对此他作出了三个简短的回答:1.第三等级是什么?——是一切! 2.它迄今为止是什么?——什么也不是! 3.它要求什么?——要求成为某种东西!——在此之后,讨论了人们为了让这什么也不是成为是一切,就必须采取的革命手段。第三等级有这种权利,因为它做了一切"有益的工作",而与此相反,贵族和教士是它所做出的工作毫无用处的受益者。它包括农民的田间劳动、手工业者对原材料的加工、商人促成使用和消费的工作和更高级的教育部门(教师、公务员和律师)。它已经是一个"完备的国民";在这里,西耶士所理解的"国民"与卢梭所说的"人民"是一回事。在第三等级中联合起来的人们的共同性建立在其"利益"的共同性之上,这利益也说明了平等的政治权利。由此也就标明了市民社会的经济学特征,这种特征从此时起——在施泰因、黑格尔和马克思这里——直到当代都规定着市民社会的概念。

在同一年,发表了《人权与公民权宣言》。它直到今天仍然是所有民主制国家的基础。在标题中就已经又引人注目地有了人和公民的区分。它说明，人是与其公民的关系相区别地被思考的，这里所设计的公民的义务，也少于人面对国家所拥有的权利。因此，对人权的解释要比《社会契约论》更为自由得多，后者要求把人的所有权利都完全转让给集体。这样把人权确定为自由和平等，其蓝本——如耶利内克［G. Jellinek］所证明[1]——是基督教的观念，即所有人作为上帝的造物都生而平等，作为上帝的相似者，没有人对自己的同类拥有特权。法国革命是宗教改革及其围绕信仰自由所进行的斗争的一种远距离结果。尘世的上帝之国成为社会契约，基督教成为人道宗教，基督教的造物成为自然的人，每一个作为基督徒的人的自由成为国家中的公民自由，宗教的良知成为"思想与意见的自由交流"。由于这种基督教的起源，单是第一条基本原则（"人在权利上生而且永远自由和平等"）就已经与异教的国家学说完全无法统一了，后者的前提条件是："生来"就有自由人和奴隶。另一方面，如今极权主义国家为了贯彻自己塑造人的要求也必须始终不渝地连同人权一起与基督教进行斗争，因为基督教是把人与公民等而视之的一个障碍。但实际上，由于拿破仑的独裁，自由和平等的权利就只剩下法律上的平等了，而市民社会也很快就在第三等级和第四等级之间造成了一种新的不平等。

## 二、黑格尔：市民社会与绝对的国家

"现代国家的原则具有这样一种惊人的力量和深度，即

---

[1] G. 耶利内克：《对人权和公民权的说明》，第 4 版，慕尼黑 1927 年。

它使主观性的原则完美起来，成为独立的个人特殊性的极端，而同时又使它回复到实体性的统一，于是在主观性的原则本身中保存着这个统一。"

(《法哲学原理》，第260节)

黑格尔经历了三个重大的政治事件：在其青年时代是法国革命，成人时代是拿破仑的世界统治，最后是普鲁士的解放战争。这些事件也规定着他的政治思维的转变：从对现存事物的彻底批判，经对拿破仑的承认，到为普鲁士的官僚国家辩护。他1821年的《法哲学原理》，包含着一个市民社会的学说（作为市民的homme）和一个国家学说（作为公民的citoyen），与卢梭的《社会契约论》一样建立在两个传统之上：古代的城邦和基督新教的自由观念。柏拉图的国家和卢梭的社会契约（黑格尔在它里面只重视人权的观念，而不重视公民义务的观念）是黑格尔把普鲁士国家的现实提升为一种哲学的实存的两个前提条件。他用来实施这种统一的手段则是市民社会的个人主义原则与国家的极权主义原则的调和、各自独有的特殊性与政治上的普遍性的调和。

在黑格尔看来，法国革命的原则是把世界建设为自己的世界的那种理性意欲的自由。在历史哲学中[1]，他以充满激情的语句刻画了法国革命的观念的革命力量："只要太阳高悬在天穹，众行星围绕它运转，就看不到人倒立在头上、亦即倒立在思想上，按照思想来建立现实这件事。阿那克萨哥拉〔Anaxagoras〕首先说道，努斯统治着世界；但人如今却达到了这样的地步，即认识到思想

---

[1] 《黑格尔全集》，IX，438以下；参见XV，534—535；《精神现象学》，拉松版，第378页以下。

应当统治精神的现实。于是,这就是一次辉煌的日出。在那一时间里流行着一种高贵的感动,精神的一种热情感动着世界,就好像已经实现了神圣的东西与世界的现实和解。"即便是作为普鲁士的国家哲学家,黑格尔也还每年庆祝这一革命事件。

在《法哲学原理》中,他分析了自己的和解的局限:卢梭虽然有使理性的意欲成为国家的原则的伟大功绩,但他尽管如此却没有认清国家与社会的真正关系。他不能积极地扬弃"全体的意志"和"普遍的意志"之间的矛盾,因为他仅仅把共同意志理解为各个个别的公民的集体意志,而没有把它理解为真正普遍的意志。[1] 因此,国家中的统一就成了一种单纯的社会契约,其基础依然是单个人任意的赞许。由此,对于自在自为的理性国家的独立整体性来说,就产生出毁灭性的结果。这样,虽然法国革命合理地摧毁了一个不再符合自由意识的国家,但却并没有给自由意识提供新的基础;它根据自己不完善的原则造成了一场巨大的变革,但却没有组织起新的共同体。它把国家的规定性设定为对私人财产和人格安全的单纯保护,从而把国家与社会混为一谈。成为国家的最终目的的,是其单个成员的特殊利益,但却不是国家自己真正普遍的利益。在这种情况下,做国家的一个成员,看来就随市民们的便了。

因此,黑格尔对市民社会的批判涉及到把国家当做达到目的的一个单纯手段的自由主义观点,如它在德国由 W. v. 洪堡以古典的方式所代表的那样。市民社会就是一种相互联系,是一个"需求"的"体系",其原则就是个人主义,在它里面,起初每一个公民都是自己的目的。其余的一切,如果不能成为达成**他的**目的的

---

[1] 黑格尔:《哲学全书》,第 163 节,附释 1。

手段的话，对他来说就都是无。每个人都是自由的，同时又依赖其他所有人，因为每一个人的祸福都与其他所有人的祸福纠缠在一起，只有在这种经济联系中才能得到保证。对于市民社会来说，国家是一种单纯的"应急国家"或者"知性国家"，也就是说，他没有自己的实体性意义；它仅仅是一种"形式上的"统一和居于单个的人的特殊利益之上的普遍性。

尽管如此，国家的本质也映照进市民社会的宪法，因为后者已经为了它的局部目的起见依赖于同国家的普遍整体的联系。[1] 既不知道也不希望这一点，市民社会的个人在其背后被提高到他的切身利益的普遍性上。迷失在自己的极端（例如穷与富）之中的市民社会违心地将自己提高成为的东西，就是作为无条件的共同体的真正国家。而由于国家已经自身就是实体性的、客观地充满精神的和道德的，所以，就连个人，只要过一种"普遍的"、即政治的生活，也具有实体、客观性和道德性。[2]

但是，作为黑格尔分析市民社会的批判性标准的国家理念，仅仅在表面上是现代社会一种辩证发展的结果。[3] 它在事实上来自另一个完全不同的源泉：为黑格尔充当样板的，正是古代的城邦，因为在古代城邦中，公共的共同体事实上也是人格生活和命运的实体。但是，这样把古代的城邦理念纳入现代社会的本质，并没有把黑格尔导向对市民社会的原则的否定，而是导向了其"扬弃"。古代的国家理念充当了他批判市民社会的标准，但这一社会的个人主义原则仍然是古代共同体的单纯实体性的标准。黑格尔想在原则上把自由的**两种**要素——未被规定的"我想"和限

---

〔1〕 黑格尔：《法哲学原理》，第184节。
〔2〕 黑格尔：《法哲学原理》，前言（第2版，第7页）；第268节，附释。
〔3〕 参见 H. 弗赖尔：《社会学导论》，莱比锡1931年，第63页以下。

制它的"对某种"已被规定的东西的意欲[1]，即它的任意和它的实体——结合起来。**因此，与他对卢梭的《社会契约论》的批判相应的，是对柏拉图的《国家篇》的一种相反的批判**。古代的国家虽然相对于现代社会具有实体的普遍性的优点，但它是一个"仅仅"实体性的国家，在它里面，单个的人还没有"被解缚"、"被释放"或者被解放。[2]柏拉图式国家的理念包含着对它不给予任何方式的自由的"人格"的说法，[3]因为柏拉图为了维护古代的道德而从国家中排除了任何私人的特殊性。

作为更高级的原则，柏拉图式的国家不能与之相冲突、古代国家甘拜下风的新原则，具有**基督教**的起源。它是每一个人自身"无限自由的人格性"的原则，基督教通过将每一个人以同样的方式置于同上帝的关系之中而使这一原则获得了世界历史的意义。[4]按照黑格尔的看法，在这一基督教的原则之上，还建立起法国革命自由理念的"不可抗拒的"力量。"对于任一个理念来说，人们都没有像对于'自由'的理念这样，普遍地知道它……能够引起极大的误解，并因此而现实地蒙受这些误解；没有一个如此少有意识地流行。由于'自由的'精神就是'现实的'精神，所以对它的误解就造成了极为惊人的实践后果。……整个大陆、非洲和东方从未有过这一理念，现在也还没有；希腊人和罗马人、柏拉图和亚里士多德，就连斯多亚学派也不曾有过它；与此相反，他

---

[1] 黑格尔：《法哲学原理》，第4—7节；以及把对意欲的分析运用于卢梭和法国革命，第258节。
[2] 黑格尔：《法哲学原理》，第260节，附释。
[3] 黑格尔：《法哲学原理》，第185节；参见前言（第2版，第16页）；第46节；第260节，附释；——还请参见F. 罗森茨威格：《黑格尔与国家》，慕尼黑，II，77以下。
[4] 黑格尔：《法哲学原理》，第185节及附释。

们只知道人通过出生……或者性格坚强、教养、哲学……而现实地是自由的。这一理念通过基督教来到世界上,在基督教看来,个人自身具有无限的价值,因为个人是上帝的爱的对象和目的,从而注定与作为精神的上帝有其绝对的关系,使这一精神内在于自身中。"[1]

这一原则在政治上的结果是现代欧洲国家,其任务是使城邦原则——实体的普遍性——与基督宗教的原则——主体的个别性——和解。但是,黑格尔并没有把这一两种相反的力量的辩证统一看做现代国家独有的弱点,而是看做它的优势!没有单个人的特殊意欲和知识,城邦的一般就没有任何效用,而如果个人不自己也要有一般,个人也就没有任何效用。现代国家能够做到让主体性发展,直到成为特殊性的独立的极端,因为它在另一方面也能够将它引回到国家的实体性统一之中(第260节)。黑格尔不仅把这一合题视为可能的,而且在当时的普鲁士国家中把它视为现实的。市民生活与政治生活之间以及市民与公民之间的对立,在他看来在"普遍的层次"上降低并被扬弃为一种被整体性所包含的区别。

黑格尔还相信财产、所有制、家庭和婚姻在市民社会的意义上得到了保证。只是在法哲学的边缘,也还是出现了决定着市民社会未来发展的问题:如何调节由财富所产生的贫穷的问题(第244节以下),分工的发展(第198节),组织自下向上挤迫的群众的必要性(第290节和第301节)和——在法国君主政体复辟的"15年闹剧之后"——与"自由主义"、与"众多人"的意志上升

---

[1] 黑格尔:《哲学全书》,第482节;参见第163节,附释1;《黑格尔全集》,XIV,272以下。

的要求及其想这样实施统治的经验普遍性的冲突。

  黑格尔的学生和后继者们又把他如此高明地结合起来的东西分离开了，并且要求作出反对他的调和的抉择。黑格尔到处寻找中庸，而青年黑格尔学派则是激进的、极端的。在黑格尔的需求体系中还下降为整体之要素的市民社会的各个极端成为独立的，并且推进到一种不再保持在黑格尔体系框架之内的辩证法。马克思决定反对市民社会的国家，赞同一种共产主义的共同体；基尔克果决定反对教会与国家现存的关系，赞同一种原初基督教的重建；蒲鲁东决定反对现存的国家，赞同一种新的、民主的秩序；多诺索·科尔特斯决定反对无神论的民主，赞同一种基督教的国家独裁；施蒂纳决定反对人类整个迄今为止的历史，赞同利己主义者们的"联合会"。

  站在黑格尔与马克思中间的，是**洛伦左·冯·施泰因**，他关于市民社会的学说是一个没有历史原初性的历史分析。他的国家概念还完全以黑格尔为依据，但他的社会概念已经为工业群众的增长所规定。自从国家在法国革命中丧失了它的合法权威以来，它就也只能通过促进建立在盈利之上的社会目的来实现自己的目的、权力和自由了。它由此而被纳入到社会运动之中，并且必须尝试把公民扩展到工人阶级。它的真正目的虽然是所有公民向自由的、平等的人格的发展，但由于参与国家管理是以财产和教养为条件的，所以国家自身就成为现行的社会秩序的一种表现，后者就自身而言是"一切自由和不自由的源泉"。它虽然始终还是政治的统一，但却不是在实现它的市民社会之上，而是在它之中。它的生命在于社会力量和国家力量之间的矛盾不断进步的发展和扬弃。在复辟时代的"国家市民社会"之后，这种辩证法目前的终极阶段是自1840年以来的"工业社会"。但是，由于施泰因一方面坚持黑格尔的理念,即现代的、分化为不平等的各阶级的社会之原则是相互的依赖性,所以他以自由是否完全处在国家与社会的矛盾之中这一问题告终。[1]

## 三、马克思:资产阶级与无产阶级

"**国家本身**的抽象只是近代的特点,因为私人生活的抽象只是近代的特点。"

《马克思恩格斯全集》,I/1, 437

(中文版第 1 卷,第 284 页。——译者注)

马克思和黑格尔都把市民社会当做一个需求体系来分析,这个体系的道德丧失在极端中,它的原则就是利己主义。他们的批判性分析的区别在于,黑格尔在扬弃中保留了特殊利益和普遍利益之间的差异,而马克思却想在**清除**的意义上扬弃这种差异,为的是建立一个拥有公有经济和公有财产的绝对共同体。因此,他对黑格尔的法哲学的批判就主要集中在国家与社会的关系上。当黑格尔把市民的存在与政治的存在的分离感受为一种矛盾时,他是有道理的,而当他认为可以现实地扬弃、也就是说清除这一矛盾时,他就没有道理了。他的调和只是掩盖了资产者私人的—利己主义的存在与公共的—国家的存在之间的现存对立。作为资产者,现代公民并不是"政治动物",而作为公民,他又放弃了作为

---

[1] L. v. 施泰因:《社会的概念》,萨洛蒙 [G. Salomon] 编,慕尼黑 1921 年,第 52 页和第 502—503 页;参见兰茨胡特 [S. Landshut]:《社会学批判》,慕尼黑 1921 年,第 82 页以下。

私人的自己。由于马克思在黑格尔的法哲学中到处都指出了这一矛盾，并把它里面所包含的问题推进到极端，所以他一方面超越黑格尔，另一方面又返回到卢梭的区分（人与公民）。他是卢梭的一个受黑格尔教育的后继者，对于他来说，普遍的阶层既不是小市民（卢梭），也不是有公职的公民（黑格尔），而是无产者。[1]

马克思根据自法国革命以来所发生的社会运动发现，"droits du l'homme"[人权]根本不是一般的人权，而是市民的特权。"Droits du l'homme——人权**作为人权**是和 droits du citoyen——公民权不同的。和 citoyen[公民]不同的这个 homme[人]究竟是什么人呢？不是别人，就是**市民社会的成员**。为什么市民社会的成员称做'人'，只是称做'人'，为什么他的权利成为**人权**呢？这个事实应该用什么来解释呢？只有用政治国家和市民社会的关系，政治解放的本质来解释"。[2] 人权宣言是以市民社会的私人即作为原本的和真正的人的资产者为前提条件的。"在这些权利中，人绝不是类存在物，相反地，类生活本身即社会却是个人的外部局限，却是他们原有的独立性的限制。把人和社会连接起来

---

[1] 卢梭的优秀的"人"不是无产者，而是他仿佛使之贵族化了的平民。他提出平民以反对富人和贵人的上等阶层。Le peuple，即是日内瓦湖畔的小手工业者和农民的中等阶层，是通过亲手劳动来谋生的简单的、一般的人，他把自己的父亲视为这种人的理想。恰恰是作为一个小手工业者的儿子，他具有出身高贵的自豪意识（《论人类不平等的起源》题献词和1766年8月4日致休谟的信）。就连国民公会也是这样理解他的；在把卢梭的遗骸安放进先贤祠的队列中，国民大会让手工业的代表们举着一块牌子游行，上面写着："献给重建公益行业的荣誉的人。"这个"自然的""善良的"人的社会实在性就是小市民，恰恰他是马克思不断攻击的对象；马克思想向"市民社会主义"证明，这个中间阶层决不是整个国民，也不是它的最好部分，而是中等的小市民的反动群众。——参见塞耶 [E. Seilliere]：《民主制的帝国主义》，第2版，柏林1911年，第357页以下，第119页和第163—164页。
[2] 《马克思恩格斯全集》，I/1, 593（中文版第1卷，第437页。——译者注）。

的惟一是……需要和私人利益。"[1]因此，法国革命"政治的"解放还要通过一种"人的"解放来完成。这种人的解放必然造成个人的人自身成为社会的类本质。在这种情况下，与抽象掉人的、因而是抽象的国家一起消失的，还有市民社会抽象掉国家的私人，黑格尔关于"最高的自由"就是"最高的共同性"的定理就有可能成为真理。

这种解放的承载者就是第四等级，关于它，马克思所宣布的恰恰就是西耶士为第三等级所要求的东西：它什么也不是，但必将成为一切。但是，它的什么也不是不再涉及贵族，而是涉及实现了统治的资产阶级，后者是"工业大军的首脑"。相对于资产阶级，无产阶级群众是地地道道的"普遍等级"，它没有特殊的利益，而是代表着普遍的利益。因此，对于黑格尔来说还是人民的那个"不知道自己想要什么"、他明显地将之作为"诸多"与"所有"区别开来的部分的，马克思恰恰赋予它想要成为一个整体的自我意识。在这种情况下，他从无产阶级的立场出发，把资产者刻画成阶级利益的代表，是资本主义的企业主和生产资料的所有者，雇佣工人则被他保持在对生产资料的依赖中。但同时，马克思也强调从事经营的资产阶级的革命性推动力量。[2]它独自在一个世纪里创造出比过去所有世世代代的总和还更多、还更庞大的生产力。通过对自然的利用、机器技术、铁路运输、轮船航运、工业、物理学和化学，它开发出整个整个的大陆并使之文明化，造成了人口的大量增殖。与此相反，马克思相信，小市民阶级的

---

[1]《马克思恩格斯全集》，I/1，595以下（中文版第1卷，第439页。——译者注）；参见V，175以下；《共产党宣言》，第9版，柏林1930年，第28页。
[2] 参见 G. 索雷尔：《对暴力的反思》，第7版，巴黎1930年，第114页；《进步的幻觉》，第4版，巴黎1927年，第65页。

中层等级的下层必然降落到无产者里面,因为它不能跟上大资本主义生产的步伐。[1] 在大资产者面前,他有一份明确的敬重,而小市民阶级则被他蔑视为乌托邦的和反动的。

## 四、施蒂纳:作为市民阶级的人与无产阶级的人之无差异点的惟一自我

> "市民阶级的原则既不是高贵的出身也不是平凡的劳动,而是中庸之道:一点出身和一点劳动,也就是说,一份生息的财产。"
>
> 《惟一者及其所有物》

在马克思的时代,人权宣言在德国已经在多大程度上贬值,施蒂纳的著作《惟一者及其所有物》(1844年)最清楚地表现出这一点来。在这本书里,不仅市民社会和无产阶级的人达到了最低点,而且人自身也失去了任何价值。施蒂纳把市民阶级的人道还原为自我,而它能够占有的一切都成为它的所有物。法国革命并没有解放市民社会,而是与此相反,产生了一个顺从的、需要保护的公民。这个中庸的公民靠安全和法律上的合法性为生。但是,就连无产者的工人阶级的"社会自由主义",也与市民阶级的这种"政治自由主义"一样有局限性。区别仅仅在于,一个屈服于国家和财产,另一个则屈服于社会和劳动。对人类的信仰的最后一种形式是像布鲁诺·鲍威尔所代表的那种"人道的自由主

---

[1] 《共产党宣言》,第33、35、47页。

义"。这种自由主义既不承认市民阶级，也不承认工人阶级，它只是坚持不渝地批判以任何方式固定在某种特殊性上。具有这种批判意识的人虽然衣衫褴褛，但却绝对不是像一丝不挂的自我那样赤裸裸的。

由于他的这种惟一的"自我"，施蒂纳相信超越到了任何一种社会规定性之上，无论是无产阶级的还是市民阶级的。然而，马克思在《德意志意识形态》中向他证明，他的惟一者的社会真理就是颓废的资产阶级。"他的惟一的功绩（而这是违背他的意志的，他自己不知道的）在于：他表达了那些想变成真正资产者的现代德国小资产者的期望。十分自然，同这些市民在实际行动中的鼠目寸光和懦弱无能相称的是市民哲学家当中的'惟一者'的那种哗众取宠、夸夸其谈、欺世盗名的言论；同这些市民的现实关系完全相称的是这样的情况：这些市民不想了解自己的这位理论空谈家，而这位空谈家也根本不了解市民。他们彼此之间意见不一致，于是这位空谈家不得不鼓吹自我一致的利己主义。现在桑乔可能懂得，**他的'联盟'**是用一条什么样的脐带和关税同盟联系起来的。"[1] 施蒂纳把资产者的利己主义、私人和私有制绝对化为利己主义、惟一者和所有制的"范畴"。从社会学上来看，他是市民社会最极端的理论家，市民社会自身是一个"个别化了的个别人"的社会。施蒂纳所摆脱了的，不是现实的生存关系，而是单纯的意识关系；他自己没有看透这些关系，乃是因为他囿于作为市民社会原则的私人利己主义。他的思想与他实际的存在一样，处在他那变得无实体并且冷静下来的世界的最外缘。

---

[1]《马克思恩格斯全集》，V，389（中文版第 3 卷，第 481 页。——译者注）。

## 五、基尔克果：市民的—基督教的自我

> "皇帝们、国王们、教皇们、耶稣会士们、将领们、外交官们迄今为止能够在一个决定性的时刻统治世界；但是，从第四等级被动员起来的那个时代开始就表现出，只有殉道者才能统治世界。"
>
> （《惟一必做之事》）

基尔克果与作为马克思的对趾人的施蒂纳相遇：他和施蒂纳一样，把整个社会的世界还原为他的"自我"。但同时，他也处在与施蒂纳的极端对立之中，因为他把惟一者不是置于创造性的虚无之上，而是置于作为世界创造者的"上帝之前"。因此，他与《共产党宣言》在同一年出版的《对当代的批判》，既针对被马克思提升为原则的、解放了的"人性"，也针对由基督的后继者解放了的"基督性"。他关于单个人的基本概念是针对社会民主的"人性"和自由的—有教养的"基督性"的一个纠正。联合的原则不是肯定性的，而是否定性的，因为它通过群众的联合削弱单个的人。只是作为单个的自我，人现在才实现了普遍人性的东西，但并不是通过他成为类本质（马克思），或者反过来抽象掉他的具体性（施蒂纳）。在一种场合，基尔克果说道，人们都会成为一个工厂里的同样的工人，穿着一样，从一口锅里吃同样的饭，而在另一种场合，人由于把自己脱得精光而完全失去任何具体性。[1] 在这两种实存方式的任何一种中，他作为单个的人自身都没有实

---

[1] 基尔克果：《惟一必做之事》，第 5 页；《基尔克果全集》，II, 224；参见 VI, 204 和 208。

现人的普遍本质。

基尔克果把人的自我的这种"普遍的东西"当做要求提出，却不能自己来实现它。他毕生都始终是市民社会边缘上的一个怪僻的人，因为他不能决定选择一种职业并通过婚姻来把自己"安置在有限性中"。只有在文学上，他才给予自我的内在性一种社会的实存，采取了代表"伦理的东西"的"候补文职人员威廉"的形象。这位伦理学家获得了在一位美学家面前为正常生活属人的普遍性辩护的任务。候补文职人员威廉具体的自我在这里明显地被规定为一个市民的自我。"但尽管他自己就是自己的目标，这一目标却同时又是另一个目标，因为那是目标的自我并不是一个到处合适从而不在任何地方合适的抽象自我，而是一个与这种确定的环境、这些生活关系、这种世界秩序处于鲜活的相互作用之中的具体自我：它不仅是一个人格的自我，而且是一个社会的自我，一个市民的自我。"[1]这个与世界结合在一起的自我在一种市民的职业中、在市民的婚姻中实现自己，但却应当使所有外部的关系都内在化。审美的对手提出异议，认为对于这样一种内在化来说，在外部的关系那里有它必然遭遇失败的客观界限；对此他得到的回答是，即便是危急和贫困也不能对伦理学家有丝毫损害，——"即使他住在三个小房间里"。"只要上帝保佑"，人即使在这种限制（限制在一种无论如何都是市民的生存最低限度上）中也能把外在的东西转化为内在的东西，并且像路德正确地说过的那样，还没有一个基督徒是死于饥饿的。

然而，对一种市民的—基督教的实存的伦理认真和美学讥讽之间游荡的辩护由于基尔克果对市民世界和基督教世界之解体的

---

[1]《基尔克果全集》，II, 225。

批判性认识而相对化了。对欧洲世界当前状态（1848年）的责任由一个"自负的、学成半瓶子醋的、被新闻马屁败坏了的市民阶级"来负，它认为能够作为"公众"来进行统治。"但是，也许在历史上从来也没有看到过复仇女神如此迅捷；因为在市民阶级坚决地拿起武器的同一个时刻，在同一钟声中，第四等级就站起来了。如今，毫无疑问要说它就是应该负罪责的，但这并不是真实的：它只不过是将被消耗、被枪杀、被诅咒的无辜牺牲品——而这应当是正当防卫，即便在某种意义上也是如此：这是正当防卫，因为市民阶级在推翻国家。"[1] 在较早的时代里受到承认的权威能够统治世界，而自从**所有的人**都要彼此平等的那个时代起，以世俗的手段还在真正的意义上进行统治就变得不可能了。基尔克果在政治上所要求的，仅仅是为了完全以无条件的权威来进行统治。但是，对世界真正的统治在这样的时刻里就不再是通过世俗的部长们，而是通过殉道者，殉道者由于为真理献出生命而得到胜利。基督教殉道者的原型和榜样就是被众人钉上十字架的基督这个真正"单独的"神人。只有在他面前，人类平等的问题才得以解决，但却不是在世界上，世界的本质是或多或少的差异。

## 六、多诺索·科尔特斯和蒲鲁东：自上的基督教独裁和自下的无神论社会新秩序

"蒲鲁东……是他所表现的反面：他倡导自由和平等，

---

[1] 基尔克果：《惟一必做之事》，第7页；参见《对当代的批判》，第57页；《日记》，I，327；《对基督性的攻击》，第15页。

但却建立了一种专制主义。"

(科尔特斯:《上帝之国》)

"人命中注定没有宗教而生活。"

(蒲鲁东:《论人类秩序的创造》)

与基尔克果对平均化的群众民主之极端新教的反应相应的,是同一时间在西班牙多诺索·科尔特斯对法国的社会主义运动的极端天主教的反应。本人是一位出身于旧式天主教贵族的重要政治家的科尔特斯,与基尔克果和马克思完全一样地刻画了市民社会:一个没有真理、没有热情、没有英雄的犹豫不决的"论辩阶级"。它废除了世袭贵族,但却一点也不损害金钱贵族的统治;它既不要国王的主权也不要人民的主权。出自对贵族政治的仇恨它被向左赶,出自对极端社会主义的恐惧它被向右赶。其争辩的未决性的对立面是蒲鲁东鲜明的无神论社会主义。与这种社会主义相对立,科尔特斯代表着反革命的政治神学,对它来说,宣布人和人民拥有主权的法国革命表现为针对创造秩序的暴动。但是,由于基督教国王们的时代已经终结,除了凭借人民的意志进行统治之外,再也没有人有勇气以其他的方式进行统治,所以只还存在**一种**医疗手段:为阻止自下而上的叛乱的独裁而实行自上而下的政府的独裁。"如果所涉及是在自由作为一方和独裁作为另一方之间作出选择,那么就不存在意见分歧。……但是,这并不是问题所在。事实上在欧洲并不存在自由。……所涉及的是在叛乱的独裁和政府的独裁之间作出选择。"[1]

---

[1] 科尔特斯:1849年1月4日关于独裁的讲演,引自巴特〔H. Barth〕关于D. 科尔特斯的文章,《瑞士评论》,1935年8月,第401页。

科尔特斯选择了政府的独裁，因为它较少压迫、较少有害，出自更为纯粹的领域，因为相对于匕首的独裁来说，应当首选作为更高贵独裁的军刀的独裁。他以如下的方式总结了革命的经验："我游目四顾，看到市民社会已衰病交加，看到所有的人类关系都错综复杂、一片混乱；我看到各民族为反抗之酒所陶醉，自由已从地球上消失。我看到加冕的护民官和被废黜的国王。从未有过一场这样的暴力的改组和变革的、这样的晋升和贬谪的戏剧。在这里，我给自己提出的问题是：这场混乱也许是产生自，人们把基督的教会所照看并独自拥有的道德和秩序的基本原则忘到脑后了？当我认识到，如今只有教会还呈现出一个井然有序的社会的形象，惟有它才是普遍的激奋中的镇静剂，惟有它才是内在地自由的，惟有在它那里下属才以爱服从合法的权威，而权威也在自己这方面就其指令而言表现为充满了正义和宽容，惟有它才是产生公民的学校，因为它拥有生的艺术和死的艺术，生的艺术造就圣徒，死的艺术则产生殉道者，此时我的怀疑就得到了证实。"[1]

就连蒲鲁东也是市民阶级的反对者，但却是出自与科尔特斯不同的理由：他以要重塑世界的暴发户的狂热仇视市民阶级；科尔特斯则以视其为一切值得敬重的传统的掘墓者的人的热情来轻视它。蒲鲁东宣布神学和基督教的时代已经一去不复返了，科尔特斯则宣布除了天主教教会之外不存在社会的和政治的拯救，因为只有基督教的上帝才普世地启示人，并由此也建立起一个人的社会。[2]

但另一方面，也只有一个**以基督教的方式**建立起来的世界才

---

[1]　科尔特斯：《上帝之国》，L. 费舍编，卡尔斯鲁厄 1935 年，导论，第 58 页。
[2]　科尔特斯：《上帝之国》，第 4 章。

能够成为**无神论的**,并尝试从自己的力量出发修炼自己、统治自己。科尔特斯在法国革命及其"哲学文明"中看到了人的这样一种自负,与此相反,他推荐自上而下的独裁。但是,即便是他的重要的对手蒲鲁东也以另一种方式证实了基督教的历史观。在其1843年的宗教批判[1]的结尾,他在基督宗教的这个"最后时刻"记起了它的善行和高度的灵感。它构建起人类社会的基础,赋予各现代民族以其统一性和人格,认可国家的法律,还在19世纪以真理和正义的热情充满了高尚的灵魂。而当蒲鲁东在1860年发觉"社会的解体"时,他把欧洲历史的这一无与伦比的危机理解为一个终结基督教事件的危机:"整个的传统都没用了,所有的信仰都被消灭了。相反,新的程序还没有被创造出来,我更愿意说,新的程序还没有出现在大众的意识中。对此,我称之为'解体'。这是一个社会最为残酷恶劣的时刻。所有的东西都结合在一起来折磨人类:良心被践踏、平庸之物甚嚣尘上、真假混淆、出卖原则性、激情被贬低、道德风俗衰败、真理被压制、谎言受到鼓励。……我很少抱有什么幻想,我也不期待明天看到在我们国家里一下子重新产生出自由、对权力的尊重、公众的忠诚、坦率的意见、报纸的良好的信仰、政府的道德性、资产阶级的理性以及大众的良好的常识……""屠杀将会到来,随着血腥而来的衰落将是非常可怕的。我们还看不到新时代的产物,我们在黑夜里作战。我们应该承担起建立这种不再悲惨的生活的责任。让我们互相帮助,让我们利用每一个出现的机会在阴暗中呼唤正义……"[2]

---

[1] 蒲鲁东:《人道秩序的创建》,新版,巴黎1927年,第73—74页。
[2] 《蒲鲁东全集》,X,205—206 和 187—188。

## 七、A. 冯·托克维尔：市民阶级民主向民主暴政的发展

"有三个人，我每天都与他们小聚：帕斯卡尔［Pascal］、孟德斯鸠［Montesquieu］和卢梭。"

托克维尔关于美国民主的著述从 1830 年到 1840 年出版，他对旧国家体制和法国革命的历史分析于 1856 年出版，他个人相对于时代所发生的事情处在一种完全的平静之中。"我在一场漫长的革命终结时来到摧毁了旧国家并且没有建立任何持久的东西的世界上。当我开始生活时，贵族制已经死亡，民主制尚未诞生。因此，我的本能不能盲目地决定我选择这一种或者另一种。……既然我自己属于我的祖国的贵族制，我也就不仇视或者妒忌它，当它被摧毁时也不再特别地爱它；因为人们只让自己对活着的东西承担义务。我与它的接近足以清楚地认识它，与它的距离足以能够不带激情地对它作出判断。对于民主制我可以说同样的话。"根据这种在各个时代之间不偏不倚的态度，他对于民主制度有一种"发自内心的兴趣"，同时对它又有一种"规则制的本能"。[1]他既不像伯克［Burke］和根茨［Gentz］那样是法国革命的坚定敌人，也不是它的朋友。而由于他还以 ancien regime［旧制度］作为判断它的标准，所以对它是异乎寻常地清楚明白。

他的各项研究的重大问题是**自由与平等的不协调**。第三等级的解放造成了平均和平等，但问题是市民阶级的民主是否也

---

[1] 托克维尔：《权威与自由》，A. 萨洛蒙编，苏黎世 1935 年，第 193—194 页和第 15 页；参见第 51 页和第 207 页。

造成自由。托克维尔把自由不仅理解为不依赖,而且理解为自己为自己负责的人的尊严,没有这种尊严就既不存在真正的统治也不存在真正的效命。法国革命原初不仅倾心于平等,而且还倾心于自由的制度,但很快就失去了对自由的热情,只剩下对平等的热情了。二者并不同龄,且并不总是追求同样的目标,尽管它们一时显得同样真诚和有力。对平等的追求更为古老、更为持久。在此之前很久,基督教教会、商业和交通、货币经济、印刷术和火器的发明、美洲的殖民、最后还有文学的启蒙,都对平等发挥过作用。而人们只有借助自由才能成为平等的,这种信仰却是新颖的、不稳定的。当拿破仑使自己成为革命的主人时,自由就为了平等起见而逊位了。他是在与一个所有的法律、习惯和风俗都解体了的民族打交道。这就允许他以一种比此前所可能的更为有效得多的形式来贯彻专制主义。"在他以同一种精神告别了应当理顺公民相互之间以及与国家之间的上千种关系的所有法律之后,他同时也就能够建立起所有的行政权,并使之如此隶属于自己,以致它们合起来也只不过是一部大而简单的统治机器,惟有他才是这部机器的动力。"每一个个别的人都高估自己的价值和独立,而公众却追求一种剥夺个人之实存的"政治上的泛神论"。一种出色的行政管理保证拿破仑拥有对内的权力和对外的军事天才。但是,人们却变得对自己的命运漠不关心,远离一切伟大的公民感,而这种公民感曾使古代的城市民主大放异彩,因为在那里,正是城邦的强制才造成了最极端的个体性。无论是在古代的城邦中还是在中世纪的等级制国家及其多种多样的行会和权利中,还是在意大利文艺复兴时期的僭主制中,都比在现代的"专制主义民主制"中活跃着更多的个人自由和政治自由。但是,如果一种民主制仅仅造成平等而不创造自由,那它就失去了任何价值。因为在一种民主制中,自由是平均化、齐一化和集权惟一的平衡体。在美国和英国,民主制已经现实地创造了自由的体制,[1]欧洲大陆的民主制则由于其完全不同的起源而不懂得利用自由;它们的命运就是按照其自己的起源而要求专制。[2]古代的贵族制把公民们锻造成一个巨大的链条,它的各式各样的链环从农民一直延伸到国王。民主制打破了特殊等级和特殊权利的这一合法结构,把每一个人都与另外一个人隔离开来,使他们都成为平等的,并由此而成熟得臣服于一个专制的中央暴力。这样,革命就把"自由的"公民"变成了某种比一个人更渺小的东西"。

但是,与所有社会力量的协调同时,从市民阶级民主制中产生的专制主义又可以理解地反作用于个人的隔离。它阻止任何自由的共同作用和共同思维。"既然在这样的社会里,人们不是通过阶级、兵营、行会或者通过性别彼此连在一起的,那么,他们也就非常倾向于仅仅为自己的事情担忧……并把自己限制在一种沉闷的利己主义之中,在里面使任何一种公共德性都窒息。专制主义远远不是与这种倾向进行斗争,而毋宁说是使它不可阻挡;因为它剥夺了公民们一切共同的追求、一切彼此的关联、一切共同协商的必要性、一切共同行动的机会。他们已经倾向于彼此隔离,而它使他们孤独,把他们圈禁在私人生活之中。"[3]但是,民主专制并不已经就是对一种平均化的中央政权的臣服,而是这种

---

[1] 托克维尔:《权威与自由》,第132页、第130页、第58—59页;参见第232页、第213页、第134页、第44页、第230页;《旧制度与大革命》,博施科威茨[A. Boscowitz]译,莱比锡1857年,第94页和第318页。
[2] 参见《歌德谈话录》,II, 20:"纯粹的真正的专制主义从自由感发展出来;它甚至是成功的自由感。"
[3] 托克维尔:《旧制度与大革命》,第XI页。

臣服的不坦率。因为人们经过法国革命已经变得太独立、太开明、太怀疑了，不可能还相信一种绝对的、但又不合法的政权的**权利**。西耶士所不理解的东西，就是反对贵族和教会的斗争不仅摧毁了他们的特殊权利，而且也摧毁了传统自身这个"权利的母亲"。这种摧毁传统的结果就是"必然性的教条"，它对民族统一的评价过高，而对个别的人们的评价则过低。

在其临终时，贵族托克维尔有一种感觉，他依然是一位"自由的老式崇拜者"，而他的民主制同时代人却想有一个主人，并且使"甘愿做奴隶"成为一个"德性的基本成分"。在德国，**J. 布克哈特**在同样的意义上继续主张托克维尔的思想，并且使线条更为鲜明，为的是促使**他**的同时代人"至少还会批判地反思自己的顺从"。

托克维尔认为，市民阶级民主在本质上是以安全与幸福、以一种没有人类之伟大的中间状态为目的的。他在自己的回忆录中断定，在1830年左右，中产阶级的胜利在排除贵族和下层民众的情况下已经是完备的和终极的。它闯入所有的职位，习惯于靠辛勤劳动和公家的钱生活。结果是中等富裕的迅速发展。中产阶级的特征也成为第一位市民国王的政府的态度。"那是一种活泼的、勤奋的、经常是诡诈的精神，有时是出自虚荣心和利己主义，大胆而带有怯懦的气质，除了在幸福生活的乐趣方面之外在所有的事情上都有节制，——一言以蔽之，中庸；一种与人民或者贵族的精神相混杂就能够创造奇迹、但除了一个没有多样性和伟大的政府之外从未创造出别的东西的精神。整体性的女主人，在此之前贵族从未达到过……中产阶级在接管了政府之后，马上就采取了私营企业主的形象。它躲进自己的政权之中，此后不久还躲进它自己的利己主义之中。它的代表们关心自己的私人事务更甚于关心国家事务，关心个人的舒适更甚于关心民族的大事。"[1]与这种私人化同时，发生了朝着中等层次的平均化，其中个人私利与社会公利纠缠不清；少有光辉也少有贫乏，但却有一种中等的富裕；少有原创的知识也少有粗野的无知，但却有一种普遍的半知半解，少有恨也少有爱，但却有相对持久的习惯——托克维尔就是这样证实了歌德关于一种中等文化变得流行的预言，描述了获得政治统治权的中等阶层那些井然有序但却一般、胆怯、自私自利的人。[2]在这样一个世界里，一个侏儒只要被民主群众的波涛托起来，就能够达到一个站在河边不下水的巨人永远不能爬上的山顶。市民阶级的民主不可能造成一种真正历史的伟大。因此，在这样一个时代里，凡是提高个体性观念、提高自己为自己负责的个人观念的，就都是健康的，凡是扩大普遍者、类属的权力的，就都是危险的。[3]

在这种由托克维尔预示的意义上，19世纪末还有索雷尔想在民主制内部对工人阶级施加影响，但却反对民主制的市民阶级特征。托克维尔因美洲的印象而认为，民主制必然缺乏阳刚的力量和战士的德性，而索雷尔却想径直把它们与社会民主制结合在一起。他的历史研究和社会哲学研究的总体意图可以由以下问题表示：在市民阶级的理想和幻想破灭之后，人们怎样才能更新现代社会？

---

[1] 托克维尔：《权威与自由》，第154页。
[2] 托克维尔：《旧制度与大革命》，第138页；参见歌德1825年6月6日致策尔特的信。
[3] 托克维尔：《权威与自由》，第197页；参见M. 韦伯：《政治学文集》，慕尼黑1921年，第152页。

## 八、G. 索雷尔：工人阶级的非市民阶级民主

> "我越是反思这个问题，就越是相信劳动可能根本地服务于一种不必为资本主义文明而痛惜的文化。无产阶级反对他的统治者的战争……适合在无产阶级中发展出一种今天完全可以击败资产阶级的崇高的情感。"

（索雷尔：《进步的幻觉》）

索雷尔以一篇"论列宁"来结束使他成为墨索里尼［Mussolini］的老师的《对暴力的反思》。它的最后几句话是："我只不过还是一个其实存系于极小的偶然事件的精神；但是，在我进入坟墓之前，我却还能看到今天（1919年）如此嘲弄性地庆祝胜利的骄傲的市民阶级民主制受到折辱"——他对现代民主制的市民社会的轻视就是这么大。与此相反，他重视与其现实的生活条件相一致地做出创造性工作的旧的市民阶级。但是，由于在从事生产的中产阶级中产生出一个消费的上层，并获得统治，这种统治不是培植纪律和节制的阳刚德性，而是培植慈善的幻觉和智力的放纵，所以他否认资产阶级具有任何他相信具有阶级意识的工人阶级所具有的德性。

在索雷尔的阐述中，资产阶级的发展可区分为4个阶段：1. 18世纪的革命前资产阶级：它处于一种依赖性的地位中，因为它主要是由王室官僚组成的；作为一个从属的阶层，它并没有发展出统治的才能。索雷尔称它为一个"职员阶级"。2. 18世纪末革命的资产阶级：它代表着"进步的幻觉"，由没有学过也不能做任何正当事情的半瓶子醋们组成。它的代言人就是政治化的文学家和百科全书派，他们谈论一切，又谈不出任何东西，因为他们并

不是脑力劳动者和研究者。他们的性格是"任性",而他们的胆量（audace）则是一种不负责任的（temerite）。他们不尊重历史传统,他们没有精神训练,在根本上是多愁善感的。3. 1850年之后处于拿破仑三世和俾斯麦统治下的清醒的资产阶级。它的革命激情已经消失,新的工业巨头是现实主义的和大资本主义的,它在从事征服的资产阶级的这一工业化时期接过了领导权。4. 19世纪终结时的"有教养的"资产阶级。它的代表们是革命文学的模仿者:诸如克洛代尔［P. Claudel］、G. 邓南遮和巴雷斯［M. Barres］这样的政治诗人。同一个是"过分开明的"并要求生活在和平中的过分有教养的资产阶级,也可能在文学上为战争而激动不已。"肮脏的东西完全自然而然地出现在那些企图在资产阶级生活奇遇中引入对悲剧和神话史诗的模仿的作家的笔下。"[1]作为艺术家,他们无论在其政治活动中还是在其宗教信仰转换中都未能被认真对待。相对于这个没有资本主义能量的颓废堕落的资产阶级,索雷尔把它不再执行的任务交给了有阶级意识的工人协会的革命能量。他并不是同情地看着无产阶级,或者把它当做一个被剥削者的阶级来激发它,而是把它当做一个具有健康本能和创造性力量的蓄水池,它只需要一个正确的选择和领导,就会有能力建立自由的体制并进行统治,形成一个"主人的阶级"。尼采关于主人道德的理念[2]被用在马克思和蒲鲁东身上,历史性地标志着他的思想。他想赋予革命的工人协会以战士的德性,来取代第三等级的进步幻觉。现代工人大军的德性是战士的,因为它们就像战争一般要求所有力量的联合,要求最高度的紧张、坚忍不拔和牺牲精神。

---

[1] 索雷尔致B. 克罗齐的信,《索雷尔全集》,校勘版,XXVIII（1930年）,第44页。
[2] 索雷尔:《对暴力的反思》,第355页以下。

工人们的精英创造出一种"生产者的文明"。它在向对世界的理性统治的进步中是我们时代的英雄，不是任何平庸的东西，而是某种精微的东西，[1]因为它知道疼痛和紧张，与此相反资产者却想要一种没有疼痛的享乐。它的理智毫无关联地飘浮在生活的物质条件之上；与此相反，生产者就像是一个好的建筑师的精神，在技术上与现实生活的目的和要求紧密相连。

在对暴力的考察中，索雷尔表达了一种信念，即只有一场使具有统治意志和统治能力的人物获得政权的、动员一切能量的大战，或者无产阶级暴力的大扩展，才能清除资产阶级以及议会制社会主义的"人道主义者的平庸"。然而，在暴力哲学从1914年到1918年在现实中庆祝胜利的时候，索雷尔却不把战争看做是他的观点的证实，而是看做民主理想、工业和财阀统治的一种胜利。"从未见过这样一种对统治中的杀戮的渴望，以及被卷入无休止的战争里的人民中的奴性"，他在1915年给B.克罗齐写道。至于市民阶级精神，它是不可战胜的，因为它几乎伴随着一切存在于人的本能之中的低级的东西。当索雷尔1922年逝世时，他与福楼拜和蒲鲁东一样，面对"中庸的胜利"[2]和热情的低下而彻底断念，而深信所有历史的自然运动都是没落，而向人类之伟大的相反运动却是一种勉强的、与没落运动进行斗争的运动。但与民主一样，他也反对转化为一种"教会"的国家，它以公共的暴力引导良知，监视精神，并使人平庸。[3]

---

〔1〕 索雷尔：《对暴力的反思》，第345页以下；《进步的幻觉》，第285页。
〔2〕 索雷尔：《进步的幻觉》，第336页，注释2；第378页以下。
〔3〕 索雷尔的第一部作品就提出了这一问题：《苏格拉底之讼》（1889年）。其中他反对苏格拉底和柏拉图而站在阿里斯托芬一边。因为苏格拉底摧毁了旧社会，但却没有为一个新社会奠定基础，而在他的学生的理想国家中，国家变成了教会，因为它从自身出发，就像在法国革命中那样，代表着一种世界观。

## 九、尼采：群畜之人和领头动物

> "在平均中形成一种……人的中庸化的这些新条件，即一个有益的、勤奋的……听话的群畜动物，在最高的程度上适宜于为具有最危险、最有魅力的品质的例外之人提供起源。……欧洲的民主化同时是为了培育暴君的一种自愿的活动。"
>
> （《尼采全集》，VII，207）

作为现存世界的批判者，尼采对于19世纪来说意味着18世纪的卢梭。他是一个颠倒的卢梭：是一个卢梭，乃是因为他对欧洲文明同样强烈的批判；是一个颠倒的卢梭，乃是因为他的批判尺度与卢梭关于人的理念恰恰相反。尼采意识到这种联系，承认卢梭关于人的形象是"近代最大的革命力量"，它也在康德、费希特和席勒身上以决定性的方式铸造了德国精神；[1] 但同时，他也把卢梭称之为"新时代门槛上的畸胎"，集"理想主义者和贱氓"于一身。他的历史概念把不平等的东西弄平等，使一种奴隶道德获得统治权。他的民主人道理念歪曲了人的本性，人的本性不是人道，而是"强势意志"。

市民阶级民主并不是实体，它是"国家没落的历史形式"，而激进的社会主义则促成暴政。两种运动共同使人变得渺小成为群畜动物。无论是有产阶级的有教养的人，还是无产的工人的无教养的阶级，都被这一平均化所攫取，从而不再是文化更新的基础。出自1873年的一段简短的笔记，尖锐地说明了在对法国的胜利之

---

[1] 参见古尔维赤 [G. Gurwitsch]：《作为卢梭诠释者的康德和费希特》，载《康德研究》，第27期（1929年），第138页以下；E. 卡西勒：《卢梭问题》，载《1932年哲学史文库》，第177页以下和第479页以下。

后尼采于国民欢腾之中所看到的情景：有教养、有学识的阶层要被抛弃，因为有产阶级的货币经济和享乐经济变得卑贱低下了；变得没有思想和愚蠢，对于从劳动阶级那一边有什么危险威胁着他们毫无知觉。但另一方面，无教养的阶级也沾染上了如今普遍教养的渣滓，远离了真正的民间文化。假如工人阶级获得了信念，认为自己如今能够轻而易举地在精明能干方面超越了有教养者和有产者，那么，尼采说道，"我们就完了"，他接着说道："但如果这不发生，那么，我们更要完了。"[1]

在查拉图斯特拉身上，尼采嘲笑了这整个人道堕落的世界，并铸造了"最后一个人"的形象。他的对立形象就是超人。作为克服虚无主义的一个哲学观念，这一理念虽然没有直接的社会内容和政治意义，但它间接地在尼采对杰出的"例外之人"的历史反思中、在他关于未来的"主人之人"的理念中变得具体起来，主人之人的任务是给民主制的群畜之人提供一个他存在的目标。

二者：对群众的民主平均化造成人变得渺小，对一个主人阶层的培育则导致个别人的提高，它们就像是正面和反面一样休戚相关。一段遗下的笔记说道，查拉图斯特拉对民主制的平均化体系的仇恨"只不过是一个舞台的前景"。他其实很乐意事情最终"达到如此程度"，因为这时他就能完成自己的任务，即教育一个主人阶层，它为了自己本身而放弃它给予新等级制上最低等的人们的幸福和愉悦。[2] 大多数人的"中庸"是能够存在"例外"的第一个条件，而随着"**群畜动物**"也产生了"**领头动物**"。"对于民主运动来说，如果有人通过最终给它对奴隶制的新……塑造附

---

[1]《尼采全集》，X，290。
[2]《尼采全集》，XII，417；参见 XIV，411。

加上在它之上建立的、附着于它的、通过它而兴起的统治精神和恺撒精神的更高类型来**利用**它，岂不自身就是一种目标、拯救和辩护吗？……今日欧洲人的面貌给我以很多希望：在这里，一个大胆的统治种族正在一个极其聪明的畜群的范围里形成。……推进群畜动物成长的同样条件，也推进着领头动物的成长。"[1]与拿破仑和俾斯麦相联系，他说道："保持并绷紧着一种**强大**意志的人，同时也有一种博大的精神，所拥有的时机比过去任何时候都更有利。因为在这个民主的欧洲，人们的**可驯性**已经变得很大；对于学习不上劲的人，也是随遇而安的人，这是定例：群畜，即便是聪明伶俐的群畜，也已充下陈。发号施令的人，是会找到**必然惟命是从的人的**。"[2]民主制生产了一个"伟大政治"手中的驯服群众。尼采把它理解为在宏观上由未来的地球主人问题导出的全欧洲规划。在这里，他首先想到的是俄国和德国，但却没有想到英美世界。地球新的主人应当取代变得无信仰了的群众的"上帝"。他们将像拿破仑那样是民族的男子汉，同时又以完全的自我保障居于拿破仑之上，同时作为立法者和掌权之人。工人群众将在他们的领导下学会像士兵那样感受并执行人们命令他们的事情。

但是，与关于把平均化当做达到目的的手段来使用的地球未来主人的这一观念相比，同样富有启发性的还有截然不同的预见：世界统治落入"平庸者"手中，因为这些人在一个"平庸的时代"里是未来的幸免于难的人。"在一个就速度和手段而言像我们的文明所展示的这样一种极端的运动中，人的重点发生了转移。……在这样的情况下，重点必然地归于**平庸者**：针对群氓和

---

[1]《尼采全集》，XVI，336—337。
[2]《尼采全集》，XV，234。

离心者（二者在大多数情况下结为同盟）的统治，平庸得到了巩固，成为市民和未来的承担者。由此成长出例外之人的一个新对手——或者是一种新的支配。假定他们不适应群氓，不为满足被剥夺继承权者的本能大唱赞歌，那么，他们将必须是'平庸的'和'可靠的'。……而整个**衰败**的理想世界也……再一次获得有天赋的代言人。……结果是：平庸获得精神、机智、天才，它成为支撑的，它诱导……"[1]

---

[1]《尼采全集》，XVI, 283；参见 XIV, 204；XV, 349—350；XVI, 420。

# 第二章　劳动问题

劳动和教养在 19 世纪成为市民社会生活的实体。之前没有一个世纪像布克哈特称之为"教养的世纪"、马克思对其劳动过程进行批判的这个世纪那样,传播过如此之多的普遍教养,同时又发展出这样一种劳动能量。劳动成为"雇佣工人"的生存形式,而教养的"占有"则成为"有教养者"的特权。然而,即便是在劳动与教养给两个不同的阶级的这种分配中,却也表现出它们的本质联系,因为获得市民教育的特权成为工人们的追求,而有教养者却不得不把自己称为"脑力劳动者",以便不使自己的特权表现为无理。在德国,市民知识分子的无计可施在战后表现得最清楚,那时他们——仿照俄国劳动者委员会的榜样——建立了一个"脑力"劳动者委员会,它给自己提出的任务就是消除无产阶级的劳动与市民阶级的教养之间的断裂。但是,敉平它们的对立也成为国家社会主义最主要的任务之一;国家社会主义把青年大学生送到劳动营,与人民相结合,用政治"世界观",即市民阶级教养的一种衍生物,来灌输给雇佣工人群众。无论是把劳动与教养激化为两个互为条件的极端,还是把它们敉平为一个中间的"民间文化",都从两个方面证实,劳动处于一种它并不把人教育成人的状态中。

今天每一个人——无论他是商人、医生还是作家——都把自己的活动称之为"劳动"的那种不言而喻，并不是一直都存在的。劳动只是很缓慢地获得了社会意义。按照基督教的观点，劳动原初并非自身就是值得赞扬的成就，而是罪的报应和惩罚。[1]人自由于自己的罪而被诅咒要劳动以来，就必须汗流满面地劳动。作为一种生硬的、讨厌的强制，劳动在本质上是必需、劳累和苦难。圣经中的人并没有享受劳动的"祝福"的"果实"，而是以它来清赎人侵染伊甸园果实的罪孽。还有帕斯卡尔坚持认为，劳动只不过证明了表面上用劳动忙忙碌碌地充实自己、并借助这种消遣对生存之不幸视而不见的世俗活动的空洞而已。[2]只是在新教里面，才产生出对世俗劳动的那种富兰克林[B. Franklin]以经典的方式代表的尊重。但是，即便是在18世纪实现的那种基督教传统最坚决的世俗化，也还是在与教会教义的矛盾中发生的。它使自此流行的对劳动的市民阶级评价发挥了作用，即把劳动看做是一种富有意义地充实人类生活的成就。现在，人们有意识地享受着所付出的劳动的果实。[3]劳动成为通向满足和成就、威望、享受和财富的首要道路。[4]市民阶级时代的人不仅必须劳动，而且也想劳动，因为一种没有劳动的生活在他看来根本不是值得活的，而是"白"活的。劳动不仅被他视为一种通过迫使人从事有规则的活动而远离游手好闲和放荡不羁的恶习的苦行主义行为，而且它还作为一种有效果的、有成就的劳动而获得了独立的、建设性的意

---

[1] 参见 M. 韦伯：《经济与社会》，蒂宾根 1925 年，第 800 页："说它（劳动）譬如在新约中曾被附加上某种具有新尊严的东西，这纯粹是无稽之谈。"
[2] 帕斯卡尔：《沉思录》，布伦施维格（L. Brunschvigg）编，巴黎 1909 年，第 390 页以下。
[3] 参见格罗图伊森[B. Groethuysen]：《市民阶级世界观和生活观在法国的兴起》，哈勒 1930 年，第 2 卷，第 80 页以下。
[4] 参见伏尔泰《哲学辞典》，词条"劳动"。

义。它成为一切尘世技能、德性和愉悦的源泉。在对劳动的这种纯世俗的评价中，基督教的评价只是就在对它的有成就的严酷的强调中还总是渗透着受诅咒的观念而言才表现出来，例如尽管**长久的**游手好闲在以劳动为生的人身上造成极为无聊的状态，但劳动的解脱依然被视为一种仿佛天堂般的状态。——劳动的两种基本意义，即作为必需和劳累（molestia）和同时作为成就（opus, opera），依然表现在其词义的历史中。"Labor"最初主要表示耕地的艰苦劳动，从而表示在依从的奴隶制中的劳动。但同时，压在奴隶肩上的和为日薪所作的劳动也是一种创造产品的成就，与创造其他产品的人的劳动一样。[1]

但是，这种双重含义并没有表现出它的全部本质。毋宁说，就人的存在无非是在世界中的一种活动而言，劳动绝对是属于人的存在的。最后还有黑格尔是在这种完全的和原初的意义上把握劳动的。在他看来，劳动不是与例如游手好闲或者游戏相区别的个别的经济活动，[2] 而是人创造自己的生活并同时塑造世界的基本方式和方法。而由于黑格尔是在完全普遍的精神概念下面把握自我存在和异己存在之间的这种运动的，所以劳动对他来说既不是特殊意义上的体力劳动也不是特殊意义上的脑力劳动，而是在绝对本体论的意义上充满精神的。但另一方面，也只有从黑格尔的精神哲学出发才能看出，马克思和恩格斯是如何能够在与他的辩

---

[1] 格林:《德语词典》。"在较早的语言中，流行的是 molestia 和繁重劳动的含义，而 opus, opera 的含义则退后，而在现代语言中却反过来，后者靠前了，前者则极少出现。但是，二者中的每一个都在该词本身中有其根据；自从人的活动逐渐地变得更为非奴隶般的、更为自由以来，劳动的概念当然也就扩展到更轻松的和高贵的活动上了。"
[2] 参见 H. 马尔库塞:《经济学劳动概念的哲学基础》，载《社会科学与社会哲学文库》，1933 年，第 3 期。

论中达到那个悖论的断言的：德国工人运动是德国古典哲学的继承人。

## 一、黑格尔：劳动作为其自身在塑造世界时的外化

> "祈祷并且劳动！祈祷并且诅咒！即使有人说该死，诅咒也是没有用的。但是，在宗教中所有这些通常彼此外在的事物却叠合起来了。土地是被诅咒的，你应当汗流满面来挣面包吃！**劳动就是毁坏或者诅咒**世界。"
> 
> 黑格尔（罗森克兰茨：《黑格尔传》，第543页）

黑格尔有三次以劳动为主题：在耶拿讲演中，在《精神现象学》中和在《法哲学原理》中。在1803—1804年的讲演中[1]，他起初把劳动的精神特征规定为相对于自然的"否定性行动"。劳动不是本能，而是一种"理性活动"，是一种"精神的方式"。动物并不汗流满面地劳动，它直接地通过自然满足自己的需要，与此相反，人的杰出之处在于他间接地自己生产自己的面包，把自然仅仅当做手段来使用。[2] 需要与其满足之间的这种"调和"是借助劳动发生的，劳动就自己那方面而言是以工具和机器的手段为中介的。劳动是人与其世界之间的一个"中间环节"。[3] 作为一种

---

[1] 黑格尔：《耶拿实在哲学》，J. 霍夫麦斯特编，莱比锡1932年，第1卷，第197页以下，第220页以下，第236页以下；第2卷，第197页以下，第213页以下；参见《政治学与法哲学论文集》，第422页以下和第478页。

[2] 参见《黑格尔全集》，XII，218。

[3] 黑格尔：《耶拿实在哲学》，第1卷，第203页以下，第221页。

调和的运动,它并非在纯解构的意义上是否定性的,而是对天然地现存的世界的一种加工性的或者"塑造性的"、从而是肯定性的毁坏。与简单地通过吃掉对象并使其消失来满足自己的需求、从而也必须总是重新"从头开始"、不造就某种常驻的东西——一件作品——的动物本能不同,人借助工具的精神性劳动是构成性的,是借助塑造来造成持久的东西的,也就是说,是造成独立自主的东西的。[1]

为了能够提供这样的劳动,一种自然的、个体的技能是不够的,相反,个人只有通过学习普遍的劳动规则才能适于劳动,通过这种学习他克服自己"自然的不适应"。劳动使个人的主观活动成为"某种别的东西",与它起初依照外观所是不同的东西,即一种"普遍的东西",因为是按照普遍的规则学习的东西。就连更好的工具和更合适的劳动方式的每一新发明也都不仅是与已经存在的习惯和规则相对立的,而且还产生了一种使所有人都受益的新

---

[1] 同样,黑格尔在《精神现象学》中分析"主人与奴隶"意识时把劳动与欲望区分开来,劳动作为一种"受阻碍的欲望"由于构造或者塑造被欲望的对象而阻止其消失。劳动者认识被加工的对象,恰恰是因为他对这对象来说是否定性的。这种塑造的行为是一种"否定性的中间环节",因为它通过肯定性的否定来调和自我存在和异己存在;在它里面,奴隶意识成为一种"纯粹的自在自为",它在为自己的主人加工的对象身上超出这种行为进入了常驻的环节。"因此,劳动的意识由此成为对独立的存在自身的直观",也就是说,由奴隶加工了某种东西,它也就把自己的为对象化为某种持存的他物,劳动者越是深入被加工的事物,这种他物就越是独立。在客体的形象中,主体的自为存在对它自己来说是客观的。而由于奴隶与自己仅仅享受他人劳动成果的主人不同是构造世界的,所以他通过在自己劳动对象中的这种重新找到自我而获得了一种特殊的、自我的感觉,一种"自己的感觉",从而获得了一种奴性内部的自由。奴隶意识达到了"自觉",它通过服役的劳动最终达到了自身,虽然它从来不能完全占有自己劳动的对象,把它转让给自己的主人享受。另一方面,虽然主人"结果"了对象,但也仅仅是以不完善的方式,因为他在享受时只是与事物的非独立性相结合,而把它的独立性一面交给了加工事物的奴隶。享受和劳动在这一意识阶段尚未完全调和。

公共财富。但是，劳动在多大程度上属于人的杰出本质，它也就在多大程度上作为一种经常是有中介和分工的活动而发展出一种只是精神特有的问题。

单是人针对他物活动所使用的、作为劳动者与被加工者之间的一种"实存的、理性的中间环节"而是劳动过程中常驻的东西的**工具**，就已经具有通过使人不能直接毁去对象而使人远离与自然的活生生的联系的功能了。但工具还自身是一个惰性的事物，我只是在形式上使用它来活动，并使我自己"成为物"。[1] 只有作为一种独立的工具的**机器**，才使劳动完全成为间接的。通过机器，由于人使机器为自己劳动，自然也就被人欺骗了。然而，这一欺骗在欺骗者自己身上复了仇，欺骗者越是奴役自然，他自己就越是变得渺小。"由于他让使用……机器加工自然，他并没有扬弃自己劳动的必要性，而是仅仅推移了劳动，使它远离了自然，不把自然作为一个有生命的自然而以有生命的方式对待它；而是逃避这种否定性的有生命性，而他所剩下的劳动也就变得甚至更为**用机器进行**了；他只是为了整体、但却不是为了个人而减少了这种有生命性，相反，他毋宁说是增大了这种有生命性，因为劳动越是用机器进行，就越是没有价值，他也就越是以这种方式劳动。"[2] 这种以机器为中介的劳动在19世纪成为普遍的命运。它与劳动的**个别化**同时提供了被加工者的**数量**，而劳动的价值却在被生产的数量增多的同等程度上减少。"劳动越来越是死的，个人的技能越来越极大地受限制，而工厂工人的意识则降低为最后的迟钝；个别的劳动方式与整个无限众多的需求的联系变得完全不可估量，变成一种盲目的依赖，以致

---

〔1〕 黑格尔：《耶拿实在哲学》，第2卷，第197—198页。
〔2〕 黑格尔：《耶拿实在哲学》，第1卷，第237页；参见《哲学全书》，第526节。

一个遥远的行动经常就突然地阻止了一大批人用来满足自己的需求的劳动，使它变得是多余的、毫无用处的。这样，就像自然的同化通过插入中间环节会成为更大的方便一样，这些同化的阶段是无限可分的；而大量的方便将使方便变得同样绝对不方便。"[1]

起初服务于个人直接需要的劳动，成为一种**抽象普遍的**劳动，也就是说，没有人再加工他自己需要的东西，相反，每一个人都不是忙于实现他自己的一定需要的满足，而只是忙于满足自身的普遍可能性。每一个人都只能在抽象掉他自己的需要的情况下、以成为满足所有其他人的需要的总体的合作者的方式来满足他自己的需要。例如，他制造一种奢侈品，以便满足他对食品和衣物的最必要的需求，他不是为自己的具体需要而工作，而是为一种需要的"抽象"而工作。在这种情况下，劳动的价值不再直接在于它的生产，而是在于它间接地通过所有劳动彼此之间普遍的依赖性而也允许满足自己的需要。劳动这样普遍化为劳动体系，其辩证的另一面就是其专门化，就像劳动简单化为每一特殊的劳动导致其多样化一样。劳动变得更为简单、更为单调、更为特殊，因为每一个人都仅仅还生产惟一的一个局部，也变得更为复杂，因为恰恰把具体的和整体的东西这样拆分为一个多次被分割的劳动过程，导致了特殊化的无限性。人越是从自然的具体化解放出来，使自然臣服自己，就越是变得依赖于自然，因为每一个人越是仅仅善于加工一个抽象的细

---

[1] 黑格尔：《耶拿实在哲学》，第1卷，第239页，援引了斯密［A. Smith］的大头针生产的著名例子；参见《法哲学原理》，第190节，补充："人有居住和穿衣的需要，他不再生吃食物，而必然加以烹调，并把食物自然直接性加以破坏，这些都使人不能像动物那样随遇而安，并且作为精神，他也不应该随遇而安。能理解差别的理智使这些需要殊多化了。趣味和用途成为判断的标准，因此需要本身也受其影响。必须得到满足的，终于不再是需要，而是意见了。教育的作用就在于把具体物分解为它的特殊性。"——参见第191节，附释。

节,他就必然越是无能于满足所有其他的需要。[1]

变得越来越抽象和一般、也就是说同时还变得越来越"**精神化的**"劳动,其物的实在性,即"物质实存的概念",就是**货币**——"一个伟大的发明"。它是"所有需要之物的可能性",在它里面所有商品的抽象价值都是现实的。货币拥有一切需要的意义,因为它是所有特殊性的一种抽象,因为它借助自己的精神统一性和普遍性绝对造成了平均化。"需要和劳动被提高到这种普遍性,如此独特地构成了……一个共同性和彼此依赖性的巨大体系,一种死的东西在自身之中运动的生命,它在自己的运动中盲目地并且强有力地来回运动,作为一个野性的动物需要一种不断的、严格的控制和驯化。"[2]

按照劳动的方式,还区分开各劳动阶层的**教养**和**信念**,黑格尔将它们区分为三种:农民阶层、手工业者阶层和商人阶层。[3]农民的劳动还不是精神性的—抽象的劳动,而是沉沦在基本的和具体的东西之中。它与生活的基本需要的自然条件是密不可分的。尽管农民的劳动就像任何劳动一样是一种否定性的行为,但它却只是有条件地是一种否定性的行为;因为农民以天和地、热和冷、雨和

---

[1] 参见黑格尔:《法哲学原理》,第192节,附释。——甚至像对食物的需要这样一种如此自然的需要,在需要的"体系"中也不再能被任意地满足,而是仅仅在规定的、普遍流行的用餐时间,照顾到工作时间而被满足。每一个人在这一联系中都被等同于其他人,同时又由此产生出因特殊而出众的追求,为满足需要的劳动由此再一次被局部化,变得更为抽象、更为精神化。
[2] 黑格尔:《耶拿实在哲学》,第1卷,第239—240页;参见《法哲学原理》,第63节,附释。在黑格尔和马克思之后,只有G.齐美尔还对货币进行过哲学分析:《货币的哲学》,莱比锡1900年。
[3] 黑格尔:《耶拿实在哲学》,第2卷,第254页以下;在《法哲学原理》(第201节以下)中,黑格尔把手工业者阶层、工厂主阶层和商人阶层合并为"赢利阶层";它的底部是"实体性的"农民阶层,其尖顶是献身于国家的普遍利益、为自己的需要所从事的劳动必然由于私人财产或者国家方面的补偿而被免除的"普遍"阶层。

旱为耕耘土地的自然给定的辅助条件,还不能直接地让自然为自己工作。据此,他的信念以对自然和对自己家庭的劳动力的信赖为条件,更甚于以对市民社会的法律制度的信任为条件。由于他的劳动的收成在本质上依赖于大自然的赠与和偶然事件,他的双手的劳动并不创造像于工业者的作品那样的独立作品。后者的市民营生构成了向抽象劳动和向"普遍者的认知"的过渡。由于手工业者塑造自然,他也就把自然改变成为独立自主的作品,其形式通过它的双手的作品而获得了一种以塑造它的劳动的自我为基础的独立性。什么天然地是他的劳动的对象,局限于或多或少可用和适合加工的自然材料。通过他相对于自然的独立性,在手工业者阶层发展出一种权利意识,它与不想被法干扰的农民的权利意识不同,是肯定性的。与事物的本性离得更远的是商人,他根本不塑造任何东西,而是把已经由他人塑造的东西与抽象的货币手段进行交换。在现成商品的交换这种运动中,劳动的"精神性的东西"最纯粹地表现出来。商人阶层的劳动方式从与需求和使用的任何直接联系中解放出来。他的劳动的对象一分为二,成为商品和货币两种精神性的抽象。对象对他来说有效,并不是就其自身而言的,而是仅仅还根据它对某人可能具有的"意义",根据它的抽象的价值,即"现金"。货币的交换手段还不仅仅是劳动的中间环节,是"理性的形式原则",是某种精神的东西,因为抽象普遍的东西由于是精神的本质,所以能够抽象掉一切直接的东西——甚至抽象掉自己的存在。[1]因此,商人的信念是这种"精神的严酷",其法律表达就是严格的交换法。它把工厂建立在整整一个阶级的贫困之上,任其如何毁灭。

---

[1] 参见黑格尔:《法哲学原理》,第4节和第5节,附释以及相关的"边注"(拉松版,莱比锡1930年),第7—8页。

黑格尔在这些并不准备发表的手稿中就对劳动的本质和问题的原初认识而言所草拟的东西,此后部分地以概念的方式固定在后来的著作中。法哲学把劳动当做"需要体系"中的第一个环节来探讨。为经常是支离破碎的和抽象的需要提供同样是局部化的手段来满足它们的,就是市民社会的劳动。[1]在它里面清晰可见的是已经蕴含在劳动的本质之中的东西:人只有生产自己才"存在",人必须创造自己本身和他的世界,因为他的全部实存都是一种从根本上来讲中介性的和被中介的实存。在这种生产性的劳动过程中,发展出无论是理论上的还是实践上的"**教养**":多种多样的知识、设想对某些目的来说适用的手段的灵活性、对错综复杂的和普遍的关系的理解——所有这一切都是伴随着需要、手段和劳动的分化而产生的。劳动已经通过对业务的习惯[2]和对他人意志的顾及在进行教育了。它教育出客观实际的活动,教育出普遍的技能;它对人加以管教,使人上升到精神的普遍的东西。**劳动者**与本质上懒惰的野蛮人不同,**同时是有教养的人**,是建设性地提高自己的需要的人。但是,劳动之所以能够教育人,只不过是因为它作为一种塑造的或者教育的活动已经自身就是精神性的,并且能够抽象。

与耶拿讲演不同,黑格尔在20年后撰写的《法哲学原理》[3]中不再把劳动特别在人的中介性中获得的特殊问题当做时代的一个尚未解决的问题来阐述,而是仅仅在分工的抽象化自身带来的精神进步的肯定性联系中阐述它。此外,他虽然把新产生的"群

---

[1] 黑格尔:《法哲学原理》,第196节。
[2] 黑格尔:《法哲学原理》,第197节,附释;参见《哲学全书》,第525节。
[3] 黑格尔:《法哲学原理》,第198节;参见《哲学全书》,第526节。

众"的组织问题[1]和如何控制贫富极端的问题[2]认识为现代社会发展中重要的"关节点",但却借助当时还大有希望的移民美洲的可能性[3]而把它们推移到讨论的边缘。

但是,黑格尔如何特别现实主义地和有远见地停留在他的调和矛盾的意图之内,需要体系的第一节就已经表现出来了;在那里,他在哲学上就像除他之外只有马克思做到的那样,认真地对待新生的国民经济学。与在历史哲学中一样,黑格尔在经济学中承认,它在任性和单纯的需求之表面上偶然的喧嚣之中认识到了合理的必然性。因此,它是一门与思想联姻的科学。而如果马克思能够领会耶拿讲演中的批判阐述和对斯图尔特的国民经济学的评述[4]的话,他就会比在对《精神现象学》的研究中更直接地从黑格尔的问题提出发展出他自己的问题提出。黑格尔学派勒斯勒尔[Rößler]和卢格所持,乃是马克思经济学的,但却在原则上是哲学论证的劳动概念与黑格尔的思辨劳动概念之间的中间立场。

## 二、C. 勒斯勒尔和 A. 卢格:劳动是对世界的占有和人的解放

**勒斯勒尔**[5]从黑格尔出发,把劳动理解为一个从活动着的精

---

[1] 黑格尔:《法哲学原理》,第 290 节,附释;参见第 301 节至第 303 节。
[2] 黑格尔:《法哲学原理》,第 195 节和第 240 节至第 245 节。
[3] 黑格尔:《法哲学原理》,第 246 节至第 248 节。
[4] 参见罗森克兰茨:《黑格尔传》,第 86 页。
[5] 康斯坦丁·勒斯勒尔:《国家学说体系》,1857 年,第 155 页以下,此外还有罗森克兰茨的评论,《新研究》,第 4 期,第 353 页以下。关于劳动问题,请参见 L. v. 施泰因:《社会学说》,1856 年,第 99 页;以及《社会的概念》,新由 G. 萨洛蒙编,慕尼黑 1921 年,第 17 页以下。——F. 拉萨尔:《讲演与著作全集》,新由伯恩斯坦[E. Bernstein]编,柏林 1919 年,第 5 卷,第 31 页以下。

神产生的"占有"过程；它属于自己给自己设定目的的人的道德规定性。勒斯勒尔区分了一种双重的占有方式。一种直接地吸纳自然，就像在食物的同化中那样；它局限于每一个别的生物，但不是普遍地可传递的。这种占有方式是人和动物共有的。另一种方式是间接的，因为是以二级器官为中介，即以工具和机器为中介。间接的占有器官可以由每一个个人以同等的方式使用，它们是可交换、可传递的。它们把自然转变为一个人可以占有的、对象的世界。对世界的这种占有的手段的创造，勒斯勒尔特别指出的是劳动。它超越了所有个人的需要，其能量在于对自然本能的不断克服，在于同对劳动来说本质性的纪律的关系中。它们的满足不是在于一种与劳动分离的享受，而是在于占有力自身的实现，占有力的自由活动超越了每一达到的目的和对世界的支配中的每一阶段。——劳动作为一种精神性的—道德的占有力，其历史的展开是只有在基督教中才发生的；所有前基督教的宗教都把劳动仅仅看做是达到其他目的的附属手段，但并不看做是以自身为目的的。然而，即便在基督教中，也只有新教才把劳动解放为一种"无限进步的创造性"，使它成为人类生活整体中的一个道德的和光荣的环节。它的完全展开则发生在"劳动的集体"中，这就是市民社会。市民社会自由的、共同的劳动的结果是"普遍的使用价值"，它们虽然有物质的特性，但却与人的精神规定性没有任何矛盾，因为精神规定性恰恰表现在它也贯穿在物质的东西之中。[1]

与家庭的个人生活联系不同，市民社会借助劳动也建立起一种"人格性的占有"，也就是说，它把每一个人——尽管不是在其整

---

[1] 参见 L. v. 施泰因：《社会的概念》，第88页以下，论物质财富的生产和教养的联系。

体性上——都规定为社会生产的共同目的的合作者。勒斯勒尔虽然与"社会主义的可笑迷途"论战,但却期待市民社会提供一种建立在相互的劳动之上的"普遍自由和教养"。

**卢格**在他对哲学史的阐述中[1]更为明确地使劳动成为精神历史的结果。柏拉图、亚里士多德和黑格尔虽然掀起了极大的革命,但却出自对其精神解放的实践结果的恐惧,在各种社会等级、守护者和阶层中筑起一道堤坝来对抗思维的进步辩证法。精神和解放的实际历史清除了这些界限,使劳动成为普遍的原则。它与教养是一回事,因为它就本质而言就是教育的。"我们现在知道,没有一种劳动不体面,惟有它才促进和解放人性;而黑格尔甚至……指出,奴隶通过劳动而成为自己主人的主人。为了使一切劳动显得高尚,所需要的只不过是阐明概念,看一看劳动是什么,以及它提供了什么。劳动随时都在重新创造人性。"劳动是一个"自己生育自己的神",他使"人成之为人"。[2]从普遍化的劳动的立场出发,卢格安排了哲学的历史:它所达到的最高的东西是亚里士多德的政治学,但却是把它理解为以民主制的方式组织起来的市民社会。对他来说,北美的合众国的共和国意味着这一理念的最终实现,即一个城邦,在其中每一公民都作为工人自己活动。劳动的这种创造性特征黑格尔只是很有限地了解,而亚里士多德根本不了解:"尽管亚里士多德很清楚地认识到劳动对于国家来说的必要性,但他却没有认识到它的创造性特征和它塑造世界和解放世界的高贵之处。他没有认识到,劳动实现了对外部世

---

[1] 卢格:《出自更早的时代》,第4卷,第70页以下,第101页以下,第359页以下。——参见卢格致勒斯勒尔的书信:《书信往来与日记》,第1卷,第426—427页,第440页;第2卷,第6页,第12页。
[2] 卢格:《出自更早的时代》,第4卷,第84—85页。

界和人类世界的克服和塑造，它并不是作为单纯的生活，而是以思维着的精神并作为自我解放者来做这件事的。劳动者不是动物，而是思维着的人。一旦人们只是就劳动的创造性的、贯穿一切的活动而言来理解和把握它，平凡之物的概念就不再黏附在劳动上。通过手工业者和艺术家们的劳动，精神在自己的他物中达到自己，通过科学达到它自己的环节。但对于国家来说，亚里士多德使二者都落空了；对于他来说，市民社会的劳动**低于**国家，而哲学的劳动则**高于**国家，而事实上，一个是国家的心脏，另一个则是国家的头脑。"[1]在亚里士多德那里，并非每一个人都是公民，而是只有完全公民才是公民，从而是真正意义上的人。"亚里士多德的国家还不是它的所有成员获得自由的集体，它只是完全公民们的上层建筑，这些完全公民不劳动，但却让所有其他人为自己劳动，以便从事战争、艺术、科学和国家事务。对他来说，**奴隶制**和**劳动**是同义词；还缺少战胜自然的**劳动**的高度文明化的、令人起敬的概念。时间已经产生了这一概念，尽管还没有贯彻它。最大的困难在于把市民社会的被迫型国家建构为自由国家，把下层基础提升为上层建筑，也就是说，提升为惟一的建筑。只要国家还作为自由的领域与作为挣钱赢利的领域的被迫型国家相对立，对于整体来说就还是缺少那个原则：每一个人的劳动以整体为目的，整体以每个劳动者为目的，从而只存在劳动者，不再存在寄生虫；因为'只有劳动者才是自由人'。"[2]作为思维着的人的解放活动，劳动是对人所特有的存在的最本质性的证实，它是"惟一的救世者和赐福者"。在它之上，特别建立起现代社会，它因此也

---

[1]　卢格：《出自更早的时代》，第 4 卷，第 101 页；参见第 356 页以下。
[2]　卢格：《出自更早的时代》，第 4 卷，第 105—106 页。

是真正"人性的"社会。"劳动者才创造了作为人性社会的市民社会，所有自然文化和精神文化都是他的作品，它是**人的父**。"[1]但是，劳动还是概念和思维的劳动，在这里面人最与自己同在。

与使经济学的劳动概念变得狭窄相反，卢格强调劳动的这种普遍的意义。因为经济学的原则只是价值及其抽象的货币形式，而劳动社会的原则却不仅仅是单纯的价值创造，而正因为此是"人和人在**自然**世界中**自己的**世界的**创造**"。"劳动者所创造的一切价值，都只是为了创造人而创造的……无论是体力的还是脑力的。"因此，社会主义的合法意义相对于国民经济学来说就在于，国民经济学停留在自私自利的需要体系那里，而社会主义则调和特殊利益与普遍利益，把集体精神设定为目标。经济学忽视了市民社会精神的和人道的一面，因为它只是阐发了存在于资本家和工人之间的外在的关系。但同样，就连黑格尔，当他在自己的三个阶层的学说中忽略了市民社会真正的和普遍的阶层的时候，也没有认识到市民社会的精神。劳动者阶层既包括第一等级，也包括第三等级，"因为无论是科学还是耕作，都归于劳动概念之下"。

### 三、马克思：劳动是人在一个不属于他的世界里的自我异化

马克思把对劳动的分析集中在作为现实生存关系的表达的**经济学**问题上，同时又批判地把它奠基在黑格尔**哲学**的普遍的劳动概念中。由此就产生了一种双重的批判：对古典国民经济学的批判和对黑格尔哲学的批判。在卢格那里停留为一个人道纲领的东

---

[1] 卢格：《出自更早的时代》，第4卷，第360页。

西，被马克思以科学的缜密性予以贯彻。对于认识他的经济学理论与黑格尔哲学的原初关系来说，主要的原始材料是《1844年经济学哲学手稿》。[1] 它与《德意志意识形态》一起，是黑格尔之后哲学历史上最重要的事件。

## 1. 对古典国民经济学的抽象劳动概念的批判

马克思对古典国民经济学（A. 斯密、萨伊 [J. B. Say]、李嘉图 [Ricardo]、密尔 [Mill]）的批判[2]是以这样一个命题开始的：经济学的这门新科学是资本和现代工业的实际运动和动能的理论表述。但另一方面，它也由于使工业的发展意识到它自己本身，从而加速了它，为它作了辩护。斯密这位"国民经济学的路德"的伟大发现就是，表面上客观的私有制的本质就是人的劳动这个所有财富的创造者。但是，它越是彻底地和嘲弄地把所有价值追溯到创造价值的劳动，并从劳动着的和利用自己的资本的立场出发分析雇佣劳动，就也越是必然地导向一种批判，这种批判的尺度不是独立的资本和劳动者，而是社会地劳动的人。从费尔巴哈的人的立场——马克思把人解释为一个从根本上社会地存在和生产的本质[3]——出发[4]显示出，在资本主义制度中工人只不过是丢失了自己、异化了自己的人，他自己只是作为商品和资本存在。一旦资本想到——例如由于需求减少——不再"为劳动者"存在，则劳动者就自己也不"为自己"存在了，它在这种情况下

---

[1]《马克思恩格斯全集》，III, 33—172。
[2]《马克思恩格斯全集》，III, 139 以下。
[3]《马克思恩格斯全集》，III, 116—117。
[4]《马克思恩格斯全集》，III, 151 以下。——费尔巴哈的命题和原理限定着马克思的整篇论文，但它的真正问题却是由与黑格尔的争辩规定的。

既没有劳动也没有报酬，因为他根本上就只是作为劳动者存在的。"资本的存在就是**他的**存在、他的**生活**，正像资本的存在以一种对他漠不关心的方式来规定他的生活的内容一样。"[1] 异化了自己的劳动者不是在由他付出的劳动中获得他自己的存在，而是与商品一起还以物化的形式生产出他自己本身。但是，这是资本主义世界必然的悖论，即它与对物的世界的利用成正比地生产着人的世界的贬值，此时它把人性的绝大部分都还原成抽象的生产者。因而在马克思这里，劳动是"抽象的"，不再是在精神的一种积极的普遍性的黑格尔式意义上，而是在抽象掉在劳动中要作为整体证实自身的具体的人的整体性的消极意义上。这种抽象的极端就是，劳动者不是以建设性的方式**表现**自己的生命，而是被迫仅仅为了找到一份劳动，就在劳动中**出卖**自己。[2] 当劳动只是防止赤裸裸的生存的损失时，他的整个生命也就被颠倒为生命的**手段**。动物直接地就是它的全部生命活动，而有意识地创造一个世界的人，如果只是还在吃、喝、生殖等动物性功能中感到自己是人，而在被迫劳动时感到自己是动物，就被压制在这种为人的级别之下了。[3] 他的精神本质、自由的自主活动，被作为谋生活动贬低为满足自然生存的基本需要的单纯手段。劳动者不是在对某物的劳动中与

---

[1] 《马克思恩格斯全集》，III，第97页（中文版第42卷，第104—105页。——译者注）。——董克曼[K. Dunkmann]在他的《劳动社会学》（哈勒1935年，第71页以下）中强调指出，就连资本也是一个"劳动的体系"，而且是惟一一个独特的体系。董克曼在批判"抽象的"劳动概念时，为了能够正确地理解它，就不得不更多地照顾到它的**原初**意义。
[2] 参见前文第一部，第68页以下。——《共产党宣言》第二部分说道："在资产阶级社会里，活的劳动只不过是增殖已经积累的劳动的一种手段。在共产主义社会里，已经积累的劳动只不过是扩大、丰富和促进工人的生活过程的一种手段。"（《马克思恩格斯全集》中文版，第5卷，第481页。——译者注）
[3] 《马克思恩格斯全集》，III，85。

自己本身同在，而是仅仅在不与劳动发生关系时才与自己本身同在，是自由的。

劳动者在他的劳动之外是什么，被国民经济学忽略了；它把这种人性的残余留给了医生和法官、宗教和政治。对它来说，劳动者的需要只是使他保持劳动能力、以便生产商品的需要。因此，劳动报酬属于资本的必要支出，不得超出他的需要。国民经济学这门财富的科学同时也是一门节约的科学，或者简单地说，是"经济"的科学。它的苦行主义的首要原理就是，放弃一切不能有助于资本增值的需要。它用私有制体系中被视为占有的惟一方式的抽象的"能"[1]和"有"[2]，取代了人具体地是和能的东西。需要的这种贫乏是被异化的经济学财富的结果，它由于提高了无本质的需要而降低了人的本质。然而，生产对于占有者所具有的颠倒的意义，显而易见只有与一无所有的人相联系才表现出来，因为向上的表现始终是精致的、模糊的和遮遮掩掩的，就像向下的表现是粗糙的、直率的和不加掩饰的一样。但实际上，工业由于同时造成需要的粗糙化而在期望需要的精致化。它在进步着的文明内部产生一种进步着的野蛮。[3]——国民经济学的两个党派之间的争执也证实了劳动与资本之间，以及贫穷与富有之间的这种联系；在这两个党派中，一派（马尔萨斯[Malthus]）推荐奢侈咒骂节约，而另一派（李嘉图）则要节约而不要奢侈。这一矛盾之得到解决，乃是由于前者承认自己只是为了促进**劳动**才要奢侈的，而后者则承认自己主张节约是为了增加财富。在根本上二者都证明，

---

[1] 《马克思恩格斯全集》，III, 129；参见 M. 赫斯：《1841年至1847年社会主义论文集》，第140页以下。
[2] 《马克思恩格斯全集》，III, 118。
[3] 《马克思恩格斯全集》，III, 132—133。

资本与劳动就像敌对的兄弟一样休戚与共。而如果劳动者自己就是资本，那么，就连资本家也是他那有助于增值既得利益的劳动的奴隶。国民经济学的道德在两个方向上都是无条件的赢利和生产的有用性，它的德性就是苦行主义的劳动。

资本主义创造生活的方式在**货币**上表现出其完全的一贯性。[1] 由于货币具有是占有一切人们尚未占有的东西的普遍手段的特性，所以它是需要与其满足之间、生活与手段之间不偏不倚的皮条客，是地地道道的中介人。但由于它是生活的手段，它也就由一种手段而成为目的。货币对任何东西都不是太好，对任何东西也都不是太坏，它通过把所有的自然关系都确定在其货币价值上，而交流和交换着它们。"货币是所有事物的**真实精神**"，而黑格尔的逻辑学只不过是表现一切存在者的思想价值的"精神货币"罢了。[2] 它是人类外化了的能力，是一个异化了自己的世界最普遍的联结手段和分割手段。不是自由地证实和丰富人类的本质力量，每一个人都期望通过产生新的需要而诱导别的人在经济上破产。任何新的产品都是相互欺骗和抢劫的一种新潜能。但是，人作为人变得越穷，为了能够把握住异化了的本质，他就需要越多的货币。货币的需要是国民经济学所生产的真正的和惟一的需要。[3] 生产的这一运动必然是没有节制的，因为货币惟一的品质就是它的在本质上没有界限的量。但是，如此极为清晰地在就其本性而言抽象的货币身上表现出来的东西，已经是为货币所付出的劳动的基础了：作为一种抽象掉人的活动，它把生活表现颠倒为外化，把

---

[1] 《马克思恩格斯全集》，III，145 以下；参见《资本论》，I⁶，59 以下；II，1 以下；III/1，250 以下；III/2，1—153。
[2] 《马克思恩格斯全集》，III，154。
[3] 《马克思恩格斯全集》，III，127。

对象化颠倒为非对象化,把现实化颠倒为非现实化。它使一切人类意义都反了常。

从资本和劳动的这一体系产生的任务,是通过**扬弃自我异化**重新占有人的本质;自我异化的两个方面是对象性的世界和在劳动中客体化自己的人。它不仅涉及经营,而且涉及人全面的生活——他的视与听、他的感觉与思维、他的欲和爱——因为人对某种东西的任何行为都是占有人的世界的一种历史规定的方式。[1]马克思关于解决这一问题的草案完全是由他与黑格尔的争辩决定的。

2. 对黑格尔哲学的抽象劳动概念的批判

黑格尔未能解决异化的问题,因为他不考虑生产的**一定方式**,从而满足于完全一般地谈论通常的"需要"。精神哲学根据其神学起源对自然科学和由自然科学促成的工业一无所知,也没有认识到,人在工业劳动中物化了自己,却没有积极地表现自己。然而,恰恰工业是人那变成为对象性的并且异化了自身的本质力量之"翻开的书",是最明白易解的人类学和迄今为止由于未同人的现实本质相联系而只是被外在地把握到历史最容易接近的领域。[2]由于黑格尔把人理解为"精神",把自然理解为理念的单纯异在,所以他也能够把自然仅仅规定为形式的和精神性的行为。[3]与他对有血有肉地劳动着的人的唯心主义抽象相应的,在另一方面是国民经济学从人得出单纯的劳动者的唯物主义抽象。二者都没有认识到感性的—自然的人的全部人性。

---

[1]《马克思恩格斯全集》,III,118。
[2]《马克思恩格斯全集》,III,121。
[3]《马克思恩格斯全集》,III,155—156 和 170 以下。

由于黑格尔是从逻各斯的绝对活动出发的，他的体系各特殊部分的范畴也就是以其现实的实存形式为代价规定普遍的本质——例如劳动的普遍本质——的本体论范畴。作为绝对普遍的范畴，它们对于任何确定的内容来说都是无所谓的，因而是可以运用于一切的。[1]对于理解黑格尔把握劳动的立场来说，中心是精神现象学，在它的不同形态中总是出现同一种运动：意识和自我意识的辩证法。这种"思想本质"的运动原则就是双重否定，借助它，黑格尔就能够巧妙地跳过现实的人的表现、外化、对象化和异化。因此，精神现象学的运动终止于绝对知识。"因此，全部**外化历史**和外化的整个**复归**，不过是抽象的、绝对的思维的**生产史**。"[2]异化构成了外化及其扬弃的真正兴趣，它被理解为"自在"与"自为"、意识与自我意识的区别，现实的、感性的对立消失于其中。"其他一切对立及其运动，不过是这种惟一有意义的对立的**外观**、**外壳**、**公开**形式，这些对立构成其他世俗对立的**意义**。在这里，不是人的本质**以非人的方式**同自身对立的**对象化**，而是人的本质以**不同于**抽象思维的方式并且同抽象思维**对立**的**对象化**，被当做异化的被设定的和应该扬弃的本质。"对象性自身在精神的立场上被视为一种与人的精神本质不相适应的行为。[3]

与异化一样，就连人那变成了异己对象的本质力量的**占有**也是一个单纯的思想运动。人在异化的规定下产生的对象性本质的重新占有仅仅扬弃了对象性，但却没有扬弃异化。"要求把对象世界归还给人……这种……占有或对这一过程的理解，在黑格尔那里是这样表现的：**感性**、**宗教**、国家权力等等是**精神**的本质，因

---

[1]《马克思恩格斯全集》，III，168。
[2]《马克思恩格斯全集》，III，154（中文版第42卷，第161页。——译者注）。
[3]《马克思恩格斯全集》，III，155和157（中文版第42卷，第161页和第164页）。

为只有**精神**才是人的**真正的**本质，而精神的真正的形式则是能思维的精神。"[1]

与占有以及异化的这种非现实化或者精神化相适应，就连人通过劳动所占有并因之对自身异化了的**东西**，也不是现实的和独立的事物，而是自我意识从自身设定出来的抽象掉一切确定的对象、对这些对象来说无所谓的物性。这种自我意识所知道的，是独立自主的事物积极地与人对立的世界的虚无性。在对积极性的这种否定中，自我意识向自己证明了他自己的本质的非对象性。人被视为一种非对象性的、灵性的本质。不是把我们历史规定的现实对象的世界重新作为自己产生的世界交给人占有，黑格尔辩证地把意识的对象和自我意识看做是一回事。自我意识被他视为人的真正本质，从而异化了的对象性本质的重新占有也就表现为自我向自己本身的回归；在对象性世界"敌意的异化"被降低为一种"无所谓的异己性"之后，这种回归毋须巨大的花费就可以出现。黑格尔的自我意识以已经通过能动的认识在异在中与自己本身同在的幻觉来迎合自己，因为它根本不知道一种现实的外在性，而只知道它自身的一种可减退的外化。[2] 但是，自我意识在**它的**异在中与自己本身同在，这意味着，人在现行的法、在政治

---

[1]《马克思恩格斯全集》，III, 155（中文版第42卷，第162页。——译者注）。
[2] 意识的对象在超越的自我意识中的扬弃是以下面这些环节发生的："(1) 对象本身对意识说来是正在消逝的东西；(2) 自我意识的外化就是设定物性；(3) 这种外化不仅有**否定**的意义，而且有**肯定**的意义；(4) 它不仅**对我们**或者对自身有意义，而且**对意识本身**也有意义；(5) 对象的否定，或对象的自我扬弃，**对意识所以有肯定的**意义（或者说，它所以**知道**对象的这种虚无性），是由于意识把自身外化了，因为意识在这种外化中把**自身**设定为对象，或者说，由于**自卫的存在**的不可分割的统一性而把对象设定为自身；(6) 另一方面，这里还同时包含着另一个缓解，即意识扬弃这种外化和对象性，也同样地返回到自身，因而，它在**自己的**异在**本身**中也就是**在自己身边**。"《马克思恩格斯全集》，III, 158—159（中文版第42卷，第165—166页。——译者注）。

和经济学中拥有他的真正的人的本质,因为对外化单纯理论上的扬弃在实践上使外化了的对象性世界依然如故。黑格尔表面上的批判主义虽然在形式上否定现存政权,但在内容上却肯定它们,事实上是一种虚假的实证主义,[1]是对现存经验的一种哲学上的瓦解和重建。黑格尔可以把自我异化的过程理解为自我获得,因为他只是在形式上采用了否定之否定的全部过程,并让从自身走出和返回自身的运动作为一个以自身为目的的运动绕圈子。他所描述的东西,根本不是人的过程,而是人里面的神的过程,其真正的主体是绝对的理念。[2]

一个有血有肉的、呼吸着"一切自然力量"的人与一个现实对象的世界发生关系,马克思在对黑格尔的"唯灵主义"的这种批判的基础上建立起这种把历史看做是真正的"自然史"的唯物主义观点。"物质的"这一概念在这里指的还不是"经济基础",而是现实的人和物的**对象性**存在。[3]第一次把历史唯物主义表述为一种"自然主义的人道主义",是由不是以绝对精神,而是以"人类学的自然"为出发点的批判决定的。[4]在我们的自然感官的这个世界内部,就连人也是一个对象性的本质。而且只有作为一个有血有肉的—自然的本质,他才也把现实的感性对象当做他的本质的对象,以便在它们身上表现他自己的生命。"一个存在物如果在自身之外没有自己的自然界,就不是**自然**存在物,就不能参加自然界的生活。一个存在物如果在自身之外没有对象,就不

---

[1] 《马克思恩格斯全集》,III,155 和 164。
[2] 参见《马克思恩格斯全集》,III,169 以下,对黑格尔从"理念"到"自然"和从"抽象"到"直观"的过渡的批判。
[3] 《马克思恩格斯全集》,III,159—160。
[4] 《马克思恩格斯全集》,III,121 以下、160 以下。

是对象性的存在物。一个存在物如果本身不是第三者的对象，就没有任何存在物作为自己的**对象**，也就是说，它没有对象性的关系，它的存在就不是对象性的存在。非对象性的存在物是**非存在物**。"[1]因此，当人把自己自然的生命力对象化并设定于自身之外的时候，他却已经一直被现存的对象性世界及其力量这样设定着。因此，就连对自我异化的一种现实的扬弃，也不能以非对象性的或者唯灵主义的方式进行，而是只能通过一种改变现存的实存关系的"对象性行动"进行。

但是，尽管在原则上抛弃了精神现象学的"立场"，马克思的批判却是一种承认、坚持并在实现的倾向中继续贯彻黑格尔的区分的积极批判。"《现象学》是一种隐蔽的、自身还不清楚的……批判；但是，由于《现象学》紧紧抓住人的**异化**，——尽管人只是以精神的形式出现的——其中仍然隐藏着批判的一切要素，而且这些要素往往已经以远远超过黑格尔观点的方式**准备好**和**加过工了**。关于'苦恼的意识''诚实的意识''高尚的意识和卑鄙的意识'的斗争等等、等等这些章节，包含着对宗教、国家、市民生活等整个整个领域的**批判的**要素，但还是通过异化的形式。"[2]黑格尔的精神现象学的伟大之处在于，它在根本上把"人的自我生产"[3]理解为一个过程，它把对象化理解为外化，把占有理解为对这种外化的扬弃，简而言之，它把握了劳动的普遍本质，并把人的世界理解为它的结果。"黑格尔站在现代国民经济学家的立场上。他把**劳动**看做人的**本质**"，[4]尽管他只知道外化的积极一面，

---

[1]《马克思恩格斯全集》，III，161（中文版第42卷，第168页。——译者注）。
[2]《马克思恩格斯全集》，III，156（中文版第42卷，第162页。——译者注）。
[3]《马克思恩格斯全集》，III，156；参见124—125，由此导出的对创世论的批判。
[4]《马克思恩格斯全集》，III，157（中文版第42卷，第163页。——译者注）。

并唯心主义地扬弃了它的消极一面。这样，在黑格尔那里，劳动并不表现为人"成为自为的"，但却表现在异化内部。但是，且不说这种唯心主义思辨的实证主义，黑格尔在概念上把握到了在世界中创造自己的人的本质活动，在思辨内部做了"把握事实的区分"。[1]他拥有对人现实的对象化、异化和重新占有的"异化了的认识"。但是，一种现实的重新占有只能通过对我们的对象性世界异化了的规定性的"根除"[2]来实现。通过这样顺便把"扬弃"修改为根除，马克思也在方法上、并且就此而言在原则上与黑格尔区别开来，而他除此之外却接受了黑格尔的范畴，并且以感性化的方式把它们一直坚持到《资本论》中。[3]

就连"共产主义"也是以黑格尔哲学的概念建构的。它是**自主活动**与**对象化**的辩证统一的结果，而这种统一是黑格尔历史哲学的结论。[4]它是社会地实存的人将整个对象性作为自己生产的置于自己的控制之下并在异在中与自己本身同在的实践方式。因此在马克思的理念中，它并不仅仅是私有财产的剥夺，而是"现实的人的生活作为其财产的索还"，[5]是对自己异化了的人在由他生产的对象性世界中的全面的自我重新获得。剥夺私有财产只不过是对世界的全面占有的一个结果。因此，马克思区分了一种错误的共产主义和一种真正的共产主

---

[1]《马克思恩格斯全集》，V，531。
[2]《马克思恩格斯全集》，III，166。——把辩证否定这样片面化为简单的根除，标志着所有黑格尔左派的极端主义。这种简单化可与尼采相比；人们把尼采对虚无主义的"克服"变成了对虚无主义的清除，而在尼采本人那里，虚无主义也可以作为被克服了的保持为真的。
[3] 参见《资本论》中对劳动过程的分析，I⁶，139以下。
[4]《黑格尔全集》，XV，689。
[5]《资本论》，I⁶，16；参见《共产党宣言》第二部分和《法兰西内战》，柏林1931年，第69页。那里关于巴黎公社说道，它想通过把生产资料、土地和资本转化为自由的、联合的劳动的单纯工具，而借助剥夺来使个人的财产成为一种"真理"。

义。[1]他批判了各种攻击现存财产关系的理论（蒲鲁东等等）[2]，这些理论使用的方式是想通过提高工资来敉平现存财产关系的区别并通过平均分配来使之普遍化。但是，这样一种局部的改良丝毫无损于人对世界的原则态度，无损于因利用物的世界而导致的人的世界的贬值。毋宁说，这样一种理论将毁灭一切不能作为私有财产被所有人以同样的方式占有的东西。人作为一个"劳动者"的规定性由此不仅没有被扬弃，而且还扩展到一切人身上，资本依然是高居于社会之上的普遍力量。与此相反，真正的共产主义就像马克思作为黑格尔学派所设想的那样，是在文明于资本主义中所达到的发展阶段上人的本质的重新占有。在这个发展阶段里面，它是"存在和本质、对象化和自我确证、自由和必然、个体和类之间的斗争的真正解决。它是历史之谜的解答"。[3]因此，整体理解的共产主义不仅改变人的社会关系和经济关系，而且同样改变人政治的、法律的、宗教的、道德的和科学的行为方式。作为共同本质而实存的人拥有对象性的现实性，并不是以私人资本主义占有的形式，而是因为所有的对象对他来说都是他自己的对象积极的对象化。他是这样一个人，对他来说，世界事实上成为他的世界，因为他的生产方式并不外化他，而是证实他。[4]

---

[1]《马克思恩格斯全集》，III, 111 以下；参见 M. 赫斯：《1841 年至 1847 年社会主义论文集》，第 150 页以下和第 200 页以下。

[2] 参见《马克思恩格斯全集》，III, 212—213。批判蒲鲁东"在国民经济学的异化内部"扬弃不平等的财产，以致对象性世界的重新占有自身还在财产的形式下实现，从而占有的方式自身丝毫未变的思想。

[3]《马克思恩格斯全集》，III, 114（中文版第 42 卷，第 120 页。——译者注）。

[4]《马克思恩格斯全集》，III, 119；参见 G. 齐美尔那里对马克思所提出的问题的一个可能答案的自觉放弃：《文化的概念和悲剧》，载《哲学文化》，波茨坦 1923 年，第 236 页以下；M. 韦伯：《社会主义》，载《社会学和社会政治论文集》，蒂宾根 1924 年，第 492 页以下；《政治论著集》，慕尼黑 1921 年，第 139 页以下。——参见拙著：《M. 韦伯和 K. 马克思》，载《社会科学与社会政治文库》，1932 年，第 1 期和第 2 期。

马克思在《1844年经济学哲学手稿》中阐发的这些思想在他那个时代没有发表，即便是以《资本论》的形式也依然没有对德国哲学产生影响。尽管如此，还没有任何理论像它们那样创造了历史：列宁的马克思主义和俄罗斯的工人国家在精神上就建立在马克思与黑格尔的争辩之上。在进一步建构对占有和异化的分析时，马克思始终仅仅在经济学上把握劳动问题，并且在与工资和利润的联系中[1]把劳动定义为商品的社会实体。但是，这一在经济学上固定下来的、专业化的、计算"劳动数量"并从它们与资本的关系出发规定"剩余价值"的劳动概念，[2]却不可以使人忽视，这一经受如此之多讨论的经济学理论的原初基础，就是受人关注太少的与黑格尔精神哲学的争辩。

在黑格尔和马克思看来，德国哲学没有更多地在其充分的和完整的意义上把劳动作为主题。对劳动的分析成为一种特权，最初是国民经济学的特权，然后是社会学的特权，后者漫无边际地搜索劳动与所有可能的现象——例如认识[3]——的特殊关系，虽然与马克思有联系，但却忘记了与黑格尔的联系。除了 E. 杜林之外，没有人尝试过把劳动的经济学和社会问题置于哲学的根据和基础之上。最后还有恩格斯，他在《反杜林论》中并在他关于费尔巴哈的著作的结尾，从黑格尔和马克思出发得出结论，认为德国哲学的合法继承人是工人运动，因为只有工人运动才理解，劳动是"所有文化和教养的创造者"，它的历史是理解整个人类历史

---

[1] 马克思：《工资、价格与利润》，H. 董科尔编，柏林 1930 年。
[2] 参见恩格斯：《反杜林论》，II, 6，论"简单劳动和复杂劳动"；III, 3，论分工。
[3] M. 舍勒：《社会学与世界观学说论文集》，1924—1925 年；《试论知识社会学》，1924 年；《知识的形式与社会》，1926 年；曼海姆［K. Mannheim］：《知识社会学》，载《社会学词典》，菲尔康特［A. Vierkandt］编；K. 董克曼：《劳动社会学》，1933 年。

的钥匙。无论对于市民阶级哲学来说这种论断显得多么有失体统，它都不缺乏基础；因为事实上世纪之末的市民阶级教养的本质性弱点是，它作为一种有教养者的教养，与同工人阶级的社会分裂一起，也失去了对普遍的劳动问题的精神视野。[1]

## 四、基尔克果：劳动对于自我生成的意义

与马克思同时，基尔克果对劳动提出质疑，但他却把劳动的可疑性保持在市民阶级—基督教的框架之内。他与"人格性"的生成相联系来探讨劳动，但人们却不可误解了这种自我存在的个人主义。因为尽管每一个人作为个人都在自己本身之内有其目的性，但个人却不能与他同市民阶级生活的关系割裂开来，就好像他应当并且能够在"抽象的意义"上对自己感到满足似的。毋宁说，他的自我是绝对具体的，从而由于它根据自己本身运动，而不能对周围世界采取否定性的态度。他的运动"离开自己本身，经过世界，返回自己本身"。[2]这种黑格尔式定义的外化与内化运动的基督教现实性在于，它是一个"自由的行为"，通过它，个人高居于各种关系——例如婚姻和劳动——之上，但尽管如此又居于它们之中。但作为一个具体的个人，每一个人都必须首先吃和喝、穿和住，或者一言以蔽之，必须"实存"。但为了实存，人们每年都需要若干货币这种"nervus rerum gerendarum［生产事物的

---

［1］ 劳动概念的一种等价物在海德格尔的《存在与时间》中是烦，其双重的含义是为自己烦心和为某物烦心。但根据其出自奥古斯丁的 cura［烦］的概念的神学起源，这种实存上的一本论的烦并没有塑造世界的意义。
［2］《基尔克果全集》，II, 236。

原动力〕。"货币是并且仍将是生活的绝对条件",这被美学家针对"伦理学家"提出了论证。然而,伦理学家对此并不满意,因为假定人们既没有地租也没有资本,甚至也难有一个畜群,那又怎么办呢?美学家耸了耸肩,说道:"这当然没有别的办法。除了劳动,别无他法。"但是,将一个注定要统治世界的造物置于存在中,如果它为了每天的面包而劳动得劳累不堪,这是什么意思呢?"这叫做把人当人对待吗?"人们只是为了保证自己微薄的生计,然后改善它,夜以继日,乃至于死,在刚要有宽裕的生计之前去死吗?"这一考察使人进一步得出一种人的不死性的证明。也就是说:每一个人的规定性都是要达到宽裕的生计的;如果他在这之前死去,那他就没有达到自己的规定性,因而就必须(他内在的预感将告诉他这一点)在另一个世界里达到;与此相反,如果他有了宽裕的生计,从而达到了他的规定性,那么他的规定性就不是因死而离开他的宽裕的生计,而毋宁说必须也宽裕地享受这一生计:因此人是不死的。这一证明人们可以称之为通俗的证明,或者出自生计的证明。"〔1〕

与美学家的这种嘲讽相对立,伦理学家认为:劳动是人的义务,自身并不是负担,而是一种伦理的砝码。它既不是一种令人难受的强制,也不是功绩和享受,它也不是人的生存的不完善,而是相对于既不必也不能劳动的动物和植物所特有的一种完善。"人的生活越是低下,劳动的必要性就越少;人的生活越高级,就越是更多地出现劳动的必要性。为生活而劳动的义务表达了普遍人性的东西——甚至在劳动是自由的一种展示的意义上。凭借劳动,人使自己自由;凭借劳动,人成为自然的主人;凭借劳动,

---

〔1〕《基尔克果全集》,II,241;参见 I,255 以下,论劳动与无聊之间的"轮替"。

人表明自己并不仅仅是自然。"[1]凭借自己的劳动挣得自己的需求、并恰好也在食物的筹措中保持了人的尊严的人，其景象要比看到田野里长出一株百合花更美。[2]"赋予这一斗争一种如此之高的教养价值的东西，就是他将获得一份如此之小的、本来根本算不上的优胜奖：人们在这里只是为了继续斗争的可能性而斗争。对于斗士来说，奖赏越大、越明显，他就可以越是肯定地信赖种种两可的热情：抱负心、虚荣心、自傲，这是具有巨大力量的、能够强有力地推动人的动机。谁与食物的筹措作斗争，他就会马上发现，这些热情抛弃了他。……工资应当怎样刺激他，使他竭尽全力也恰好只是挣得必需的东西，以便继续艰苦度日呢？因此，如果没有其他的力量供他支配，他就无可救药了。看吧，食物的筹措之所以塑造人，使人高贵，乃是因为它不给人留下任何欺骗自己本身的可能性。如果他在这一斗争中看不到任何更高的东西，那么，为了汗流满面地吃自己的面包而必须竭尽全力去奋斗，就确实是一件悲惨的、可怜的事情。但由于这样，这一斗争也迫使人在其中看到某种别的东西。谁不想在这场斗争中自暴自弃，他就必须在它里面看到为荣誉进行的斗争。奖赏越小，这场斗争给他带来的荣誉也就越大。这样，人是在为自己的生计而斗争，但他原本是在为自己而斗争。"[3]因此，不是单纯的生活所需在迫使人去劳动，而是他在做必要的劳动，因为他要作为人来劳动。因此，他在为自己的劳动追寻一种"更高贵的名声"，这种名声规定着劳动与他的生活和他人的生活的关系，同时把劳动表现为他的

---

〔1〕《基尔克果全集》，II，243。
〔2〕 参见《三篇虔敬讲演》，拜尔特霍尔德［A. Bärthold］编，哈勒，第8页以下；《基督教讲演选集》，赖因克［Reincke］编，吉森1909年，第19页以下。
〔3〕《基尔克果全集》，II，245—246。

荣誉和愉悦。

这样理解和行事，赡养自己的劳动就对人格性来说有了一种更深刻的意义：劳动是人的使命，履行这一使命提供了满足，通过这一使命人获得了与自己的同类的一种本质性的关系。所有人都共有的劳动及其全人类的意义使得不同的才能之间的区别消失殆尽，因为无论是最伟大的人还是最渺小的人都可以在自己的使命中忠实地证实自己。使命的劳动使人的生活具有了统一的规格，它阻止人脱离普遍的东西，它消除了人像无使命的人那样总是重新规定自己的努力。有规则地劳动的人并不依赖一种特殊的才能来在世界上确立某种东西。每一个人都可以做他自己的事情，并在"根本上每个人都做得同样多"[1]的意义上使自己的事情发挥作用。谁以这样的方式也在心灵和精神上靠自己的劳动生活，他就远离了想"不把柏伽索斯[Pegasus]套上车辕"，而是要通过培养一种特殊的才能来把劳动提高到享受的美学观点。在劳动中只看到芸芸众生平凡命运的美学家，对劳动塑造人的意义视而不见。

靠继承来的财产生活的基尔克果，非常清楚他那例外的生存由此决定的问题。"你当然不需要诉苦，因为你不必为自己的生计而劳动；我并不想建议你抛弃自己的财产，以便使你自己置身于这种必然性之中：一切试验都是一种纯粹的蠢事，不会有任何结果。然而，你在我看来在另一种意义上依赖于为你自己创造生活的条件。为了能够生活，你必须成为你天生的忧郁的主人。就此而言，我也可以把那位古人的话用在你身上：你被及时地送进学校，在那里你必须学会为自己的生活而劳动。"[2] 但是，人越是不

---

[1]《基尔克果全集》，II，255、264。
[2]《基尔克果全集》，II，249；参见《法官之书》，第97页。

单纯靠钱来生活，就也越是不能够忧郁孤独地生存，而基尔克果就他的"生存艺术"而言清楚地知道，他忧郁的"精神生存"的内在性是受制于某种像钱这样外在的东西的："有出版商，有人，他们全部本质性的生存表明，书是商品，而一个作者则是商人，这是一种非常不道德的关系。就在一种精神关系中（如是一位作者）加上了金钱的东西，他……获得稿酬等等而言，建构精神关系的人也必须在本质上为自己建构一种金钱关系，接受金钱的东西，这绝不是为了有可能获得更大的金钱上的好处……但却是为了在这方面能够有某种羞愧心。如果这样确立了金钱关系，以致它成为一个迥然不同的人的赢利源泉，那么，它就很容易成为自由。……无耻之处在于毫无保留之极地把精神生产视为商品。公众这样通过金钱又获得对出版商的支配，出版商通过金钱关系支配作者……"[1] 多亏对精神与货币的联系的这种见识，基尔克果才能够对自己本人作出既认真又悖谬的说明："我之所以成为作家，在根本上要归功于我的忧郁和我的金钱。"[2] 他天生的忧郁使他孤独，使他内向，使他接近宗教的边缘，而他的金钱则使他可能有一个私人化的孤寂者的生存。[3] 就在他去世前不久，他清楚地认识到存在于他精神生存的消耗和它的物质手段之间的值得注意的一致，因为就在他昏倒在大街上之前几个月，他从银行取出了他无息存放的财产的最后一笔款子。[4] 这样，马克思的这位对趾人就以人的生存的整体证实了他对资本与劳动的联系的认识。

---

[1] 基尔克果：《日记》，I, 248。
[2] 基尔克果：《日记》，I, 373；参见《法官之书》，第 85 页。
[3] 为了在社会学上解释基尔克果的"内在性"，请参见维森格伦德［Th. Wiesengrund］:《基尔克果传》，蒂宾根 1933 年，第 44 页以下。
[4] 参见基尔克果：《日记》，乌尔利希版，第 23—24 页。

## 五、尼采：劳动是凝神与沉思的解体

在尼采关于劳动在人的生活中的地位的偶然思想中，劳动不再被看做是一种塑造世界和塑造人的力量，而是仅仅还被感受为急迫和负担。但是，如果劳动的本质性特征是沉重，而且虽然有付出的意志但在自己本身中却没有目的的话，那么，人就会通过只要能够不再劳动就扑入轻松的娱乐来减轻劳动的负担和严肃。在从劳动到娱乐的逃避中，劳动的人追求的是休息；劳动的急迫和娱乐的追求只不过是同一事实的两个方面罢了。与此相对立，尼采捍卫的是有充分的时间去做、有闲暇去做的沉思。"有一种印第安式的……野蛮，就像美国人追求货币那样：它那喘不过气来的急迫——新世界特有的恶习——已经开始通过传染而使老欧洲烦躁不安，并在这里传播着一种怪异的愚昧。人们现在已经以宁静为耻；长时间的沉思几乎会引起良心的内疚。人们掐着表思考，就如同午餐时眼睛盯着报纸上交易所的行情一样——人们生活得就像是一个总是有可能错过什么的人。做任何事都可以，总比什么也不做好——这个原则也是令所有的教养和所有较高的鉴赏力窒息的绳索。就像显而易见所有的形式都因劳动者的急迫而泯灭一样，对形式的感觉自身……也泯灭了。……人们不再为了礼仪、为了婉转的礼貌、为了交谈中所有的才智、为了任何闲情逸致而费时费力。因为处于追逐收获之中的生活总是迫使人支付自己的精神，直至消耗殆尽，不断地伪装或者斗智或者抢先：真正的德性现在就是在比别人更短的时间内做成某件事。这样一来，就只有很少的时间留给**所允许的**真诚了：然而，人们此时已疲惫不堪，不仅想不受干扰，而且想尽可能地、笨手笨脚地伸展四肢。如今，人们就按照这种癖好写信，其风格与精神将永远成为真正的时代标志。如果在社会和艺术中还有一种娱乐的话,那就是一种适合于干活累了的奴隶们的娱乐。呵,我们这些有教养和无教养的人对快乐的这种知足!劳动越来越把所有的良知争取到自己这一边:对于快乐的喜好已经自称为休息的需要,并开始对自己感到羞愧。人们要为健康负责——如果有人被发现郊游,就会这样说。甚至不久就会达到这样的程度,人们在顺从沉思生活的爱好时……不免要蔑视自己和良心不安。"[1]沉思的爱好无论在古代伦理中还是在基督教伦理中都有其根源。在古代,闲情逸致被视为是与人匹配的和高贵的,而只要教会还决定对生活的评价,沉思的生活就被确立在默思和凝神面对所有的世俗活动所拥有的那种有限地位之中。惟有现代世界不遗余力地推进的勤奋,才使闲情逸致和劳动之间、基督教的凝神和世俗的事务之间的等级秩序解体到如此程度,以致星期日成为无聊的日子,因为人们在这一天无事可做。现代"充分利用时间的""愚蠢而又狂妄的"勤奋比其他一切都更多地教育出无信仰,瓦解宗教生活。"在例如今日德国生活在宗教之外的人们中间,我发现了各种各样的人……尤其是大多数这样的人,对他们来说,勤奋一代又一代地瓦解了宗教的本能,以致他们根本不再知道宗教有什么用,只是以一种呆笨的惊讶……注视着它们在世间的存在。他们感觉到自己已经被占用得很多了……或者被他们自己的事务占用,或者被他们的娱乐占用,更不用说被祖国和报纸占用了……"[2]但是,适用于事务繁多的人的东西,也可以谈论有教养的人们,[3]因为科学研究成了不

---

[1] 尼采:《快乐的科学》,第329条;参见第42条和第280条;《尼采全集》,I,229—230 和 344—345。
[2] 尼采:《在善与恶的彼岸》,第58条。
[3] 尼采:《快乐的科学》,348条、第349条、第373条。

遗余力的劳动营生的一个环节。

自从市民阶级—基督教的世界——用卡莱尔的一部读者众多的诗选的标题来说——从事"劳动"是为了必须"不绝望"并且谈论"劳动的赐福"以来,劳动就失去了诅咒的性质。"在赞颂劳动时,在孜孜不倦地谈论'劳动的赐福'时,我看到了同一个隐念,就像在夸赞公益的非个人的行动时一样,看到了对所有个人的东西的恐惧的隐念。在根本上,人们如今感到……这样一种劳动是最好的警察,它给每个人都戴上了笼头,善于强有力地阻止理性、贪欲、独立性要求的发展。"[1]

在90年代,劳动的一位经典赞颂者是左拉［Zola］,他在一次对年轻人的讲演中宣布:"我只有一种信仰,一种力量,即劳动。我交给自己的那种非凡的劳动支持着我。……我对你们所说的劳动,是一种有规则的劳动,是一种教训,是一种义务,我给自己提出这种义务,乃是为了在我的作品中天天进步,哪怕只是一步……劳动!先生们,你们想一想,它构成了世界惟一的规律。生活没有别的目的,没有别的存在基础,我们大家的产生,只是为了尽自己的劳动份额,然后就消失。"只有像尼采和托尔斯泰这样罕见的人物,才认识到标志着对劳动的这种评价的错误激情和隐蔽的虚无主义。[2]

但是,刻画在19世纪上升为目的自身的劳动的特征的,绝不仅仅是市民阶级时代的"工业社会",而是真正的并且更多的是集权国家的"人民";集权国家给予劳动一个虚假的目标,这个目标在事实上只能是战争。也致力于使"用欢乐带来力量"的闲暇成

---

[1] 尼采:《曙光》,第173条;参见《道德的谱系》,第3章,第18条。
[2] 参见托尔斯泰在1928年9月的《新书一览》托尔斯泰卷中对左拉的答复和《怎么办》,第38章。

为劳动力的目的的德国"劳动阵线",创造了一个只有军队的组织可以与之媲美的对全部劳动的组织。这一劳动"阵线"的政治目的,就是通过对生活的军事化而建设一支全民的国防军。就连这一发展,《强势意志》的作者也已经预见到它的来临了。"从劳动者的未来出发:劳动者应当学会像士兵那样感受:一份酬金,一份薪水,但不是支付。"[1]但是,由于尼采把群众的"训练"仅仅理解为一个为了更高目的的手段,他也不能与"当代的奴役"相联系而追问:"他们为之劳动的那些人在哪里?"

---

[1]《尼采全集》,XVI, 197 和 196。

# 第三章 教育问题

> "至于还有可能让一个人纯粹从他自己的原动力出发教育自己,已经很久不再有人提了。时代的紧迫性太大了,再也不能让人们去做了,他们需要一个普遍的标志,以便每一个人在任何情况下都适应人们用来称呼现代生活的那个怪物。"
>
> 　　　　　　　　　　布克哈特(致金克尔的信,1846年)

人文教育理想在德国是由 W. v. 洪堡拟定、并在大学里实现的。今天,这甚至再也不需要为之辩护了。就连曾经如此激烈讨论过的问题,即是要人文教育还是要政治教育,也早已失去了现实性。受过教育的人们觉察到,他们的非政治的教育经受不住国家的攻击,国家自诩可以放弃"知识分子们";这当然并不妨碍,它所宣传的政治上的国家教育,就像它的宣言、讲演和著述的每一个句子和全部词汇所证明的那样,作为"教育"还靠旧教育的残余来维持。——对于黑格尔来说,在人文教育和政治教育之间做选择的问题根本不曾存在,因为对于他来说,正是"人文"教育把个人教育成为公民,这是不言而喻的。

## 一、黑格尔的政治人文主义

黑格尔作为纽伦堡中学校长于1809—1815年间所做的5次中学讲演,言简意赅地提供了他的教育理念的一个完备的介绍。[1]它既远离一种从外部强迫的教育政治化,也远离洪堡的贵族制的教育个人主义。人能够自己教育自己,这对他来说,与传统的、不仅仅是我的,而且是普遍的语言和习俗相联系,是人必须教育自己参与**集体**的一个前提条件。教育自己,就是个人将自己提高到精神的普遍本质。这一原理规定着全部5次讲演。第1次讲演涉及对古代的研修,涉及语法研修和语言研修对教育自身的意义;第2次讲演阐发了纪律的概念,探讨了道德教育与科学教育的联系;第3次讲演将学校置于孩子的家庭生活和成人的公共生活之间的中间环节;第4次讲演鉴于人的整体性教育探讨了对古代的研修;第5次讲演通过古代的和传统的东西与近代的东西的斗争刻画了当代教育成问题的状况。

作为较高级的学校的一个任务,教育首先局限在有学问的研修上。真正的研修有别于纯消极的学习,有别于任性的思维。教师必须把学生教育得在学习中学会自己思维某种**别的东西**。"拒斥废话是任何教育和任何学习的一个条件。必须从能够把握他人的思想并且放弃自己的表象开始。"这样把学习与自己思维结合起来,就使学习成为一种研修。但是,一个人是否能动地在学习中把握到某种东西,这表现为他能够把这种东西运用于新的、不同

---

[1]《黑格尔全集》,XVI,133以下;参见《哲学入门》,第41节以下;《法哲学原理》,第187节和第268节,附释。——关于黑格尔的教育理念,参见陶洛夫 [G. Thaulow]:《黑格尔关于教育和课程的观点》,基尔1853年以下;K. 罗森克兰茨:《作为体系的教育学》,哥尼斯贝格1848年。

的场合。[1]达到这一点，是授课的教育学任务，授课自身就必须已经是有关教育的，因而也不需要从外边来的教育学。

成为一个**新的**教育机构的校长，其优越性黑格尔是这样解释的：新的教育机构是建立在较旧的教育机构之上的，从而是延续传统，保证着存续。对新的机构的信任是建立在较旧的机构的原则之上的，而这原则就是人文主义的教育。"自几千年以来，这就是所有的文化立足于其上、从中生长出来并与之持久联系的基础。""但是，保持这一基础有多么重要，改变它当时所处的关系也就多么具有本质性。"旧的东西必须被置于同整体的一种新关系之中，以便通过更新来保持它的本质性的东西。黑格尔以拉丁语课为例说明了这一点。他丢过面子，因为他使人忽略了市民生活重要的实际知识；但是由此可以得出，单纯的当代知识可以取代对希腊人和罗马人的研修。因为无论是单纯的拉丁语学习，还是日常事物的处理，起教育作用的都根本不是材料性的东西，而仅仅是在他自己身上教育出来的东西，这东西自身就已经是内容丰富的、杰出的。"但是，如果我们承认应当从杰出的东西出发，那么，对于较高级的研修来说，首先是希腊人的文献，其次是罗马人的文献构成了基础并仍将是基础。"只是在对他们完美的作品的研修中，人才获得了"世俗的洗礼"，"这洗礼给予灵魂以情趣和科学的第一次和不会丧失的声音与颜色"。但是，人们必须"在食宿方面"顺应古人，以便吸纳他们的空气、他们的观念甚至他们的失误和成见，并在这个世界里有家园感，这个世界是曾经存在过的最美好的世界。[2]古代世界以最高贵的形式为教育提供了最

---

[1]《黑格尔全集》，XVI, 153—154；并请参见这一原则在哲学课的应用：《黑格尔全集》，XVII, 342—343 和 353。

[2]《黑格尔全集》，XVI, 134—139。

高贵的食粮,没有一个民族像希腊人那样创造出如此之多的原创的、杰出的和多方面的东西,希腊人生动的德性完全没有基督教世界的那种"道德上的模糊"。

他们的财富融入了他们的语言,这样,对古人的研修必须首先是语言的研修。但是,对异国语言的一种真实的接受不能直截了当地进行。**对某种异己的东西的接受要求从自己的东西异化**。人们必须能够同自己拉开距离,以便接近异己的和不同的东西自身。教育不仅完全需要一个它要教育和塑造的对象,而且这个对象还必须拥有某种与我们对立的异样的东西。"对于作为理论教育的条件的异化来说,这种教育要求……研究一种非直接的东西,一种异样的东西……"[1]这种"分离的要求"表现在特别是青年人特有的冲动中:脱离本土的东西,在远方寻找自己,因为恰恰是遥远的和异己的东西对于自己的接受能力来说是具有魅力的东西。"在灵魂的这种离心冲动之上,建立起……必须把它所寻求的与自己自然的本质和状态的分离交给它自己,并且把一个遥远的、异己的世界置入年轻的精神的必要性。使这种对于教育来说的分离……得以实现的隔离墙是古人的世界和语言;但是,它与我们分离开,同时又包含着返回到我们自身、与它交朋友、重新找到我们自己、但却是按照精神真正的普遍本质的我们自己的所有出发点和线索。"[2]因此,真正的接受不是没有距离地适应异己的东西的效仿,相反,它要求从自己本身走出,受教育的只是在其异他性中接受异他物的人。由此得出,就连学习一种我们陌生的语言时的"机械性的东西"也不仅仅是一种必然的灾难。"因为机械

---

[1]《黑格尔全集》,XVI,142;参见《哲学入门》,第42节。
[2]《黑格尔全集》,XVI,143。

性的东西是与精神异己的东西；对于精神来说，这种机械性的东西有兴趣来消化置入精神中的未经消化的东西，并理解在它里面尚无生命的东西，使之成为它的财富。"同样的道理也适用于语法研究，它恰恰由于自己的抽象性而是教育精神的一个杰出手段。就像"是"（Sein）的概念已经包含在那个语法上的"是"（ist）之中一样，语言形式完全已经包含着事物的逻各斯。[1] 被教育者必须能够具体地思维；但是，只有在粗糙的表象内部能够进行区分和抽象的人才真正具体地思维。[2] 语法研究是一种"基础性的哲学"，因为它使我们熟悉了简单抽象的本质性，即"精神性事物的音符"。这三种异他性，即古代世界、它的语言和语法结构，构成了人文主义研究的教育性力量，因为它们使人的精神与自身分离，并这样解放它回到自身。但是，科学教育的原则同时是一种尊重人的行为的原则，因为后者同样要求人能够把自己与自己分离开来。"科学教育完全具有对精神的作用，使精神与自己本身分离，从它直接的自然的存在、从不自由的情感和冲动的领域突出出来，置于思想里面，由此它达到一种关于通常对外部印象的必然的、本能性的反作用的意识，并通过这种解放成为支配直接的表象和感觉的力量，这种解放一般来说构成了道德行为方式的形式基础。"[3] 教育精神的，之所以还有军事训练，乃是因为它是与自然的涣散和懒惰对立的，并且强迫一个人精确地执行外来的命令，并且机智果断。教育一般来说不是局限在这一点或者那一点，相反，一个"通常被教育的人"具有熟悉任何一门对他来说陌生的科学或者技能的能力，它是一种朝向普遍者的教育，这恰恰是因

---

[1]《黑格尔全集》，XVI, 143—144；参见《逻辑学》第 2 版前言。
[2] 参见黑格尔的文章：《谁在抽象地思维》，《黑格尔全集》，XVII, 400 以下。
[3]《黑格尔全集》，XVI, 170。

为它不是在将诸多特殊性肤浅地统一起来的意义上的普遍教育。[1]

但是，由于它把市民教育机构的作用不是限制在人的实存的全部范围，而是限制在作为学生的人身上，所以学校的任务是在生活的私人特殊性和公共普遍性之间作中介。它的前提条件是，在学生身上原本就已经造就了某种东西，而且另一方面，学生日后在学校之外的世界里面能够经受住考验；他在家庭中的生活和所有人共有的世界中的生活之间作中介。[2]学生成长起来必须适应的世界不是一个私人世界，而是一个共和国或者城邦。在共和国或者城邦里面，人的价值不是根据其个人的特殊性，而是根据其对共和国或者城邦的客观领域之一的适用性。因此，教育旨在的目标就是通过放弃其特性来教育个人，把他教育成"事业的元素"，这元素就是共同的世界，与家庭中特殊的人际关系不同，从家庭中派生出学校的中间领域。受教育的人在其中获得一种"普遍的自我存在"的世界，黑格尔称之为一个"普遍性的体系"，其中单个的人只是就它们使自己符合这个体系而言才具有价值，至于通过学校实现的东西，是单个的人属于公共生活的能力。[3]这是人的教育的目的，仿效这一教育，我们把我们的教育称为人文主义的教育。按照近代的状态脱离了我们的直观和参与的东西，即市民秩序和道德秩序的一致建立于其上的重大的和公众的关系，曾出现在城邦中，因为在城邦中，国家的绝对性建立在单个的人们的自动参与之上。与此相反，在我们现代的、通过过分教育隔离开来的状态里，"整体的内在生命"作为一个抽象的精神从个人的心灵凸显出来。"每一个单个的人都只是支离破碎地遥遥地参与

---

[1]《黑格尔全集》，XVI, 151—152。
[2]《黑格尔全集》，XVI, 171—172。
[3]《黑格尔全集》，XVI, 174—175。

它，被分配给一个有限的领域，在它之上是把所有这些……特殊的运动……导向统一的灵魂；他们都不具备整体的情感和积极表象。"[1]我们所献身的职业等级是一种比在古人那里更排他的东西；但对于我们来说，更为重要的是至少保有一种"完整的生活"的表象和概念，而在这里面引导我们的主要是人文主义的研究。"它们提供了人类整体的**可靠**表象；古代国家的自由的种类和方式，公共生活与私人生活、普遍意义和私人信念的内在结合，造成个人人文性的重大旨趣，即公共活动和私人活动最重要的支柱、使各民族沉浮的力量，表现为一种持久交往的思想，表现为对一个平凡的当代的日常对象所做的简单自然的考察，表现为在我们的教育中并不出现在我们的生活和所作所为轨道上的思想。因此，就连法律和义务对我们来说也以生动的形象表现为**习俗**和**德性**：不是以反思和我们当做遥远的强加的规范来遵循的原理的形式。"[2]为了使一种高贵的生活这一基本观念在整体中保持清晰，为了巩固人们从我们现实生活的个别化能够返回的那个"内在位置"，人们必须推进文科中学的研修，按照希腊人和罗马人进行教育。

在黑格尔对世界的实际态度中，对"存在着的东西"的承认超过了按照古人教育的尺度对现存事物的批判。他的现实感拒绝想颠覆现存的秩序，并通过不想放弃其自我性和参与现实来表达其"无教养"的"永恒的少年"。黑格尔仿佛已预先看到了他的革命性学生，他说道：如果他们属于较高的阶层，他们就会聚集起来，制订世界按照他们的见解应当如何的空洞纲领，以便给"事物的秩序捅一个洞"。

---

[1]《黑格尔全集》，XVI，188。
[2]《黑格尔全集》，XVI，188—189。

## 二、青年黑格尔学派

### 1. 卢格对美学教育的政治化

卢格最为坚定地承担了从"时代的政治化"对教育所产生的后果,并且是在把黑格尔的政治教育理念实际运用于逃避公共生活的自我满足的教育时。他的思想如下:教育的政治化虽然看起来是对自由的科学和美的艺术的一种摧毁,然而,希腊人却完全是"政治的"人,并且就此而言在极高程度上是诗性的、哲学的和自由的。但是,在他们那里,却不存在科学与艺术对我们的状态来说所特有的"明确性",它们表面上的自由基于与公共共有的生活的私人隔离。[1] 从这种分离产生并造就一种"亚历山大里亚式的"科学的"过分教育"必须彻底改革。例外的只是自然科学,因为自然科学根本不以"精神的历史实存"为对象。与此相反,进步着的时间成为现存哲学、神学、法学的死亡,因为历史甚至剥夺了它们迄今为止的对象。"希腊神学与希腊诸神一起死亡,其法学与其国家一起死亡,一个庞大的法学世界、法学者们的……真正乐园与神圣罗马帝国一起崩溃。"同样,一旦新苏醒的政治感给创作提供了历史主题,露天剧、爱情剧、家庭剧和市井剧的诗性"类别"就消失了。属于过时的教育的,还有市井文学的反面,即浪漫主义文学;与它一起,还有古典文学也遭受到时代的审判。因为就连歌德和席勒也由于他们被德国的历史政治关系限制在自己的内在性上而"自私自利地"隐退,歌德拒绝而席勒要求,但二人都没有能力赋予自己的诗人理想一种政治的现

---

[1] 关于从公共共同性的政治原则出发的艺术改革,参见 R. 瓦格纳 1849 年的作品:《艺术与革命》。

实性。[1]对于卢格来说，按照他对"迄今为止的"教育的彻底批判，属于"新的"创作的，限制在像黑尔韦格[Herwegh]和法勒斯莱本的霍夫曼[Hoffmann von Fallersleben]这样一些政治诗人的名字上。

在《年鉴》的最后一期[2]更为清晰地说道："自命不凡的理论家们"的时代和抽象哲学的幻觉已经一去不复返了。信仰、知识和诗，黑格尔体系中的这些"绝对的"领域，它们并不悬浮在国家之上，毋宁说，它们自身是一种公共的事务，在政治自由的精神组织中是一个必要的成分。真正宗教的问题并不在于"良知"的保留权益，并不在于"善良意志"——它既是值得珍视的又是软弱无能的——而是在于宗教、科学和艺术通过国家的世俗化，作为我们共同生活的公共整体。自命不凡的教育缺乏重大的历史目的，因此，它满足于自身。"放弃其根本目的的哲学与对纯粹私人的一般世俗教育一样面临着因自我陶醉和毫无价值的运动而就其自己的主体性而言毁灭自己的危险。大城市一直在其能够适当地表现和引人注目的地方暗中窥测的诙谐和无聊幽默，对每一种天赋和每一种名望的崇拜，对女舞蹈演员、剑手、音乐家和运动员思想贫乏的热情，这一切证明了什么呢？无非是缺乏为伟大的目的实际工作的自命不凡的教育……无非是单纯形式理智和形式才能的轻佻；人们必定已经达到了轻视所有这些天赋和所有这些聪颖、以免卷入这些空泛的、枯燥无味而又没有效力的旋涡之中的地步。你们就玩弄自

---

[1] 埃希特迈耶[Echtermeyer]与卢格：《新教与浪漫主义：对时代及其矛盾的理解》，载《哈勒年鉴》，第2期，1839年，第1953页以下；关于对歌德的批判，请参见第65页以下，第153页以下，第2313页以下。
[2]《德国年鉴》，第5期，1843年，《自由主义的一种自我批判》。

以为的聪明并使自己厌倦吧,如果你们达到了能够一同生辉和一同参与的地步,那么就也对这种时髦狮子的意识作出反思吧,在这种意识中,你们达到了一切,也达到了一种洞识,即你们不可能达到比这种厌倦和自命不凡更高的地步;但是你们不要想你们是整个的人、并且如果你们不从自命不凡出发显露自己就怎样。过分教育的都市生活造成的这些现象也是出自安于现状的哲学。哲学的幻觉与世俗教育的幻觉是同一种幻觉,即一种形式上的理论思维就已经是精神和目的自身了。"卢格对自命不凡的意识的特征说明把黑格尔对"异化了的教育"的世界的分析简单化了,[1]但并没有引导这种完全变得聪明起来了的教育"无精神的表面"超越自身达到绝对的知识。他并没有扬弃它,而是想在政治上消灭它。要想毁灭,它就必须卷入政治动荡那些抓住每一个个人的头发并把他从自己的过分教育揪出来的实际问题。意识的这种改革并不败坏艺术与科学,相反,它植根于民众之中。它首先产生出一种"现实的和强有力的"科学。科学精神必须在公共生活中获得一种真正鲜活的内容,以至于自我意识扩展为世界意识,自由主义扩展为清除受过教育和未受过教育的人之间的分裂的"民主主义"。"时代的各种问题必须拥有民众并且为了民众,以便在这个世界上有一种现实的生命。民众的概念是对等级和阶层隔阂的扬弃,不仅仅扬弃贵族与农民、高贵与平民之间的虚构隔阂,而且扬弃有知者和无知者之间的现实隔阂,在这种扬弃中,所能够提供的东西要比乍一看所具有的外表多得多。"在一种已经死亡了的教育的雅致精神世界、高居于公民生活之上的警察、暗中悬浮在这上面的司

---

[1] 黑格尔:《精神现象学》,拉松版,第316页以下。

法和与民众生活分离开来的军事体制的位置上,应当拯救一个既是精神的也是政治的共同体,在它里面,过时的自由主义的一切矛盾都消失了。由此产生的实际问题是:1.把教会转化为学校,并由此出发组织一种现实的、吸引所有下层民众的民众教育。2.把军事体制与此完全融合在一起。3.在公共生活和公共法庭上让受过教育并有组织的民众自己治理自己,自己运用司法。

如果进行了这场改革,那么,就连在海涅那里体现出来的轻佻的任性[1]也被贬降为纯粹的实在精神的元素。因为真正的自由不是从新教和浪漫主义产生的"精神自由",而是也把精神自由和教育自由包含在自身的政治自由。"精神是国家精神,所有的人……都是政治的存在者。"国家不是私人事务,而是一种公共事务,并且是"对一切都关心的事务"。

卢格把自己的纲领理解为法国革命的德国式实现。即便是在对普鲁士的反动时期,他也确立了自己的希望,他把构成一个日耳曼大国视为普鲁士的欧洲使命。他预言,由普鲁士宣传的政治教育将会把人引向"意念",并继续引向"性格",最终引向政治上的"行动"。

**2. 施蒂纳把人文主义的和现实主义的教育还原为单个人的自我启示**

与卢格同时,施蒂纳在一篇关于人文主义和现实主义的文章中把我们的教育的不真实原则作为主题。[2]他的观点不是政治

---

[1] 《哈勒年鉴》,第1期,第193页以下;第5期,第61页以下。
[2] 施蒂纳:《我们教育的不真实原则或人文主义和现实主义》(1842年),载《施蒂纳短篇著作集》,第237页以下。

的自由，而是单个的自我的绝对"人格的"自由。这是因为，施蒂纳与基尔克果的表述一样，真理无非是"他自己的显示"，此外还有"他自己的发现"；但与基尔克果相反，施蒂纳把他的自我形成理解为"对一切权威的极端抽象或者摆脱"。[1]在教育内部，权威的本质表现在，较高的教育直到启蒙运动还仅仅为学者和教士所掌握。它处在人文主义者和神职界的手中，因为只有经典作家和圣经被视为真正能教育的。凭借拉丁和希腊的教育，有人成了大批未受过教育的门外汉的主人。自法国革命和人权宣言以来，这种**排他的**教育就与一种**普遍的**教育冲突了。人们想要一种真正的、介入公民生活的、取消学者与门外汉的人文主义区别的教育。"然而，像人文主义所教导的那样把握过去的东西，了解现实主义所关注的当前的东西，这二者仅仅导致对**暂时性的**东西的权力。只有理解它们的精神才是**永恒的**"，也就是说，是为自己并从自己本身出发受教育的自我的统一和全能。但是，关于这种自由，无论是古代的人文主义还是现代的现实主义都没有概念。受教育更高的人由于传播一种普遍的教育而转变成为一个受片面教育的人，而受现实主义教育的人则表现为一个没有见解的实践家、一个"无情趣的实业家"。这种受过教育的工业化主义的反面是时髦主义。为了超越这些对立，教育事业自身必须死亡，以便作为"意志"复活。因为想保存知识的人将失去知识，而交出知识的人却将获得知识。知识的终点同时也是它的永恒就在于，当它作为冲动和意志在每一行动中重新产生自己时，它再次成为"简单的和直接的"。在这种情况下，它不再是一种外在

---

[1] 施蒂纳：《我们教育的不真实原则或人文主义和现实主义》（1842年），载《施蒂纳短篇著作集》，第249页。

的知识拥有,而是一种与我本人同行的、人格地实存的知识。人不应当教育给自己一种知识,而是应当达到自我显示:"知识无论多么博学和深邃,或者无论多么广泛和易于理解,只要它不凝缩在自我的不可见的点上,以便从那里作为意志……爆发出去,它都依然只是一种占有和财产。如果知识不再仅仅死盯着客体,如果它成为一种对自己的知识,或者更清楚地说成为精神的自我意识,在这种情况下,它就经历了上述的转变。这样,它就颠倒了自身,可以说是转化为精神的冲动、本能,转化为一种**不自觉的知识**;关于这种知识,每一个人,只要他把这种知识与如此之多和全面的经验如何在他那里甚至纯化为人们称做礼节的简单情感进行比较,就至少都能有一个概念:一切从那些经验得出的详尽知识都集中在一个**瞬间**的知识中,它由此而在一眨眼间决定自己的行为。"[1]与这种瞬间的、变得直接地有生命的、或者如人们现在所说"实存性的"知识相适应的,是整个世界实存性地集中到各自的自我。

### 3. B.鲍威尔对参与普遍者的套话的批判

作为一个保持在"运动"外部的敏锐的观察者,鲍威尔一开始就看透了无论是这样在人格上还是那样在政治上把教育和科学与"生活"相连接的空洞性,并把它作为一种批判的—历史的描述的对象。[2]他用"**贫困化**"和由此产生的"**概念的简单化**"的贴切用语来形容1842年至1846年充斥德国讲坛的关于大学改革

---

[1] 施蒂纳:《我们教育的不真实原则或人文主义和现实主义》(1842年),载《施蒂纳短篇著作集》,第253页;参见第369页。
[2] 《1842—1846年间德国党派斗争的完备历史》。

和一种政治教育的必要性的哲学杂志[1]、著作和讲演的浪潮。[2]因为这两个词说出了"事情所取决（据古茨科的说法）"的一切。表述贫困化本身的用语是：教育的"组织"、作为政治性的"类本质"的人、"参与国家"。但是，卢格并没有正确地评价对"普遍者的套话"的这种参与。因为这位德国公民已经通过"无穷无尽地重复的力量"把他的庄重要求付诸实践了。卢格想凭借一条河浇在罪恶的世界之上的东西，这位公民使之"一滴一滴地落在现存事物的石头上"，以便更有把握地洞穿它。[3]

在所有人都预言哲学和理论教育终将渗透生活的实践的时候，鲍威尔却断定，变得如此"有生活气息的"科学教育就根本不再是科学教育了。大学早就不再是历史斗争的场所了，而极端的人们——对什么东西的不熟悉都莫甚于对科学历史的不熟悉——则把一种肤浅的编纂的出现当做一种决定性的事件来叫卖，对一位具有政治动机的教授值一次火炬游行之际为了预言"民众的事业"的胜利而向大学生们说的装腔作势的话欢呼雀跃。[4]归结，尤其把历史归结为"当代的旨趣"，通过对有文献资料为凭的历史传承的粗暴违背，证明这些简单的概念协助新的"民众哲学家"对于历史的"脆弱材料"取得了什么样的优势。[5]"大学生们谈论大学的一种'使命'，时值这种使命已经完成；谈论'时代的潮流'，时值这一潮流已不再在大学的渠道里流淌……谈论一门科

---

[1] 关于当时创立的《科学与生活杂志》，请参见《1842—1846年间德国党派斗争的完备历史》，第3卷，第111页以下。
[2] 《1842—1846年间德国党派斗争的完备历史》，第3卷，第13页以下，第88页，第123页。
[3] 《1842—1846年间德国党派斗争的完备历史》，第3卷，第173页。
[4] 《1842—1846年间德国党派斗争的完备历史》，第3卷，第128页。
[5] 《1842—1846年间德国党派斗争的完备历史》，第3卷，第119页。

学,时值这门科学……已经解体,其本质……已经成了**不确定的气体**。"[1]人们只是谈论每一个人都必须效力的"整体",谈论没有人能够摆脱的"政治知识"。为了使科学具有生活气息,人们要求在教师与学生之间有一种精神交流,殊不知交流的手段,即科学,已不复存在。[2]"经院学者……都清晰地反对这种参与国家的学说,所有的哲学体系与关于臣民本性的这种大学演讲相比都是大众化的……高明的神秘主义者们惊讶地承认这种奉献理论的超越性是远远地超过了**他们**关于升华到普遍者的学说的宏伟建筑的大师之作。"[3]

在现实中,"政治僧侣"用艺术和科学来向国家献祭,为使国家满意而把政治教育称做"惟一属人的"教育,这对他们没有丝毫用处:"国家并不把他们的保证放在心上,把保护自己和自己的臣民不受科学的侵犯并防止把自己当做公共财产交给科学视为自己的义务。"因此,极端的知识分子提出一些更大的要求来纠缠国家,以便尽可能地将它置于尴尬的境地。"但在这一点上,当对国家的要求被推向最极端,单个人的独立性被提升为纯粹的原则时,极端主义最终就脱离了现实的国家,被置于一个新的领域,在那里它可以仅仅并且不顾政治后果地照应使它的政治要求毫无效果的不确定性……无动于衷地崇拜整体的全能,并以比在政治领域更大的幸运宣讲无私的精神。"[4]

鲍威尔在一系列历史研究中阐释现代自由主义努力的起源和命运的尝试,依然是不仅在马克思那里、而且普遍地遇到最激

---

[1]《1842—1846年间德国党派斗争的完备历史》,第3卷,第83页。
[2]《1842—1846年间德国党派斗争的完备历史》,第3卷,第132—133页。
[3]《1842—1846年间德国党派斗争的完备历史》,第3卷,第87页。
[4]《1842—1846年间德国党派斗争的完备历史》,第2卷,第78—79页。

烈的厌恶的零星活动。这样一种批判无论在当时还是在今天都是"不结果实的"、"抽象的"和"错综复杂的",因为它并不触及"现实的生活"。鲍威尔的批判的傲慢迷恋于一种诡辩,由于这种诡辩,他脱离了民众的事业。一般来说,现在的问题不是批判,而是一种"重建";在这种重建中,历史所期望的一切的总和将得到实现。[1]

## 三、J. 布克哈特论教育的世纪和 G. 福楼拜论知识的矛盾

在鲍威尔写作他的德国状况的批判史的同一年,即 1846 年,**布克哈特**在致甚至扮演着极端运动中一个不可小瞧的角色的 G. 金克尔的一封信中表示:19 世纪有朝一日将叫做"受过教育的"世纪,因为今天每一个人无论多么愚蠢,都获得了普遍传播的教育的诸多火花,以至于只有一位赫剌克勒斯[Herkules]才能砍下这个许德拉[Hyder]的全部头颅。"从前,每一个人都是一头自行其是的驴子,并使世界处在和平中;与此相反,现在人们互相视为受过教育的,拼凑起一种'世界观',开始向邻人讲道。没有人想再学习什么,更不想沉默,极少愿意承认他人的发展。这真是见鬼了。"这种普遍传播的教育天天在建造一座常规的意见亦即错觉的房子,在这些错觉中,社会的各阶层整个地在错误的热情中运动。[2]在其时代无可救药的感觉中,布克哈特决定逃避到南方,以便避开所有那些人:"极端分子、共产主义者、实业家、受过高

---

[1]《1842—1846 年间德国党派斗争的完备历史》,第 3 卷,第 182—183 页。
[2]《布克哈特致 G. 金克尔与 J. 金克尔书信集》,巴塞尔 1921 年,第 81—82 页。

等教育的人、苛求的人、有所谋求的人、抽象的人、绝对的人、诡辩家、国家的狂热信仰者、唯心主义者，总而言之诸如此类的人。"[1]40年之后，他发现自己当年获得的信念，即现代的大城市教育只是培养出"拔高的平庸"，在变得越来越广泛和平常的教育的普遍状态中得到了证实。[2]在对这种"强制的平均化"的抵制中，他却捍卫作为相对较小祸患的自中世纪解体以来产生的受过教育者和未受教育者之间的裂缝。[3]

教育问题的真正纲要是福楼拜未完成的杰作《布法与白居谢》。[4]当古典教育的模仿者们在德国按照威廉·麦斯特［Wilhelm Meister］的样板写教育小说的时候，福楼拜在1850年左右制订了编纂一部《成见词典》的计划[5]，这是一部人类愚昧的卷宗，它应当成为一种嘲讽性的"从人们赞许的一切而来的历史赞美"。在他结束《圣·安东的诱惑》——其中所有的信仰和迷信都诱惑这位圣徒——之后，他开始清理和分析当代科学教育的混乱。两个诚实地谋求更高教育的、善良而又聪慧的小市民，最初是誊写员，在他们幸运地获得的庄园里漫游过积累起来的知识的整个迷宫，从园艺、化学和医学到历史、考古学、政治学、教育学和哲学，最终又回到自己的书桌，从徒劳地研究过的书中做摘录。整部著作以一种"高雅喜剧"的风格走过异化了的知识的王国，结束于绝

---

［1］ 1846年2月28日致绍恩堡［Schauenburg］的信；参见致金克尔的信，《布克哈特致G. 金克尔与J. 金克尔书信集》，第137—138页。
［2］ 参见作者的布克哈特专著，第233页以下。
［3］ 《布克哈特全集》，V，125。
［4］ 第一次发表于福楼拜去世后的1881年。——《福楼拜全集》，巴黎1923年。
［5］ 参见福楼拜1852年12月致科莱特［L. Colet］的信：《福楼拜通信集》，II，185。参见同一时间（1851年）波德莱尔的《烟花》及其创作《世界末日》的计划。

对的知识，即我们的整个教育是没有基础的。"存续数百年之久的学说被用 10 行字来解释和阐明，并通过与别的学说的对比来了结掉，后者也被用同样多的尖锐和生动所澄清和毁灭。一页又一页，一行又一行，都出现一种认识，马上又出现另一种认识，把前者击倒在地，又从自己这方面被自己的邻人击中而阵亡。"[1] 在著作结尾的场景里，白居谢勾勒了人类未来的一幅阴暗的图画，而布法则勾勒了一幅美好的图画。按照前者的说法，变得卑劣的人类在一种普遍的堕落中接近了末日。存在有三种可能性："1. 泛神论的极端主义撕碎与过去的任何结合，从中产生出非人的独裁政体。2. 如果有神论的专制主义胜利，则自革命以来充斥人类的自由主义就将没落，并且发生一种彻底变革。3. 自 1789 年以来发生的各种震荡继续进行；如果在这两条出路之间作不出选择，它们的波涛就将凭借自己的力量把我们裹挟走。在这种情况下，无论是理想，是宗教，还是道德，都将不复存在。然后美洲就征服了世界。"按照后者的观点，欧洲将由于亚洲而复苏，一种意想不到的交通工具将发展出来，凭借潜水艇和气球，将兴起新的科学，它们使人们有能力令宇宙的各种力量为文明服务，并且在地球被耗尽之后迁徙到别的星球上去。恶将与困境同时终止，而哲学将成为宗教。

## 四、尼采对过去和当代的教育的批判

布克哈特在**社会的**运动一开始所取得的经验，尼采于 1870 年

---

[1] 居伊·德·莫泊桑 [Guy de Maupassant]：《福楼拜》，载《福楼拜备忘录》，莱比锡 1913 年。

之后在**民族**的强权国家中也获得了。在 30 年的距离上,他们二人都发现面临着一种"文明化了的野蛮"的兴起,这种野蛮随着 19 世纪这两种倾向的统一[1]而获得了充分的发展。就连尼采在施特劳斯身上所反对的"知识庸人",也根本没有绝种,毋宁说,他作为政治上塑造出来的人以一种规定好了的世界观成为一种大量的现象。[2]

以《过去的德意志教育》为题,尼采描述了围绕教育"高贵地伪装起来的姿态"闪耀的"微弱光芒"。这种教育在德国特别由席勒、洪堡和施莱尔马赫所体现,但也由谢林和黑格尔所体现。然而,人们立刻就逃避了这种教育的"银河之光"。"当德国人开始让欧洲其他民族感兴趣的时候……这是借助一种教育发生的;这种教育他们如今已经不再拥有,甚至是他们以一种盲目的热情摆脱的,就好像它是一种疾病似的。然而,除了政治的和民族的狂想之外,他们不知道还可以用更好的东西来代换它。当然,他们以这种狂想达到了这样的地步,与他们凭借自己的教育时相比,他们使其他民族更感兴趣得多。这样,他们也就可以心满意足了。"[3]

对他来说,俾斯麦的国家是"为了德意志帝国而对德意志精神的一种摘除术",俾斯麦本人是一个"大学生联谊会会员",而"俾斯麦时代"则是"德意志愚昧化"的时代。俾斯麦把德意志精神压缩成民族的东西,强迫德国人服从大政治,给他们堆起一个帝国和政权的巨型怪物,促使德意志民族牺牲古老的德性,为的是给它一

---

[1] 参见《布克哈特全集》,VII,476 和 478—479。
[2] 对于纳粹教育的起源来说能够说明特征的是,张伯伦[H. St. Chamberlain]的《19 世纪的基础》通过罗森贝格[A. Rosenberg]新出了一个大众版。关于张伯伦的特性,请参见 F. 奥韦尔贝克:《基督教与文化》,巴塞尔 1919 年,第 198 页:他是"知识庸人型的一个罕见的精美标本"。
[3] 尼采:《曙光》,第 190 条。

种"国会教育"来替代，并使作为一个思想家的民族的德意志民族声名狼藉。[1]尽管如此，俾斯麦在尼采的判断中在既定的德国关系内部还是相当"伟大的"，这恰恰是因为他并不遵循德国的教育，但却以自己的方式比同时代的德国学者们更具有精神。他所创造的德国虽然并不表现出高级的文化，并不表现出趣味，但却表现出"大量继承得来的和教育得来的才干"，诸多勤奋、坚韧和服从的意愿，这当然并不排除政治权力扭曲了德国人。"德国人——人们一度称他们为思想家的民族，如今他们究竟还思想吗？德国人现在厌倦精神，德国人现在猜疑精神，政治吞噬了对于真正精神性事物的任何严肃态度——'德国，德国高于一切'，我担心，这已是德国哲学的末日……'有德国哲学家吗？有德国诗人吗？有德国**好书**吗？'——在国外有人问我。我感到脸红，但我以即使在失望的情况下也具有的勇气回答说：'**有的，俾斯麦！**'"[2]尼采对俾斯麦的态度必然如此模棱两可，[3]因为他本人想把"精神"与"政治"和强势意志结合起来，最终在狂想发作时想把欧洲领袖群伦的政治家们邀请到罗马开一次国际会议。政治的概念应当融入一场"精神战争"，另一方面，一种哲学的严肃态度的尺度应当是，政治家们能够皈依它。[4]但是，只要精神只是教育，而政治是无思想的，那么，

---

[1] 尼采：《在善与恶的彼岸》，第241条；参见《尼采全集》，XIII，347以下。出自同一时代的还有罗森克兰茨的说明：人们错误地习惯了这样的观念，就好像在我们这里哲学是教育的一种大众化要素，是一种具有普遍旨趣的民族性研究，而事实上，德国哲学的时代非常短暂，直到莱布尼茨和沃尔夫的时代，人们肯定不能把我们视为一个哲学的民族，"而是仅仅视为一个好战的、勤奋的和宗教的民族"（《新研究》，第2卷，第567页以下）。

[2] 《尼采全集》，VIII，109；参见IV，163—164；VII，205—206；XVI，297—298。

[3] 参见费舍：《叛逆者尼采》，第18页以下；A. 柏姆勒：《哲学家和政治家尼采》，第134页以下。

[4] 《尼采全集》，XV，117；参见I，491。

相对而言最好的哲学家就是像叔本华那样在国家之外思维的人,而相对而言最好的政治家就是像俾斯麦那样对哲学一窍不通的人。

尼采 1873 年左右在眼前看到的东西,是由于支离破碎的科学、民族的权力斗争,以及受过教育的各阶层的货币经济和享乐经济而导致的"教育死亡的征兆"。"无论是艺术还是科学,一切都为即将到来的野蛮服务——我们应当朝哪里看?……既然我们本来就没有任何东西要捍卫,所有的人都一起在这里面——那还要做什么?——尝试向现实存在的各种力量发出警报,与它们相结合,还要及时地驯服野蛮的危险所出自的各个阶层。只是要避开与'受过教育者们'的任何结盟。这是最大的敌人,因为他是讳疾忌医的。"[1] 在另一处地方他又说道:有学问的阶层是应当抛弃的,而最先被抛弃的还是知道什么是困境、并且也感觉到什么对他们来说能够是智慧的人。但是危险在于,未受过教育的阶级被传染上当今教育的糟粕,普遍地造成虚假的教育。因为没有人能够真正地克服教育一方面向**有学问的专业教育**、另一方面向**新闻体的普遍教育**的蜕变。[2] 二者互相补充,成为同一种无教养,而科学的严格则与无判断能力和其余所有事物上的情趣野蛮很能协调一致。但是,两种立场也在一定程度上是有道理的,因为没有一个人能够达到它们二者变得没有道理的地步。"教育日小,乃因急躁日大",这是关于德国教育机构的未来的几次讲演的题目

---

[1]《尼采全集》,V,288 以下。
[2] 就基本特征而言,尼采对教育的批判可以一直追溯到赫尔德和费希特。参见赫尔德的《促进人道书简》,第 8 集,第 7 个残篇(1796 年),论"文字和印刷术";费希特:《现时代的基本特征》(1804—1805 年),第 6 次和第 7 次讲演。——参见《歌德谈话录》,III,57(1824 年);歌德 1825 年 6 月 6 日致策尔特的信;歌德 1828 年 3 月 12 日与埃克曼的谈话。

（1871—1872年），[1]这几次讲演是标明教育问题在新闻业和具体科学之外受到正确对待由以出发的位置的一种尝试。尼采用来展开自己的问题的命题是："两个表面上相互对立的、就其作用而言同样有害的、就其结果来说最终合流的思潮在当代统治着我们原本建立在截然不同的基础之上的教育机构：一方面是尽可能地**扩展教育**的冲动，另一方面是**减少和削弱它**的冲动。按照前一种冲动，教育应当被扩展到越来越大的圈子中去，在另一种倾向的意义上，教育被要求放弃它那最高的自负的要求，以效劳的方式从属于另一种生活方式，即国家的生活方式。鉴于扩展和减少这两种灾难性倾向，如果不是在某个时候有可能帮助两种相互对立的、真正德国的……倾向获得胜利，也就是说，帮助作为一种尽可能大的扩展的对立面的**紧缩和集中**教育的冲动和作为减少教育的对立面的**加强**教育和使教育**自给自足**的冲动获得胜利的话，就会使人完全绝望了。"[2]这一命题的一种运用也就是对教育评价历史知识的无界限扩展和削弱的第二篇不合时宜的考察。这第一次教育批判的一个回响就是《查拉图斯特拉》的各章：《教育之邦》《无玷的知识》《论学者》："没有信仰和迷信，他们就是一切被信仰的东西的五彩画卷；他们就像研磨机那样工作，研碎谷种，种上别的。"——在这种当代的和那种过去的教育之间，尼采在寻找一条道路，返回到一种原初的教育的真正需要，即一种在其真实的人性的整体上塑造和教育人的教育。[3]他对现存教育的批判自始至终都是一种对现存人道的批判。

---

［1］ 拉加德关于授课法的两篇论文（1878年和1881年）包含了对尼采那里仅仅在题目中谈到的教育**机构**的一种既具体又彻底的批判：《德语作品集》，格廷根1892年，第168页以下和第264页以下。
［2］《尼采全集》，IX，301—302。
［3］ 关于原初的"教育"概念，参见 P. de 拉加德：《德语作品集》，第171页。

# 第四章 人道问题

> "一种会说话的动物说道:'人性是一种成见,至少我们动物不会受其折磨。'"
>
> 尼采

## 一、黑格尔:绝对精神是人的普遍本质

黑格尔的原则是精神。[1]精神作为"绝对"也是人的真实的和普遍的本质。而只有在作为精神的"内在普遍性"的前提条件下,人的外在的特殊性才能够得到认识。[2]但是,"万能的时代及其文化",即启蒙运动时期,使人们达到放弃认识"上帝或者绝对"的地步。毋宁说,它的绝对的立场是"人和人性"。然而,哲学不可能停留在这种经验的人性及其毫无内容的观念性上,"为了钟爱的人性起见"而放弃绝对。人们通常称之为人的,只是一种"固定下来的有限性",但却不是"宇宙的精神聚焦点"。由于感性世界和超感性世界的分离,后者只是"从前者的逃逸",而人则

---

[1] 黑格尔:《哲学全书》,第384节。
[2] 黑格尔:《哲学全书》,第377节。

是一种用自己陌生的超感性来粉刷自己的感性。"就像当艺术……拥有自己理想性的东西,它在一个平凡的面孔的眼睛中还置入一种渴望,在其嘴巴中还置入一种谦恭的微笑的时候,它却绝对不被允许描绘超越渴望和忧伤的神灵一样……哲学不应当描绘人的理念,而是应当描绘与局限性混在一起的经验人性的抽象物,承载起僵硬地打入自身的绝对对立之木桩,并且在澄清自己被局限在感性事物上的时候……同时用一种超感性事物的表层颜色粉饰自己,因为它在信仰中指向一个更高的东西。"[1]人的经验本质和绝对本质虽然"应当"一致,但只要受过启蒙的知性的哲学把理性的思辨理念转注入一种"人的形式",它们就**可能**不一致。"对人持续不断的怀念"造成人道这个词获得了"一般来说平庸无奇的东西"的意义。与此相反,黑格尔强调,只有精神才"使人成之为人"。[2]这一命题处在黑格尔的《宗教哲学》的第一页,这就已经外在地证明,黑格尔的精神概念不是人类学的,而是神学的,指的是基督教的逻各斯,从而是"超人的"。[3]

　　黑格尔对人的单纯人道的规定性的批判之肯定性的前提条件是,只有基督宗教才作为绝对的宗教也造就了人的绝对的、亦即精神的规定性,也就是说,凭借其神的道成肉身教义。[4]而且由于基督同时作为"神子"和"人子"绝对属于人类,"不属于任何特殊的祖源",自此以来就也存在着人的普遍的和真正的、精神性的概念。"在别的方面有如此之高文化造诣的希腊人,既不知道神的真正普遍性,也不知道人的真正普遍性。希腊人的神灵只是精

---

[1] 《黑格尔全集》,I, 15;参见31、48、75;XVI, 46、205。
[2] 《黑格尔全集》,XI, 3。
[3] 还请参见《黑格尔早期神学著作集》,第57页。
[4] 黑格尔:《哲学全书》,第377节,附释。

神的特殊力量，而普遍的神……对于雅典人来说还是一个隐秘的神。同样对于希腊人来说，他们自己与野蛮人之间也有一个绝对的鸿沟。人自身也还未被承认具有无限的价值和无限的权利。……基督教是绝对自由的宗教，只有对于基督徒们来说，人才被当做人，有其无限性和普遍性。"[1]这样，从黑格尔对人的规定中就可以得出：对于他来说有限的人还绝对不是一个问题，因为他的绝对哲学的最高级次是一种高于单纯有限的、人的哲学的级次。惟有"就无限者的名称而言，精神才显示自己"。他还要求以绝对的确定性知道，什么使人成之为人，因为在他绝对精神的概念中，本身就是精神的基督教上帝以思辨的方式被包含在内。黑格尔结束了人的各种真正**形而上学**的规定性；这些规定性还站在某种无条件的东西的立场上规定人，而不是像自费尔巴哈开始的那样，**以人类学的方式**站在有限的人的有条件立场上规定人。也就是由于这种与**自己本身**相关的人，才产生了真正的人的**问题**。

但是，如果人就其普遍本质而言是神性的精神，那么，对于黑格尔来说，人无非是一个人所依据的通常的、人性的观念能够具有什么样的意义？黑格尔在《法哲学原理》的某一处地方与对市民社会的精神的分析相联系指出了这种意义。"对象在法中是**人格**，从道德的观点说是**主体**，在家庭中是**家庭成员**，在一般市民社会中是**市民**（作为资产者）——这里，从需要的观点说是**观念**的具体物，人们称之为**人**；因此，首先在这里、真正说来也只有在这里是从这一涵义来谈人的"。[2]因此，一个真正意义上的人只是公民，是需求的主体，纯粹是这种与其内在的普遍性相比较的

---

〔1〕 黑格尔:《哲学全书》，第163节，附释；参见第482节。
〔2〕 《黑格尔全集》，VIII，第190节。

普遍性。**在黑格尔那里，关于后来哲学——**费尔巴哈、卢格、马克思、施蒂纳和基尔克果的哲学**——意义上的人，只是在市民社会的立场上谈到过！**虽然黑格尔即便在法和社会的领域里也并不全然否定"人一般"和"人自身"的概念，但原本却是仅仅在考虑到具有公民权利的人的情况下才承认它，而且恰恰在这里表现出他非常现实主义的眼光。他说道，虽然每一个人不分种族、民族、信仰、阶层、职业而首先是人，而且他的这种纯粹的人之为人绝不是一种"平淡的、抽象的质"，但是，这种质真正内容丰富的东西却在于，"通过被承认的公民权利……产生出被视为**公民社会**中的法人的自尊心"，以及"所要求的思维方式和意念的一致"。[1]然而，他明确地反对这一涉及作为人的人的规定的绝对化。因为即使每一个人只要一般地被视为"人"（而且不仅仅是被视为意大利人或者德国人，被视为天主教徒或者新教徒），就都与其他人平等，这种自我意识如果——"例如作为世界主义"固定下来并像某种独立的和基本的东西那样与公共的国家生活相对立，就会是"有缺陷的"。——因此，在黑格尔的哲理神学中，人的普遍本质规定是并且依然是，人是基督教理解的精神（逻各斯），并且不仅仅是有尘世需要的人。[2]从属于人的这种在基督教意义上本体"论"的规定性——它就是人的"概念"——的是，他作为具有尘世需求的公民权利主体按照"表象"是"人"。

但另一方面，基于人的理念与基督教道成肉身教义的这种传统联系，即便是人的**独立化**也是在**与基督宗教的对立**中发展出来

---

[1]《黑格尔全集》，VIII，第 209 节和第 270 节注释。
[2] 在《宗教哲学》(《黑格尔全集》，XII, 217) 中，黑格尔把人子基督称为"第二亚当"，把"第一人"理解为"作为人的人"或者"符合其概念的人"，以与一个偶然地现存的许多其他人的第一人相区别。

的。但是，如果人和人道的概念处在与基督教的原初联结之中，那么，一旦基督教的内容从人性里面消失，单纯的人性就必然成为问题。首先，人们虽然在 19 世纪相信用人道取代了基督教（费尔巴哈、卢格、马克思），但结果却是，人们最终也对人性产生了怀疑（施蒂纳、基尔克果、尼采）。如今，从基督教解放出来的人道的成问题性的另一个后果是人的非人化。[1] 这一发展的内在结果可以根据 19 世纪的历史运动在典型的代表们身上逐步地追踪。它的真正的创始人是费尔巴哈。

## 二、费尔巴哈：有血有肉的人是人的最高本质

**费尔巴哈**的全部努力是把精神的绝对哲学转化为人的人性哲学。然而，当时（1843 年）的问题并不是从正面"描述"人，而是先把人从唯心主义的遮蔽中"拉出来"。任务是："从绝对哲学中，亦即从（哲理）**神学**中将人的哲学的必要性，亦即**人类学**的必要性推究出来，亦即通过神的哲学的批判而建立人的哲学的批判"。[2] 如今重要的是使人成为哲学的事业，使哲学成为人类的事业。[3]

与原则为无限者的哲理神学相对立，费尔巴哈为了未来的哲学而要求有限性的"真实地位"。因此，真正的哲学的开端不再是上帝或者绝对，而是有限的、有死的人。"一切关于法、关于意志、关于自由、关于没有人的以及在人以外甚至在人之上的人

---

[1] 参见 N. 别尔嘉耶夫：《我们时代里的人的命运》，卢塞恩 1935 年。
[2] 费尔巴哈：《未来哲学原理》前言。
[3] 《费尔巴哈全集》，II, 413。

格的思辨,都是一种没有统一性、没有必然性、没有实体、没有根据、没有实在性的思辨。人是自由的实存、人格的实存、法的实存。只有人才是费希特的自我的根据和基础,才是莱布尼茨的单子的根据和基础,才是绝对者的根据和基础。"[1]"人"这个名称虽然总起来说只是意味着有其需求、感受和意念的人,作为人格与其精神相区别的人,因此人们一般地按照其公共的性质把某人"作为人"所是的东西与他例如作为思想家、艺术家、法官和诸如此类的人物所是的东西区别开来。但是,当黑格尔在理论上把人的各种属性与人自身的这种分离固定下来的时候,他也就把抽象的性质绝对化了。与人之为人的基本含义相适应,费尔巴哈批判了黑格尔对人的局部规定。他抓住了前面所引证的出自法哲学的定义,在黑格尔说本来应当在市民社会内部才"在这种意义上"谈论人的地方,他以论战的方式继续说道:因此,即便是在谈论法"人"、谈论道德"主体"、谈论"家庭成员"的地方,事实上所涉及的也总是同一个人,只不过是在分别变化了的意义上罢了。因为人能够作为这一个和那一个被规定,这是人的本质属性。所有谓词,哪怕是仅仅可能的谓词,其主词都是并且依然是人,如其生活和生存的那样。[2]

借助哲学的这种人化,费尔巴哈知道自己处在新教的路线上,因为新教以宗教的方式贯彻了上帝的人化。他自己更向前走了一步,因为他还不再把神人、而是把人自身宣布为基督宗教的真正本质。由此出发,对费尔巴哈来说,结果就是宗教神学和哲理神学完全消解为人类学的"普遍科学"。我与你、人与同类的本质平

---

[1]《费尔巴哈全集》,II, 267。
[2]《费尔巴哈全集》,II, 266。

等的原理就取代了基督教三位一体的教义和黑格尔辩证三一性。[1]

但是，**什么**使这个人成为人，什么真正地构成解放了的、独立了的人道的内容，费尔巴哈却无法凭借他关于具体的人的抽象原则超出感性的用语予以阐明。F. 恩格斯有理由在自己关于费尔巴哈的著作中作出说明："费尔巴哈在每一页上都……宣传专心研究具体的东西……可是这同一个费尔巴哈，一谈到某种比人们之间的纯粹性关系更进一步的关系，就变成完全抽象的了。他在这种关系中仅仅看到一个方面——道德。在这里，和黑格尔比较起来，费尔巴哈的惊人的贫乏又使我们诧异。黑格尔的伦理学或关于伦理的学说就是法哲学，其中包括：（1）抽象的法，（2）道德，（3）伦理，其中又包括家庭、市民社会、国家。在这里，形式是唯心的，内容是现实的。法律、经济、政治的全部领域连同道德都包括在这里。在费尔巴哈那里情况恰恰相反。就形式讲，他是现实的，他把人作为出发点；但是，关于这个人生活其中的世界却根本没有讲到，因而这个人始终是宗教哲学中所说的那种抽象的人。"

但在这种情况下，由费尔巴哈所宣布的对"作为人"的人的倾向，如果不仅仅是提升为哲学原则的人在自己之上不再有他能够规定自己所由以出发的级次，它说明了什么呢？如果绝对仅仅在人里面还要有自己的"根据和基础"，那么，人对于人来说就必然成为相对的。卢格和马克思走出了向着一种费尔巴哈立场上的哲学的以下步骤。

**A. 卢格**在费尔巴哈的基础上把基督教的人道的感性残余纳入了一个既大众化又苛求的"体系"中，从而阐明了施蒂纳的解构

---

[1] 费尔巴哈：《未来哲学原理》，第 54 条和第 63 条。

性批判和马克思的建设性批判的必要性。[1]不是在黑格尔对人的局部规定中认识其中所包含的对单纯人性的批判,而是反过来,卢格在自己对《法哲学原理》第 190 节的批判中得出结论:"当然"只有市民社会才是"人的"社会,因为在它里面每一个公民都是一个"**劳动者**"。[2]如今,这是人的真正的和普遍的等级。卢格把普遍化了的劳动视为我们的世界超出古代城邦的决定性"进步"。在他这里,费尔巴哈感性的—私人的人道获得了一种社会的—政治的内容。"哲学和革命"应当一起产生"人道主义"的体系。"哲学从天国的'精神哲学'发展出活生生的人的尘世自由。"解放了的人和人道化了的世界是黑格尔的精神哲学和自由哲学的实现。真正的人道的政治形式是社会民主主义的国家,因为这种国家以人的统一和平等为前提条件,虽然不再是上帝面前的平等,但却是法律面前的平等。人道主义体系的检验是:即便黑人也是人!"你们相信黑人是人吗?你们在德国相信这一点,因为你们没有黑人;但是,还有足够多的人否认这一点,他们有黑人。"[3]

## 三、马克思:无产阶级是类的人的可能性

最初是卢格的一个合作者的马克思,在一封致卢格的信中声称赞同"使人成为人"的任务。因为人"无论如何"都是一个在根本上从自身异化了的商品生产者。鉴于这一重新获得"真正的

---

[1] 卢格:《我们的体系,或者我们时代的世俗智慧和世俗运动》,1850 年。
[2] 卢格:《出自更早的时代》,IV, 359 页以下;《我们的体系》,III, 1 页以下。
[3] 卢格:《我们的体系》,III, 85—86。

人"的计划，马克思首先认同了费尔巴哈的"实在人道主义"。[1]因此，就连《资本论》也包含着一种与费尔巴哈和卢格方向相同的、尽管只是偶尔的与黑格尔对人的局部规定的论战。[2]马克思把市民社会的人比作商品。与商品一样，人具有一种成问题的"双重性格"：一种"价值形式"和一种"自然形式"。作为商品，某种东西值这么多那么多钱；至于按照它的自然性质它是什么，在与商品价值的关系中是无所谓的。任何商品作为商品都可能具有一种完全不同的价值，但却具有相同的自然性质。同样，就连这种商品世界的人也因处于自己的市民价值形式之中——例如"作为将军或者银行家"，一般来说作为一个被其对象性活动固定下来的、有分工的人——在他人面前和在自己面前一样扮演着一个重大的角色，而人自身或者"不折不扣的"人——可以说是自然形式的人——却扮演着一个"小得可怜的"角色。在这里，马克思在一个注释中言简意赅地提到了黑格尔的《法哲学原理》第190节。这一提示可以解释如下：既然黑格尔使人**自身**成为一个如需求的一个具有公民权的主体那样的特殊事物，那么，在这一理论限制中就反映出当代人类现存的实存关系的一种事实上的无精神性，也就是说非人性。因为与这种理论上的个别化相适应的，是对人自身的一种事实上的抽象。[3]对于马克思来说，这样由于抽象掉"不折不扣的"人而是抽象的人之为人的方式，首先是资产阶级和无产阶级的**阶级人**，是精神的和体力的**劳动人**，是市民社会

---

[1] 《马克思恩格斯全集》，III, 151—152；V, 535以下。
[2] 马克思：《资本论》，I⁶, 11。
[3] 参见卢格致马克思的信（《马克思恩格斯全集》，I/1, 558）；在那里，作为"他的情调的格言"，卢格引证了荷尔德林的《许珀里翁》："你看到手工业者，但却不是人；你看到思想家，但却不是人；你看到主人和奴隶，但却不是人"，并引证了马克思对此的赞同性答复。

的人完全普遍地被分为两个休戚相关而又相互矛盾的实存方式：一方面是具有其自己私人道德的**私人**，另一方面是具有其公共道德的**公共的公民**。在人之为人的所有这些部分的铸造中，都缺少人自身和整体上的人。而由于人在本质上只是通过一种局部性才是某物的，所以他也只是考虑到另一种局部性才是这种局部性：他在与自己的家庭生活的区别中是职业人，在与大量的关系的区别中是私人。与此相反，在这样一个社会中扮演一个基本角色的不是"不折不扣的"人，而是分别固定下来的某物，后者依据他的社会地位和贡献而是一个人。而且由于社会地位和贡献在本质上是以黑格尔称之为"需求"的经济关系为条件的，所以他具体地原本是一个市民所依据的定义就是现代市民资本主义世界的现存实存关系的一个恰当的理论表达，是人的自我异化的一个征兆。

因此，费尔巴哈和马克思都同样断定，黑格尔的精神哲学一般来说把人仅仅当做一种局部性，却没有当做在人性和哲学上作为基础的整体。但是，就连费尔巴哈的"人"也事实上只是一个市民，是一个没有公共共同性的私人。与费尔巴哈**和**黑格尔相对立，马克思试图揭示在黑格尔的精神哲学中既已经揭示、另一方面依然遮蔽的那种市民的特殊性的完全和充分的含义。他想解释那种表面上的不言而喻性，这种不言而喻性——对于市民社会的人来说——就在于，市民一般来说被视为"人"，而人事实上只是一个市民。为了把这种确定的历史的人从其局部性解放出来，扬弃人的异化，马克思要求人的一种不仅仅经济和政治上的、而且还是"人性的"解放。但是，这种解放并不涉及作为"我"和"另我"（费尔巴哈语）的人，而是涉及人的**世界**，因为人自己**就是**他的人性世界，因为人在本质上是一个"身后性的类本质"或者"政治动物"。因此，马克思对市民社会的人的批判的结果是对人的社会和经济的批判,并没有因此而失去其原则上人类学的意义。[1]然而,只要个人不是社会的类本质或者政治动物,从而不参与作为其公共事务的国家,它就能够表现得好像市民社会的私人就是真正的人。要使单纯私人的扬弃与单纯公民同时可能,就有必要从根本上对私人生活和公共生活的结构进行革命。"只有当现实的个人同时也是抽象的公民,并且作为个人,在自己的经验生活、自己的个人劳动、自己的个人关系中间,成为**类存在物**的时候,只有当人认识到自己的'原有力量'并把这种力量组织成为**社会**力量因而不再把社会力量当做**政治**力量跟自己分开的时候,只有到了那个时候,人类解放才能完成。"[2]

为了完成人从市民社会单纯的政治国家的最终解放并成为是其共同本质自身的共产主义的人,马克思转向了无产阶级,因为这个阶级是一个通过其与现存事物的**全面**对立而也有一项**全面**任务的社会。然而,无产阶级作为人的完全丧失也能够有能力全面重获人的统一性和整体性。恰恰从市民社会的这个例外中,马克思汲取了他关于一种新的、普遍的、绝对人性的人的观念。[3]

《〈黑格尔法哲学批判〉导言》就已经包含着如下命题:"这个社会解体的结果,作为一个特殊等级来说,就是**无产阶级**。"凭借这样理解的无产阶级,马克思哲学找到了自己的自然武器,而无产阶级在马克思主义这里找到了自己的精神武器。"这个解放的**头脑**是**哲学**,它的**心脏**是**无产阶级**。"

---

[1] 关于"类本质"的概念,请首先参见《马克思恩格斯全集》,III, 21、116—117、307—308;《政治经济学批判》,第 14 页;《关于费尔巴哈的提纲》,第 10 个命题。

[2] 《马克思恩格斯全集》,I/1, 599(中文版第 1 卷,第 443 页。——译者注);参见 591 和 595;III, 112。

[3] 《马克思恩格斯全集》,I/1, 619 以下;III, 206—207。

虽然无产阶级和占有的资产阶级本来就表现着同一种异化，但一个阶级在这种异化中知道自己和证实自己，却对异化没有一种意识，而另一个阶级则是自身自觉的、从而是扬弃自己的自我异化。只有无产阶级才发展出对普遍的东西的一种批判的—革命的阶级意识。但正是因此，无产阶级也比资产阶级更少地非人化；它明显地、并非以一种对它自己来说隐秘的形式非人化。[1]而且由于无产阶级在其自己的生活关系中也概括了其余的社会领域"在其非人性的极端"的生活关系，所以它是它必然与自己同时解放的**整个**现存社会的问题的钥匙。无产阶级的普遍意义在《德意志意识形态》中与现代世界交往的扩大相联系得到了进一步的阐明。"只有完全失去了自主活动的现代无产者，才能够获得自己的充分的、不再受限制的自主活动，这种自主活动就是对生产力总和的占有……在过去的一切占有制下，许多个人屈从于某种惟一的生产工具；在无产阶级的占有制下，许多生产工具应当受每一个个人支配，而财产则受所有的个人支配。现代的普遍交往不可能通过任何其他的途径受一个个人支配，只有通过受全部个人支配的途径。"[2]

因此，并非因为无产者是"神灵"，而是因为他们体现着处于异化极端的人的类本质，无产阶级才拥有一种世界历史的作用，并且对整个事情的发生过程具有一种基础的意义。由于雇佣工人完全是通过"实际的尘世问题"表现出来的，并且不是一个"人"，而是他的劳动力的出卖者，所以这个特殊的阶层有一种普遍的功能。在作为无产者自身的"商品的自我意识"中，表

---

[1] 参见 G. 卢卡奇：《历史与阶级意识》，柏林 1923 年，第 188 页以下。
[2] 《马克思恩格斯全集》，V, 57—58（中文版第 3 卷，第 76 页。——译者注）。

现出作为**人**的命运的**经济**，从而经济学就成为市民社会的"解剖学"。随着无产阶级自我解放成为不代表特殊的和有限的利益的绝对"**普遍的**阶层"，与资产者的私人人性一起解体的还有私人**所有制**和私人资本主义的**经济**，从根本上说就是与公众性相分离的私有性的基本特征。它应当在所有人共有的体制亦即具有共有财产和共有经济的共有体制中积极地扬弃自己。在马克思的观念中的"真正"民主是实现为世界城邦的城邦，是自由人的共同体，它的个人不是资产者，而是政治动物。

但如果有人问，究竟是什么使这个人成之为人，那么，在这里表现出来的就不是新的人性的内容，而是只有市民社会原则的彻底贯彻。如果人的普遍本质仅仅还在于他是一个"需求的主体"，那么，通常使人成为人的，就是纯粹作为自身的生产，尽管是以反资本主义的方式。[1] 相对于这整个资产阶级—无产阶级的世界，施蒂纳绝望的轻率把"自己的事情置于虚无之上"，以便用他那赤裸裸的自我取代还总是真实地出现的人。

## 四、施蒂纳：惟一的自我是人的所有者

施蒂纳想在原则上指出，把人提升为最高的本质也只不过是对基督教信仰神人的最后遮蔽。"人对人是最高本质——费尔巴哈说道。人现在才被发现——布鲁诺·鲍威尔说道。如果我们更仔细地观察这个最高的本质和这个新的发现"，那么，第一章的警句说

---

[1] 在马克思这里，"自由王国"只是在物质生产的彼岸才开始的，物质生产的原则即便在社会化的状态中也依然是生活必需和必要性（《资本论》，第3卷，第2册，第315—316页）。

道:"人",而第二章探讨的是"我"。

虽然本身是精神的基督教上帝逐渐地悄悄溜走,也就是说成为"人类的精神",但在事实上,在完全人化的基督教中它的原初的开端亦即不折不扣的人又返回了,人作为基督是超人的开端和历史的目标。但是,对一个最高本质的要求越是转入人自身里面,"自我"就必定越是发现,这个绝对的人**对我来说**与绝对的上帝或者精神是同样陌生的。

但是,自人死亡之后,自我做什么呢?它的作为无非就是它的自身和它特有的世界每次的"挥霍"和利用。因为"我的"任务不是实现普遍人性的东西,而是满足我自己。作为自我,人一般来说不再有"职业",不再有"规定性",相反,他**是**他当时所能是,既不多也不少。[1] 在惟一者里面,所有者返回到它由以出生的"创造性的虚无"。"如果我把我的事情置于我亦即惟一者之上,那么,它就处于他的耗尽自身的暂时的……创造者之上。"

费尔巴哈、鲍威尔和马克思想制造人,并否定现实的人——因为实际上只有如其生活和生存的人、在此时此地的人,作为此人和彼人的人。他们都像法国革命的教士一样相信人的真理,因而是按照砍去人的头颅、以便为人自身效劳的原则行事的。这些精神的批判家们心中所想的精神虽然不再是绝对的和神圣的精神,而是人道的精神,但这一极为普遍的人道与现实的我如此不同,就像普遍的理念与个别的、我自己所是的微不足道的实存不同一样。

这个虚无主义的自我虽然在普遍的人的主张者们看来是一个

---

[1] 施蒂纳:《惟一者及其所有物》,第 196 页以下、第 217 页以下、第 420 页、第 423 页、第 428 页;《施蒂纳短篇著作集》,第 366 页以下。

唯我主义的"非人",但事实上恰恰各自独特的唯我主义者也是**每一个人**,因为每个人都对自己来说高于一切。施蒂纳不再"梦想"自由和解放,而是"决定"要特性。[1] 作为各自独特的自我,他既不生活在市民阶级的国家中,也不生活在共产主义社会中,他既不受密切的血缘联系约束,也不受松散的人性联系约束,而是生活在唯我主义者的"联盟"中。只有他们才恰恰由于其不可比较性而在存在上是相同的。"自我"是基督教的人道微不足道的终端,基督教的人道的最后一个人是"非人",就像它的第一个人是"超人"一样。自我"尽情地生活",毫不顾及上帝和人类的"固执观念"。

## 五、基尔克果:孤独的自我是绝对的人道

施蒂纳关于惟一者的命题在同一时代与基尔克果关于"**面对上帝满足于自己本身**"的"**个别人**"的基本概念相遇。二人都不再相信当代人性的人之为人,相信现代基督性的基督徒之为基督徒。但是,施蒂纳置于虚无之上的自我是突破从基督宝训开始、以关于人的废话结束的基督教圆圈的一种尝试,而基尔克果则又试图召回开端,就好像1800年的基督教根本不曾存在过,为的是又与——从人道来看——"非人的"原初基督教的"绝对人道"成为同时的。

对于卢格来说,基督教的完成是人道主义;对于施蒂纳来说,人道主义是基督教的最后一种形式和终端;而对于基尔克果来说,

---

[1] 施蒂纳:《惟一者及其所有物》,第193页。

真正的基督教是它在时间的进程中所成为的东西的对立面,即人道和教育。"曾有过对基督教的指责(这恰恰是在什么是基督教最为清晰的年代里,而指责是由感觉最为敏锐的异教徒们提出的),说它是敌视人的,而如今基督教却是人道!基督教曾经在犹太人看来是一种令人恼火的东西,在希腊人看来是一种愚蠢,而如今它是教育!"

而由于基尔克果关于"个别的人"的概念既是他的人道基本概念也是他的基督教基本概念,所以他对当代的批判既是针对由费尔巴哈、卢格和马克思提升为原则的、解放了的"**人性**",也是针对由上帝解放了的"**基督性**"。他的个别的人是对社会民主主义的人性和自由主义的—有教养的基督性的一种"校正"。相对于时代旨在于无区别的平均化的运动来说,如今需要的是从现存的、社会的和基督教的普遍性中抽出个别的人,突出个别性。

普遍的"体系"——无论是精神的体系(黑格尔)还是人类的体系(马克思)——在世界历史性的四分五裂中忘记了,"是人,这意味着什么。不是人一般,而是你和我和他,我们每一个人自身是人,这意味着什么"。[1] 与此相反,"纯粹的人类"是一个纯粹的"否定性共同体",它有助于把自己存在的个别的人平整进千篇一律的群众活动。"不能说社会主义和共同体的观念将成为对时代的拯救。……联合的原则……在我们的时代里并不是肯定性的,而是否定性的。是一种逃避,一种消除,一种幻觉,其辩证矛盾是:当它加强个人的同时,它使个人失去能力;它借助联合中数字性的东西来加强个人,但在伦理的意义上,这是一种削弱。"[2]

---

[1] 《基尔克果全集》,VI,204;参见208。
[2] 基尔克果:《对当代的批判》,第54页和第56—57页。

然而，即使基尔克果从根本上与黑格尔的"体系"和"人类"中的联系论战，他在另一方面却很少陷入施蒂纳的一个赤裸裸的自我的观念，后者一般来说与人类一起摆脱了普遍的人性的东西。"如果普遍的人在我自己之外，那么，我在我的生活中就只能遵循一种消除我的全部具体性的方法。这种肆无忌惮地抽象掉自身的激情并不罕见。胡斯信徒的某个教派就认为，人们通过像亚当和夏娃在伊甸园里那样赤裸裸地行走就成了正常的人。如今也有不少的人在精神方面教导同样的东西：人们通过消除自己全部的具体性，可以说直到完全赤裸，就成了正常的人。但是，事情并不是这样的。"[1] 他所提出的任务——但自己却不能完成它——毋宁说是：恰恰作为**个别**的自己才能实现人之为人的"**普遍的东西**"。[2]

已成为自己的自我并不是抽象地个别化的自我，相反，它在自己的全部生命中具体地表达着普遍人性的东西。他使自己成为一个表面上完全平常的人，在婚姻、职业和工作中实现着"普遍的东西"。真实实存着的人是一个"绝对个性的人，没有与自己相同的人，同时又是一个普遍的人"。[3] 他集**自修**与**神修**于一身。

作为一个面对上帝实存、实现着普遍的东西的人，他也与"人们"通常如何生活相区别。"把像人们通常生活那样生活视为普遍人性的东西，这是对平庸的甘居中游的一种神化。在这里，那种在它能够实现普遍的东西的地方以提高了的强度实现它的例外处于更高得多的地位。……但是，谁成为一个在更高贵的意义

---

〔1〕《基尔克果全集》，II, 224。
〔2〕《基尔克果全集》，II, 285 以下；III, 199—200；《日记》，I, 334。
〔3〕《基尔克果全集》，II, 220。

上非同寻常的人……他就会一直承认，将普遍的东西完全接纳入自己的生活，这是更高级的东西。"[1]

然而，人们在大多数情况下视为一个非同寻常的人的，只是占统治地位的规则的一个合理的例外，是一个在比别人更有某种东西方面看到自己的自我意识的人。"一个人能够在海峡游泳，第二个人能够说24种语言，第三个人能够倒立行走，等等，人们可能——si placet[如果他讨好的话]——对此表示惊赞；与此相反，如果被描述的人在普遍的东西方面伟大……那么，惊赞就是一种骗人的情况……"[2]因此之故，基尔克果虽然转向了**每一个人**，但却是作为**个别的人**，就像尼采转向"所有的人又不是任何人"一样。

与"个别的人"的双重含义相应，人的**平等**问题也是从两个不同的方面规定的。人在世界之外的上帝面前平等，在所有人共有的作为差异的元素的世界中不平等。在世界上，一个人比另一个人更受宠爱；在上帝面前，一个人对另一个人来说是邻人。[3]

这样，具有典型特征的有三种"**例外**"，它们在现存事物的崩溃中还表现着人的**普遍的本质**：从市民社会除外的无产阶级群众（马克思），从任何共同体除外的自我（施蒂纳）和从基督教除外的自己（基尔克果）。这三种例外在市民阶级—基督教的人道的崩溃中依然表现着人的普遍本质。

然而，无论是恢复"**真正的人**"（在马克思的理念中），还是恢复**赤裸裸的自我**（在施蒂纳的理念中），还是恢复**真正的基督徒**（在基尔克果的理念中），其所遇到的困难都同等程度地上升，因

---

[1] 《基尔克果全集》，II, 288—289。
[2] 《基尔克果全集》，VII, 51。
[3] 基尔克果：《生活与爱的统治》，耶拿1924年，第19页以下、第48页以下。

为每一个人都可能相信，他已经直截了当的是一个"人"了，尽管他只不过是一个资产者罢了；或者他已经直截了当的是一个"自我"了，尽管他只不过是一个被人类精神所盘踞的人罢了；或者他已经直截了当的是一个"基督徒"了，尽管他只不过是基督教的一个世俗成员罢了。马克思说道：在古代，某人是否是自由人尚不明确，因为还有奴隶；基尔克果说道：在原初基督教里，某人是否想是基督的追随者尚不清楚，因为还有抵制基督教的犹太人和异教徒。为了恢复人，马克思要求极度社会性的类的人，施蒂纳要求极度唯我主义的自我，基尔克果要求一个宗教上个别化了的自己，它应当既反对马克思的联合原则，又反对施蒂纳的分离原则，是"绝对的人道"。马克思结束于私下里不再占有任何东西**共产主义的人**，施蒂纳结束于还把人之为人当做众多属性中的一种来拥有的**非人**，而基尔克果则结束于人在任何时代都以其为超人尺度的**基督徒**。

这样，与黑格尔相联系的重新规定人的极端尝试之链条就中断了。在1850年之后，与极端的精神运动的停滞相对应的，是政治上的反动，期间叔本华发挥了作用。

在这种情况下，只有尼采才又在其他前提条件下重新提出了这个问题："人"这个"不确定的"本质是什么？

## 六、尼采：超人是对人的克服

"这就是我们一再出现的怀疑……我们的无人……能够听到的问题，我们的斯芬克司，在它旁边不仅仅有一道鸿沟……我相信，我们今天在欧洲习惯于当做所有那些叫做'人道''人性''同感''同情'的受崇敬的事物的价值来崇敬的一切,虽然作为某些危险的和强大的基本冲动的削弱和缓和可能具有一种中心的价值,但从长远的观点来看却依然无非是对整个'人'类的贬低,是人的**平庸化**……"[1]

在对一种世俗化了的基督教的这种转移"人的尺度"的人道的抗议中,尼采展开了他对现代人的批判。他的结论是要求一种废除基督教人道的整体的"对人的克服",而且在他看来人是在"超人"中被克服的。超人是对谋杀上帝和"较高级的"人的"最丑恶的"人之呼救声的答复,"较高级的"人的"较高级的"人性在于,他们还能够轻蔑自己,与此相反,"最后的"、人道的当代人不再能够轻蔑自己,正因为此而是可轻蔑的。它是尼采与前者"同时"创造的超人的对趾人。"那时候,大地变得更小了,最后的人在它上面跳跃着;他使一切变小。他的族类和跳蚤一样地不可断绝;最后的人生活得最久。……人们不再穷和富;二者都是麻烦事。谁还愿意统治呢?谁又愿意服从呢?二者都是麻烦事。没有牧人,只有一群羊!每一个人都希望同样的东西,每一个人都是一样的:谁有别的情感,就自愿地进疯人院。"

但是,人为什么需要一种对人的克服呢?对此的答复——和在施蒂纳那里类似——产生自基督教与人道、上帝与人的传统联系。施蒂纳从无中创造自己的惟一的自我和尼采为克服人变得茫无目标的此在而创造出复归学说之锤的超人,是从基督教的人道问题得出的两个最极端的结论。

在尼采这里,基督教与人道的内在联系表现在:当上帝死了的时候,超人就出现了。这种死要求希望自己本身的人——没有

---

[1]《尼采全集》,XIV, 66。

一个上帝告诉他应当做什么——在脱离上帝的同时也克服人。人由此失去其作为被置于是上帝和是动物之间的本质的传统地位。人被置于自身之上，如被置于一根软索之上，被悬在深渊之上，置于虚空之中。他的此在——就像《查拉图斯特拉》前言中的走软索者的此在一样——本质上处于危险之中，而危险就是他的"职业"；只不过在它里面还蕴含着人成为问题的"规定性"！幸福、理性、德性、正义、教养、同情[1]——传统人道的全部总和对于尼采对人的新规定来说不再是有约束力的。

尽管有对作为一种"干瘪的本能蜕化"的人道的这种批判，尼采离为了政治驯化的目的而蔑视人还是非常遥远。"现在，几乎地上的一切都只是还被最粗野和最恶劣的力量所规定，被赢利者的自私自利和军事暴力统治者所规定。后者手中的国家与赢利者的自私自利一样，试图从自身出发重新组织一切，成为所有那些敌对的力量的桎梏和压力：这意味着，它希望人们愿意与它一起推行它与教会一起推行的那种偶像崇拜。结果怎样呢？我们将拭目以待；无论如何，我们即便在今天也还处在中世纪解冻的激流之中；它已经融化，陷入了巨大的毁灭性的运动。冰块层层堆聚，所有的堤岸都被淹没和破坏。……毋庸置疑，在这样的时期到来之际，人类的事物几乎比崩塌和混乱的旋涡时期还更为危险；恐惧不安的等候和对一分一秒的贪婪榨取诱发出灵魂所有的胆怯和自私的冲动……如今，鉴于我们时代这样的危险，谁还会为**人性**这个极为不同的世代逐渐地积聚起来的不可侵犯的、神圣的庙产奉献自己的守卫和骑士服务呢？在所有的人都在自身中仅仅感到自私的蠕虫和奴性的恐惧，并这样背离了人的形象，堕入动物般

---

〔1〕《尼采全集》，VI，14—15《查拉图斯特拉》前言）。

的或者干脆堕入僵硬机械的东西之中的时候，谁还会树立**人的形象**呢？"[1]

尼采试图树立人的这样一种形象。为了彻底地反对基督教的人道及其关于人的统一与平等的观念，他回溯到**古代**。对于古代来说，自由人和奴隶出身的差别还"天然地"合理存在。但是，由于凭借一种回跃来消除基督教的影响是不可能的，所以他所提出的问题依然——恰恰是依据尼采对人道的批判——存在。[2]

但是，对于人的统一和平等来说，我们究竟还有一种不仅仅按照不同的种族、民族和人来测量相对的共同性的尺度吗？对于人的一种还算普遍的、不纯粹是各自独特的或者按照"特殊方式"的规定性来说，我们岂不是缺少任何一种视野吗？摧毁了希腊人宇宙的基督教人道的离心尺度看起来屈服于对人的一种新惩处和齐一化，面对它的具体暴力，剩下来的人道如今唤起了这样的假象，就好像它是一种"没有特性的人"。[3]然而，人道不是人们可以抛弃的"成见"，而是属于人的本性，尽管人道的"人性"和它反动的对立面即自命英雄的不宽容都是人的真正本性：都同样地认错了人的贫乏和伟大、人的软弱和刚强。

关于宽容，歌德说道，它是一种为了成为"承认"而必须消失的意念，而在"承认"中存在着"真正的宽宏"。[4]几乎还没有一个德国人像他本人那样，达到承认的这种同样远离强行接受和

---

[1]《尼采全集》，第1卷，第423—424页。
[2] 参见《歌德谈话录》，I，456和409。
[3] R. 穆齐尔：《没有特性的人》，柏林1930年。
[4] 歌德：《准则与反思》，第875—876条；参见第216—219条。——参见黑格尔关于承认的基本概念：《耶拿实在哲学》，I，226以下、209以下；《精神现象学》，拉松版，第432页以下；关于主人和奴隶的关系中尚不平等的在他者中认识自己的基本概念，第128—129页。

排斥异己的成熟程度。出自对自己本身的肯定,他也承认别的思想者和别的类型的人。关于与人交往的一条准则是:"对于我们来说,书犹如结识新友。最初,如果我们在普遍者中发现一致,如果我们在我们实存的某一主要方面感觉受到触及,我们感到甚为愉悦;然后,在进一步的结识中,才会出现分歧;此时一种理性态度的要务就是,不要像年轻时代那样马上就吓退,而是要恰恰适度地坚持一致的东西,并且完全弄明白分歧所在,但并不因此就想彼此统一。"[1]歌德高度评价英国人斯特恩[L. Sterne]是一个在承认人性方面的杰出教师。"这种高度善意的讽刺,这种无论如何概览全局也仍有的公道,这种无论如何厌恶也仍有的温厚,这种无论如何变迁也仍有的一致,就像所有类似的德性一样,教育我懂得了最值得称颂的东西;最后,正是这些意念,最终又把我们从所有的生活歧路领回来。"[2]对他来说,认识和承认人性的东西就是在来回游荡于人们中间的错误和真理之间关注第三者;人们可以把它称为"特性"。"它们是构建个人的东西,普遍的东西由此被特殊化,而在最奇怪的东西中总是还透露出某种知性、理性与吸引和诱惑我们的善意。"[3]斯特恩委婉地揭示和唤醒了这种"人里面人性的东西"。歌德非常喜欢他的"自由灵魂"[4]的样子,清楚地知道把斯特恩的感伤主义(Shandeism)原封不动地接纳入德国是不行的。[5]但是,就连他关于自己的著述和自己的生命的意义和重要性最后亲口所说的话,也是"**纯人性的东西的胜**

---

[1] 歌德:《准则与反思》,第 272 条;参见《歌德全集》,第 25 卷,第 169 页。
[2] 歌德 1829 年 12 月 25 日致策尔特的信。
[3] 《歌德全集》,魏玛版,第 1 部,41/2,第 252 页。
[4] 参见《尼采全集》,III,62 以下。
[5] 歌德:《准则与反思》,第 773 条以下。

利",当然德意志民族那些"用废话使他窒息"的激情诗人不健康的狂热是不能看到这一点的。歌德在与俄罗斯伯爵斯特罗加诺夫 [Stroganoff] 的谈话中曾说明：在德意志民族中，流行着一种使他感到奇怪的"感性亢奋"的精神；因此，他的谈话对方如果断言，德国不理解他用自己的生命和著述希望的东西，即使人里面人性的东西得到承认，摆脱尤其在德国扭曲这种东西的各种失真，那也是不无道理的。[1]

"因此，我们想停留在人道这个词上，在古人和今人中间，最好的作家们都把如此可贵的概念与它联系起来。人道是**我们这个族类的特征**；但它对我们来说只是在禀赋中与生俱来的，并且必定被真正地教育给我们。我们并不是现成地把它带到世界上。……人道是人类所有努力的宝藏和收获，就仿佛**我们这个族类的艺术**。向着人道的教育是一项必须不断继续的事业，或者我们后退返回……到……**野蛮**。因此，人道这个词应当破坏我们的语言吗？所有有教养的民族都把它接纳入自己的方言；如果我们的书简落入一个外国人手中，他至少必定觉得这些书简并不令人困惑；因为毕竟没有一个爱惜名誉的人会愿意写促进野蛮的书简。"——赫尔德（《促进人道书简》，第 3 部）

---

〔1〕《歌德谈话录》，IV，410；参见歌德 1827 年 12 月 20 日致卡莱尔的信；《准则与反思》，第 214 条；关于对歌德的人道的诠释，请参见《黑格尔全集》，X/2, 235；G. 齐美尔：《歌德传》，第 5 版，1923 年，第 263 页。

# 第五章　基督教信仰问题

> "基督教生活的所有可能性,最严肃的和最马虎的……最无思想的和最反思的,都已经尝试过了,现在是发明些新东西的时候了。"
>
> 尼采

每一个具有人的面孔的人都已经作为这样一个人而具有人之为人的"尊严"和"规定性",这种"成见"得以在其中形成的历史世界原初并不是如今逐渐消失的单纯人道世界,这个世界的起源在于"普遍的人",但也在于文艺复兴的"可怕的人",而是**基督教**的世界,在这个世界里,人对自己和对邻人的地位是根据神人基督来测定的。使欧洲世界的人完全成之为人的图像,从根本上说是由基督徒关于自己与上帝相像的观念决定的。由此,"我们大家"都是人,这一命题就局限在基督教与斯多亚学派结盟所创造出的那种人道之上。与简单的人之为人相关的这一历史状况明显间接地产生自:只有随着基督教的消失人道才会也成为问题。但是,基督教在欧洲世界的衰落也是在上一世纪导致其最极端后果的**批判**的一个产物。

对基督宗教的哲学批判于19世纪开始于黑格尔,终结于尼采。它是一个典型德国的事件,因为它是一个**新教**的事件,而且无论是从批判方面还是从宗教方面来看都是如此。我们的哲学批判家们都曾是受过神学教育的新教徒，他们对基督教的批判是以其新教形式为前提条件的。批判，亦即区分，可以鉴于结合者或者分离者来进行。批判的区分这两种形式上的可能性也标志着在对基督宗教进行哲学批判的这个最后阶段里哲学与宗教的具体关系。结合与分离的两个端点体现在黑格尔的哲理神学和尼采的反基督教哲学中。但是，从黑格尔与基督教调和到尼采与基督教决裂的决定性转折点是以黑格尔左派的宗教批判为标志的。为了能够历史地理解这一转折，首先需要回忆它从黑格尔出发的双重含义。

## 一、黑格尔将宗教扬弃在哲学中

黑格尔的**哲学**工作开始于《大众宗教和基督教》《耶稣传》《基督宗教的实证性》《基督教的精神及其命运》等早期**神学**著作。这些出自18世纪最后十年的对于黑格尔的哲学发展来说大有裨益的作品在当时并未出版，只是在W. 狄尔泰的论文《青年黑格尔历史》(1905年)的策动下才由H. 诺尔根据手稿编纂（1907年）并由海林［Th. Häring］予以注释的（1929年和1938年）。青年黑格尔学派并不知道它们。事后，人们可以更为显著地发现，青年黑格尔自己已经在多大程度上预先对青年黑格尔学派进行了批判。[1]这些断简的内容是对基督教的一种诠释，而且仅仅作为把基督教从实证宗教的形式翻译成哲学的形式，黑格尔的**诠释**按照其特有

---

［1］ 参见前文第一部，第三章，第四节；参见J. 瓦尔：《基尔克果学派研究》，第151页以下。

的目的就也已经是对基督宗教的一种**批判**了。

对基督宗教的批判的—区分的诠释的主导观点,是对在自身分裂为二的"**生命**"之"**整体性**"的可能重建的追问。黑格尔把耶稣与犹太律法宗教的"实证性"或者"设定性"相对立而在内心凭借一种克服"律法"的爱的宗教来重建整体性,看做是耶稣的世界历史使命。[1] 在人对上帝的爱、但还有人对人的爱或者我和你的爱的"生动关系"中,根据它在律法上调整的对立存在、统一且完整的生命的分离开始成为敌对的矛盾。只有这种统一且与自身同一的生命才是一种真正的生命,因为它是完整的存在或者生命,而在自身分裂的生命是一种非真实的生命。真正的存在始终是统一的存在,而统一受到爱的生动关系的促进,在这里每一个人仅仅凭借他人才是他自己。"统一与存在是同义的",有多少种统一,就有多少种存在。这种典型黑格尔式的存在概念的语言表述就是作为联结词的系词"是"。[2] 因此,黑格尔的《耶稣传》的方法就是:爱的生动关系的概念作为精神的中介运动的在先概念,要根据它来证实**任何"实证性"**,即任何单纯外在的—客观的设定性的**可扬弃性**。这样,黑格尔通过在实证的奇异性中扬弃新约的奇迹故事,来在哲学上解释它们,例如解释圣餐教义的奇异之处。客观地或者从外部来考察,从而忽略与此的生动关系,耶稣所掰开的面包"仅仅是面包",他递的葡萄酒也"仅仅是葡萄酒",但"二者并非仅仅如此"。不过,它们的并非仅仅如此并

---

[1]《黑格尔早期神学著作》,第 378 页以下。——斯宾诺莎早就已经用爱的"精神"意念来与敬畏的"肉体"意念相对立,提出了敬畏上帝与爱上帝的不可统一性了。参见莱奥·施特劳斯:《斯宾诺莎的宗教批判》,柏林 1930 年,第 199 页以下。

[2]《黑格尔早期神学著作》,第 383—384 页;参见诺瓦利斯的断简:《逻辑学家从谓词出发,数学家从主词出发,哲学家从系词出发》。

不在于仅仅对现实的面包和葡萄酒作出比喻性的补充,而是耶稣的肉和血与面包和葡萄酒没有现实的区别。二者不仅仅仿佛是同一种东西并且彼此可比较,而是最初显得如此不同的东西被"最内在地"联结起来了。只是对于外在地参与的"知性"和感性的"表象"来说,面包和肉或者葡萄酒和血,才是一种可比较的不同的东西,但对于面包和葡萄酒的精神感受来说、对于同它们的内在关系来说并非如此。如果二者不仅仅是被肉体上享用,而是与耶稣同在以耶稣的名义**在精神**上和**灵性**上享用,那么,这些客体就它们的存在而言就不是仅仅在物理上可享用的客体,而是一种在精神上对象化了的一种共在。这种"客观地作出的爱、这种成为事物的主观性东西……在食用中又变成主观的"。因此,如果精神在面包和葡萄酒的享用中是活生生的,那么,处在其相对于主体的单纯对象性中的客体就"消失"了。作为客体它们是"神秘的"客体,是既感性又超感性的事物。

处在其单纯的"实证性"中的客体的消失意味着一种向原初建构它们的"主观性"或者"观念性"的复归。黑格尔后来在原则上把返回起源的倒退运动展开为**实体性**的**主观性**。与黑格尔的精神哲学的这两个基本概念相对应的,在早期神学著作中是"观念性"与"实证性"的对立,是将单纯的实证性扬弃为其主观的观念性。因此,宗教不是作为"实证的"宗教,而是仅仅在其"单纯的"实证性的扬弃中,才在精神上存在并在哲学上被把握的。与此相反,任何僵死的实证性都是"令人反感的",这涉及宗教的客体和律法,或者也——如在康德那里——涉及道德规律。黑格尔在任何情况下都希望的,是"死的对立"转化为"活的关系",为的是重建一种原初的整体性。这样,对于他来说,耶稣由于作为神人把人与上帝统一起来,就意味着一个"想重建人的整体性的人物"。

在与早期神学著作同样的意义上,黑格尔在《信仰与知识》(1802年)的论文中针对康德、雅可比和费希特,试图在一个更高、同时也更原初的统一中扬弃信仰和知识的"实证"对立。因为如果我们对于上帝一无所知,并且只能信仰他,如果理性没有能力"认识上帝",那么,就既不存在真正的信仰也不存在真正的认识,而是只有启蒙运动的信仰和知识的死的对立。按照黑格尔的看法,受康德规定的"反思哲学"就停留在启蒙运动的这一不充分的立场上:"在**信仰**与**理性**、哲学与实证宗教的古老对立之上,文化把最后的时代如此提高,以至于信仰与知识的这一对立获得了一种完全不同的意义,并且被置于哲学自身的内部。如人们在较早的时代里表达的那样,理性是信仰的婢女,与此相反哲学不可征服地维护自己的绝对自主性,这些观念或者表述已经被克服。当理性成为某种别的给予自己名称的东西时,理性也就使自己在实证宗教中如此生效,以至于就连哲学与实证事物、奇迹和诸如此类的东西的冲突也被视为某种已经了结的、名声不好的事情;而康德以自己凭借一种出自其哲学的意义复活宗教的实证形式的尝试没有交上好运气,并不是因为那些形式的独特意义由此被改变,而是因为这些形式看起来也不再配得上这种荣誉。"[1]

因此,黑格尔批判宗教,并不是宗教信仰与哲学知识的一种区别性分离,相反,他所批判的,只是宗教甚至在反思哲学内部也具有的"实证"形式。这一批判的目标是通过对"实证的"基督宗教的一种哲学改造而在原则上扬弃这种实证形式。在哲学中对宗教的这种扬弃的结果是黑格尔的宗教哲学。宗教和哲学在他

---

[1] 《黑格尔全集》, I, 3。

的讲演中明显地合二为一。真正的哲学本身就已经是"对上帝的侍奉"："人们……经常可以听到，想看透天意的计划是一种胆大妄为。这里可以看出如今几乎普遍地成为公理的观念一个结果，即人们不能认识上帝。而如果正是神学自身达到了这种绝望，那么，倘若人们想认识上帝，就必然逃避到哲学中。……如果上帝应当被认识，那么，作为能够使精神感兴趣的某种东西，给精神就只剩下了非神的、受局限的、有限的东西。当然，人肯定必须同有限的东西打交道；但是，人有一个生命的星期日，在这一天他超出日常的事务，与真实的东西打交道，并意识到这种东西，这是一种更大的必要性。"[1]

因此，黑格尔在"宗教哲学"的讲演一开始就马上说明：这一表述具有某种把人导入歧途的东西，因为它伪造出一种对象性的关系，就好像宗教无非是哲学的对象，如同空间是几何学的对象那样。但是，哲学的"内容、需要和旨趣"与神学是一种绝对"共同的东西"。"宗教的对象和哲学一样，是在其客观性之中的永恒真理，是上帝并且不是上帝之外的任何东西，是对上帝的阐明。哲学在阐明宗教的同时仅仅阐明了它自身，而在它阐明自身的同时它也阐明了宗教。它和宗教一样是对这一对象的处理，它是贯穿这一对象、贯穿真理的思维着的精神。主观的自我意识在并且通过这种活动的活力和享受、真理和净化。"[2]

在黑格尔看来，"困难"和对这种合二为一的疑虑所依据的仅仅是：宗教和哲学以**各自不同的方式**是对上帝的侍奉，以至于可能看起来它们是完全不同的。与此相反，历史上得到认可的是它

---

[1] 黑格尔：《历史中的理性》，第18—19页。
[2] 《黑格尔全集》，XI, 5。

们历来的结合。黑格尔引证道：教父们曾经是新柏拉图学派和亚里士多德学派，他们甚至部分地是在哲学的策动下皈依基督教的。反过来，也正是通过接纳哲学才形成了基督教的教义学。整个经院哲学都曾与哲学是一回事，就连"自然神学"也曾是沃尔夫哲学的一个合法对象。区别的问题从二者相同的**内容**还原为不同的**形式**。

  黑格尔区分了三种形式。同一精神内容能够以纯偶然的、主观的**情感**的形式出现，其次能够以感性**表象**的已经更客观、更恰当的形式出现，最后能够以就其本性而言"普遍的"思想的真正符合"精神"内容的、哲学的形式出现。只有在后一种形式中，内容亦即上帝或者绝对才是一种真正被把握的、达到其最独特的形式的内容。"**上帝在本质上处于思维中**。"与此相反，一种像施莱尔马赫的那样声称情感是对上帝的信仰知识的基础并且"仅仅描述情感"的神学，必然陷在经验历史的偶然事物之中。这种形式是能够给定一种内容的"最坏的"形式。"也许一切精神性的东西、意识的任何内容、作为思维之产品和对象的东西、尤其是宗教和道德，都必然也以情感的方式存在于人里面，并且首先是这样。但是，情感并不是这种内容涌现给人的源泉，而仅仅是它存在于人里面的方式方法，是最坏的形式，是人与动物共有的一种形式。……一旦一种内容进入情感，每一个人就都被还原到他主观的立场。……如果有人说，他在情感中有宗教，而另一个人说，他在情感中找不到上帝，则每一个人都有道理。如果以这种方式把神圣的内容——上帝的启示、人与上帝的关系、上帝为了人的存在——还原为单纯的情感，那么，人们就把它局限在特殊的主观性、任性、任意的立场上了。事实上，人们已经由此离开了自在自为的真理。"[1]

但是，即便是在感性和形象化的意义上，内容也还不真是在形式中，而是仅仅被象征性地想像，并非被透彻思考和把握。只是在宗教哲学中，单纯情感和表象的形式才转化为概念的形式。因此，对实证宗教向哲学的这种必然转化提出的聪明指责还原为，"哲学脱去了属于表象的形式。平常的思维对这一区别没有意识；由于对它来说真理被与这些规定性联结起来，它就认为内容被完全取走了"。[2]

但是，宗教内容向另一种形式的这种"转换"事实上并不意味着它被摧毁，而是意味着在变得更好的意义上成为另外的东西。如果宗教以这样的方式被转换回自己的精神内容，那么，这对宗教来说是再好不过了。这样把宗教提升为一种"哲学的实存"，其顶峰是《信仰与知识》的最后几句话，它们把**上帝之死**改造为一种**"思辨的耶稣受难节"**。因为历史的—经验的"情感"，即上帝自身死了，这种"新时代的宗教所依据的"无限悲痛，必须被理解为"最高的理念"的一个"环节"，也就是说，被理解为绝对自由的一个环节！[3]

借助这种区分和把宗教从情感和表象的形式提升为概念的形式，在黑格尔那里产生了对基督宗教的积极**辩护**，同时也有对它的**批判**。所有黑格尔之后的宗教批判都是从这种批判区分的双重含义出发的，就连黑格尔学派分裂为左派和右派也是由此产生的。30 年代争论所围绕的问题还没有涉及黑格尔与国家和与世界历史的关系，而是涉及他与宗教的关系：他是把上帝理解为人格还是

---

[1] 黑格尔:《历史中的理性》，拉松版，第 20—21 页。
[2] 《黑格尔全集》，XI, 80。
[3] 《黑格尔全集》，I, 153；参见 XII, 235；《精神现象学》，拉松版，第 483 页。

理解为世界过程,是普遍地还是人格地理解**不死**。[1]教会正统宣布黑格尔的转换是非基督教的,因为它摧毁了正面的信仰**内容**;反过来,青年黑格尔学派反感的是,黑格尔也还是以概念的**形式**坚持教义学的基督教。从这种对立出发,罗森克兰茨[2]相信能够得出结论:真理就在黑格尔的调和之中,他的哲学恰恰通过它与基督教的关系而有"一个完全特殊的未来"——事实上的确如此,但却是以不同于罗森克兰茨所认为的方式。因为历史地从黑格尔的双重含义的"扬弃"产生的,是**基督教哲学和基督宗教的一种明显的解构**。

## 二、施特劳斯把基督教回溯到神话

施特劳斯的《耶稣传》(1835 年)[3]在施莱尔马赫的影响下从黑格尔的宗教哲学产生,作为后者在神学上的运用,而黑格尔则是反过来从神学和一部《耶稣传》达到哲学。处于施特劳斯的神学思维中心的,是黑格尔的命题:哲学把宗教自身仅仅以表象的形式拥有的东西提升到概念的形式。基督教教义虽然包含有真理,但却是以一种与它自己还不适应的形式;正因为如此,还不能直截了当地把它从其教会的—历史的版本转换成概念。与此相反,谁像黑格尔右派那样超越历史事实延伸到理念,哪怕仅仅是为了从后者返回到前者,他也纯粹是在伪装批判的自由。与这种正统

---

[1] 参见密什莱:《德国最后几个哲学体系的历史》,II,638 以下。
[2] 罗森克兰茨:《作为德国民族哲学家的黑格尔》,第 331 页。
[3] 以下参见 Th. 齐格勒:《D. F. 施特劳斯传》,1—2 卷,施特拉斯堡 1908 年;E. 策勒:《论宗教的本质》,1845 年。

思辨的防御同时,施特劳斯想从黑格尔出发证实,黑格尔自己绝对没有反对福音书历史的批判。毋宁说,黑格尔的宗教哲学已经自己包含着这样一种批判,因为它放弃了表象形式的历史事实。[1] 黑格尔和施特劳斯之间在方法论上的对立在于,黑格尔把宗教的"表象"提升为**概念**,而施特劳斯则把它回溯到一种自由创造的**神话**。他对基督教信条的神话式[2]解说的最后结果是:"神人就是人性",这是一个在黑格尔那里就已经蕴含着的命题,因为就连他也把神人不是认识为一个个别化的历史事实,而是认识为绝对的一种显现,绝对就是精神一般。把宗教回溯到一种无意识地创造神话的幻想,应当与圣经的奇迹故事一起来解释信仰,因为无论是对于施特劳斯还是对于费尔巴哈来说,信仰在本质上都是奇迹信仰,但对于基尔克果来说亦复如是。[3]

在他的最后著作《旧信仰与新信仰》(1872年)中,施特劳斯在自然科学的实证主义的影响下得出了最后的结论,他连同黑格尔哲学一起也放弃了基督教。他的"新"信仰是"现代"人的

---

[1] 参见施特劳斯:《为捍卫我的〈耶稣传〉一书所作的论战文》,蒂宾根1838年,第3篇,第57页以下、第76页以下。施特劳斯为解析"神学现象学"的"感性确定性"而诉诸黑格尔著作中的以下段落:《黑格尔全集》,XII,246—250、253—256、260—261、263—266;XI,82;XV,249—250。——Th. 齐格勒非常正确地说明,施特劳斯将黑格尔关于福音书的历史真理的观点绝对化,如今从黑格尔的早期神学著作中可以得到更好的论证(Th. 齐格勒:《施特劳斯传》,第249页)。
[2] 参见福尔哈尔德[E. Volhard]:《在黑格尔和尼采之间:美学家F. Th. 菲舍尔》,法兰克福1932年。
[3] 参见《费尔巴哈全集》,VII,189以下;I,1以下。《基尔克果全集》,IX,82以下;《基尔克果全集》平装本,VIII/1,320—321。——参见在黑格尔学派K. 道布那里对奇迹概念的研究;费尔巴哈在他那里听过讲演,基尔克果研究过他的著作《基督教教义史和教会史的形式》(《基尔克果历史研究》,第2卷,第97页)。——关于奇迹批判问题,参见莱奥·施特劳斯:《斯宾诺莎的宗教批判》,第204页以下。

一种具有宗教气息的"道德学说"。对旧信仰的第一个问题是："我们还是基督徒吗？"答案是否定的。第二个问题是："我们还有宗教吗？"答案是半肯定的。第三个和第四个问题是："我们如何把握世界？"和"我们如何安排自己的生活？"答案以科学进步的精神是"现代的"，用了两个独特的"附录"(《论我们伟大的诗人和音乐家》)。"新"信仰在于将基督教"深造"成"人道主义"。在施特劳斯毕其少有幸福的一生尽力撰写一部《耶稣传》之后，他面对这一不可解决的任务结束了文化中的一种可疑的惬意。[1] "万有"或者"宇宙"取代了"上帝"。能够反映施特劳斯从神学到哲学并从哲学到实证主义的发展的特征的，是他在自己著作的第一卷中还自称为哲学博士和福音神学研修班教师，但在第二卷中就已经仅仅自称哲学博士，尽管他在第一卷中就已经意识到，他在神学中所想做的一切，都只能是"这样的危险工作"。

今天，人们对于围绕施特劳斯"神学"的激烈赞成和反对还难以形成一种观念，新教神学借助黑格尔哲学的这种自我解析距离现时代发生的自我解析还是如此遥远。但是，在他那个时代，"旧信仰和新信仰"按照同时代人的见证"如同一颗火星被掷入火药筒"，造成了一种巨大的解放性作用。

## 三、费尔巴哈把基督宗教还原为人的自然本质

同样的话也适用于费尔巴哈的《基督教的本质》(1841年)。

---

[1] 参见弗洛伊德 [S. Freud]：《文化中的不适》(1930年)和《幻觉的未来》(1927年)：人成为一种"假上帝"。

F. 恩格斯在他关于费尔巴哈的著作中告诉人们:"这部书的解放作用,只有亲身体验过的人才能想像得到。那时大家都很兴奋:我们一时都成为费尔巴哈派了。马克思曾经怎样热烈地欢迎这种新观点,而这种新观点又是如何强烈地影响了他……这可以从'神圣家族'中看出来。"[1]

与 B. 鲍威尔和施特劳斯的宗教批判不同,费尔巴哈的《基督教的本质》不是基督教神学和基督教的批判性解构,而是一种保存基督教的本质性因素,也就是说以一种宗教的"人类学"的形式来保存的尝试。与此相适应的,是费尔巴哈相对于前文所说的内容所做的限制:"至于说到我与施特劳斯和布鲁诺·鲍威尔的——我经常被与他们一起提到——的关系,我只想指出一点,即在对象的不同中……已经暗示出我们的工作的不同。鲍威尔把福音书中的历史,也就是说把圣经的基督教,或者毋宁说把圣经的神学作为其批判的对象。施特劳斯把基督教的信理学说和耶稣的生平——但人们也可以把后者包括在基督教的信理学说的标题之下——也就是说把教义学的基督教,或者毋宁说把教义学的神学作为其批判的对象。而我,却把一般的基督教,就是说把基督宗教作为批判的对象,而作为合逻辑的结果,是把基督教的哲学或者神学作为批判的对象。因此,我主要地只引用那些不把基督教仅仅当做一个理论的或者教义学的客体,不把它仅仅当做神学,而是把它当做宗教的人物。我的主要对象是基督教,是宗教,它……**是人的直接本质**。"[2]

但是,与鲍威尔的区别还更大于与施特劳斯的区别,因为只

---

[1] 参见《施特劳斯全集》,E. 策勒编,1878 年,第 5 卷,第 181—182 页。——但是,不仅仅青年黑格尔学派,就连 J. E. 埃德曼、R. 海姆、K. 费舍和 E. Th. 菲舍尔也都是在费尔巴哈的立场上运动的。

[2] 《费尔巴哈全集》,VII$^4$, 29;以及 I, 248,涉及鲍威尔。

有鲍威尔还作为批判家依然是黑格尔学派。施特劳斯和费尔巴哈从黑格尔学派走出成为人道的"唯物主义者",从而放弃了迄今为止意义上的哲学。他们的批判回溯到一种或多或少无概念的人类学。

把宗教的"神学本质"扬弃为其真正的、人类学的本质,在费尔巴哈那里发生在返回到黑格尔讽刺为单纯的"情感"的那种无精神的形式的过程中。费尔巴哈恰恰想把这种形式作为由于是直接感性的所以是本质性的形式来重建。对于他来说,宗教的超验性建立在情感的内在超验性之上:"情感是宗教的人性本质。""情感是你的最内在的力量,但同时又是一种与你不同的、独立于你的力量,它既**寓于**你又**超于你**:它是你最固有的本质,然而又把你作为**一个另外的本质**那样左右着你。总而言之,它是你的**上帝**。因此,你想怎样把另一个对象性的本质与寓于你的这个本质区分开来呢?"[1]据此,费尔巴哈与黑格尔的情感神学批判区别开来:"我之所以指责施莱尔马赫,并不是……因为他使宗教成为情感的事情,而仅仅是因为他从神学的偏见出发未达到也不能达到得出他的立场的必然结论的地步,因为他没有勇气认识和承认,如果主观上情感是宗教最重要的事情的话,**客观的**上帝本身无非是**情感的本质**。我在这种关系中如此不反对施莱尔马赫,以至于他对我而言毋宁说可以用来实际上证实我从情感的本性推论出来的主张。黑格尔之所以没有深入到宗教的独特本质,恰恰是因为他作为抽象的思想家没有深入到情感的本质。"[2]

费尔巴哈宗教批判的最一般原理是:"**神学的秘密是人类学**",也就是说,宗教的原初本质是**人**的本质。它是人的原初本质需要的

---

[1] 《费尔巴哈全集》,VII$^4$, 47。
[2] 《费尔巴哈全集》,I, 249。

"对象化",但是它没有特殊的和自己的内容。因此,如果正确地理解,对上帝的认识就是人的自我认识,但却是一种不知道自己是人的自我认识的自我认识。"宗教是人的**最初的、并且间接的自我意识**",是人在通向自己的道路上的一段弯路。因为人在于自身之内发现他自己的本质之前,首先把它置于自身*之外*。"宗教,至少是基督宗教,就是**人对自己本身的关系**,或者正确地说,就是**人对自己的本质的关系**,不过他是把自己的本质当做一个另外的本质来对待的。属神的本质不是别的,就是属人的本质,或者说得更好一些,就是**人的本质**,这个本质被与个体的、也就是说现实的、肉体的人的限制分离开来,被对象化,也就是说,**作为一个另外的、有别于它的、独自的本质受到瞻仰和敬拜**。因此,属神的本质的一切规定都是属人的本质的规定。"[1] 被获悉或者被信仰的属神精神与获悉的精神是同一种精神——在黑格尔那里就是这样说的。

因此,宗教的"发展"从正面说在于,人"越来越**否定**上帝,越来越**肯定**自己"。新教就处在通往这一点的道路上,因为它是把上帝人化的宗教方式。"作为人的上帝,或者人性的上帝,亦即基督,只是新教的上帝。新教不再像天主教那样关心上帝**就自己本身而言**是什么,而是仅仅关心上帝**对于人来说**是什么;因此,它不再像天主教那样具有思辨的或者默思的倾向;它不再是**神学**,它在本质上只是**基督学**,也就是说,是宗教的人类学。"[2]

论证宗教与作为人类学的哲学的批判性**分歧**的,只有"图像"特征。这就是说:人们为自己形成的对象性图像被宗教自身非图

---

[1] 《费尔巴哈全集》,VII⁴,50;《黑格尔全集》,XIII,88—89。——参见鲍威尔《对无神论者和反基督者黑格尔的末日审判的号角:一个最后通牒》,第 11 章;J. 沙勒:《费尔巴哈哲学的阐述与批判》,第 165 页。

[2] 费尔巴哈:《未来哲学原理》,第 2 条。

像地当做独立的"事物"接受，——反过来被黑格尔哲学当做自身尚无真理的单纯表象或者图像来接受；但是，费尔巴哈既不想同黑格尔一起把图像转换成"思想"（由此在哲学上为宗教教义做辩护），也不想不加转换地让它们作图像性的事物，而是想把这些**"作为图像的图像"**看做是人的本质表现。神学由此转化为"精神病理学"。所有宗教的表象都被转化回为它们的感性确定性，它们原初也就是由此产生的：比喻的面包转换回感性的面包，比喻的葡萄酒转换回现实的葡萄酒。"我在事实上和真理上用现实的水的善举来取代没有效果的洗礼水。"把宗教表象这样"简单化"为"最简单的、人内在的元素"，虽然是"平凡的"，但宗教的真理和真理一般为什么不应当处在一种最高的平凡的终点呢？对于黑格尔来说，问题还在于证实基督教教义与哲学的内在一致，而费尔巴哈想表明的却更多也更少，即如果哲学和宗教都被还原为人类学，那么哲学自身就已经是宗教。"因此……新哲学不能再像古代的天主教经院哲学和现代的新教经院哲学那样……沉溺于用自己与基督教教义学的一致来证明自己与宗教的一致；毋宁说，产生自宗教的本质的这种新哲学，在自身中就具有宗教的真正本质，作为哲学，自己本身就是宗教。"[1]

与此相反，对于费尔巴哈来说，和后来对于尼采来说一样，基督宗教的**历史性**解体已经是确定无疑，因为它与现代世界的全部事实都相矛盾。基督教被否定，甚至是出自那些还坚持它、同时又对无论是圣经还是信条神学的书和教父们都无非是基督教事物的尺度视而不见的人们。它在生活中、在科学中、在艺术和工业中被否定，"因为人们接受了人性的东西，以至于基督教被剥夺

---

[1]《费尔巴哈全集》，VII⁴, 31。

了一切反抗的力量"。[1]但是，如果在实践上人和劳动取代了基督徒和祈祷，那么，在理论上人的本质也就必然取代神圣的东西。基督教被压缩到礼拜日，从人们的日常生活中消失，因为它无非是"一种固定的观念"，"这种固定的观念，是与我们的火灾和人寿保险机构、我们的铁路、我们的蒸汽机车、我们的绘画陈列馆和雕刻陈列馆、我们的军校和实业学校、我们的剧场和博物标本室处于最为尖锐的矛盾之中的"。[2]费尔巴哈对这种矛盾的感受无异于基尔克果，后者与他相对立，但却以相同的结论，同样因此宣布科学、尤其是自然科学对宗教关系来说全然无关紧要。[3]二人在这一点上是一致的，即他们都认为基督教与世界的科学、政治和社会旨趣的矛盾是无法调和的。[4]

然而，基督教在现代世界内部所表现出的"虚伪"，对于费尔巴哈来说并不具有像对尼采和基尔克果那样的刺激性意义。他对基督教的攻击要更为和善得多。[5]它并不像是致命的一击，而像是凭借使哲学自身成为宗教的那种批判性"还原"而在"人性

---

[1]《费尔巴哈书信往来与遗著集》，I，408。
[2]《费尔巴哈全集》，VII⁴，32。
[3]"此外，同自然科学的异议的冲突和这方面的斗争将与同（黑格尔）体系的冲突有类似之处。本来，异议并没有多大意义，但是，一种强有力的舆论、一种世俗的教育将使神学家们感到难堪，以至于他们只可以装作也有点自然科学的样子，他们将害怕在这方面是一个黑彼得，就像在那个时代在与体系的关系中那样。……因此，上帝与'人'之间的争执在'人'撤退到自然科学后面这一点上达到了高潮。……从自然科学出发，淳朴地相信的淳朴人与用显微镜观察的学者和半通不通的人们之间不幸的分歧就散布开来。人们不再可以像古代在关于淳朴的至高者的言谈中那样坦率地向所有……人们求教，无论他们是阴险的还是友好的，无论他们智力高还是低，人们只需要观察他们是否有足够的智力以便信仰上帝。如果基督从显微镜中知道某种东西，他就会去研究使徒。"（基尔克果：《法官之书》，第123页以下）
[4]《费尔巴哈全集》，I，253。
[5]参见J. 艾宾浩斯：《路·费尔巴哈》，载《德国文献学和精神史季刊》，第8年度，第2期，第283页以下。

中的一种善意的保护："以为我赋予人类学一种……仅仅从属的意义，那是非常错误的——只有神学在它之上并与它敌对时，它才会具有这样的意义。毋宁说，当我使神学下降到人类学时，也就使人类学上升到神学了。……因此，我使用人类学这个词……也不是在黑格尔哲学或者以往哲学的意义上，而是在一种无限更高、无限更普遍的意义上。"[1]

黑格尔还属于哲学的"旧约"，因为他的哲学还是一种站在神学立场之上的哲学。他的宗教哲学是为了在双重意义上"扬弃"基督教与异教、基督教神学与希腊哲学的对立所作出的最后一次重大尝试。在黑格尔那里，近代把对基督教的否定与基督教等量齐观的双重含义达到了顶峰。"迄今为止的哲学落入了基督教衰落、对基督教的否定、但同时又要是对基督教的肯定的时代。黑格尔的哲学在表象和思想之间的矛盾下掩盖了对基督教的否定，也就是说，他在肯定基督教的同时否定基督教，而且是在肇始的基督教和成型的基督教之间的矛盾背后。……然而，一种宗教只有在它被保持在自己……原初的意义上的情况下才能维持自己。最初，宗教是火、能量、真理；每一种宗教最初……都是无条件地严厉的；但随着时间的流逝，它逐渐地松弛下来，变得松懈……受习惯的命运影响。为了调和从宗教堕落的实践与宗教的这种矛盾，人们求助于……传统或者修正。"[2] 与这种半否定相对立，如今需要确立一种完全的和自觉的否定。它奠立一个新的时代和一种明确的非基督教的哲学的必要性，后者在自己那方面就是宗教。

但是，在费尔巴哈宣布哲学自身就是宗教的同时，他的"无

---

[1]《费尔巴哈全集》，VII$^4$, 24。
[2]《费尔巴哈书信往来与遗著集》，I，408。

神论"——如施蒂纳责备他的那样——自身还是一种"虔敬的"无神论。但是,他自己感觉并没有被这一指责说中。因为他只想清除宗教谓词的"**主词**",即上帝,却绝对不想清除在其人性的独特意义上的**谓词自身**。

"一个真正的无神论者,亦即通常意义上的无神论者,只是把属神本质的谓词,例如爱、智慧、正义,看做是无谓的东西的人,而不是仅仅把这些谓词的主词看做是无谓的东西的人。主词的否定,绝不同时必然也是谓词本身的否定。谓词具有一种**独自的、独立的意义**;它们通过其内容强迫人承认自己;它们直接通过自己本身来向人证明自己是真实的;它们自己**证实、确证**自己。善良、正义、智慧并不由于上帝的实存是妄想而是妄想,也并不由于上帝的实存是真理而是真理。上帝的概念依赖于正义、善良、智慧的概念——如果一个上帝**不**是善良的,**不**是正义的,**不**是智慧的,那他就不是上帝了——但反过来则不然。"[1]

因此,费尔巴哈并不是"通常的"无神论者,也就是说,他是无神论者,乃是因为无神论通常恰恰就是费尔巴哈自己把它说成的东西:保留基督教的谓词,祛除它的主词!

至于他的宗教批判必然给自己招致虔敬的指责,黑格尔之后整个颠来倒去的运动给予了说明:对一方来说表现为无神论的,下一方已经又发现始终还是神学的、宗教的和基督教的。对鲍威尔来说施特劳斯是"牧师",对施蒂纳来说费尔巴哈是"虔敬的无神论者",对马克思来说鲍威尔是一个只有作为神学家才是批判性的批判家。但是,相信胜过所有人的施蒂纳——与"神圣家族"(鲍威尔)一起——被马克思讽刺为"教父"和"圣麦克斯",而

---

[1]《费尔巴哈全集》,VII⁴, 60。

费尔巴哈却在施蒂纳的"虚无"中还看到一个"神圣的谓词"、在他的惟一的自我中还看到"基督教的个人至福"显现出来。[1]每一个人都想证明另一个人的基督教的残余,这在事实上适用于对基督教的任何甚至在论战上也依然以自己的对手为条件的批判。费尔巴哈历史地把这种交替的可能性追溯到福音与犹太律法宗教的区分。基督宗教与犹太教的实证性相对立,已经是一种"批判和自由的宗教"。"与以色列人相比,基督徒是……自由思想家。事情就是一直这样变化着。昨天还是宗教的,今天就不再是宗教了;今天还被认为是无神论,明天就被认为是宗教了。"[2]

至于费尔巴哈对神学的人化属于**新教**的历史,产生自以下的事实,即他可能是从**路德**引申出自己的宗教批判的原理的。在《基督教的本质》探讨信仰的第 14 章,[3]他引证了路德的命题:"你怎样信仰上帝,你也就怎样拥有上帝。""所以,我们怎样信仰,我们也就怎样拥有。如果我们把他当做我们的上帝,那他就当然不会成为我们的魔鬼。但是,如果我们并不把他当做我们的上帝,那他也就当然不再是我们的上帝。"费尔巴哈继续解释道:"可见,只要我**信仰**一位上帝,那我就真的**拥有**一位上帝,也就是说:对上帝的信仰就是人的上帝。"因为"如果上帝就是我所信仰的,就与我所信仰的一样,那么,**上帝的本质**不就正是**信仰的本**

---

[1]《费尔巴哈全集》,I,342 以下;施蒂纳的回应:《施蒂纳短篇著作集》,第 343 页以下;参见鲍威尔:《被揭穿了的基督教》,巴尼克尔 [Barnikol] 新版,第 74 页注。
[2]《费尔巴哈全集》,VII⁴,73—74。——关于宗教批判一般来说与犹太教和基督教的区别的联系,请参见莱奥·施特劳斯:《斯宾诺莎的宗教批判》,第 199 页。
[3] 参见关于宗教本质的第 20 次讲演和《费尔巴哈书信往来与遗著集》,II,236 以下,关于齐岑多夫 [Zinzendorf]。

质吗？"在对上帝的信仰中人信仰的是他自己，是他的信仰的神圣力量。上帝是一个**为了人**的本质，他在本质上是**我们的**上帝，[1]从而对上帝的信仰也就是"人的自我确信"的一种宗教表述。信仰的世界是一个"不受限制的主体性"的世界！——在一篇关于《信仰在路德意义上的本质》的特别论文（1844年）中，费尔巴哈直截了当地试图证明路德的信仰概念与《基督教的本质》的**同一性**。因为路德的上帝概念的要旨就是对天主教的实证性的否定，从正面来说就是断定：基督只是因为**为我们存在**才存在，他只是为了我们的信仰而存在。费尔巴哈从路德那里引证道："如果上帝**仅仅为了自己**而居住在天上，那他就**不**是上帝。"他继续说道："上帝是一个词，它的**意义**仅仅是人。""在信仰中，上帝就是人的**你**。"以这种方式，费尔巴哈从路德对信仰的内在化和实存化出发在作为人的终点上达到了对路德"属于上帝的"和"属于人的"东西的相互关系的巩固，并达到了这样一个命题，即上帝以人"为前提条件"，因为宗教的神学本质一般来说就是它的人类学本质。[2]在原则上，费尔巴哈的诠释已经包含在黑格尔那里，因为即便是按照黑格尔的说法，宗教改革的解放性行动也在于路德成功地确定对人的规定必然"**在他自身里面**"发生，虽然他把这规定的内容当做一种由外部、通过启示给予的内容来接受。[3] A.

---

〔1〕 路德关于《以赛亚书》第9章第5节的布道中说道："让'我们（Uns）'这3个字母大如天地。"

〔2〕 参见卡·巴特 [ K. Barth ] 的费尔巴哈批判，载《在时代之间》，1927年，第1期；以及本人的文章，载《神学评论》，1930年，第5期，第341页以下。

〔3〕《黑格尔全集》，IX，437；XV，253以下。——米格利希 [ G. Müglich ] 反对《黑格尔智慧及其结果或者A.卢格及其同志》（累根斯堡1849年）的天主教论战文说道：上帝在路德那里达到意识，在黑格尔那里达到自我意识。在1517年之前，人们对于"精神"还没有概念。只是在新教时代，精神才作为时代精神出现，自黑格尔以来成为流行的。

卢格在他关于《新教与浪漫学派》(1839—1840年)的论文中描述了由此必然产生的危险:"浪漫学派的原则……在于,新教的**学习过程中的主体仅仅坚持自己的东西**,即实施学习的自我,因而在否定中依然反对普遍的和客观的东西。"——费尔巴哈的宗教批判既不能也不愿是某种排他的东西,而是某种暂时性的东西,但其结果却不会不出现。他认为,他的宗教批判的基本思想将保存下来,但"并不是以他们在此被说出和在当代的时代关系中能被说出的形式"。

## 四、卢格用人道取代基督教

A. 卢格的宗教批判从黑格尔走出,运动在费尔巴哈的基地上。在黑格尔那里,人们还看到与一种教育出来的信仰的斗争,他时而为这种信仰辩护,然后又驳斥它;他虽然强调在基督教中知道了绝对精神是人,但在他赋予基督教的教义学和犹太人的上帝一种哲学的实存时,却忘记了他自己的洞识。[1] 当费尔巴哈证明,神学"无非是"人类学的时候,他选取了惟一正确的方法。只有"人道的宗教"[2] 才解开了过去所有的谜,实现了希腊文化向基督教的发展。"教皇制和路德的教义学败坏了基督教的理念。与此相反,宗教改革的虔诚、革命的伦理狂热、启蒙运动的认真、哲学和社会主义是基督教人道原则的现实延续。"[3] 这一原则是内

---

[1] 卢格:《出自更早的时代》,IV,121以下。为了证明这一矛盾,卢格诉诸《黑格尔全集》,XV,114—117。
[2] 卢格:《科学院》,第1页以下,再版载《我们的体系》,第2卷。
[3] 卢格:《我们的体系》,第2卷,第13页。

在的和普遍的，与此相反，基督依然是超验的和惟一的。宗教发展的最终目标是：用人道取代基督教。

卢格大众化的我们时代的宗教"体系"自称要从历史上的各种宗教引申出人道主义的宗教，它无论在风格上还是在内容上都是施特劳斯的"新信仰"的一个先驱。但是，即便是在这种人道的稀释之中，卢格的纲领也都是黑格尔通过把基督教表象提升为概念而对之进行的精神化的一个直接结果。不仅是左派的新闻业，而且还有一位像罗森克兰茨这样博学的老年黑格尔学派，都还在卢格的著作发表10年之后依然代表着这样的观点，即由黑格尔精神化了的基督教在现代的人道和文明中"完成"自己。[1]

## 五、鲍威尔对神学和基督教的解构

布鲁诺·鲍威尔富有特征且著名的人格是柏林"自由人"的中心。[2]即便是马克思和施蒂纳，最初也处在他的极端批判的轨道上。他是一个苦行主义者和斯多亚主义者。他最后的几部著作产生自他在柏林乡下作为"利克斯村的隐居者"用一个马厩改造

---

[1] 罗森克兰茨：《新研究》，第1卷，莱比锡1875年，第317页以下。——在他对当代"宗教的世界过程"的考察中，罗森克兰茨把基督教在现代世界交往中的普遍意义宣布为它通过科学获得的教育的一个产物。今日的基督教是自觉的理性和人道的宗教；毋庸置疑，恰恰在我们这个技术文明的时代里，宗教过程到处都参与其中，以便也在内心深处改造世界。

[2] 关于鲍威尔人格的特征，请参见 K. 罗森克兰茨：《日记选》，莱比锡1854年，第113页；马卡伊[H. Mackay]：《M. 施蒂纳传》，第2版，柏林特莱普托夫1910年，第221页；冯塔讷[Th. Fontane]：《书信集》，第2集，柏林1909年，第2卷，第392页；P. 加斯特：《致尼采书信集》，慕尼黑1924年，第2卷，第162页；E. 巴尼克尔：《鲍威尔的〈被揭穿了的基督教〉》，第67—68页。

成的小书斋里。

他的神学工作在这里毋须判断,它一开始就落入了公众的评判;就连奥韦尔贝克也发现自己有理由来保护他免受这种评判。A. 施魏策尔以如下方式概括了他对鲍威尔的成就的印象:"对于我们来说,伟大的并不是粉平问题的那些成就,而是揭示问题的那些成就。鲍威尔对福音书历史的批判价值十几部优秀的《耶稣传》,因为它如同我们现在、在半个世纪之后才能够认识的那样,是解决耶稣传记的困难所存在的最天才、最完备的参考书。遗憾的是,他由于他展开问题的那种独断的、过于独断的方式,他自己使他的思想对于同时代的神学没有发挥作用。他填埋了他自己登山所走的路径,以至于一整代人致力于重新开掘他已经遇到的路脉。他们无法想像他的答案的不正常的理由就在于他用来领会问题的紧张度,他对于历史来说变得视而不见乃是因为他观察得太敏锐了。这样,他对于同时代人来说只不过是一个幻想家。——但是,在他的幻想中最终也蕴藏着一种深刻的认识。还没有人以这种伟大的方式想到过,原始基督教和早期基督教并不是耶稣布道的简单结果,它不止是一个付诸实践的学说,远远不止,因为当那个人格的肉体,即罗马帝国的人性,处在死亡的痉挛之中的时候,世界灵魂的遭遇是与那个人格的遭遇紧密结合的。自从保罗以来,没有人如此深刻地把握超人格的 σωμα χριστου[基督的肉身]的奥秘。鲍威尔把它转换成历史,使罗马帝国成为'基督的肉身'。"[1]

鲍威尔最初在柏林由马海内克(黑格尔的《宗教哲学》的第

---

[1] 施魏策尔:《耶稣传记研究的历史》,蒂宾根 1921 年,第 161 页;参见 W. 尼格:《宗教自由主义的历史》,苏黎世 1937 年,第 166 页以下。

一位编者)[1]、施莱尔马赫和黑格尔指导学习哲学和神学。他的写作生涯开始于对施特劳斯的《耶稣传》的批判。作为一家思辨神学杂志的编者,他最初代表的是黑格尔学派的正统。只是他匿名出版的著作《对无神论者和反基督者黑格尔的末日审判的号角:一个最后通牒》(1841年)和他与卢格合写的《黑格尔关于宗教和艺术的学说》(1842年),才表现出他对黑格尔的批判态度。即便鲍威尔对基督教神学的批判,绝对说明特征的也是他与黑格尔相联系的方式和方法。他比施特劳斯和费尔巴哈更激烈地与黑格尔的宗教哲学争辩。结果被他以嘲讽的方式掩盖起来,因而也就更有效地揭示出来。貌似正统的虔敬主义者,"从信仰的立场出发",利用无数的圣经引文和黑格尔引文,他指出,绝对不是极端的青年黑格尔学派才是"无神论者",而是他们的父亲就已经是"无神论者"了,只不过穿着为教义学做哲学辩护的外衣罢了。"噢,可怜的和不幸的人们,如果低声告诉他们,宗教和哲学的对象都是在其客观性之中的永恒真理、是**上帝并且惟有上帝**、是对上帝的阐明,他们就会让自己蒙受欺骗;喜欢听说宗教与哲学彼此相合的可怜的人们,如果听说并接受宗教是绝对精神的自我意识,就认为还保有他们的上帝。"这些可怜的人们有耳不听,有眼不视。因为还有什么比以下事实更为清晰,即黑格尔对宗教的**解释**是以对宗教的**摧毁**为目的的,虽然他的摧毁基督教外壳造成了假象,好像就连他也谈论在世界存在之前就已经存在、并在基督里面启示自己对人的爱的惟一活的上帝似的。黑格尔冷酷的知性只认识在人里面意识到自己的世界精神的普遍者。善意的学生如施特劳

---

[1] 第2版由鲍威尔修订;参见《对无神论者和反基督者黑格尔的末日审判的号角:一个最后通牒》,第149页。

斯在这里面看到了一种"泛神论";但是,这是一种最坚定的泛神论,它用自我意识取代了上帝。虽然黑格尔谈到实体即主体,但他指的并不是个别的、确定的、创造天地的主体。恰恰相反,他需要一个完整的精神王国,需要无数的主体,以便实体在时间的进程中最终在黑格尔里面意识到它自己。[1] 他的思想运动的结束不是实体,而是把实体的普遍性作为**自己的**本质包含在自身的"自我意识"。黑格尔赋予这一无神的自我意识以神的属性。但是,轻信的人们没有看透他的魔鬼诡计,误认为黑格尔是一个革命者,比他的所有学生加起来还更伟大:他实现了**所有实体性关系的彻底解体**。[2]

黑格尔反对施莱尔马赫的"情感神学"的论战掩盖了上述事实,鲍威尔想让"信徒们"记住这一点。但事实上,黑格尔借助对情感的批判想涉及的绝对不是主体性,而只是主体性不充分的形式。即便是对于黑格尔来说,宗教也与艺术和科学别无二致,都是精神性的自我意识的产物。因此,鲍威尔提醒"善良的人们"警惕黑格尔思维着的精神与宗教"和解"的魔咒:"……有多少人被若干年前非常流行的这一魔咒所蛊惑,离开了真实的上帝,被引向无神论!这是怎样的一场骗局啊!在黑格尔看来,人们认识到不存在上帝,自我在宗教中总是仅仅与自己打交道,而自我却……认为它是在与一个活的、人格的上帝打交道,这就是理性与宗教的和解。实现了的自我意识是那样一种伎俩,即自我像在一面镜子中那样双

---

[1] 鲍威尔在《揭穿了的基督教》中(第156页)自己针对基督教所主张的正是这个关于在历史中实现自己的"自我意识是宇宙的惟一创造性力量"的命题。马克思在《神圣家族》中的批判所针对的就是黑格尔—鲍威尔的"自我意识"原则。

[2] 参见《哈勒年鉴》上关于鲍威尔的《对无神论者和反基督者黑格尔的末日审判的号角:一个最后通牒》的评论,1841年,第2部分,第594页。

重化，事后如果它数千年之久把自己的镜中像视为上帝，最终将发现那个镜中像就是它自己。据此，上帝的愤怒和惩治的正义无非是自我自身握紧拳头在镜中威胁自己；上帝的神恩和怜悯又无非是自我向自己的镜中像伸手示意。宗教把那个镜中像视为上帝，哲学则扬弃了这一幻觉，告诉人没有任何人隐藏在镜后，因而迄今为止自我与之打交道的只是它的映象。"[1]鲍威尔还在他的下一部与《对无神论者和反基督者黑格尔的末日审判的号角：一个最后通牒》部分地一致的作品《黑格尔关于宗教和艺术的学说》中明显地勇猛直进。在这里，他用文风和印刷技术的一切手段（疏排、黑体和一个食指的图像）来刺激"信徒们"，用提醒人们警惕他自己的神学作品来强化他对黑格尔的攻击的冷嘲热讽。

哲学和宗教无法统一，毋宁说，信仰必须祛除概念的傲慢，以免自己被概念驱逐。伏尔泰对圣经的攻击和黑格尔对宗教的解体之间的区别是一种表面上的区别，在根本上二者的言行是一致的：法国人用的是机智的幽默，德国人用的是训诫的严肃。黑格尔甚至超越了他的榜样，因为他不动声色地讲述自己的亵渎，通过普遍的、哲学的规定赋予它们一种持久的力量。"伏尔泰在……攻击符合上帝心意的人们时，还感觉到仇恨的……一时冲动和愤怒，与此相反，黑格尔心平气和地习惯用一种哲学的范畴来处理事情，对他来说，他的所作所为花费的气力并不多于喝一杯水。"[2]在伏尔泰的学校里，黑格尔还学会了犹太人是一个内心矛盾和道德败坏的民族，希腊人的神话在他看来要比圣经更为人性、自由和优美得多。黑格尔关于旧约所说的话，也是他关于新

---

[1] 鲍威尔：《对无神论者和反基督者黑格尔的末日审判的号角：一个最后通牒》，第148页。

[2] 鲍威尔：《黑格尔关于宗教和艺术的学说》，第100页。

约所思，而"作为惟一者想是一切"的耶和华在他看来并没有超越"局限性"上升到精神的普遍性。黑格尔在蔑视**东方的**宗教的同时也蔑视**基督教的**启示，因为后者还没有达到无神论的主体独立性。确实，他甚至敢于断定，获罪是伟大人物们的"荣誉"，因为他考虑的不是基督教的圣徒而是希腊的英雄，他赞颂的不是殉道而是"无神论的悲剧"，后者的主要对立绝不是基督教的家庭与国家的对立。在黑格尔看来，东方人并不知道精神或者人自身是自由的——确实如此，但他们做得相当不错；按照黑格尔的说法，如果所有的信徒都是东方人、叙利亚人和加利利人，那么，"倘若他们不想在这种无神论的意义上是自由的，他们即便在今天也是做得有道理的。我们并不希望**与我们自己同在**，而是想**与上帝同在**"。[1]精神必须渴望、希望、悲伤和抱怨，但黑格尔却说："这里是罗陀斯，就在这里跳吧"，也就是说，他想跳并且就在这里跳，就在这个尘俗的世界上跳！黑格尔在美学中最清晰地表现出他对基督教的仇视，正像他一般来说就是从美学方面攻击圣史的那样。在美学中，他毫不掩饰地承认，他不向基督和马利亚屈膝。他一般来说蔑视任何卑躬屈膝，他想始终传播"自我意识"，把整个世界转变成**它的**财产。对他来说，自我意识和理性就是一切，而其余的一切他都当做一种"异己的"力量予以否定，因为这种力量还没有解放为概念。对他来说，与自身同在的自由就是历史的手段和目的。但对于基督徒来说，只存在有**一种**历史的力量：上帝的力量；而且只存在有**一种**目的，即主的荣耀；从而也只存在**一种**实现这一目的的手段：基督，上帝与人之间的**惟一**中介者。

针对这惟一的、真正起解放作用的中介者，黑格尔的调和想

---

[1] 鲍威尔：《黑格尔关于宗教和艺术的学说》，第163页。

干什么？为了排斥这位中介者，他必然**以神话的方式**解释圣经。在根本上，他甚至比施特劳斯还更极端，因为施特劳斯在新约中只假定了个别神话，但按照黑格尔的说法，整部新约都是神话的，这简单地就因为它是在宗教表象和描述中的宗教。[1]他并不满足于在希腊的神话和史诗中发现自由地接受传统东西的创造个性的作品，在福音书的报告中发现对既定传统的不自由处理，发现一种"外在的塑造"。

但是，如果神话学是一种以人的方式塑造神性的东西并使人保留自己自由的人道的艺术，那么，圣史从另一角度来看就也是**非神话的**，因为它只知道上帝的行为，知道人的被奴役。因此，在黑格尔看来，圣史的撰写不可能造成艺术作品的形式，因为它由于人的微不足道和堕落、由于惟一者的活动的千篇一律而缺乏任何精神运动、现实冲突和人对它们的自由扬弃的可能性。"**在惟一者就是一切，其他的都是奴隶的地方，从根本上取消了一切历史和历史观的可能性。**"[2]但另一方面，圣史也可以理解为**非象征的**，因为神学的东西被拘禁在严格的个性中，耶和华经历了人的命运，直至死亡。它之所以是象征的，只是就圣经中的所有自然现象和人类现象都不是通过自己、而是仅仅通过它们与主的关联才获得其意义而言的。因此，从黑格尔出发来诠释，圣史是东方表象和西方表象的一个两性体，是**象征和神话的一种混浊的杂拌**。但如果人们要问，是否可以在**施特劳斯**的平庸意义上认为它是神话的，[3]因为对于所报道的东西来说，并不总是有所要求的过程与

---

[1] 鲍威尔：《黑格尔关于宗教和艺术的学说》，第180页。
[2] 鲍威尔：《黑格尔关于宗教和艺术的学说》，第206页。
[3] 在原则上，尽管是在别的前提条件下，鲍威尔也在他皈依黑格尔左派之前责备了施特劳斯的神话观点。参见 Th. 齐格勒：《施特劳斯传》，第356页。

之相应，那么，大师就只会嘲笑这样的提问的可怜——他，这位伟大的杂技演员，挥舞着上帝之道的"双刃剑"（《希伯来书》，第4章，第12节），他假装把这剑插入鞘中，为的是没有人再害怕！

鲍威尔以这种方式让自己对神学的解构照耀进黑格尔的诠释，以便证明它是他的宗教哲学的惟一合法结论。他甚至提请"信徒们"注意，**他**是黑格尔的一个比施特劳斯远远危险得多的学生。因为施特劳斯通过把纯粹的神话与历史中的神话区别开来，并承认现实的事实是后者的基础，从而给予圣史以更多的承认；鲍威尔在他的"咆哮"中走得更远：他断言，福音书自身已经是一种**神学**的艺术作品。[1] "施特劳斯追问并且研究，福音书的报告是否**是传说的**……鲍威尔则在它们里面寻找**有意的反思和神学的实用主义**的痕迹。施特劳斯由于自己原则的软弱，并且由于自己一直还承认福音书中有诸多的历史材料，而觉得自己被迫追问，一个报道讲述的**奇迹**是否是**可能的**……与此相反，鲍威尔……绝不提出问题，并且相信根本不必有问题，因为他通过证明这些报告是**反思的作品**而解决了……它们。**对他的事情而言，他在这方面是如此确定，以至于他承认福音书中的奇迹比施特劳斯还要多**：他特别偏爱地讨论那些**创作的奇迹**，因为他希望能够轻而易举地把它们当做不可察觉的实用主义的纯粹造物来了结掉。"[2]

对于当时在计划《无神论与有限主体必死性杂志》的鲍威尔来说，[3] 甚至施特劳斯也是"教会内部"的"一个亨斯滕贝格"（即一个正统的反对派）。与此相反，**他**在事实上是那个由黑格尔教育出来的"无神论者和反基督者"；作为这样一个人物，他把自

---

[1] 齐格勒：《施特劳斯传》，第190、204页。
[2] 齐格勒：《施特劳斯传》，第59页。
[3] 卢格：《书信往来与日记》，I, 243；参见337。

己的老师介绍给信徒们。他冷嘲热讽地以《西拉书》(第14章,第22—24节)中的神学家的形象描述了自己:他和这位神学家一样按照智慧缓缓而行,他从智慧的窗子向里窥望,倚在它的门上偷听,靠着它的墙建起自己的茅舍,把自己的孩子也带到其屋顶下,最终摧毁了最内在的圣地,使上帝智慧的整个建筑名誉扫地成为一个世俗的建筑。他甚至断言,对圣经的神学诠释**必须**是"耶稣会主义的",因为诠释者一方面以经书的永恒真理为前提条件,另一方面在自己的时代教养和人性中拥有他们必然违背前者予以贯彻的前提条件,尽管这些前提条件与圣经的前提条件相矛盾。神学家除了自己的现代教养之外还有护教学的旨趣,他必须使古代的圣经与他现代的野蛮教养协调一致,但这只有在他歪曲二者的时候才是可能的。

鲍威尔的思想对于同时代的神学和哲学来说没有发生影响,即便是在奥韦尔贝克那里,鲍威尔对"神学意识"的分析是否直接影响到他对神学的态度,也是成问题的。只是对于一个危机的时刻来说,鲍威尔的极端主义才影响到他最切近的同时代人。施特劳斯在鲍威尔对他的《耶稣传》作出过激的批判之后就永远不与他来往了;费尔巴哈最初曾被认为是鲍威尔的《对无神论者和反基督者黑格尔的末日审判的号角:一个最后通牒》的作者,他拒斥鲍威尔的作品,只是因为这作品在他看来是**为**黑格尔说话的,与此相反,卢格却把它看做是与黑格尔主义最坚决的决裂。[1] 费尔巴哈一开始就与"柏林的诡辩家们"很疏远,而卢格则把鲍威尔的批判成就与伏尔泰和卢梭的批判成就相比。他是"无神论的

---

[1] 费尔巴哈:《书信往来与遗著集》, I, 330 和 364;参见 337。

弥赛亚"和"神学的罗伯斯庇尔"。[1]但在此之后不久,在他那里也出现了怀疑,即鲍威尔只是在否定方面强大,因为他错认了人性存在的共同特性或者政治特性。在历史和政治上,没有任何东西能够以他的"伤风败俗体系"为开端。后来,卢格试图在《最新德国哲学与传播学轶事》中更精确地规定鲍威尔的"否定性"。他虽然成功地通过得出无神论的结论而澄清了黑格尔自己的不一致性,但却不能建立新的东西。"在过去里面证明时代的进步是不够的;新事物必须立足于自身;因为所有从旧事物出发对新事物所做的诠释都是走样的,黑格尔的模棱两可和他的双重意义的错误、对已被超越的……基督教世界观作穿凿附会解释并在这一活动中既对自己也对那些精神阶段作出错误诠释的哲学的错误亦是如此。"[2]鲍威尔的《对无神论者和反基督者黑格尔的末日审判的号角:一个最后通牒》本来是费尔巴哈的一个结论,但却是一个因其论战性目的而明显退了一步的结论。卢格1846年的总结性判断在根本上与马克思和施蒂纳的判断是同一个意思:鲍威尔是"最后的神学家",是一个以神学的狂热迫害神学的彻底的异端,而正因为此并不是没有他所反对的信仰。[3]

《被揭穿了的基督教:对18世纪的回忆兼论19世纪的危机》(1843年)包含着鲍威尔对基督宗教的**直接**批判。[4]他的揭穿通过

---

[1] 卢格:《书信往来与日记》,I,247;参见255、281、290—291。
[2] 卢格:《最新德国哲学与传播学轶事》,苏黎世和温特图尔1843年,第2卷,第8页。
[3] 卢格:《巴黎二年:研究与回忆》,莱比锡1846年,第59页以下。
[4] 巴尼克尔:《三月革命前的〈被揭穿了的基督教〉》。——下文利用了巴尼克尔有可靠依据的材料,特此致谢。为说明鲍威尔作品的标题,请参见巴尼克尔的导论,第78节以下。——关于鲍威尔与副标题所涉及的埃德尔曼[Edelmann]的关系,请参见他的《18世纪政治、文化和启蒙的历史》,I,204—236。

其基督教产生自罗马世界政治自由的崩溃的命题而向后回溯到**青年黑格尔**,向前指示着**尼采**的《道德谱系》。他不再想把基督教的"**本质**"人道化,而是想证明它的"**非人性**",它与所有对人来说自然而然的东西的荒谬对比。[1] 基督教对他来说完全是"世界的不幸"。它是在古代世界不能再维持自己的时候出现的,它把这种不幸提升为人的本质,把人固定在苦难之中。但是,人就其本质而言是自由的,人能够并且必须也面对死亡证明自己的自由;即便是在人使自己相信自己必须服从一种外来的法律的情况下,人也依然是他自己的立法者。但是上帝,亦即对人来说异化了的人,却不再具有与在费尔巴哈那里相同的意义。对于费尔巴哈来说,异化仅仅意味着人的本质在宗教的图像中的一种可扬弃的对象化,而对于鲍威尔来说,异化则意味着一种完全的自我丧失,它只有凭借一种彻底的非基督教化才能够重新予以扬弃。因此,完全从宗教解放出来,不仅仅是一种单纯的解放:它是一种完全的摆脱,是一种变得意识到自身的对一切宗教的自由。这种自由尤其表现在甚至对宗教的批判的自我扬弃之中。"法国革命的失误还在于:它失去自制……对宗教和教会使用了特权以前对其敌手使用过的警察暴力。……但现在是另一回事:自我意识达到了其自由的确定性,在决定性的时刻也给予不自由的人们以不自由的自由。它并不把自由强加给他们。它将用自由征服世界。在危机之后,历史将不再是宗教的,不再是基督教的;但是,对于那些愿意逗留在文明世界的边缘并保有自己的神明的人们,它将施以宽宏的轻视。当费边[Fabius]的士兵们在占领了塔伦特之后问他应当怎样处理缴获的神像时,费边回答说:给塔伦特人留下被激怒的诸神

---

[1] 鲍威尔:《黑格尔关于宗教和艺术的学说》,第215页。

吧!……我们给基督徒留下他们被激怒的诸神吧!"[1]

## 六、马克思把基督教解释为一个颠倒了的世界

迄今为止所考察的宗教批判由于马克思而获得了一个转折,由于施蒂纳而获得了一个结束。马克思在与恩格斯合著的《神圣家族,或对批判的批判所做的批判,驳布鲁诺·鲍威尔及其伙伴》(1844—1845年)中转而反对他过去的合作者鲍威尔。在这篇战斗檄文中,他还完全站在费尔巴哈"实在的人道主义"一边,在费尔巴哈的"我与你"的共产主义中,他看到现实的人得到考察,尽管还没有被认识为其"实践"中的社会类本质。与此相反,鲍威尔的"自我意识"和"群众"的对照在他看来是一种建立在费尔巴哈的基础之上的坏的黑格尔主义。因为鲍威尔批判"群众"由以出发的"自我意识"不再是黑格尔哲学的完整的和绝对的主体,而是一种有限的、人类学的主体性,要求有绝对的意义。对于马克思来说,鲍威尔依然是一个"神学家"和"黑格尔学派",他在关于犹太人问题的论文中就已经只是就这一问题还是一个神学问题而言才是批判的,但在这一问题开始成为政治问题的时候就变得非批判了。按照社会的和政治的现实,鲍威尔的绝对"自我意识"与施蒂纳的"惟一者"一样是对市民社会原则的一种意识形态上的绝对化,市民社会的本质性阶层就是"私人阶层",它的实际原则就是"利己主义"。因此,马克思在鲍威尔身上、更为有力地在施蒂纳身上所反对的东西,就是"自我意识"的社会政

---

[1] E.巴尼克尔:《三月革命前的〈被揭穿了的基督教〉》,第164页。

治**前提**和**结果**。但它们在鲍威尔的对照中就已经清晰地出现了;因为他对"群众"的反对态度对于他的"自我意识"来说是根本性的,就像"人群"对于基尔克果的"自我存在"来说是根本性的一样。[1]

"绝对的批判谈的是'**一开始**就是不言而喻的真理'。它凭着自己的批判的天真发明了绝对的'**一开始**'和抽象的不变的'**群众**'。在绝对的批判的心目中,16世纪群众的'一开始'和19世纪群众的'一开始',就像这两个世纪的群众本身一样,是很少有什么差别的。……既然'真理'和历史一样,是以太的、脱离物质群众的主体,所以,它不是面向经验的人,而是面向'**心灵的深处**',它……不去影响……人的**粗糙的躯体**,而是通过他的整个唯心主义的肠道'徐徐伸展'。""一方面是群众,他们是消极的、精神空虚的、非历史的、**物质的**历史因素;另一方面是**精神**、**批判**、布鲁诺先生及其伙伴,他们是积极的因素,一切历史行动都是由这种因素产生的。改造社会的事业被归结为批判的批判的**大脑活动**。"[2]

凭借与鲍威尔对黑格尔的"末日审判"的一种明显的论战,马克思以一种《对无神论者和反基督者黑格尔的末日审判的号角:一个最后通牒》风格上的"批判的末日审判"和以"历史性的后记"结束了他对鲍威尔的批判:"我们以后知道,灭亡的不是世界,而是批判的'文学报'。"鲍威尔自我满意的、单纯"批判的"批判现实地提供的东西,按照马克思的说法只是一点:它通

---

[1] 参见海德格尔那里自我存在和"为人存在"、雅斯贝斯那里自我存在和"群体存在"的存在哲学抉择。
[2] 《马克思恩格斯全集》,III,251—252和257—258(中文版第2卷,第101—102页和第109页。——译者注);参见V,75以下。

过经验的运用澄清了黑格尔的"自我意识"的唯心主义性质。

对于宗教批判来说比与鲍威尔的论战更有决定性的是对**费尔巴哈**把神学追溯到人类学的研究。对于马克思来说,它仅仅意味着对人类生活关系自身的**进一步批判**的**前提条件**。鉴于此,费尔巴哈的宗教批判被他视为一个不容更改的"结果"。《〈黑格尔法哲学批判〉导言》的第一句话就是:"就德国来说,对**宗教的批判**实际上已经结束,而对宗教的批判是其他一切批判的前提。"尽管如此,马克思走向政治世界批判的步骤并没有简单地把已经作出的宗教批判甩在身后,而是在向批判尘世世界的这种进步中同时也为批判"天国"世界亦即宗教获得了一个新的立场。宗教成为"意识形态"学说的一个组成部分。[1]但作为意识形态,宗教只有在世界自身已经是世俗的情况下才能证明自己。但恰恰在这种情况下,还需要一种对**现存世界自身的批判**,也就是说,需要对世界按照它是如何和应当如何作出区分。"有人……在天国的幻想的现实性中……找到的却只是自己本身的**反映**,于是他再也不想在他正在寻找和应当寻找自己的政治现实性的地方,只去寻找自身的**假象**,寻找非人了。"[2]但另一方面,也只有从**这个现实世界**的实际缺陷出发,才能理解一个超越此岸的世界的持存。

如果和费尔巴哈一样假定,宗教世界只是一个围绕人类世界的尘世果核的外壳,那就必须追问,这个果核究竟为什么要由一个与它异己的外壳来包裹呢?一个宗教的、意识形态的世界的上层建筑究竟是怎样形成的?凭借这一问题,马克思不仅**超越**了费尔巴哈的宗教批判,而且同时退回到它后面。所有不这样问的宗

---

[1]《马克思恩格斯全集》,V,531以下。
[2]《马克思恩格斯全集》,I/1,607(中文版第1卷,第452页。——译者注)。

教批判在他看来都是非批判的。因为"事实上，通过分析来寻找宗教幻象的世俗核心，比反过来从当时的现实生活关系中引出它的天国形式要容易得多。后面这种方法是惟一的唯物主义的方法，因而也是惟一科学的方法"，也就是说，与抽象的自然科学唯物主义不同，后者排除了历史过程。[1]因此，费尔巴哈只想揭示宗教的所谓尘世果核，而对于马克思来说，重要的是沿着相反的方向从对尘世生活关系的历史分析出发阐明在此岸的关系中什么困乏和矛盾使得宗教成为可能和必需。应当解释尘世的基础究竟为什么离开自己，升入一个与这个尘世世界不同的世界。费尔巴哈无法解释这一点，因为对他来说这是确定无疑的，即正是人的"本质"，亦即人里面本质性的东西，在宗教里面表现出来，尽管这种表现是"间接的"。恰恰这种对于费尔巴哈来说根本不成问题的东西，马克思却必须能够回答，只要此岸在任何情况下都是奠基性的，而宗教是非本质的。由此就得出以下的批判："费尔巴哈是从宗教上的自我异化，从世界被二重化为宗教的世界和世俗的世界这一事实出发的。他致力于把宗教世界归结为它的世俗基础。但是，世俗的基础使自己和自己本身分离，并在云霄中为自己建立一个独立王国，这只能用这个世俗基础的自我分裂和自我矛盾来说明。因此，对于世俗基础本身应当在自身中、从它的矛盾中去理解，并在实践中使之革命化。因此，例如，自从在世俗静态中发现了神圣家族的秘密之后，世俗家庭本身就应当在理论上和实践中被消灭。"[2]

---

[1] 马克思：《资本论》，I⁶，336，注（《马克思恩格斯全集》中文版，第23卷，第410页，注）；参见柯尔施：《马克思主义与哲学》，莱比锡1930年，第98页。
[2] 《马克思恩格斯全集》，V，534，关于费尔巴哈的第4条论纲（中文版第3卷，第7页。——译者注）。

因此，马克思不仅像费尔巴哈那样说："**人创造了宗教**"，但并不反过来说宗教创造了人，而且除此之外还继续说道："就是说，宗教是那些还没有获得自己或是再度丧失了自己的人的自我意识……""自己"，也就是说，是在其世俗的和社会的关系之中的自己。因此，对于马克思来说，宗教并不纯粹是人的本质的"对象化"，而是"自我异化"意义上的一种物化。**宗教**是一个"**颠倒了的**"世界[1]，而只要人的本质作为共同本质还不具有现实性，这种颠倒就必然会发生。因此，与彼岸的宗教的斗争间接地是与为了补充和神化自己还需要宗教的那个此岸世界的斗争。而反过来，"宗教的苦难"（即宗教意义上的苦难）"既是现实苦难的**表现**，又是对这种现实苦难的**抗议**"。宗教是"无情世界的感情"，是"没有精神的状态的精神"，是"幻想的太阳，当人还没有开始围绕自身旋转以前，它总围绕着人而旋转"。因此，**它的幻想的"幸福"的扬弃**实际上就是**尘世"幸福"的要求**。[2] 马克思主义的社会主义通过追求幸福的意志将人引向宗教的"消亡"，但它并不从事一场针对宗教的政治战争的冒险。[3]

因此，马克思的宗教批判的"积极方面"并不在于宗教的人道化（施特劳斯和费尔巴哈），也不在于对它的纯粹摈弃（鲍威尔），而是在于批判的要求：放弃一种在根本上还从自己产生宗教的状态。但这种状态是一种社会的普遍的状态。"**彼岸世界的真理**消逝以后，**历史的任务**就是确立**此岸世界的真理**。"在"人的自我

---

[1] 《马克思恩格斯全集》，I/1，607（中文版第 1 卷，第 452 页。——译者注）；参见鲍威尔的《被揭穿了的基督教》，第 13 节。
[2] 《马克思恩格斯全集》，I/1，607—608（中文版第 1 卷，第 452—453 页。——译者注）；参见《费尔巴哈全集》，III，364 以下。
[3] 参见《马克思恩格斯全集》，III，125。参见列宁：《论宗教》，维也纳 1926 年，第 24 页；作为马克思主义宗教批判被引证的实例，参见《马克思主义之镜中的列宁、普列汉诺夫和托尔斯泰》，维也纳 1928 年。

异化的神圣形象"被揭穿之后，重要的就是通过批判揭穿**这种**自我异化的非神圣的、世俗的、经济的和社会的形象，并通过革命改变它。只有这样，迄今在进行的**宗教**和**神学**的批判才转化为法和政治的批判，即人类共同体或者城邦的批判。

同样，"**无神论**"的意义也发生了变化。它由一件神学的事务成为一种真正无神论的事务，也就是说，它转化为对尘世实存的此岸塑造。马克思主义的无神论者不相信任何神，而是相信人。他所反对的不再是**神灵**，而是**偶像**。作为现代资本主义世界的这样一种偶像，马克思在《资本论》中举出了商品的"拜物教特征"，即所有现代使用对象的商品形式。在商品的拜物教中，表现出"物"对生成物的"人"的优势、进行创造的人对他自己的造物的依赖性。这种优势如今应当予以剥夺，但不再是一种对人的宗教力量。"正像人在宗教中受他自己头脑的产物的支配一样，人在资本主义生产中受他自己双手的产物的支配。"对于现代人来说，他自己的产物世界不再在他手里，而是仅仅还以一种专横性存在，因为他——通过私人经济的生产方式方法——丢失了他自己的双手的产物。他自己的头脑和他自己的双手的产物不再听他的话，成长得不再需要他的双手了。而且并不仅仅是这、而恰恰是现代的、完全尘世化了的人类世界，自身也就又是制造神话的。"直到现在人们都认为，罗马帝国时代之所以可能创造基督教神话，仅仅是由于还没有发明印刷术。恰恰相反。顷刻之间就可以把自己的发明传遍全世界的报刊和电讯，在一天当中所制造的神话……比以前一个世纪之内所能制造的还要多。"[1] 因此，仅仅把

---

[1] 马克思 1871 年 7 月 27 日致 Kugelmann 的信（《马克思恩格斯全集》中文版，第 33 卷，第 258 页。——译者注）。

宗教回溯到"自我意识"或者"人"是不够的，而是需要对人的关系自身的一种不断更新的批判。

## 七、施蒂纳对神的东西和人的东西的系统解构

施蒂纳在他关于鲍威尔的《对无神论者和反基督者黑格尔的末日审判的号角：一个最后通牒》的通告中说明，黑格尔的学说没有提出任何新的东西。他们只是——"足够不顾廉耻地"——扯去了大师有时用来遮掩自己的论断的透明面纱而已。[1]作为这样一种披露，施蒂纳重视鲍威尔的著作，但其极端主义却也不是什么个别的东西，而是德国人的一种普遍的基本特征："德国人首先、并且惟有德国人才证明了**极端主义**的世界历史使命；惟有德国人是极端的，惟有德国人才如此——这样说没有错。没有人像德国人这样无情和毫无顾及；因为他不仅为了让自己留下而颠覆了现存世界，他还颠覆了自己本身。在德国人作出毁坏的地方，必然有一个上帝陨落，有一个**世界**消失。在德国人这里，毁灭就是创造，粉碎暂时的东西就是它的永恒。"[2]以这种方式，施蒂纳解构了黑格尔的世界精神、基督教的上帝、教会和神学。他是如此"自由和睿智"，从来没有一个上帝的敬畏者能够做到这一点。

当施蒂纳在费尔巴哈、鲍威尔和马克思将宗教的本质回溯到的地方——在人里面、在自我意识里面和在人类里面——再次发现某种超越人的"宗教的东西"，亦即像一个固定的理念那样超越

---

〔1〕《施蒂纳短篇著作集》，第 16 页和第 23 页。
〔2〕《施蒂纳短篇著作集》，第 19 页。

我随时所是的现实的、个别的人的时候,他还不想超越黑格尔的学生们。

他的著作探讨"自我"和"特性"的正面部分的警句是:"在新时代的入口处站立着神人。在它的出口处只有神从神人边上悄悄地溜走了吗?如果在神人那里神死了,神人会真的死吗?人们没有思考过这个问题,当人们把启蒙运动的事业亦即对神的克服在我们的时代里引向一个胜利的终点时,就认为已经了结了它;人们没有发现,人杀死了神,为的是在高处成为独一无二的神。**我们外面的彼岸**当然被摧垮了,启蒙思想家的伟大事业完成了;然而,**我们里面的彼岸**却成为一个新的天国……神必须让位,但不是给我们,而是给人。你们怎么能够相信,在神人身上除了神之外还有人也死掉之前神人会死掉呢?"

因此,由施特劳斯、费尔巴哈和鲍威尔所完成的对上帝的克服还要求对人的这样一种克服,因为上帝迄今为止规定着人必须是什么。但是,我的事情既不是神的东西也不是人的东西,根本不是普遍的事情,而仅仅是我的事情,因为我始终是一个有我各自的"所有物"的"惟一者"。我可以是基督徒或者犹太教徒,可以是德国人或者俄国人,可以有一种"公民"的、"工人"的或者一种单纯"人道的"意识——作为我,我始终不仅仅是这一切,因为我能够自己占有这一切。[1]

在**黑格尔**的哲理神学中,上帝成为人意味着**人性与神性的统一**;**费尔巴哈**把神的本质还原为**作为最高本质的人**;对于**马克思**来说,基督教是一个**颠倒了的世界**,直到最终施蒂纳认识到,提

---

〔1〕 施蒂纳:《惟一者及其所有物》,第 147 页以下;《施蒂纳短篇著作集》,第 343 页以下。

升为最高本质的人性是对神人的最后一次稀释,在他身上只有神死了,并不是人也死了。

对于施特劳斯、费尔巴哈、鲍威尔和马克思来说奠基性的神学与人类学的批判区分,在施蒂纳这里转而成为人的普遍的(既是神学的也是人类学的)**本质**规定性与**各自的所能**的决定性区分。因为原则性的区别并不是对一个人来说这或者那被视为本质性的,而是人是否**仅仅**立足于自己**本身**。"什么被崇敬为最高的本质,对此的争论只有在甚至最强硬的对手也彼此承认有一个应予崇拜或者侍奉的最高本质这一主要命题的时候,才可以理解为是有意义的。如果有一个人同情地对围绕一个最高本质的整个斗争付之一笑,就像一个基督徒在一个什叶派教徒与一个逊尼派教徒的舌战中那样……那么,对他来说一个最高本质的假说就是毫无意义的,在此基础之上的争论就是一场没有意义的游戏。在这种情况下,无论是独一的上帝还是三位一体的上帝、是路德宗的上帝还是最高的存在,或者根本不是上帝,而是人表现最高的本质,对于否定最高本质的人来说都绝对不构成任何区别,因为在他的眼中,一个最高本质的那些仆人都是虔诚的人:最暴躁的无神论者并不亚于最笃信的基督徒。"[1]

费尔巴哈还以绝望的力量抓住基督教的全部内容,"不是为了把它抛掉,不是,是为了把它据为己有,为了——以最后的努力把它从它的天国拉出来,并永恒地保有它。这难道不是绝望的最后一抓,是生死的一抓吗?这难道不同时就是基督教对……彼岸的渴望吗?这位英雄并不想走入彼岸,而是想把彼岸拉向自己,

---

[1] 施蒂纳:《惟一者及其所有物》,第 50—51 页;参见鲍威尔对"人性宗教的批判",《1842—1846 年间德国党派斗争的完备历史》,第 2 卷,第 170 页以下。

并强迫它成为此岸！自此之后，难道不是整个世界都在喊，重要的是此岸，天国必须降临尘世，并在尘世被经历吗？"[1]

在政治的、社会的和人道的"自由主义"中，向此岸的人的还原已经完成。但是，对于施蒂纳来说，这个终点只不过是克服按照人在本质上应当如何和人实际上如何来对完整的人作出区分的出发点罢了。他说道：对于古代世界来说，"世界"还是一个真理，对于基督教世界来说，真理就是"精神"，而黑格尔左派则用对"人类"精神的信仰结束了这个精神化了的世界。但对于未来世界，用尼采的话说，"没有任何东西是真的"，相反"一切都是允许的"，因为在未来世界，只有一个人能够据为己有、不对自己成为异己的东西才还是真的。站在自我的立场上，人性的—真的，不多不少就是一个人实际上能够是的。由此也就得出了施蒂纳对基督宗教的态度：他既不反对基督宗教也不捍卫它，而是听凭个别的人是否以及在多大程度上能够占有并为了自己本身"利用"某种东西。

费尔巴哈在回答施蒂纳的攻击时[2]试图证明，不对人在自己本身——按照本质的和非本质的、必然的和偶然的、可能的和现实的——作出区分就是一个"人"或者关于人说出某种东西，这是不可能的。因为人绝不是一个完全单纯的存在，而是始终在自己本身作出区分。上帝和人的宗教区别回溯到"在人自身内部进行的区别"。就在我们把自己与他人进行比较的时候，我们就已经在我们里面区分了自己。人在任何时候都**在自己本身里面超越自己本身**。生活的每一时刻都也已经是自身之上的某种人性的东西，

---

[1] 施蒂纳：《惟一者及其所有物》，第 43 页。
[2] 《费尔巴哈全集》，I, 342 以下。

"因此，人想所是和所有的，总是多于他所是和所有的"。这样，就也存在着我的与我的之间的一种本质的区别。"自我不离开就不能离开的我的是一回事，自我不同时离开就不能离开的我的则是另一回事"。

施蒂纳在其答复中[1]试图澄清，他的完全的"利己主义者"并不是**内容**上确定的"个人"，同样不是一个绝对的原则，就内容而言是一个**"绝对的废话"**，正确地理解是**"所有废话的终点"**。他是**各自最独特的占有的可能性**——无论是他自己还是世界——的一个形式标志。但如果这样理解，对一个人来说本质的和非本质的、从而以不同的方式占有的东西之间的区别就不再是本质的了。因为只有当人还被固定在人的一个普遍的理念之上的时候，这一区别才能表现为一个本质的区别。只是考虑到这一理念，我的与我的之间出现的区别才能也被区分为本质的和非本质的。因此，费尔巴哈认为对一个"爱人"的爱理所当然地比对一个"情妇"的爱更崇高、更人性，理由是人只有以一个爱人才能满足自己"完完全全的"本质，此时他的出发点不是个别人各自的占有可能性，而是一个事先就有的固定理念："真正的"爱、爱的"本质"。根据这一理念，后者作为情妇或者爱人被与那个女人一般地区别开来。在惟一性的关系中，作为这个男人与这个女人，人无论在一个所谓的情妇那里还是在一个所谓的爱人那里都能够同样地占有和满足。实际上每次能够成为我的所有的东西，根本不能根据一个普遍的理念预先予以区分，而是只能借助实际的占有来证实。但无论一个人实际上能够占有什么，都既不是本质性地也

---

[1] 《施蒂纳短篇著作集》，第 343 页以下；参见拙著《在邻人角色中的个人》，第 45 节。

不是偶然地属于他,而是以原初的方式,因为这方式每次都是独特的。

借助对每一种自我区分的本质性的这种否定,施蒂纳清除了人的东西与神的东西的神学区分,而且也清除了我"本真"所是和"非本真"所是的人类学区分。他在自己那方面作为"理念"预设的东西,无非是自我的"绝对废话"。

## 八、基尔克果悖谬的信仰概念和他对现存基督性的攻击

施蒂纳关于"惟一者"的废话和基尔克果关于"个别者"的概念都标志着同一个问题,分别以宗教和世俗的方式提出。他们共有的极端主义问题是从极端的**个别化**产生的**虚无主义**——在施蒂纳那里是"我不把我的事情置于任何东西之上"、即不置于我自己之外的任何东西之上的轻率的虚无主义,在基尔克果那里则是嘲讽和无聊、恐惧和绝望的忧郁的虚无主义。[1]基尔克果对这些现象所作出的分析都具有这种功能:将人完全置于**自身之上**,从而将人置于**虚无之前**,以这种方式**安置**人,也就是说,使他面临**抉择**:"要么"绝望(在自杀中主动地和在妄想中被动地),"要么"大胆跃入信仰。在这种"孤注一掷"里面,人不是来到虚无面前,而是来到无中创有的创造者上帝面前,与此相反,施蒂纳把自己宣布为创造性的虚无。

《非此即彼》的一段话[2]可以与像施蒂纳这样的某人联系起

---

[1] 参见拙文:《基尔克果和尼采》,载《德国文献学和精神史季刊》,1933年,第1期,第53页以下。
[2] 《基尔克果全集》,II,224;参见VI,204、208。

来；在那里基尔克果说道：现在（1843年），有不少人以一种没有节制的抽象激情裸露自己，直到完全赤裸裸，为的是成为一个正常的人。然而，基尔克果是否知道施蒂纳的著作，看来并不确定。就连鲍威尔也没有在著作中提到过。尽管如此，基尔克果对他和他的圈子一无所知，这是极不可能的，尤其是因为黑格尔左派在基尔克果居留柏林期间与谢林进行了争论，这场争论当时也是他自己关切的事情。[1]只有他与费尔巴哈的关系是清楚的。

基尔克果清楚地知道，费尔巴哈对神学的瓦解是从黑格尔把基督教纳入世界的精神史得出的合法结论。他在与黑格尔将基督教的"实存传递"转化为一种形而上学的教条进行论战时引证费尔巴哈《基督教的本质》中关于神学的秘密是人类学的命题，[2]并在这里站在了费尔巴哈一边。与此类似，他坚信，黑格尔把神的东西与人的东西混为一谈，是巧妙地调和无信仰与信仰、基督教与异教的近代的矛盾。"现代思辨看起来几乎完成了在基督教的**另一边继续**前进或者在基督教的理解中走得如此之远，以至于它差不多返回到了异教的那种特技。至于有人喜欢异教甚于基督教，这绝对不是扰乱人心的，但把异教作为基督教内部存在的最高的东西找回来，却是一种不公正，无论是对于变成某种不同于它曾是的东西的基督教来说，还是对于根本不变成某种它曾是的东西的异教来说都是不公正。完全理解基督教并同时宣布自己是基督教内部的最高发展的思辨，如此引人注目地揭示：不存在彼岸，

---

[1]《哈勒年鉴》第5期上（1842—1843年，第885页以下）详细地介绍了基尔克果的嘲讽概念。——由于基尔克果研究过的道布的论文（参见本章注964）在鲍威尔的《思辨神学杂志》上发表，已经可以认定基尔克果知道鲍威尔的著作。

[2]《基尔克果全集》，VII, 259。

'上面'、'彼岸'以及诸如此类的东西都是一个有限知性的辩证偏见。"[1]但是,基尔克果与费尔巴哈的关系却不仅仅是由与黑格尔的共同对立规定的,而是还直接地由与费尔巴哈对现存基督教的攻击的一种同感规定的。"一般来说,别尔内、海涅、费尔巴哈和类似的作者们都对试验者有巨大的兴趣。他们经常都清楚地了解宗教的东西;这就是说:他们确切地知道,他们不想与此有丝毫的相干。由此,他们就自己的优点而言远远超过了那些不懂宗教的东西却……总是致力于解释它们的体系家们。"[2]与此相反,对什么是基督教的清楚认识,从一个明显反基督教的立场出发,并不亚于从一个明显基督教的立场出发。为了说明这一命题,基尔克果援引了帕斯卡尔和费尔巴哈。"这样,我以试验的方式来理解宗教的东西。但是,至于我正确地理解了这种东西,我是从以下事实得知的,即两个从相反立场出发的专家同样地理解宗教与苦难的关系。崇尚健康原则的费尔巴哈说道:宗教的实存(特别是基督教的实存)是一个不断的苦难史;人们只要看一看帕斯卡尔的生平,就可以充分地知道这一点。帕斯卡尔准确地说过同样的话:'苦难是基督徒的自然状态'(就像感性的人的自然状态是健康一样)……"[3]在日记里面更为原则性地说道:像费尔巴哈这样是"自由思想家的最后群体"的作者们,对基督教来说可能是绝对有用的,因为在根本上他们在捍卫基督教,反对今天不再知道基督教不是人道和进步、而是一个颠倒了的世界的基督徒们。关

---

[1] 《基尔克果全集》,VII,57。
[2] 《基尔克果全集》,IV,418—419;关于别尔内,请参见 IV,444。——至于别尔内对于40年代的哲学政治运动有什么样的意义,恩格斯的论断说明了这一点:时代的任务是用别尔内渗透黑格尔(《马克思恩格斯全集》,II,102—103)。
[3] 《基尔克果全集》,IV,426。

于费尔巴哈对理解基督教在一个自称是基督教的、但却是基督教的一个否定的世界中的意义的指点结束了"来自敌方的建议"。[1]

比基尔克果对费尔巴哈策略上的重视更本质性的，是两个人从各自的吸纳的立场出发向**路德**对天主教的实证性的批判的回归。与费尔巴哈援引路德来完成他对基督教信仰的**瓦解**完全一样，基尔克果也是从他出发来展开自己的"**熟练**"和"**重复**"的。"如果排除对基督教的东西的吸纳，路德的功绩又是什么呢？但是，打开他的书，在每一行里感受那吸纳的强烈活力……教皇制岂不是拥有大量的客观性和客观的规定性以及客观的东西吗？它还缺少什么呢？吸纳、内在性。"[2]费尔巴哈从路德的"为我"和"为我们"得出结论说，信仰的本质就是信赖自己本身的人，基尔克果则用"吸纳"和"主体性"来翻译它。就像费尔巴哈把新教理解为上帝人化的宗教方式一样，基尔克果说道，新教的危险就是：一旦它想为了自己本身存在，并且从一种"校正"变成一种规范，它就会成为一种"人的旨趣中的"基督教，成为一种"人的东西对基督教的东西的反动"。[3]由于基尔克果想避免这种危险，但却把吸纳的原则推向了顶峰，他被迫把"基督教的观念性"解释成"悖谬"，也就是说，在一种上帝关系的极端张力内部，其中各自独特的吸纳行为都抓住了其异己对象的不相称的东西。[4]但是，神的东西和人的东西之间的悖谬关系中的重点就在主观的内在性

---

[1] 《基尔克果全集》平装本，$X^2$，129。
[2] 《基尔克果全集》，VII，61—62；参见鲁滕贝克[Ruttenbeck]：《基尔克果传》，柏林1929年，第236页以下。
[3] 基尔克果：《日记》，II，285以下、331—332、336以下、388、404。
[4] 这种关系的意识结构是黑格尔对"不幸意识"的分析的主题；下文参见鲁滕贝克：《基尔克果传》，第230页以下；J. 瓦尔：《基尔克果学派研究》，第159页以下和第320页。

一方的吸纳上。上帝是真理,但真理仅仅为了在上帝面前实存的人的信仰而存在。"如果一个实存者没有信仰,那么,就既**没有**上帝,上帝也**不在这里**,尽管上帝永恒地被理解为永恒的。"[1]黑格尔的命题,即**上帝仅仅存在于"思维"中**,因为被获知的精神与获知的精神是同一个精神,就这样经过费尔巴哈关于**基督教真理的人类学本质**的基本命题在基尔克果那里转化为**实存性的命题,即上帝仅仅存在于主观性中**,为了各自独特的"上帝关系"的主观性而存在。

从这一存在神学的基本概念出发,基尔克果解构了历史的基督教的客观性。他对在教会和国家、神学和哲学中世俗化了的基督性的批判是按照各自独特的吸纳的内在性的尺度通过一种实存的主观性对"实证"化的、从而异化了的基督教的批判。凭借他的这个"真理的主观性"的命题——主观化到完全否定任何对象性的实存的程度,同时又在一种绝对独立的意义上是真的——基尔克果站在了费尔巴哈在人里面确定的上帝与人之间的那种关系的边界之上。[2]因此,历史地考察,费尔巴哈把基督宗教回溯到感性的人的"情感"只不过是基尔克果的存在性试验的感性前奏罢了;借助这种试验,基尔克果想清除内在的"同时性"中的历史间隔,使原初的基督教在其堕落的终点返回到各自独特的实存。[3]他以他自己的精神力量把宗教的"情感"提升为反理性的

---

[1] 基尔克果:《日记》,I,284。
[2] 参见 Th. 海克尔的批判:《基尔克果论真理概念》,载《高原》,1928—1929年,第11期;《基督教与文化》,慕尼黑1927年,第66页以下。
[3] 关于基尔克果对基督教客观历史的解构(解构成哲学的碎片),请参见费尔巴哈关于宗教本质的第27次讲演:"历史的东西无法是宗教的东西,而宗教的东西也无法是历史的东西。"(《费尔巴哈全集》,VIII,319)

"激情"。[1]"对于客观的考察来说，基督教是一件事实上确定的事物，其真理被追问，但那是纯粹客观的追问，因为谦逊的主体过于客观，以至于不能不让自己置身事外，或者不能不直截了当地作为一个任何情况下都笃信的人参与其中。真理可以如此客观地意味着：1. 历史的真理；2. 哲学的真理。作为历史的真理来看，真理必须通过对不同的消息等等的一种批判的思考来发现，简而言之就是按照通常发现历史真理的这种方式。如果问哲学真理，则问的是历史上既定的、被认为有效的学说与永恒真理的关系。研究的、思索的、认识的主体如此追问的是真理，但并不是主观的真理、吸纳的真理。认识的主体如此感兴趣，但不是无限个人的，不是在激情中的。"[2]

尽管这样强调激情，黑格尔与基尔克果之间的决定性对立却并不在于激情的主观性对于客观理性的论战态度，而是在于它对**历史**与**基督教**的关系的理解。基尔克果把永恒真理与历史过程的关系感受为他试图悖谬地—辩证地解决的两难处境。黑格尔把基督教的绝对者置入精神的普遍历史，以至于二者之间的一种决裂不可能出现。与此相反，基尔克果在思考把一种"永恒的至福"建立在一种历史的知识之上的矛盾的同时，必然希望与基督教的历史传播相对立的接受基督教的主观性，提出一个否认事件发生的客观力量并使历史的意义变得反常的历史概念。从这个为了吸纳而主观化的历史中，派生出实存本体论的（海德格尔）和实存

---

[1] 从这一存在性的信仰概念出发，基尔克果对施莱尔马赫的情感宗教和黑格尔思辨的信仰概念作出了评判："施莱尔马赫称为'宗教'、黑格尔的教义学者称为'信仰'的东西，在根本上无非是一切的第一个直接的条件——充满活力的影响——我们在精神意义上呼吸的氛围——因而不能合理地用这些词来表示它。"（《日记》，第1卷，第54页）
[2] 《基尔克果全集》，VI, 118。

哲学的（雅斯贝斯）"历史性"概念。

基尔克果的吸纳具有"清除1800年，就好像它们不曾存在过"、内在地与原初基督教"同时"的任务。但是，这只有在自若干世纪以来就现存的基督教由一个普遍的历史的**现实**成为一种各自独特的**可能性**、从而成为一种"公设"的情况下才是可能的。"以这种方式，上帝当然成为一个公设，但并不是在人们通常接受这个词的那种休闲意义上。毋宁说变得清楚的是，一个实存者进入与上帝的一种关系之中所采用的惟一方式就是，辩证的矛盾带来绝望的激情，并以绝望的概念帮助（信仰）把握上帝。这样，公设绝对不是任意的东西，而恰恰是**紧急自卫**，以至于上帝不是一个公设，而实存者公设上帝则是一种必然性。"[1]

与此相反，基督教字面意义上"绝对的"、完全客观的真理是无法把握的，因为他的绝对性的"关节点"恰恰在于对他的"绝对态度"之中。与此相反，基督教历经1800年的客观持存"作为赞成的证明"在裁定的时刻"等同于零"，但作为"否定的惩戒"却是完全"出色的"。因为如果真理就在吸纳中，那么，基督教的客观有效性就仅仅意味着它相对于我自己所是的主体的无所谓性。

但是，在对真理的这样一种规定内部，如果**妄想**和**真理**都能够证实同样的"内在性"，那么，人们应当如何还在二者之间作出区分呢？[2] 在这种情况下，一个热情的反基督徒是"真的"，并不多于也不亚于一个热情的基督徒，但是，任何别的实存激情作为激情也都已经有它的真理。[3] 基尔克果清楚地发现这种两难处境，但却只是以注释的方式付诸言表。他用一种限制来保证自己的命

---

[1]《基尔克果全集》，VI, 275, 注。
[2]《基尔克果全集》，VI, 269。
[3]《基尔克果全集》，VI, 272 以下。

题，即人们必须把"无限性"的热情的内在性与单纯"有限性"的内在性区别开来。但是，真的可以据此来区分内在性**自身**吗？基督教内在性的根据不是其自身，不是根据其主观性，而是其**对象**，是上帝的无限性。但在这种情况下，无限性的内在性，即对上帝的激情态度，却只是鉴于上帝，从而**违背**自己的、在任何情况下都有限的激情才可以与这样一种对某有限物的、作为激情的态度而是一种妄想的态度区分开来。与此相反，如果激情中的实存确实是"终极者"，是"消失着"的客观的东西，那么，一般来说在有限的内在性和无限的内在性之间、从而也在妄想和真理之间作出区分的可能性也就消失了。事实上，当基尔克果把真理设定在内在性之中的时候，他就得出了这一结论："当客观地追问真理的时候，也就在客观地追求作为一个认识者与之相关的对象的真理。追求的不是关系，而是它就是真理，就是他与之相关的真东西。只要他与之相关的东西是真理，是真东西，那么，主体就处在真理之中。当主观地追问真理的时候，也就在主观地追求个人的关系；只要这种关系如何是处在真理之中的，那么个人也就是处在真理之中的，**即便是他与非真理相关**。"[1]

如果重要的"仅仅"是个人"与某物"如此相关，以至于他的关系在真理中（即主观地）是一种与上帝的关系，那么，是否有一个上帝存在，就必然是无所谓的了。沿着这条通向真理的道路——在那里，道路自身就已经是真理了[2]——在客观性方面所能够达到的最极端的东西，就是"客观的不确定性"。因为自己与

---

[1] 《基尔克果全集》，VI, 274。整段话为基尔克果所强调，最后一句由我们排为黑体。
[2] 与此相反，参见在嘲讽概念中对这一命题的限制：《基尔克果全集》，VI, 274。

上帝的关系是否是客观的,即从上帝方面来看是否是一种真的关系,人并不能自己来确认。对于一个信仰中的"实存者"来说,最高的真理恰恰是在各自的吸纳中的客观不确定性。因此,按照基尔克果的说法,一个人尽管事实上崇拜一个异教的偶像,也可以"在真理中"向上帝祈祷,而反过来,一个人虽然在一个基督教的教堂中崇拜真正的基督教上帝,也可以"在真理中"向一个偶像祈祷。因为真理是"内在的"**如何**,但并不是"外在的"**是何**。但由于对基督教的主观性来说重要的不是**任一"某物"**,而是真正的基督教,而且对它来说,只要真理不应当是妄想,重要的就必须是基督教,所以信仰的真理就不**仅仅**在于主观的吸纳,而是在于这种吸纳"坚持""客观的不确定性"**自身**。因此,信仰的客观性虽然不是就自身而言,但却作为一种拒斥性的客观性对于独特的吸纳的真理而言是建设性的。二者共同使信仰成为"悖谬"。"如果内在性的主观性就是真理,那么,这种主观性客观地来规定也就是悖谬;而真理客观地是悖谬,这恰恰表示,主观性就是真理,因为客观性是排斥性的,而它的这种排斥或者他的表述就是内在性的张力或者测力计。"[1]因此,主观性是通向就自身而言永恒的真理的真正道路,但这种真理在与一个实存者的关系中却必然是悖谬的,并且仅仅以从自身排斥的方式是向自身吸引的。

基督教真理的一个结论是其**传递**的形式。"当我理解这一点之后,我同时也就明白了:如果我想在这方面传递某种东西,我的描述就必须首先保持为**间接的**形式。也就是说,如果内在性就是真理,那么,一个结论就只不过是人们不应当彼此增负的废品;就每一个人都是精神,真理恰恰就是一个结论所阻碍的那种吸纳

---

[1] 《基尔克果全集》,VI,279;参见鲁滕贝格:《基尔克果》,第230页以下。

的主动性而言，一个结论的传递就是人与人之间的一种不自然的交往。"[1] 由于在基督教中是真理的东西是一个实存的奇迹或者一个悖谬，是一个同时是神的人，所以这种真理事实上又只能悖谬地传递，但却不能直接地传递。它必须这样被传递，即他人被带入吸纳与被传递物、但并非与传递给他的人的一种独特关系之中。"基督教的助产术"的真理依据实存的主观性，它的意图和目的在于一种只能间接地传递的真理，因为这种真理只能主动地吸纳。传递还原为一种单纯的"引起注意"，为的是以这种方式使每一个作为个别人的人都有可能吸纳。"**不用权威地使人注意**宗教的东西、基督教的东西：从整体上来看，这是我全部著述活动的范畴。"

在传递的间接性之中和在一个尽管如此仍事先预设的真理的实存化之中包含着同样的矛盾，[2] 这一点基尔克果已经认识到了；他最终使间接的传递结束在一种直接性中，即结束在真理的"**见证**"中。"基督教事物的传递最终必须以见证结束。助产术式的东西不能是最终的形式。因为按照基督教的理解，真理并不在主体里面（像苏格拉底理解的那样），而是一种必须被宣布的启示。在基督教里面，可以完全正确地利用助产术式的东西，这正是因为大多数人本来就生活在是基督教的想像之中。但是，既然基督教

---

[1] 《基尔克果全集》，VI, 314；参见 VII, 47 以下；IX, 119 以下；《对基督教的攻击》，第 5 页以下和第 11 页。
[2] 参见雅斯贝斯：《哲学》，1932 年，第 1 卷，第 317 页；相反的倾向参见 Th. 海克尔：《基督教与文化》，第 477 页："他的主要问题是：我如何成为基督徒？对此的答复并不如他认为的那样片面地在信仰的如何之中，不仅仅在信仰的世界之中，而是还在先行于信仰的**世界状态**之中……基尔克果的严重错误是：出发点和最终的一切都是如何，因为对于人来说的开端是什么，在一种尚孱弱的、仿佛是遥远的如何中包含着信仰的确定的、教义学的什么……"参见让·瓦尔：《基尔克果学派研究》，第 440 页以下。

是基督教，助产士就必须成为见证人。"[1]

基尔克果自己并不是作为"真理的见证人"出现的，尽管他最内在的关切是能够"以生命为真理作担保"——但这只允许一个"使徒"来做，而不允许一个"天才"来做。[2]因此，他自己的基督教范畴是做一个"宗教作家"，处在一种创作的实存和一种宗教的实存之间的"界标"上。这样，他也把他在自己名下的宗教讲演不理解为布道，而是理解为"修行风格"的宗教讲演。[3]因此，即便是他对现存基督教的攻击，也不可以就理解为他的宗教著述的一个结果，而是应当理解为一种见证意志的爆发。在一场引人注目的丑闻中，他否认丹麦教会的代表们具有被视为真理见证人、却不代表具有使徒权威的基督教真理的权利。基尔克果仅仅以"人的真诚"的名义出现："为了这种真诚，我想斗胆一试。与此相反，我并不说我为了基督教而斗胆尝试某种东西。承认这一点，承认我不折不扣地是一个牺牲者，我也不是一个为了基督教的牺牲者，而是单纯为了我希望真诚的牺牲者。"[4]

这种攻击与对牧师阿德勒［Adler］的攻击[5]一样，依然是极为模棱两可的。因为他是从基督教**内部**的立场出发作出的，这种基督教他像自己经常保证的那样"不用权威"、而是在攻击中当做真正的基督教来代表的。关于这种双重含义的攻击的思想，基尔克果在反对阿德勒的无情作品中就已经构思好了，和其他更为无情的攻击可能性、例如费尔巴哈的攻击可能性自觉地对立。也就

---

［1］ 基尔克果：《日记》，I，407。
［2］ 基尔克果：《选民的概念》，第149页。
［3］ 基尔克果：《日记》，I，312。
［4］ 基尔克果：《对基督教的攻击》，第149页。
［5］ 基尔克果：《选民的概念》，第5页以下。——阿德勒原初属于黑格尔右派。关于基尔克果的攻击问题，参见《日记》，乌尔利希版，第130页以下。

是说,一个像费尔巴哈这样的批判者"在完全的意义上""有点愚蠢"。这样的被激怒的人攻击基督教,"但他们自己置身于基督教之外,恰恰因此也造不成任何伤害"。"不,被激怒者必须力求完全不同地责问基督教,必须力求像一个鼹鼠那样在基督教中间惊跳起来。假定费尔巴哈不攻击基督教,而是行事更为奸诈;假定他在魔鬼般的沉默中实施自己的计划,并且在此之后名扬天下,宣布他已经有了一种启示;假定他能够像一个罪犯那样坚持谎言,毫不动摇地坚持这一点,同时又聪明地窥探正统观念的所有弱点,却远远不是攻击它们,而是善于仅仅以某种真诚的天真把它们曝光;假定他如此聪明地做这件事,以至于没有一个人发现他的诡计:他就会把正统观念置入最难堪的尴尬之中。正统观念为了现存事物的利益而致力于维护一种外表,即我们都是基督徒,以至于国家也是基督教的,社区全由基督徒构成。在这种情况下,如果一个人置身事外并攻击基督教,那么,假如他胜利了,社区就必须努力走出其舒适的俗套……它必须由此走出,决定放弃基督教。"[1] "无论这多么奇怪",基尔克果都从自己身上认识到,他有可能追随一种反对基督教的激烈骚乱,但不可能参与公共的不彻底性。[2] 对费尔巴哈的这种判断反映出基尔克果自己的攻击的区别可疑性;这种攻击虽然不诉诸一种个人的启示,但却因此而是欺骗性的,因为他表面上像是从外表攻击基督教,而且也只能以这种方式攻击它,因为他置身于它内部——处在恼怒和护教之间的边界上。

从对现存基督教的这种攻击出发,就连基尔克果自己的基督

---

[1] 基尔克果:《选民的概念》,第102—103页;参见《对基督教的攻击》,第401页。
[2] 基尔克果:《对基督教的攻击》,第148页。

性也被质疑了。它是如此模糊不清，就和人在受苦时是应当"服药"还是"信仰"的考虑一样。[1]推动基尔克果决定作出基督教的苦难诠释的现象，是一种天生的"忧郁"；他知道，这种忧郁是一种不幸的苦难，是由在一个边界上辩证地相接触的"心理的东西和肉体的东西"之间的不谐和决定的。"因此，我与我的医生谈过，他是否相信我体内肉体的东西和心理的东西之间的任何不谐和都能够消除，以至于我能够实现普遍的东西。他怀疑这一点；我问他，他是否相信精神有能力凭借意志改造或者重塑这样一种基本的不谐和；他怀疑这一点；他甚至不想建议我发动自己全部的意志力量，他对这种力量有一种印象，即我能够打碎整体。从这一刻开始我作出了选择。我把那种不幸的不谐和连同其苦难（它们无疑曾使那些又有足够的精神把握苦难的整个泉源的人们中的大多数成为自杀者）看做是我的肉中刺、我的界限、我的十字架。……借助脚中刺，我比任何一个人用健康的脚还跳得更高。"[2]凭借灵魂与肉体的这种紧张关系，基尔克果的精神获得了他用来跳越自己的本性的非同寻常的张力。他的基督教是走出绝望的出路，"恰如基督教在它来到世界上的时候是一个绝望的出路一样，它在任何时代对任何真实地接受它的人来说都是这样一个出路。"[3]

但是，以下的说明表现出基尔克果如何把自己的"决定"感受为一个**问题**："如果我的忧郁以某种方式把我引向歧途，那么，它就必然在于：我把也许只是不幸的苦难、诱惑的东西视为过错和罪。这是最可怕的误解，是几乎妄想的痛苦的信号；但是，如

---

[1]　基尔克果：《日记》，I，300。
[2]　基尔克果：《日记》，I，276—277、148。
[3]　《基尔克果全集》，VI，191。

果我也在其中走得太远,那就对我很有利了。"[1]恰恰就在选择和决定的这个成问题的点上,尼采对基督教的批判开始于对苦难的基督教的—道德上的诠释的命题。

## 九、尼采对基督教道德和文化的批判

按照尼采的说法,罪和过错不是属于人的此在自身的现象,相反,它们仅仅是它们所**意味着**的东西。它们自身仅仅在罪与过错的**意识**中才有实存;它们的存在是一种意识状态,并且作为这样一种状态是对存在的**理解**,这种理解可以是真实的或者骗人的。视人对自己能够采取的习惯的意识态度,有各种极为不同的"苦难因果"。基督徒根据罪来诠释自己的苦难,也就是说,他在寻找自己的不幸的一个合理的根据,因为"根据使问题变得简单",而"如果人们有了自己生活的为何,也就能够容忍任何一种如何"。按照这样一种从一个没有罪感的世界出发对苦难作出的论证的尺度,基督教创造了一个罪的世界;它使"病人"变成了有过错的"罪人"。"基督教上帝的问世……使得世上出现了负债感之最。假设我们终于进入了**反向的**运动,那人们就可以……从对基督教上帝信仰的不可阻挡的减弱推论出:现在人的负债意识也已经明显地减弱了。是的,不可否认的前景是:无神论全面的最终胜利可能将人类从其对开端、对初始因的全部负债感中解放出来。无神论和一种**第二次无辜**是休戚相关的。"[2]由于尼采又把基督教针对

---

[1] 基尔克果:《法官之书》,第 94—95 页;参见第 85—86 页。
[2] 尼采:《道德的谱系》,II,第 20 条。

异教世界所实施的重估价值颠倒过来,对他来说,罪的意识就成为"病态灵魂历史上的最大事件",成为"宗教诠释最后果严重的诡计"。与之相对立,他想使此在重获其"无辜",并在善与恶的彼岸使已经变得离心的实存重新眷恋永恒复归的生命的自然宇宙。但是,他只能以批判基督教的论战形式来阐明"狄奥尼索斯的"生活观,而基督教的道德他则诠释为"反自然"。为了能够**历史地**论证这一批判,他做了一个悖谬的尝试,在现代性的巅峰又取回了古代。他的希腊人崇拜的反基督教目标是他出身于古典语言文献学的一个结果,并且已经蕴含在《我们语言文献学家》的提纲之中。

如果把《反基督徒》与尼采的整个发展联系起来考察,那么,它就不是一个原本的"胡闹",更不是"原初基督教的重新发现",[1]而是一种从《不合时宜的考察》就已经开始的批判的终点。至于尼采在自己最后的攻击中比在那最初的考察中有更多的参与,其根据在于他在自己的孤独中越来越沉溺于使他操劳过度的角色。

尼采自己的基督性是由他的虔敬主义环境为他塑造的。波达赫[E. Podach][2]在他关于尼采研究的富有启发的文章中证明了母亲对尼采后来对基督教的态度的决定性影响,并发现了青年尼采最初的文章和诗已经表现出来的东西,即他的宗教性一开始就具

---

[1] E. 本茨:《尼采关于基督教历史的思想》,载《教会史杂志》,1937年,第2—3期,特别是第194、291页。——据此,尼采将延续一种"虔诚的真正德国式的发展",并与施特劳斯、布·鲍威尔、拉加德和奥韦贝克结盟献身于原初基督教的重建!——关于对这种尼采解释的批判,请参见W. 尼格:《奥韦尔贝克》,慕尼黑1931年,第58页。

[2] 参见《尼采的崩溃》,海德尔堡1930年;《形象与尼采》,魏玛1932年;《尼采与卢·萨洛米》,苏黎世1938年。——关于尼采的"基督性",请参见贝努利:《奥韦尔贝克与尼采》,I, 217。

有某种接受的和勉强的东西。他最初在家庭中就基督教而言所遇到的东西太薄弱了，以至于在他心中除了反感和怀疑之外，再也不能唤起别的东西——这种怀疑后来针对理查德·瓦格纳的"**袄式的基督教**"更尖锐地表达出来。这就是"**基督教的顺势疗法**"，他的变得简朴了的"道德主义"，他原初曾质疑和反对的道德主义。因为对他来说，基督教根本不再作为一种克服世界、尽管如此又统治世界的信仰、而是仅仅还作为基督教的**文化**和**道德**出现。他有一次用 5 个"不"来表述他的批判，其中第二个也包含了其他所有的："我对传统理想即基督教理想的再认识和选录，包括也在人们因基督教的教义学形式而失败的地方。基督教理想的危险性蕴含在它的价值感之中，蕴含在可能缺少概念表述的东西中：我反对潜在的基督教（例如在音乐中，在社会主义中）的斗争。"[1]他把基督教看做是一次巨人的泛滥之后"泄洪的水"的画面。"基督教生活的所有可能性，无论是最认真的还是最马虎的，无论是……最没有思想的还是最具有反思精神的，都被尝试过了，现在是发明某种新东西的时候了，或者人们必然又陷入古老的循环：当然，在旋涡翻腾我们数千年之久以后，再从它走出是困难的。甚至对基督教的嘲讽、挖苦、敌意也都用尽了。人们在变暖的天气里看到了一片冰原，到处都是冰在崩裂、肮脏、没有光泽、水洼遍地、十分危险。在这里，我觉得只有一种顾虑重重的、相当可观的克制是合适的：我借助它来崇敬宗教，尽管这是一种垂死的宗教。……基督教很快就该接受一种批判的历史学，即接受一种剖析了。"[2]对于尼采的意识来说，"上帝之死"是一个事实，

---

[1] 尼采：《强势意志》，第 1021 条。
[2] 《尼采全集》，X，289；参见 I，341，在此尼采明显地接受了奥韦尔贝克的一个思想。

它的意义在于自身，尚不及在于其虚无主义的结论。1862年的一篇文章的几个导论性命题就已经包含着他对这种变得无上帝的基督教的批判的本质要素了，但在其他地方还是在把基督教的"本质"人道化的轨道上运行。[1] 就连尼采对施特劳斯的兴趣的类型也表现出他对基督教的态度的特征。刺激和引起他的批判的，不是教会和神学的基督教，而是基督教的世俗变态，是古代基督教在现代世界里面表现出的"奇特的虚假"："……我以一种忧郁的谨慎穿过数千年之久的迷宫世界，如今它叫做基督教、基督教信仰、基督教教会。我避免让人类为自己的精神病负责。但是，一旦我进入近代，进入**我们的**时代，我的情感就发生突变，就突然迸发。……过去仅仅是病态的东西，今天已是不得体的，今天做一个基督徒是不得体的。**而在这里就开始了我的厌恶。**——我环顾四周：过去叫做'真理'的东西，今天已经不再剩下一个词了。哪怕一位牧师仅仅说出'真理'这个词，我们也不再忍受了。在今天，即便是对诚实的要求极其低，人们也**必须**知道，一个神学家、一个牧师、一个教皇，以他说出的每一句话都不仅在瞎说，而且在**欺骗**；他不再能随心所欲地出自'无辜'、出自'无知'骗人。……每一个人都知道这一点：**而尽管如此却一切照旧**。如果我们的政治家们，一种通常无拘无束的人和行动上彻头彻尾的敌基督者，今天还自称基督徒并且还去领圣餐，最后的体面感和自重感到哪里去了呢？……基督教究竟否定了**谁**？**什么叫做'世界'**？有人是士兵，有人是法官，有人是爱国者；有人自卫；有人坚守自己的荣誉；有人想捞自己的好处；有人是**傲慢的**。……每一个时刻的每一种做法、每一种本能、每一种付诸**实施**的价值

---

[1]《尼采全集》，穆萨里翁 [Musarion] 版，I, 70—71。

评估，在今天都是反基督的：现代人尽管如此还**恬不知耻地**叫做基督徒，他肯定是出自**虚伪**的一种怎样的**怪胎**啊！"[1]

与费尔巴哈和基尔克果一样，尼采在**黑格尔**身上与对我们世俗化了的世界同基督教信仰的这种不相容性的最后一次重大辩护作斗争。因为在黑格尔那里，二者都达到了巅峰：起源自莱辛的对神学做**极端批判**的倾向，同时还有他的**浪漫主义保守**的意志。因此，黑格尔成为"坦率的无神论"的重大迟滞者，"他做出了伟大的尝试，想最终凭借我们的第六感，即'历史感'，来说服我们相信此在的神性"。[2]与这种对坦率的无神论的迟滞相对立，尼采把"**造成无神论问题上的一种危机和最高决定**"[3]看做是自己的任务。他相信这种充满希望的无神论首先在叔本华的"悲观主义"中形成，然后以日益加强的透彻性和详尽性作为欧洲"虚无主义"的自我克服问题得到发展。

尼采对作为一种**半神学**的**德国哲学**的批判也决定着一种"绝对的诚实的"无神论的倾向。康德、费希特、谢林、黑格尔，但还有费尔巴哈和施特劳斯，在他看来都还是"神学家"、"半牧师"和"教父"。"在德国人中间，如果我说哲学由于神学家的血缘而败坏，人们马上就会理解的。新教牧师是德国哲学的祖父，新教自身就是德国哲学的原罪。……人们只需要说出'蒂宾根修道院'这个词，就可以理解，德国哲学在根本上是**什么**——是一种奸诈的神学。"[4]

---

[1] 尼采：《反基督徒》，第38节。
[2] 尼采：《快乐的科学》，第357条；参见《尼采全集》，I, 340。
[3] 《尼采全集》，XV, 70。
[4] 尼采：《反基督徒》，第10节；参见《尼采全集》，XIII, 14。——参见 E. 杜林对神学和哲学是"一等牧师和二等牧师"所作的区分以及他关于实证主义前的哲学的任务是掩护神学撤退的观点（《生命的价值》，第3章）。

尼采对**德国哲学的新教**的认识的另一面是他对**新教神学的哲学无神论**的敏锐洞察。它接受了哲学的科学无神论,但只是半接受,以至于它一半还是神学,一半已经是哲学了。因此,"新教的没落":"它在理论上和历史上被认为是不彻底的。天主教实际上的优势。……俾斯麦认为,根本就不存在什么新教。"[1]作为新教布道者的后代——尼采说道,而且他以此来表示自己本人——太多的德国哲学家和学者注视着他们的前辈,"因而不再相信上帝","就此而言,德国哲学可以说是新教的一种延续"。

尼采也把他自己的"非道德主义"视为基督教—新教传统的一种延续;就连他也还是长在基督教道德之树上的最后一颗果实。"**它自己作为正直要求否定道德**"——基督教道德在哲学上的自我毁灭还是其最独特的力量的一个部分。最初基督教在宗教改革中作为天主教**教义**而毁灭,现在它也是作为**道德**而毁灭,而**我们**则处于**这一**事件的开端。但最终作为真诚的终极问题出现的是:"所有求真理的意志意味着什么?"[2]真正地追问真理的首要终极形式是"绝对真诚的无神论"。"在精神今天严格地、强有力地、不伪造假币地工作的地方,如今它到处都缺少理想——这种短缺的通俗表达就是'无神论'——**且不说它求真理的意志**。但这种意志、理想的这种残余……就是那理想自身最严格、最有思想的表述,是绝对深奥的、拆除一切外围工事的,从而既是它的残余,也是它的核心。据此,绝对真诚的无神论……并不与那种理想相对立……毋宁说,无神论只不过是它的最后发展阶段之一,是它的结论形式和合逻辑形式之一,——它是一种两千年之久的真理培

---

[1] 尼采:《强势意志》,第87条。
[2] 尼采:《道德的谱系》,III,第24条。

训的要求敬畏的**失败结局**,这一结局最终禁止**在对上帝的信仰中说谎**。"[1]由于求真理的意志意识到自身,如今——这是无可置疑的——道德也毁灭了:"那出为欧洲的下两千年保留的百幕大戏,所有戏剧中最可怕、最成问题、也许最有希望的戏剧……"

  在迄今为止的价值的这种崩溃中,人在不再拥有使他能够有家园感的国土之后被逐入"未尝试过的东西"和"未发现的东西"之中。我们所谓的文化没有持存,因为它是建立在已经几乎消失的状态和意见之上的。"我们怎能在这个今天之中仍安居家中!我们厌恶一个人甚至在这个脆弱的……过渡时期中还能够有家园感所根据的所有理想;至于它们的'实在性',我们也不相信它们**存续**。今天还在承载的冰层已然变得极其脆薄,和风吹拂着,而我们自己,这些无家可归的人,则是打破这冰层以及其他太脆薄的'实在性'的某种东西。……我们什么也不'保存',也不想再回到过去的年代;我们绝对不是'自由主义的',我们也不为'进步'卖力;我们也无须堵住自己的耳朵,不听市场上的未来之塞壬女妖的歌声。……作为'现代人',我们就种族和血统而言太复杂、太混淆了;故而我们很少尝试去……参与那种捏造出来的种族自我标榜;……我们众口一词地都是……**优秀的欧洲人**,是欧洲的继承人,是欧洲精神数千年积累起来但又身负重任的继承人;作为这样的继承人,我们也超越了基督教……"[2]

  然而,不仅尼采的《反基督徒》,而且还更有它的对立面:关于永恒复归的学说,都表明尼采是怎样很少超越基督教。它是一种极其明显的宗教替代品,不亚于基尔克果的基督教悖谬,是从

---

[1] 尼采:《道德的谱系》,III,第27条。
[2] 尼采:《快乐的科学》,第377节。

绝望走出的一条出路：一种从"虚无"进入"某物"的尝试。[1]

## 十、拉加德对教会基督教的政治批判

与尼采同时，拉加德和奥韦尔贝克对基督教进行了一场虽然较少引人注目、但却同样透彻的批判：拉加德考虑的是政治，奥韦尔贝克则与神学相关联。

在尼采发表第一篇《不合时宜的考察》的同一年，即1873年，拉加德发表了他的神学—政治学论文《论德国国家与神学、教会和宗教的关系》，其基本特征是1859年的。与拉加德的所有"德语作品"一样，这篇论文的出众之处也是对神学与政治的内在关联的敏锐洞察。他对现存基督教的清算既博学又明确，在极度的缜密方面甚至超过了施特劳斯；后者出自"可敬的求知欲"的作品《耶稣传》得到了拉加德的明确承认。[2]

拉加德的批判断然否定两个基督教教会具有福音的基督性；但是，它首先并且主要是针对德国新教的，德国新教的历史性软弱已经蕴含在对天主教教理单纯改革的本质之中了。"天主教教理依然存在于它关于上帝、基督和圣灵所说的一切之中，从而依然存在于现代意识极为反感的一切之中，没有为宗教改革所触动。新教徒与教会之间的争执仅仅是围绕接受由耶稣基督……实施的使人类脱离罪及其罚的拯救的方式，围绕使对这种拯救的被宗教改革者视为正确的接受变得困难、因而人们在新教方面感

---

〔1〕 尼采1887年5月23日致罗德［Rohde］的信。
〔2〕 P. de 拉加德：《德语著作集》，格廷根1892年，第60页。

到迫切需要清除的某些惯例进行的。"[1]即便是新教所要求的"良知",其根据也仅仅在于与路德在个别地方反对、但在整体上作为前提条件的天主教教会变成历史的一些状态的联系。但是,在新教最终于1648年通过威斯特法伦和约被承认之后,它也就失去了自己只有通过自己与占统治地位的教会的对立才具有的内在力量的最后痕迹。"由于它被给予生存的正式许可,它也就被剥夺了生存的最后借口。"人们在今天称为新教的,既不是福音的也不是宗教改革的,而是一个乏味的残余。[2]它按照普遍的意见所造成的"解放"并不在于它的杰出性,而是在于它内在的"可溶性"。但另一方面,它所遭遇的瓦解过程使自称新教的德国摆脱了它的自然发展一切障碍,这些障碍就包含在天主教的体系和由新教保存下来的各部分中。即便是德国的政治革新,也不是宗教改革的产物,而只能归因于霍亨索伦家族在勃兰登堡和普鲁士建立一个独立自主的国家、迫不得已地将这个国家的必要实存——"以某种方式存在的必需"——推进得超出自身的形势。[3]此外,如果把新教理解为宗教改革的教理的话,我们的经典作家也决不是新教的。[4]应当完全放弃的尤其是新教的神职人员,因为它对"宗教事务"——尼采说是"神圣事务"——毫无意义。它是"政治愿望的一个有神学色彩的投影"。新教通过取消独身和拒绝教士制使得良好家庭的子弟们和较文雅的人士不能成为神职人员、为教会服务。[5]

---

[1] P. de 拉加德:《德语著作集》,第39页。
[2] P. de 拉加德:《德语著作集》,第25页。
[3] P. de 拉加德:《德语著作集》,第6页。
[4] P. de 拉加德:《德语著作集》,第47页。
[5] P. de 拉加德:《德语著作集》,第11—12页。

教会的基本弊病是：它接受了犹太教的原则，[1]不是把一再重新发生的事情即永恒现在的事情，而是把曾经发生的事情即过去的事情当做其宗教生活的鹄的。但是在它的较早的形态中，教会曾"以值得惊赞地正确的本能"、也就是说在历史事实一再重复的弥撒献祭中来纠正这种弊病。"弥撒献祭是天主教的强项，因为只有凭借弥撒献祭，基督教（我不说福音）才成为宗教，而且只有宗教——而不是宗教的替代品——才能够约束人心。永恒人类精神不满足于曾经发生的事情。与对古老的、不更新的事实的年复一年地变弱的回忆被称颂为宗教在同等程度上消失的不是宗教，而是沉溺于往事的多愁善感和时间中常驻不变的内在生活的意识。因此，宗教对我们来说是一种认为、一种赞同、一种信仰、一种想像，而不是一种生活；只要我们不放弃这种基本有毒的观点，我们的状态的改善就是根本不可能的。我们需要的是上帝和神圣事物的在场，而不是它的过去。因此，对于我们来说，再也不能说新教，而且由于不能接受天主教的弥撒献祭，也不能说天主教，从而也不能说基督教。"[2]两个教会都是对福音的歪曲，所有如今现存的宗教团契相对于国家都奄奄一息："人们淘汰它们越早，它们就越早灭绝，因为它们的生命虽然方式不同，但却绝对都是一种人工的、凭借人们奉献给它们的注意和它们相互之间的对立维持的生命。"[3]在后来1878年的一篇论文中，拉加德预言道：未来将表明，自宗教改革以来对于新教地区所发生的一切，都不是基

---

[1] 拉加德在以色列和犹太之间做了区分，前者是一个不引起任何厌恶的质朴民族，后者则是一个"人工作品"，是一个"人类的仇恨对象"，只能与耶稣会士和第二帝国的德国人相比，后者同样并且不无道理的是欧洲最被仇恨的民族（P. de 拉加德：《德语著作集》，第237—238页）。

[2] P. de 拉加德：《德语著作集》，第62页。

[3] P. de 拉加德：《德语著作集》，第64页。

督教的一种发展，而是一种改组的尝试，"如果它不是一方面建立在惰性和没落的规律之上、另一方面建立在各日耳曼民族摆脱了罗马教会的压力的民族力量之上的话"。原初的基督教既不是新教也不是耶稣会主义。两种势力的未来道路预先规定得很清楚。"耶稣会主义必然想使它领导其业务并因日耳曼的民族性而崩溃的教会由罗马天主教的教会变成普世天主教的教会。……与此相反，日耳曼各民族要把宗教与它们的民族性联系起来。因为新教只是凭借皈依它的各民族的日耳曼自然禀赋才达到它所达到的东西的，如果不是基督徒而是日耳曼人想战斗，那么，对罗马的态度也是自然的态度。单数的世界宗教和复数的民族宗教，这就是两个对手的纲领性语词。"[1]

拉加德以一种"未来宗教"的设计来补充对基督教教会及其神学的历史批判。负有形成民族宗教使命的运动的内容应当是一种双重的内容：它将利用基督教以及天主教教会的伦理观点和宗教观点，并拥有"德意志民族的民族特性"。为了使教会的教义"在宗教上"可以利用，人们必须清除它们的"犹太教毒素"。与此相反，处于圣事可溶性形式之中的教义是不可缺少的，因为在圣事中，神的力量在尘世事物的外壳下以隐秘的方式造成救恩。[2]但是，这也要考虑到圣事能够起作用的肉体处所。拉加德认为，如果人们不阻止精神参与构建的话，这个肉体是自己构建自己的。目前重要的只是通过清除障碍来开辟道路。

关于应当在未来的民族教会中实现的"日耳曼自然禀赋"，拉加德更为明确地表达了否定的意见。如果人们把基督的教诲理解

---

[1] P. de 拉加德：《德语著作集》，第233页。
[2] P. de 拉加德：《德语著作集》，第234页。

为纯粹的福音,那么,这种禀赋就在本质上是反犹太教的,但却不是反基督教的。要找到德意志民族特性,但并不是在当代有教养的圈子里,因为官方承认的德国与在学校培植的古典文学一样是非德意志的,后者一方面是世界政治的,另一方面是由希腊样板和罗马样板决定的。与由黑格尔经院化的教育相反,属于德意志的是格林的德意志神话,是精神的独立性,是对寂寞的爱,是个人的独特性。"认识新德意志帝国的标志的人,在读到这里的时候,就会眼中饱含泪水地知道,这个帝国是多么地属于德意志。"[1]属于德意志的也不是"善"的概念,而是"真"的概念。但是,自从个人的生活越来越被官方规定、专制装扮成自由以来,谁能够参透丰富的文化素材,以便把握原初的东西呢?

拉加德希望看到的德国,"从来没有存在过",它像理想一样既是虚无的又是强有力的。为了接近它,人们必须拆除一切外表,跳出关于德国的"犹太教—凯尔特人的定理"。"如果在德国想有宗教,那么,由于宗教把诚实和真挚作为自己实存不可缺少的前提条件,人们就必须祛除围裹着德国的所有外来的破烂,由于这种破烂,德国比在自己最独特的灵魂面前个人的自我欺骗更严重地成为骗子。巴勒斯坦和比利时、1518 年和 1789 年以及 1848 年与我们毫不相干。我们最终强大得足以在外人面前把家门关上;我们有朝一日也要把我们在自己家中所拥有的外来东西抛出去。如果这样做了,真正的工作就开始了。"[2]但是,这项工作要求一种"在纸币、交易所投机、党派新闻、普遍的教育时代的英雄行动"。而问题是,

---

〔1〕　P. de 拉加德:《德语著作集》,第 240 页。
〔2〕　P. de 拉加德:《德语著作集》,第 247 页。

1878年是否能够完成……1878年必然发生的事情!

拉加德把未来的宗教称为德意志的"虔诚",并为了它而作为"开路者"除了已经存在的神学之外还要求一种能够教授宗教通史的第二神学。"如果它提供各种宗教的历史,也就提供了关于宗教的知识。"[1]他应当找到的东西,是一种民族宗教,而这种民族宗教既不能是天主教的也不能是新教的,只能是德意志的:"一种建立在你和你之上相对于所有不具有神的世系的一切拥有全能的创造者和拯救者、国王的崇高和统治者的权力的生活。""我们不应当是人道的,而应当是上帝的子民;不应当是自由主义的,而应当是自由的;不应当是保守的,而应当是德意志的;不应当是基督徒,而应当是福音派:在我们每一个人里面都亲身地体验神的东西,而我们所有人都联合成为一个相互补充的圈子。"[2]这个民族的—德意志的宗教是与"上帝所期望的德意志民族的本质"相适应的。

拉加德对基督教的批判在它那个时代里仅仅在一个狭小的圈子里有影响,但是,它在事后却在第三帝国的宗教势力中变得活跃起来,后者同样想漫游1000年的德国历史,并把基督教还原为一种典型德意志的"虔诚"。

## 十一、奥韦尔贝克对原初基督教和没落的基督教的历史分析

奥韦尔贝克由于同鲍尔[F. Chr. Baur]的历史批判的联系,

---

[1] P. de 拉加德:《德语著作集》,第68页。
[2] P. de 拉加德:《德语著作集》,第76页;参见第97页。

也把自己列入"蒂宾根学派",尽管这只是在一种"讽喻的"意义上。考虑到德国宗教批判从黑格尔到尼采的发展,从他的著作中可以突出以下的表态:关于**尼采**,与他的第一篇《不合时宜的考察》相一致产生了《神学的基督性》(1873 年);关于**拉加德**和**施特劳斯**;关于 B. **鲍威尔**和**基尔克果**并且也间接地关于**黑格尔**。

《神学的基督性》的第一章探讨神学与基督教本身的关系。与黑格尔相对立,它欲证明不只是现代神学、而是神学的**科学**本身从一开始就与基督教信仰的原初意义处于一种基本的不谐和之中。作为基督教原初所是的东西,即对世界末日和基督复临的一种虔诚期待,基督教"最明确地拒斥"所有的科学,而信仰和知识之间的这种对抗不是用黑格尔的方式就可以调和的,而是"一种绝对不可调和的对抗"。"因此,任何神学,只要它使信仰与知识相接触,其作为就其自身以及其构成而言都是一种**非宗教的**作为,而如果没有与宗教旨趣相异的东西与它并列,当时就不可能有神学产生。"[1] 但最起码,基督教的命运会促使某人更为和解地思考信仰与知识的关系;因为一种在本质上处于对基督复临的期待之中的宗教,不可能——只要它始终忠实于自身——想形成任何神学的科学和任何教会。至于这尽管如此却很快发生了,不能从基督教自身、而是从基督教进入异教的文明世界得到说明;异教的文明世界不能消灭它,而它却因此在异教的文明世界寻求支持,尽管直到宗教改革它也没有失去自己与世界和国家处于对立之中的意识。

信仰和知识之间的斗争从基督教诞生时就已经在进行,当时

---

[1] 奥韦尔贝克:《论我们近日的神学的基督性》,第 2 版,莱比锡 1903 年,第 25 页。

灵智主义全盘否定了新生的信仰的一切前提条件，把它转化成形而上学。但是，即便是战胜灵智主义，也只不过是与在亚历山大里亚学派中极为强有力地出现的世俗科学的一种新盟约罢了。"不是对基督救世的质朴信仰越来越果断地返回到自己本身，而是在……被宣布为错误的灵智之外出现了一种作为真正灵智的基督教神学；在它里面，特别是凭借当时确立的基督教正典，至少基督教传统的某种总和得到了保障，以确保信仰免受知识的攻击，而人们在此之外又把从信仰的立场上升到知识的立场视为绝对必要的。作为知识与信仰的纯宗教旨趣对立的确切证明，即便是在这种有节制的形象中，科学也只能以某种强制力量渗透入教会，并在教会里面仅仅在最嫉妒的监督之下、并冒着一旦有异端的更自由的冲动就遭到指责的危险来维护自身，即便在事实上也只是表现为与团契信仰的不断冲突的孳生地。其开端就已经极能说明整个发展的特征，就像2世纪和3世纪之交亚历山大里亚的克莱门〔Clemens von Alexandrien〕和奥里根〔Origenes〕所表现的那样。"[1]但最终，当后来的年代里就连支配中世纪的幻觉，即神学与基督教信仰的关系只是积极护教的，也被祛除的时候，就必然出现基督教信仰与神学知识的原初对立。自新教神学从世俗科学那里接受了历史的—哲学的批判的方法的那个时刻起，神学就必然成为基督教的掘墓人，而不仅仅为了神学的自我维护而从事神学的人必须认识到，神学无非是"基督教世俗化的一个部分，是它许可的一种奢侈，但这种奢侈和任何奢侈一样，都不能白白地拥有"。[2]神学惟一真正的任务就是，它使作为

---

[1] 奥韦尔贝克：《论我们近日的神学的基督性》，第2版，莱比锡1903年，第28—29页。
[2] 奥韦尔贝克：《论我们近日的神学的基督性》，第2版，莱比锡1903年，第34页。

宗教的基督教成为问题——无论它是批判的，还是护教的和自由主义的。因为历史的—批判的知识能够有效地毁掉宗教，但却不能把它作为宗教重建起来。再也没有任何东西比黑格尔把基督宗教"提升"为一种概念的实存更远离奥韦尔贝克了。借助对"起源"史和"没落"史的奠基性区分，他在基督教的"发展"问题上与黑格尔的进步的—乐观主义的体系处于极端的对立之中。对于他来说，和对于拉加德来说一样，新教并不意味着基督教的完成，而是意味着它的解体的开始。基督教教会的创造力随着宗教改革而告终，宗教改革根本没有独立的宗教意义，而是完全由对天主教教会的抗议决定的。不尊重基督教的出世性质的结果是"荒唐的"，它导致人们把基督教信仰的前 1500 年解释为它的真正本质的遮蔽。[1] 但这正是黑格尔的体系的结论。按照黑格尔的体系，基督教必须不断地在世界里"实现"自己，即世俗化自己。对于奥韦尔贝克来说，现代世界最后一个真正的基督徒是帕斯卡尔，与此相反，他对路德的评价类似于尼采和德尼夫勒 [Denifle]。

与奥韦尔贝克对黑格尔的态度同样拒斥性的，是他与以基督教的名义转而反对现存基督教的那些人的关系，例如维内特 [Vinet]、拉加德和**基尔克果**。由于他否认神学有代表基督教的权利，他自己也同时放弃了这种权利。"这样，我对待各种事情特别是完全不同于基尔克果；基尔克果虽然代表基督教却攻击基督教，而我虽然置身事外却不攻击基督教，而且虽然不愿意这样却仍然作为神学家说话。基尔克果在一种悖谬的招牌下作为基督教的改革者说话，我则极少考虑这一点，但也不考虑改革我为自己所要

---

[1] 奥韦尔贝克：《论我们近日的神学的基督性》，第 2 版，莱比锡 1903 年，第 84 页；参见《尼采全集》，I，340。

求的神学。我本来就已经承认它**毫无价值**，不仅仅反对它一时全然的破旧和它的基础。我毫无保留地暂时让基督教听其自然。"[1]鉴于攻击者面具的纯粹矫揉造作，作为基尔克果对基督教的态度中的"弱点"，他认为是"他的攻击的错误的、讲究修辞的一悖谬的标签"。"这看起来就好像是基尔克果立足于自身而攻击基督教，但他却只是在基督教内部站稳脚跟之后才这样做的。无论如何他不应当攻击基督教，在某种意义上还甚于受他攻击的人们。基督教的一个差劲的代表总是比一个无可辩驳的、甚至在它自己的眼中也无可辩驳的代表更有权利批判基督教。"[2]

奥韦尔贝克对 **B. 鲍威尔**的态度起源自对其作品《基督与恺撒》的评论。[3]在他以 4 长栏的篇幅审核了鲍威尔在 35 年之后毫不减弱地以一种如果不因缺少任何科学论证而如此无效就会令人敬佩的坚定性再次展现出来的"不近情理"之后，结尾之处说道：不应当与对鲍威尔关于基督教和斯多亚主义来自同一根源的命题的任何批判进行争论，它常常根本不是鲍威尔所主张的"糟糕事情"！他的作品的完全颠倒之处是令人扼腕的。事实上，希腊罗马的异教对教会产生的参与被评价甚低，就好像"只有通过一大堆悖论"才能有助于古代教会的历史似的。然而，主张这样一些悖论的人，必须赋予它们一种能够逐渐地汇入持之有据的信念之流、而不是停留在单纯古怪的东西的领域之内的形象。然而，且不说这些异议，"不应当径直劝阻"读神学家们的著作。因为即使作者提供的是一种非常偶然地编纂起来的材料，它却也是经常

---

[1] 奥韦尔贝克：《基督教与文化》，C. A. 贝努利编，巴塞尔 1919 年，第 291 页。
[2] 奥韦尔贝克：《基督教与文化》，第 279 页；参见奥韦尔贝克关于费尔巴哈的判断，载 W. 尼格：《奥韦尔贝克传》，第 136 页。
[3] 《神学文汇报》，1878 年，第 314 栏以下。

能够充分地启迪富有成果的考察的材料。人们可以比鲍威尔百倍丰富地、精致地、深刻地追查斯多亚主义和基督教之间的平行关系，在这种情况下将产生出鲍威尔预见不到的考察和问题。

如果像奥韦尔贝克本人关于基督教与古代的关系所思考的那样与这些批判的论述进行比较，那么，他在细节上极为尖锐的批判在原则上赞同的结论性口吻就更为加强了。奥韦尔贝克的确一再强调基督教的"古代"特性，反对它的绝对"新颖性"，从而把古代和基督教与现代性对立起来。[1]他直接通过随着古代从我们的生活中消失对基督教的理解也在同等程度上减弱的命题，来维护基督教与古代世界的"同源性"。[2]在《神学的基督性》中已经说道：基督教是古代一直保存到我们时代的防腐处理，而由于基督教自身也是古代的一个部分，所以一种"现代的"基督教是自相矛盾的。但是，奥韦尔贝克与鲍威尔的神学立场的亲缘性要比他自己所意识到的还走得更远，因为在他之前再没有别的人像鲍威尔那样以同样极端的方式揭示了"神学意识"必然的"耶稣会主义"[3]、圣经和时代的形态这两个前提条件之间的矛盾。

奥韦尔贝克反复地针对护教神学和自由神学的苛刻要求和幻觉来捍卫施特劳斯的批判神学。他对世俗教养和基督教的不可协调性的维护是令人折服的，而且不依赖于施特劳斯在古人身上当

---

[1] W. 尼格：《奥韦尔贝克传》，第138页。
[2] 奥韦尔贝克：《古代教会史研究》，第1卷，1875年，第159页；参见尼采的《我们语言文献学家》中的类似说法（《尼采全集》，X, 404以下）；参见尼格：《奥韦尔贝克传》，第44页注。——对于奥韦尔贝克来说关于神学的基督性的问题所具有的意义，也就是对于尼采来说关于古典哲学的希腊性质的问题所具有的意义。
[3] 鲍威尔：《黑格尔关于宗教和艺术的学说》，第41页以下；《被揭穿了的基督教》，第16节。

做"新信仰"所主张的那种教养表面上的世界公民性和现实上的小市民性。施特劳斯即便在认识到一部《耶稣传》的思想固有的灾难性意义的时候也是绝对有道理的。但是,一个失误却是认为,一种批判的神学必然导致对基督教的否定。毋宁说,它能够不代表基督教却保护基督教,也就是说"反对所有通过使基督教适应世界而认为在代表它、并且通过对它的生活观漠然视之而或者使它干瘪为将它从世界排除的僵死的正统,或者把它下降为世俗并使它在其中消亡。批判的神学将会阻止这样的神学以基督教的名义拖着一种不真实的本质招摇过市,人们已经从这种本质剥夺了任何情况下都是它的灵魂的东西,即对世界的否定"。[1] 施特劳斯错认了基督教过度的人道,意欲完全放弃它,但却只有通过由于"人类感"和"民族感"忘掉"我们是人"的"小事"才得以成功。[2] 如果把施特劳斯关于国家和战争、政治上的刑事权力和工人阶级所阐述的东西与例如奥古斯丁那里的基督教相应说法进行比较,那就无可置疑,人们在那里发现一切都更为深刻、同时也更为人性、从而也更为真实得多。与此相反,基督教已经断绝了与像施特劳斯所主张的这样一种文化的关系。为了针对基督教维护权利,教养的立场就必须比基督教所支配的立场更高,而不是更低。对施特劳斯的"自白"的这种批判以不多几句平凡无奇的话总结了尼采在其《不合时宜的考察》中以青年人的激情没有公正地考虑施特劳斯的历史成就而阐述的东西。

施特劳斯通过他的早期作品为作为科学的神学作出了显著的

---

〔1〕 奥韦尔贝克:《神学的基督性》,第110页。
〔2〕 奥韦尔贝克:《神学的基督性》,第114页。——尼采从奥韦尔贝克的旧信仰和新信仰的实例认识了这一作品,并且像奥韦尔贝克在其中所记,"鉴于它的技巧而利用了它。"

贡献。但错误的是这样的见解，即基督教存在于一批人们必须要么接受、要么或部分或全部予以抛弃的教义和神话中，而它的灵魂则是对基督及其复临和对现存世界状态的末日的信仰。"根据我们在这一关系中就护教神学和自由神学家所做的考察，就连施特劳斯也认为，当他批判地摧毁了基督教一系列基本教义和教会对基督教原初历史的理解，对基督教的禁欲主义生活观不予理睬但又作出两三个轻蔑的、满不在乎的说明之后，就与基督教断绝了关系。"[1]只有当人们弄清楚基督教的末世论的、从而禁欲主义的特性的时候，人们才也能够获得评价施特劳斯在排除基督教之后所建议的那种"生活习惯"的正确立场。

奥韦尔贝克在**拉加德**的著作出版之后马上就对它进行了深入研究。二人的特点都是那种冷静的博学，但在拉加德那里，这种博学渗透着一种讲究修辞的作用意志，而与此相反，奥韦尔贝克则保持着一种几乎超人的清醒。他不能也不想是德国人的教育者，在神学和基督教方面颇有自知之明。

奥韦尔贝克讨论了拉加德的建议，即将现存的神学系压缩为教派的神学院，在大学里用一种应当教授宗教史、以便为一种德意志宗教开辟道路的神学取代它。他对此提出异议说：对宗教史的这样一种纯历史的考察根本不再是神学，贯彻始终的话必然落入哲学学科手中。但如果拉加德尽管如此仍让他的新神学占据一个特殊的地位，那么，这只能考虑到它与各种教派神学分担的实践任务来予以论证。"然而，恰恰必须予以怀疑的东西是，一种这样的任务可能被认为对拉加德的神学来说是现实的。通过告诉我们，新神学应当是'德意志宗教的开路先锋'，他向我们描述了这

---

[1] 奥韦尔贝克：《神学的基督性》，第111页。

一任务。然而，各种神学总是后滞于它们的宗教，而且这些宗教的原初冲动越有力、越没有争议，神学就来得越迟。至于它先行于一种宗教，则是闻所未闻的；这种方式的某物还能够发生，则几乎是无法期待的。"[1]事实上，拉加德的神学将并不提供一种新的宗教，而是鉴于其最终追求的绝望和当代所有学术研究中历史倾向的优势而很快就失去了自己的目标，自己也迷失在历史材料上——在此期间，于受教派约束的神学内部，凡是在"教义学"的标题下所教授的无非是新教色彩的比较宗教史的地方，这一预言都得到了证实。

关于自己与**尼采**的关系，奥韦尔贝克于他的《神学的基督性》发表30年后在其第二版的导论中给予了说明。他在那里称尼采的影响为他在自己的生命历程中遇到的最强有力的影响，称尼采本人为一个"非同寻常的、即便是在承受不幸时也非同寻常的人"。而在事实上，再也没有比像奥韦尔贝克这样一个审慎、矜持的人与他保持的友谊更能证明尼采的非同寻常之处。奥韦尔贝克关于自己说道：他虽然不能断言自己在巴塞尔的时候就已经"理解"了尼采，但同样不能断言年长7岁的自己无条件地追随他的"发现之旅"，并由于他而使自己离开自己的轨道。然而，即便在他写出压在心头的对同行的拒斥之时，他与尼采的友谊也依然如故。与此相应的，是尼采把自己的第一篇《不合时宜的考察》献给奥韦尔贝克的献词。即便是在后来的年代里，奥韦尔贝克也以忠诚不渝的注意力始终关注着尼采的发现之旅，不为它对自己必然有的可怕的乃至令人反感的东西所动摇。他身后遗下的笔记和与尼

---

〔1〕 奥韦尔贝克：《神学的基督性》，第129页；还请参见奥韦尔贝克关于拉加德人格的判断，贝努利：《奥韦尔贝克和尼采》，I，133。

采的书信往来证明,他虽然没有参与尼采与基督教的斗争,但却以自己的方式,通过为自己的朋友时而提供批判基督教的博学指点而伴随着这一斗争。至于尼采"战胜上帝和虚无"的尝试失败了,奥韦尔贝克却从未承认它是不利于尼采的证据,但尼采却在他的行程中被绝望所攫住,以至于他放弃了自己乘坐的车,而且是在妄想发作之前很久就放弃了。"沿着我在这里所说的行程,还没有人接近过目标。就此而言,就连尼采也不比别人有更多的失败。他所未能完成的事情,是一种对于我所认识的其他诸如此类更幸运的人来说有利的幸运。当然他失败了,但却只不过是这样失败的,即他对于所采取的行程来说是好是坏都能够充当一种证据,就像乘船遇难的人对于航海来说一样。如同达到港口的人极少拒绝承认自己的遇难先驱是患难与共的人一样,在其茫无目的的行程中至少靠其船只能够坚持下来的更幸运的航海者,就其与尼采的关系来说也不会拒绝这样做的。"[1]

**奥韦尔贝克本人**就基督教而言所提出的问题并不涉及基督教的"道德";与尼采相对立,奥韦尔贝克把基督教道德的禁欲主义特性理解为人道的一种杰出的类型。相反,它涉及原初**出世的基督教**与**世界历史**的关系。因为基督教最令人感兴趣的是它的软弱,是"它不能统治世界这一事实",因为它的生活智慧在于一种"死亡的智慧"。[2]如果真正地和认真地以历史的方式考察基督教,那么,就只能发现它的"非历史的"起源的逐渐消亡,尽管消亡是与历史存续中的"进步"交织在一起的。就像除了暂时性之外存续是每一种知识的基本概念一样,对于所有的历史生活来说,古

---

〔1〕 奥韦尔贝克:《基督教与文化》,第136页;参见第286—287页;参见贝努利:《奥韦尔贝克与尼采》,I,133。
〔2〕 奥韦尔贝克:《基督教与文化》,第279页。

老或者年轻也被视为是必然的。尽管有基尔克果追求"同时性"的意志，基督教的两千年是不能以任何方式抹煞的，也不会被一种自身作为科学完全被历史的思维方式渗透的神学所抹煞。"生存如此之久的基督教根据其当时所**面临**而如今已**在身后**的所有经历来看，决不可能再像它开始时那样处在世界中。"[1]原初，基督教作为福音是以否定一切历史和预设一个"超历史的"世界的方式生存的——"无论是基督还是他发现的信仰，至少都没有以基督教的名义有过历史的存在"[2]——但是，这种"史前的胚胎"却在与世界结合的教会的历史中得到了任意的发展。世界不让自己相信上帝爱人们。[3]"与对基督复临的信仰一起，古代基督教失去了对自己的青春的信仰"，古代基督教的末世论和当代的未来观的这种矛盾是一个基础性的矛盾，"也许是当代与基督教决裂的基本原因"。因为再也没有比一个临近的世界末日更远离我们向前推进的当代了。当基督教在衰弱的意义上已经变老了的时候，它的年龄就不再是它的存续的一个证据，而是一个最值得忧虑的方面。[4]因为基督教"永恒的"持存只能以永恒的概念来主张，即从一种对历史的**时间**根本一无所知的立场出发来主张；但是，决不能用历史来保证基督教的永恒性。纯历史地来看，对于基督教来说只能作出它已经消耗殆尽的证明。[5]它的年龄对于一种严肃的历

---

〔1〕　奥韦尔贝克：《基督教与文化》，第268—269页。
〔2〕　奥韦尔贝克：《基督教与文化》，第9—10页。
〔3〕　奥韦尔贝克：《基督教与文化》，第64—65页。
〔4〕　奥韦尔贝克：《基督教与文化》，第69—70页。
〔5〕　奥韦尔贝克援引特赖奇克的《德意志历史》（第3版，III，401）说道：人们20年代就已经在普鲁士大臣阿尔滕施泰因［Altenstein］的饭桌旁谈论过基督教将再延续20年还是50年——把一束有趣的光线反投向黑格尔及其学生的一段历史。

史观点来说是一个"垂死的"证据。基督教并不能驯服历史的运动，相反，历史的运动到处都超越到它的边界。因此，历史是一个"基督教只是完全违心地将自己抛入的深渊"。[1]在君士坦丁之前的时代里，看起来"好像是基督教应当比文化更长命，但今天却恰恰相反。""普罗米修斯看起来保住了权力，他从天上取来的火并不是白送的。"[2]

奥韦尔贝克的历史考察的最后结论是他对基督教纪元的否定。由于他否认这种纪元的意义，他就与最后一个认真地维护这种纪元的黑格尔对立起来，但却并没有站在**尼采**一边，后者的《瞧这个人》要求以"错误历法"的 1888 年 9 月 30 日为开始，作为第一年的第一天。[3]按照奥韦尔贝克的说法，基督教的纪元只有在基督教造成一个"新的"时代的情况下才能得到真正的论证。但事实却恰恰不是这样，"因为它谈到一个新时代，最初是有一个前提条件的，但这个前提条件并没有出现，这就是现存世界毁灭并腾出一个新地盘。在一段时间里，这曾是一种认真的期待，而且作为这样的期待又一直再现，但却是短暂易逝，从未成为一个具有历史存续的事实，而只有这样一种事实才能够为一种有说服力的、符合现实的事实的纪元提供实在的基础。维持自身的是世界，而不是基督教对它的期待"。[4]只有从一种末世论的末日期待曾有的实存表现出的把这个时刻理解为时代的转折点的可能性，才使人认真地对待基督教的纪元。但事实上，旧的既没有逝去，新的也没有到来，因此，如何忍受对自己原初的期待的失望，一直

---

[1] 奥韦尔贝克:《基督教与文化》，第 7 页。
[2] 奥韦尔贝克:《基督教与文化》，第 10 页。
[3] 《尼采全集》，批判历史版，第 1 卷，第 XLIX 页。
[4] 奥韦尔贝克:《基督教与文化》，第 72 页。

是基督教历史上的一个首要问题。奥韦尔贝克试图用原初对基督复临的期待转化为"禁欲主义的生活观和生活方式"来回答这一问题，"后者实际上是原始基督教对基督复临的信仰的一种变形，它建立在对基督复临的持久期待之上，因而继续把世界看做是马上就要毁灭了，并鼓动信徒们脱离它，以便为基督即将到来的显现做好准备。对基督复临的期待以其原初的形式已经站不住脚了……它转化为按照伊雷奈乌的说法就已经始终伴随着基督徒的死亡观，转化为'记住，人总是要死的'，卡尔特修会的问候词以此在任何情况下都比'不可让任何干扰性的东西挤入人和他的根源之间'的现代信式都更为深刻地概括了基督教的基本智慧；在后者中，只要人们忘记，按照基督教的观点世界在根本上属于这种'干扰性的东西'，就蕴含着一种乏味的……否定"。[1]

此外，在国家对基督教的承认中出现的殉道精神的丧失在修道生活的日常牺牲中找到了一种代用品，而所有从4世纪到宗教改革在教会中发生并具有活力的大事，都是从修道院出发的。但是，对于正确地评价修道生活的意义来说，天主教教会早已失去了理解的纯洁性，而新教教会则从来不曾拥有这种纯洁性。

一种在广义上禁欲主义的生活方式和死亡智慧也是奥韦尔贝克自己的神学实存的最内在的核心，这种实存的终极目的就是根据现代基督教科学地证明"基督教的目的"。[2]即便是对他来说，取代对未来的一种期待的，也是对我们人来说是最敏感的谜的死亡的智慧，但它却远远不是解开这个谜的钥匙。"恰恰由于死和人极为敏感地造成了世界之谜，它也应当是世界上最后使我们彼

---

〔1〕 奥韦尔贝克：《基督教与文化》，第87页。
〔2〕 奥韦尔贝克：《基督教与文化》，第289页；参见E. v. 哈特曼：《基督教的自我解体和未来的宗教》，1874年，其中也多次提到拉加德和奥韦尔贝克。

此令对方生活困难的东西。我们宁可在死亡中默默地尊重它作为共同的命运加给我们所有人的我们共同性的最明确标记。"[1]他喜欢蒙台涅[Montaigne]和斯宾诺莎的死亡观更甚于基督教的死亡观,因为这两个人的死亡观较少矫揉造作,很恰当地使人想到由于祛除幻觉并能够驱散通常笼罩着生活、扭曲生活的阴影而有利于日光下的生活的"记住,人总是要死的"。但是,**自愿的死**在他看来处在"在人们中间还可以理性地谈论的事物"的边缘。奥韦尔贝克并不谴责这种死亡。尽管他的这些思索听起来如此非基督教,他却非常接近于在死亡观中通过引证《诗篇》第39篇中的顺从语词来阐释正确的情趣。

奥韦尔贝克既没有反对基督教,也没有赞同世俗教养或者"文化",[2]而谁为了自己起见欣赏非此即彼并把彻底与极端相混淆,他在自己对世界和对基督教的态度中就只会发现一种不明确。然而,在这种外在的模棱两可之中,蕴含着一种比尼采的坚定攻击更彻底的清晰性,后者是如此可以逆转,如同把狄奥尼索斯转换成被钉十字架者。奥韦尔贝克生活在清醒的意识之中,知道必须把宗教问题置于崭新的基础之上,"也许是以迄今为止叫做宗教的东西为代价",[3]因为"人们迄今为止的宗教发展表现为一种不可救药的、从而是应予中止的误入歧途":"至少,只要我们时代的宗教迷乱的解决在圣经和关于它们的神学争论的基础上来寻找,而我们也没有决定为了那种解决而不考虑它们!只要没有认识到,我们人一般来说只有通过偶尔悬而未决才向前进的,我们的生活

---

[1] 奥韦尔贝克:《基督教与文化》,第298页。
[2] 参见韦尔豪森的保留条件,博施威茨:《J. 韦尔豪森及其历史写作的主题和尺度》,马堡博士论文,1938年,第75页以下。
[3] 奥韦尔贝克:《基督教与文化》,第270页。

是在不允许我们免除这些试验的条件下进行的，上述情况就不会发生。此外，为了得到这种认识，圣经是一个教育者。如果说从旧约到新约的过渡在根本上并不曾与这样一种悬而未决不同，而且即便是取得了最终的成就也只是以相应的缓慢和艰难得到贯彻，那么，圣经的历史就为我们提供了一个沿着这条轨道前进的最杰出的榜样。"[1]从这一悬而未决的立场出发，奥韦尔贝克采取了他在文化和基督教之间的态度。为了他批判神学和基督教的任务，他缺少"严重仇视基督徒和宗教的任何刺激"，但他同样缺少使施特劳斯、费尔巴哈和鲍威尔的无神论变得轻率的那种对世俗性的无条件肯定。这种双重的缺乏是奥韦尔贝克的更人性、更科学的优点，这种优点使他超越了像尼采和基尔克果这样的所有攻击者和护教者。他面对基督教的"谨慎"在于避免一种单调的习惯关系或者一种欠考虑的灭绝斗争的"双重危险"。"二者都应予避免，应当给予基督教一个对它来说更光荣、更少堕落的终点。"[2]而当他由于自己放弃了科学的神学并与其基督性进行斗争而将自己列入无信仰者时，他这样做是意识到，这方面的勇气和毅力总是还可以极好地从一种生活观中获得，例如基督教的生活观；基督教"也许提高了"对真诚的要求，"就像它减弱了真诚在人们中间的实际存在一样"。[3]在早期作品中，他就已经否定了施特劳斯撕破旧信仰的纽带的匆忙和无所顾忌，特别是当代并没有蔑视基督教生活观或者觉得比基督教优越的理由。毋宁说，"如果在这整个灾难深重的解体之上还回荡着基督的名字作为一种谴责它的绝对命

---

[1] 奥韦尔贝克：《基督教与文化》，第77页。
[2] 奥韦尔贝克：《基督教与文化》，第69页。
[3] 奥韦尔贝克：《基督教与文化》，第64页。

令",将具有无法估量的价值。[1]

这样,当奥韦尔贝克在对基督教的终结、尤其是对德国基督教的终结做出宣判的时候,[2]如果他既没有感到满足也没有感到惋惜,而是以记录的方式接受当代的这一过程,[3]也是可以理解的。他的历史性表态的理由在于,欧洲文化没有基督教以及基督教没有与文化的结合就不是它们所成为的样子。[4]奥韦尔贝克比误以为通过一种简单的"决定"就可以解决基督教问题的人们不是更少、而是更多地参与了基督教与文化的结合和冲突的历史。与他们的果断的真正决定性的对立是既不简单肯定也不简单否定的批判研究。"奥韦尔贝克对基督教和文化的关系的研究中独特且意义重大的东西是,它根本不是一种答案。任何答案都必然与其基本公理陷入冲突。奥韦尔贝克的功绩恰恰在于,他证明了一种答案的不可能性,至少是今天的人们从自身出发能够做出的答案的不可能性"。[5]即便是对于尼采,他敬佩的也不是尼采无可争辩的命题,而是尼采保持着"提出问题的勇气",但是没有与历史知识相吻合的"怀疑主义",尼采的坦诚是不可思议的。[6]另一方面,对于奥韦尔贝克来说,尼采知道应当重视他"温和的坚定"和他的平衡。

不辞辛劳反思奥韦尔贝克思想的人,将在他有很多保留的命

---

[1] 奥韦尔贝克:《神学的基督性》,第 119 页。
[2] 奥韦尔贝克:《基督教与文化》,第 101 页以下。
[3] W. 尼格:《奥韦尔贝克传》,第 153 页。
[4] 参见奥韦尔贝克:《基督教与文化》,第 247 页;参见布克哈特 1844 年 1 月 14 日和 30 日致拜施拉格 [Beyschlag] 的信和对基督教与文化的关系的成熟描述:《布克哈特全集》,VII, 111 以下。
[5] W. 尼格:《奥韦尔贝克传》,第 165—166 页。
[6] 奥韦尔贝克:《基督教与文化》,第 11 页、第 147 页、第 294 页以下;参见《布克哈特全集》,VII, 7。

题的迷宫中认识到一个绝对正直的精神笔直而又分明的线条。他澄清了对我们来说也就是基督教的那个问题,根据19世纪的典型特征阐明了它与我们之间的鸿沟。[1]至于这个市民阶级的—基督教的世界的基督教自黑格尔以来——尤其是由于马克思和基尔克果——已经终结,这当然并不说明,一种曾经征服世界的信仰随着它的最后一种世俗化形态而衰弱不堪。因为基督教**在这个时代**的朝圣怎么可能在它根本不在家园的地方无家可归呢?

---

[1] 奥韦尔贝克:《基督教与文化》,第5章。

# 文献目录

作者以下几篇论文也一起部分地改写了：

《费尔巴哈与德国古典哲学的终结》，载《逻各斯》，1928 年第 3 期。

《马克斯·韦伯与卡尔·马克思》，载《社会科学与社会政治文库》，1932 年第 1/2 期。

《基尔克果与尼采》，载《德国文献学与精神史季刊》，1933 年第 1 期。

《19 世纪基督宗教的哲学批判》，载《神学评论》，1933 年第 3/4 期。

《黑格尔对古典哲学的终结及其在马克思和基尔克果那里的解体》，载《哲学研究》，巴黎 1934/5 年与 1935/6 年。

《论黑格尔之后哲学中的人道问题》，载《托尼斯纪念文集》（纯粹社会学与应用社会学），莱比锡 1936 年。

令作者流亡的那个时代的历史，使得完备地熟悉相关的文献成为不可能的事情。青年黑格尔学派的大多数著作自其首次出版以来就不再重印了。这样，作者就不得不在根本上局限于他在马堡做讲师期间所搜集和摘录的 40 年代的著作和杂志。为了找到重要的著作，作者尤其要感谢仙台帝国 Tohoku 大学的 K. Ishiwara 和高桥里美［S. Takahashi］教授的友好相助。

**所引用的全集版本：**

黑格尔：如未特别说明，均为初版本。

歌德：40卷，科塔版，1840年。

《歌德谈话录》，毕德曼［Biedermann］编，5卷，第2版，莱比锡1909年。

歌德：《准则与反思》，海克尔［M. Hecker］编，魏玛1907年。

费尔巴哈：《全集》，第1—10卷，莱比锡1846年以后。

马克思：《马克思恩格斯全集》，第1部，第1—5卷，1927—1932年。

基尔克果：《著作集》，第1—12卷，耶拿1909年以后。

尼采：《著作集》，16卷本，大8开与小8开版。


**所引用的单行本：**

黑格尔：《早期神学著作集》，诺尔［H. Nohl］编，蒂宾根1907年。

《黑格尔往来书信集》，2卷本，K. 黑格尔［K. Hegel］编，莱比锡1887年。

费尔巴哈：《未来哲学原理》，埃伦贝格［H. Ehrenberg］编，斯图加特1922年（弗洛曼哲学袖珍丛书）。

费尔巴哈：《书信往来与遗著集》，格律恩［K. Grün］编，2卷本，海德堡1874年。

《费尔巴哈往来书信选》，柏林［W. Bolin］编，2卷本，莱比锡1904年。

《L. 费尔巴哈与Ch. 卡普之间1832—1848年的书信往来》，A. 卡普［A. Kapp］编，莱比锡1876年。

F. 恩格斯：《费尔巴哈与德国古典哲学的终结》，第5版，斯图加特1876年。

A. 卢格：《书信往来与日记》，内尔利希［P. Nerrlich］编，2卷本，柏林1886年。

卢格：《早期著作集》，第4卷，柏林1867年。

卢格：《科学院》，哲学袖珍版，第1卷，莱比锡1848年。

卢格：《我们的体系》，第3册，莱比锡1859年；格莱策［Clair I. Grece］新编，法兰克福1903年。

M. 赫斯：《1841—1847年社会主义文集》，茨罗齐斯逊［Th. Zlocisti］编，柏林1921年。

K. 马克思：《资本论》，第1—3卷，第6版，汉堡1909年。

马克思:《政治经济学批判》,考茨基[K. Kautsky]编,柏林1930年。

马克思:《路易·波拿巴的雾月十八日》,利亚扎诺夫[Rjazanov]编,柏林1927年。

M. 施蒂纳:《惟一者及其所有物》,莱比锡,雷克纳[Reclam]版。

施蒂纳:《短文集》,马卡伊[H. Mackay]编,柏林特雷普托夫1914年。

B. 鲍威尔:《对无神论者和反基督者黑格尔的末日审判的号角:一个最后通牒》(匿名发表),莱比锡1841年。

鲍威尔与卢格:《黑格尔的宗教与艺术学说——从信仰的立场出发作出评判》(匿名发表),莱比锡1842年。

鲍威尔:《被揭穿了的基督教——回忆18世纪,兼论19世纪的危机》,苏黎世1843年;巴尼克尔[E. Barnikol]新编,耶拿1927年。

鲍威尔:《1842—1846年德国党派斗争的完备历史》,第1—3卷,夏洛滕堡1847年。

S. 基尔克果:《对基督教的攻击》,多纳[Dorner]与施莱姆普夫[Schrempf]编,斯图加特1896年。

基尔克果:《选民的概念》,海克尔[Th. Haecker]译,赫雷劳1917年。

基尔克果:《论讽刺的概念》,舍德尔[Schäder]译,慕尼黑1929年。

基尔克果:《当代批判》,海克尔译,因斯布鲁克1914年。

基尔克果:《惟一必做之事》,乌尔利希[H. Ulrich]译,载《时代之转折》,第1期,慕尼黑1927年。

基尔克果:《日记》,海克尔译,第1、2卷,因斯布鲁克1923年。

基尔克果:《法官之书》,戈特舍德[H. Gottsched]译,耶拿1905年。

D. 契采夫斯基:《斯拉夫人看黑格尔》,赖兴贝格1934年。

W. 屈内:《契斯克夫斯基——黑格尔和德国精神的一个学生》,莱比锡1938年。

**关于19世纪历史的一般性著作:**

H. 特赖奇克:《19世纪德国史》,第8版,莱比锡1919年。

F. 施纳贝尔:《19世纪德国史》,第1—4卷,弗赖堡1937年。

B. 克罗齐:《19世纪欧洲史》,巴黎1932年(德译本,苏黎世1935年)。

E. 弗里德尔:《近代文化史》,第1—3卷,慕尼黑1931年。

**关于19世纪德国精神史的专门著作:**

K. 海克尔:《人与群众——摹仿的处境与行动》,柏林1933年。

H. 普勒斯纳:《德国精神在其资产阶级时代终结时的命运》,苏黎世1935年。

D. 施特恩贝格:《19世纪的全景或者外观》,汉堡1938年。

U. 冯·巴尔塔萨:《德国灵魂启示录》,3卷本,慕尼黑1937年以后。

**自本书初版以来就这个主题出版了以下著作:**

H. 马尔库塞:《理性与革命》,纽约1941年。

H. 德·吕巴克:《无神论人文主义的闹剧》,巴黎1945年。

A. 科耶夫:《黑格尔读本导论》,巴黎1947年。

G. 卢卡奇:《青年黑格尔》,苏黎世1948年。

M. 卡卢格:《超人的神秘》,巴黎1948年。

莫斯·赫斯:《哲学与社会主义文集》,科尔努[A. Cornu]与莫恩克[Mönke]编,柏林1961年。

L. 洛维特:《黑格尔左派——文本与导论》,斯图加特—巴登·卡恩斯塔特1962年。

E. 朗巴尔蒂:《黑格尔左派的缘起》,佛罗伦萨1966年。

K. 洛维特:《基督教传统批判论文集》,尤其是第10章,斯图加特1966年。

L. 费尔巴哈:《人类学唯物主义》,选集,第1、2卷,施密特[A. Schmidt]编,法兰克福1967年。

卡里·德·罗耀蒙特:《尼采传》,巴黎1967年。

布鲁诺·鲍威尔:《纯粹批判的战场》,萨斯[H. M. Sass]编,法兰克福1968年。

# 年　表

歌德　　　　1749—1832

黑格尔　　　1770—1831

谢林　　　　1775—1854

叔本华　　　1788—1860

尼采　　　　1844—1900

**黑格尔的学生**

L. 密什莱　　1801—1893

K. 罗森克兰茨　1805—1879

A. 卢格　　　1802—1880

L. 费尔巴哈　1804—1872

M. 施蒂纳　　1806—1856

D. F. 施特劳斯　1808—1874

B. 鲍威尔　　1809—1882

S. 基尔克果　1813—1855

K. 马克思　　1818—1883

1806　　　歌德的《浮士德》第一卷和黑格尔的《精神现象学》

1831　　　歌德的《浮士德》第二卷和黑格尔的《逻辑学》第二版前言

| | |
|---|---|
| 1841 | 马克思关于德谟克利特和伊壁鸠鲁的博士论文 |
| | 基尔克果关于讥讽的概念的硕士论文 |
| 1842 | 费尔巴哈的《基督教的本质》 |
| | 孔德的《实证哲学教程》 |
| 1843 | 费尔巴哈的《未来哲学原理》 |
| | B. 鲍威尔的《被揭穿了的基督教》 |
| | 基尔克果的《非此即彼》 |
| | 马克思的《黑格尔法哲学批判》 |
| | 蒲鲁东的《人道秩序的创造》 |
| 1844 | 施蒂纳的《惟一者及其所有物》 |
| | 基尔克果的《恐惧的概念》 |
| 1846 | 马克思的《德意志意识形态》 |
| | 基尔克果的《最后的非科学的附言》 |
| 1847 | 马克思的《共产党宣言》 |
| | 基尔克果的《可以为了真理而杀死一个人吗？》 |
| 1867 | 马克思的《资本论》第一卷 |
| 1868 | 布克哈特的《世界历史考察》 |
| 1880 | 陀思妥耶夫斯基的《卡拉马佐夫兄弟》(XI, 4:《圣歌与秘密》) |
| 1881 | 尼采关于查拉图斯特拉的灵感（IV,《醉酒之歌》） |